Aloys Butzkamm

Kirchen in den Blick nehmen

Aloys Butzkamm

Kirchen in den Blick nehmen

Architektur und Ausstattung

Imprimatur. Paderbornae, d. 13. m. Augusti 2010
Nr. A 58-21.00.2/860. Vicarius Generalis Alfons Hardt

Bibliografische Information der Deutschen Nationalbibliothek
Die deutsche Nationalbibliothek verzeichnet diese Publikation in der Deutschen
Nationalbibliografie; detaillierte bibliografische Daten sind im Internet über http://dnb.ddb.de
abrufbar.

Dieses Buch wurde klimaneutral hergestellt. Die bei der Produktion unvermeidlich anfallenden CO_2-Emissionen wurden durch den Ankauf von hochwertigen Zertifikaten neutralisiert. Diese werden in geeignete Projekte zur Reduktion von CO_2 in Entwicklungsländern investiert. Das verwendete Papier ist mit dem FSC-Siegel versehen, da ein großer Teil der Rohstoffe aus verantwortungsvoller Waldbewirtschaftung stammt. Der Druckvorgang erfolgte ohne den sonst üblichen Einsatz von Industriealkohol. Es wurde mit mineralölfreien Skalenfarben gedruckt. Die Senkung der Emissionen und des Energieverbrauchs sind wichtige Schritte zur Verbesserung der Umweltbilanz.

Umschlaggrafik: Christian Knaak, Dortmund

ISBN 978-3-89710-436-5

© 2011 by Bonifatius GmbH Druck · Buch · Verlag Paderborn

Gesamtherstellung: Bonifatius GmbH Druck · Buch · Verlag Paderborn

Inhalt

VORWORT

Das Interesse, unter kunsthistorischen Gesichtspunkten Kirchen zu besuchen, ist groß. Im Urlaub werden viele Touristen von Kirchtürmen magisch angezogen. In der Kathedrale zu Köln oder in der Peterskirche in Rom herrscht tagsüber ein regelrechtes Gedränge. Im Markusdom in Venedig achten Ordnungsbeamte darauf, dass der Besucherstrom zwischen den Absperrungen in ständigem Fluss bleibt.

Der Besuch einer Kirche kann ein echtes Abenteuer sein. Man sieht Vertrautes und entdeckt Neues. Das vorliegende Buch will entdecken lehren. Der Blick kann z. B. gezielt auf die Decke gerichtet werden. Diese Zone ist von Kirche zu Kirche unterschiedlich gestaltet. Man sieht hier eine Flachdecke, dort einen offenen Dachstuhl und in einer anderen Kirche eine Wölbung. Und wie unterschiedlich können Gewölbe sein! Welchen Variantenreichtum gibt es innerhalb von Flachdecken! Schon der Hinweis, der Decke etwas Aufmerksamkeit zu schenken, kann zu neuen visuellen Erfahrungen führen. Wenn man das Gesehene benennen kann mit Fachausdrücken wie Kreuzgratgewölbe, Kreuzrippengewölbe, Netzgewölbe, Sterngewölbe oder Fächergewölbe, wird die Entdeckerfreude noch gesteigert.

Das Buch ist besucherorientiert konzipiert. Es begleitet ihn beim Erkunden einer ihm fremden Kirche. Wie kann ich mir eine Kirche vertraut machen? Das ist die entscheidende Frage! Als Erstes bemerkt man Türme. Ihrer Bedeutung wird ein eigenes Kapitel gewidmet. – Kirchen kann man umschreiten. Auf welche Dinge gilt es bei einem solchen Rundgang zu achten? Die Portalzone verdient besondere Aufmerksamkeit. Türen aus Holz oder Bronze und Skulpturen von höchster Qualität kann man dort entdecken. Der Leser erfährt manches über Gestaltungsmöglichkeiten des Eingangsbereiches.

Das Betreten eines Kirchraumes ist spannend. Wie ist er konzipiert? Als Saal? Als Halle? Als Basilika? Woran erkenne ich, ob die Kirche eine Kathedrale ist? Zweiunddreißig Namen, die sich auf „Kirche" beziehen, werden im ersten Kapitel erläutert.

Wenn man die architektonische Makrostruktur der Kirche erfasst hat, wird man einen erkundenden Rundgang machen und sich dabei mehr einzelnen Objekten zuwenden, etwa der Kanzel, den Fenstern, den Altären und der Apsis.

In kirchlichen Museen werden kostbare Exponate präsentiert: Reliquiare, Handschriften, liturgische Gewänder. Mehrere Kapitel sind diesen Schätzen gewidmet.

Neben der Besucherorientiertheit sind die theologischen Ausführungen ein weiteres Merkmal dieses Buches. Architektur und Ausstattung einer Kirche sind ohne Grundkenntnisse in Kirchengeschichte und Liturgiewissenschaft nicht angemessen zu würdigen und zu verstehen. Bleibt zu hoffen und zu wünschen, dass der Besuch einer Kirche nach der Lektüre zu einem noch intensiveren Erlebnis wird!

Das Vorwort möchte ich nicht schließen, ohne der Arzneimittelfirma Medice in Iserlohn und dem Möbelhaus Ostermann in Witten für großzügige Druckkostenzuschüsse zu danken.

Witten, im Sommer 2011

Aloys Butzkamm

Abb. 1 Pantheon, Rom

Abb. 2   Tempel des Herculius Olivarius, Rom,
auch Pseudovestatempel genannt

BEGRIFFE

Wer Gruppen durch Kirchen führt, wird immer wieder Fragen hören wie: „Was ist eigentlich ein Dom? Sind Dom und Basilika dasselbe? Was ist eine Kathedrale? Gibt es nur gotische Kathedralen?" Oft werden Hallenkirchen mit Saalkirchen verwechselt.

Man kann eine erste Ordnung in die Flut von Begriffen bringen durch die Einteilung in zwei Gruppen. Die eine umfasst Ausdrücke, die Aussagen über die Architektur machen. Die Begriffe der anderen Gruppe geben Auskunft über die Funktion der Kirche. Wenn jemand von einer Basilika spricht, benutzt er einen Architekturbegriff und teilt schon Wichtiges über die Raumgestaltung mit. Das Wort „Kathedrale" dagegen ist ein Synonym für Bischofskirche. Es verrät nichts von der Architektur, wohl aber von der Funktion. Wer von einer „gotischen" oder „romanischen Kathedrale" spricht, sagt etwas über die Funktion aus und – durch die vorangestellten Adjektive – zusätzlich einiges über die Architektur. Die Formulierungen „dreischiffige Basilika" oder „romanische dreischiffige Säulenbasilika" sind wiederum architekturbezogene Formulierungen. Über die Funktion erfährt man nichts. Es kann sich um eine Pfarrkirche handeln, um eine Franziskanerkirche oder um eine Bischofskirche. Diese letzten drei Ausdrücke sind Funktionsbegriffe.

Klassifizieren ist eine wichtige Aufgabe jeder Wissenschaft. Es schafft Ordnung und erleichtert Kommunikation und Wahrnehmung. Im Folgenden werden zunächst Architekturbegriffe erläutert. Ihnen kann man sehr unterschiedliche Informationen über das innere und äußere Aussehen von Kirchen oder über das verwendete Material entnehmen. Danach werden Funktionsbegriffe vorgestellt.

ARCHITEKTURBEGRIFFE

ZENTRALBAU

Bauten, deren Innenwände ungefähr gleich weit vom Mittelpunkt entfernt sind, bezeichnet man als Zentralbauten. Anders gesagt: Die Hauptachsen in einem Zentralbau sind in etwa gleich lang, sodass keine Richtung vorherrscht. Der ideale Zentralbau hat als Grundriss eine Kreisform. Die St.-Hedwigs-Kathedrale in Berlin ist ein solcher kreisförmiger Zentralbau oder das Pantheon in Rom (Abb. 1). Man sieht an diesem zweiten Beispiel schon, dass die Form des Zentralbaus nicht von den Christen erfunden wurde. Kaiser Hadrian (117-138) errichtete das Pantheon über einem Vorgängerbau. Hinter dem Vorbau (= Pronaos) kommt an der linken Seite der kreisrunde Tempel und ein Teil der Flachkuppel zum Vorschein. In der griechischen und römischen Antike wimmelt es geradezu von Tempeln mit rundem Grundriss. In Delphi und Epidauros, auf der Akropolis in Athen und an mehreren Stellen in Rom sind Reste von kreisrunden Zentralbauten erhalten. Auch der Vestatempel auf dem Forum Romanum gehört dazu. In der Nähe des Tibers in Rom steht der gut erhaltene kreisförmige Tempel des Herculius Olivarius (Abb. 2). Man nennt ihn auch Pseudovestatempel wegen seiner Ähnlichkeit mit dem tatsächlichen Vestatempel auf dem Forum. Im Zentrum Roms liegt die Area Sacra del

Abb. 3 Hadriansgrab, bekannt unter dem Namen Engelsburg

Abb. 4
Grab des
Theoderich, Ravenna

Abb. 5 Felsendom, Jerusalem

*Abb. 6
Baptisterium des Neon,
Ravenna*

Largo Argentina mit Resten von vier Tempeln aus der republikanischen Zeit. Einer von ihnen ist eine Tholos, wie man einen Tempel mit kreisrundem Grundriss nennt (Plural: Tholoi).

Nicht nur für Tempel wählte man als Grundriss gern die Kreisform. Für Grabbauten kam ein anderer Grundriss meist gar nicht erst in Frage. Das heute „Engelsburg" genannte Grab Kaisers Hadrians in Rom (Abb. 3), das Augustusgrab am Tiber, das sogenannte Grab der Metella an der Via Appia, der Grabbau der Tochter Konstantins (die heutige Kirche S. Costanza), das Grab des Theoderich in Ravenna (Abb. 4) sind Beispiele für Grabanlagen mit kreisförmigem Grundriss.

Auch in den großen Kaiserthermen in Rom oder im nordafrikanischen Leptis Magna findet man profan genutzte Zentralbauten mit kreisförmigem Grundriss, ebenso in den kaiserlichen Villenanlagen des Nero in Rom oder des Hadrian in Tivoli.

Oben wurde gesagt, dass die Innenwände von Zentralbauten einen ungefähr gleich weiten Abstand zum Mittelpunkt haben. Der Akzent liegt auf „ungefähr". Das Baptisterium in Padua hat einen quadratischen Grundriss. Es gehört zu den Zentralbauten. Der Felsendom in Jerusalem (Abb. 5), eines der schönsten islamischen Bauwerke aus dem 7. Jahrhundert, und die frühchristliche Kirche San Vitale in Ravenna erheben sich über einem achteckigen Grundriss. Auch solche oktogonalen Kirchen fallen unter den Oberbegriff Zentralbauten. Die St.-Gereon-Kirche in Köln mit einem Dekagon, d. h. mit einem zehneckigen Grundriss (deka = zehn), ist eine Rarität, die es sonst nur noch einmal im burgundischen Auxerre gibt. – In der Barockzeit waren Kirchen mit dem Grundriss eines Ovals oder einer Ellipse beliebt. Auch solche Kirchen sind Zentralbauten.

Taufkapellen und Grabbauten sind fast immer als Zentralbauten konzipiert; rund, wie das Baptisterium der Arianer in Ravenna, oder oktogonal, wie das der Katholiken (Abb. 6). Die älteste Taufkapelle der Christenheit neben der Lateranskirche in Rom ist ebenfalls ein Zentralbau mit oktogonalem (= achteckigem) Grundriss (Abb. 7).

Warum wählt man für Taufkirchen und Grabanlagen die Form von Zentralbauten? Es liegt an der Funktion! Für die Taufe braucht man ein Wasserbecken. Um das Becken herum versammeln sich die Taufbewerber. Ein lang gestreckter Raum für die Taufspendung wäre unnötig und unpraktisch. Ähnliches gilt für die Grablege. Die Aufstellung von Sarkophagen erfordert keinen langen Raum.

LONGITUDINALBAU

Die ersten großen Kirchen, die Kaiser Konstantin in der ersten Häfte des vierten Jahrhunderts errichten ließ, hatten die Form damaliger weltlicher Versammlungsräume. Das waren lang gestreckte, gelagerte Bauten, ideal für den sonntäglichen Gottesdienst der zahlenmäßig rapide wachsenden Christengemeinden. Weil sie viel länger als breit sind, nennt man sie Longitudinalbauten, auch Richtungsbauten genannt (Abb. 8 und 9). Der Grundriss kann rechteckig sein wie der in der Kirche S. Sabina auf dem Aventin in Rom (Abb. 8). Er kann auch die Form des großen lateinischen Buchstabens T haben, d. h. am Ende des Langhauses ein Querhaus besitzen wie der konstantinische Vorgängerbau der heutigen Peterskirche oder wie St. Paul vor den Mauern in Rom (Abb. 9). Wird das Querhaus weiter zurück verlegt bis in das erste Viertel oder Drittel des Langhauses, entsteht die Form eines lateinischen Kreuzes, ein im Mittelalter sehr beliebter Grundriss für romanische und gotische Kirchen.

Abb. 7 Baptisterium neben der Laterankirche, Rom

Abb. 8 S. Sabina auf dem Aventin in Rom

Abb. 9 St. Paul vor den Mauern, Rom

Abb. 10 Hagia Sophia, Istanbul

Die beiden Grundtypen im Kirchbau sind Zentral- und Longitudinalbauten. Die Christen konnten entscheiden, welcher Bautyp für ihre Zwecke am geeignetsten war. Hätte ein römischer Kaiser am Ausgang des ersten Jahrhunderts eine Kirche bauen lassen, wäre es vermutlich ein kleiner Zentralbau geworden. Es gab nur wenige Christen und der sonntägliche Gottesdienst war eine Mahlfeier. Ein schönes Haus mit einem großen Zimmer und ein paar Nebenräumen wäre dafür ideal gewesen. Im 4. Jahrhundert hatte sich die Lage aber verändert. Die Zahl der Christen wuchs ständig. In den Gemeinden hatten sich Strukturen durch verschiedene Ämter gebildet. Die Liturgie war differenzierter geworden. Es gab Orte, die einzelnen Teilen der Liturgie vorbehalten waren, z. B. der Schriftlesung oder der Deponierung der mitgebrachten Gaben. Es wurden Prozessionen während des Gottesdienstes veranstaltet. Ein Sitzen oder Liegen im kleinen Kreis um einen Tisch herum gehörte der Vergangenheit an. Ein großer, gestreckter Bau war nun gefragt.

Im Laufe der Zeit tendierte die Vorliebe mal zu dem einen, mal zu dem anderen Grundriss. Die Erinnerung an die Mahlfeiern mit Jesus in einem Zimmer ist immer lebendig geblieben. Wenn auch unter und nach Konstantin der gestreckte Bau bevorzugt wurde, hat man den Zentralbau für die Eucharistiefeier nie aufgegeben. Die Kirche S. Stefano auf dem Monte Celio oberhalb des Kolosseums in Rom ist der erste Rundbau, der als christliche Kirche geplant und ausgeführt wurde. In der Barockzeit wurden Zentralbauten wieder beliebt. Bei der Errichtung des Petersdomes gab es einen wiederholten Planwechsel zwischen den beiden Grundformen. Einige plädierten für einen riesigen gestreckten Bau, andere sprachen sich für einen Kuppelbau über einem griechischen Kreuz aus. Schließlich setzte sich der Vorschlag durch, als Grundriss zunächst die Form eines griechischen Kreuzes mit gleich langen Armen zu wählen, über der Vierung die Kuppel zu errichten und einen Arm des Grundrisses zu verlängern. So ist eine Basilika mit einem deutlich zentralisierenden Akzent über dem Petrusgrab entstanden.

Die Frage nach Zentral- oder Langbau wurde immer wieder problematisiert, auch schon vor dem Bau des Petersdomes. Im 6. Jahrhundert fanden Architekten des Kaisers Justinian bei der Planung der Hagia Sophia im damaligen Konstantinopel eine ganz andere Lösung (Abb. 10). Es ging ihnen nicht um ein „Entweder-oder", sondern um ein „Sowohl-als-auch". Ein solches Vorhaben scheint paradox zu sein, wurde aber realisiert. Wenn man diese ehemals prächtigste Kirche der Christenheit betritt, hat man den Eindruck, in einem Zentralbau zu stehen. Bei der gezielten Betrachtung der Seitenwände und der Entfernungen von links nach rechts und vom Eingang zum Chor hin, stellt man eine leichte Streckung fest. Die Wahrnehmung dieser Längsausrichtung lässt die alles beherrschende Kuppel bei einem ahnungslosen Besucher aber nicht zu. Sie setzt einen zentralen Akzent. Zudem ist ihr Grundriss nicht kreisrund; der Durchmesser in der Breite ist etwas länger. Da die Kuppel alle Blicke immer wieder magisch auf sich zieht, wird wegen ihrer Querausrichtung die geringe im Grundriss angelegte Längsausrichtung der Kirche nicht wahrgenommen. Eine eindeutige Benennung als Zentral- oder Longitudinalbau wäre eine Vereinfachung und würde der gefundenen Lösung nicht gerecht. Die Hagia Sophia ist beides.

Den gestreckten bzw. gelagerten Bau gibt es in unterschiedlichen Formen. Am häufigsten tritt er im Typ der Basilika auf. Bereits in der vorchristlichen Zeit entwickelt, wurde sie für Jahrhunderte der beherrschende Kirchentyp. Im Folgenden werden Herkunft, Funktionen und die verschiedenen baulichen Varianten vorgestellt.

BASILIKA

VORCHRISTLICHE BASILIKA

Wenn der Besucher das Forum Romanum von der Via dei Fori Imperiali aus neben der Kirche SS. Cosmas und Damian betritt, sieht er gleich rechts Architekturreste von der vorchristlichen Basilika Aemilia (Abb. 11). Basilika wird von vielen mit Kirche gleichgesetzt. Die vorhandenen Reste in Abbildung 11 könnten durchaus von einer ehemaligen dreischiffigen Kirche stammen. Man blickt auf zwei Reihen Säulenbasen, die das Mittelschiff begrenzten. Rechts und links erkennt man die Strukturen von je einem schmalen Seitenschiff. Das Bauwerk erstreckte sich über eine beachtliche Länge fast bis zum Senatsgebäude im Hintergrund. Trotzdem hat an dieser Stelle nie eine Kirche gestanden. Eine Kirche aus der Zeit vor Christus kann es nicht geben. Der Name Basilika muss also einen Bautyp aus der Antike bezeichnen, den die Christen für ihre gottesdienstlichen Versammlungen übernommen haben. Von einem solchen vorchristlichen Gebäude, das den Namen Basilika trug, stammen die noch heute sichtbaren Architekturreste. Längst bevor es christliche Basiliken gab, existierte dieser Bautyp mit diesem Namen bereits in der vorchristlichen Antike. Eine Basilika gehörte zur Standardausstattung einer römischen Stadt. Rom als Hauptstadt des römischen Reiches verfügte über mehrere solcher Prachtbauten. Cäsar errichtete auf dem Forum die Basilica Julia. Die Maxentius- oder Konstantinsbasilika (Abb. 12) steht in der Nähe des Titusbogens. Die Namen beziehen sich auf die Stifter oder auf das Adelsgeschlecht, dem sie angehörten. Die Basilica Sempronia auf dem Forum ist nach dem Geschlecht der Sempronier benannt. Die erwähnte Maxentiusbasilika hatte zwei Bauherren und deshalb zwei Namen. Von Kaiser Maxentius wurde sie begonnen, von Konstantin vollendet.

Die Basilika ist auch Bestandteil eines Kaiserforums. Kaiserforen sind gewaltige und prächtige Anlagen römischer Kaiser auf dem Forum Romanum. Der Name der heutigen Verkehrsstraße „Via dei fori imperiali" erinnert noch an die Kaiserforen unter und neben ihr. Die Basilika auf dem Forum Kaiser Trajans (98-117) hatte die Ausmaße der heutigen Kirche St. Paul vor den Mauern. Anders gesagt: Diese Kirche wurde exakt nach den Abmessungen der Trajansbasilika gebaut. Wegen der Namensgleichheit eines antiken Bautyps mit einer christlichen Kirche muss nun die Frage gestellt und beantwortet werden: Was ist eine antike Basilika? Wie war sie architektonisch strukturiert und welche Funktionen hatte sie?

Die Struktur einer Basilika ist schnell beschrieben. Sie ist mindestens dreischiffig, das Mittelschiff ist erhöht, die Belichtung erfolgt durch die Fensterreihe des Mittelschiffs, die auch Obergaden genannt wird. Die Basilika im nordafrikanischen Leptis Magna im heutigen Libyen ist im Vergleich zu anderen gut erhalten (Abb. 13). Die Außenmauern rechts und links stehen noch, ebenso die Säulenreihen. Sie markieren die beiden Seitenschiffe zwischen Säulenreihe und Außenwänden und das auffallend breite Mittelschiff. Das Mittelschiff ragte ursprünglich hoch über die Seitenschiffe hinaus und hatte in jeder Wand eine Fensterreihe. Kaiser Septimius Severus (193-211) stammte aus Leptis Magna. Ehrensache, dass er seine Geburtsstadt prunkvoll ausstattete. Dieser riesige Versammlungsraum ließ sich ohne große Veränderungen als Kirche benutzen, was auch geschehen ist. Davon zeugen einige Fundstücke: die Fundamente für einen Altar, Teile von marmornen Ambonen (= Lesepulten) und ein Taufbecken in Kreuzform

(Abb. 14). Das Vorhandensein einer Taufstelle lässt auf eine Bischofskirche schließen, denn nur in ihrer Nähe befand sich eine Taufkapelle.

Die Maxentiusbasilika erhielt Licht durch zwei Reihen großer Fenster in den Außenmauern (Abb. 12). Der Lichteinfall durch die Außenmauern wurde vorbildlich für den Kirchbau. Licht konnte nun durch den Obergaden und die seitlichen Fenster eindringen. Welche Funktionen hatten Basiliken? Es waren Mehrzweckbauten. Menschen aller Schichten konnten sich in großer Zahl in dem vom Tageslicht erhellten Gebäude treffen. Es bot Schutz vor Regen und Sonne. Gelegentlich fanden dort Gerichtsverhandlungen und Senatssitzungen statt. Gesandtschaften wurden empfangen. Diese Aktivitäten waren zwar nicht alle und nicht ausschließlich an eine Basilika gebunden, aber man nutzte sie sporadisch dafür. Daraus kann man schließen – und die heute noch sichtbaren Reste belegen es –, dass sie prächtig ausgestattet waren und auf keinen Fall als Markthallen benutzt wurden. Farbiger Marmor aus verschiedenen Provinzen des Reiches bedeckte den Boden. Säulen schmückten die Wände. Eine aus der Maxentiusbasilika steht in voller Höhe und Schönheit vor der Kirche S. Maria Maggiore und trägt eine Marienstatue. Die Anwesenheit des Kaisers wurde durch eine kolossale Statue in der Apsis angedeutet.

Wo liegen die baugeschichtlichen Wurzeln der römischen Basilika? Lange Zeit hat man angenommen, sie habe sich aus der griechischen Säulenhalle, Stoa genannt, entwickelt. Heute nehmen die Archäologen eine Herkunft der Basilika aus den hellenistischen Königshallen an. So wird auch der Name Basilika verständlich (Basileus = König).

Manche Archäologen sehen – wie gesagt – in den hellenistischen Königshallen und nicht in der griechischen Stoa das Vorbild für die römische Basilika. Stoa und Basilika sind lang gestreckte Bauten. Im Unterschied zur Basilika ist die Stoa an einer Längsseite offen. Dort trägt eine Säulenreihe das Dach. Falls die Stoa sehr breit ist, muss eine weitere Säulenreihe innen das Dach stützen. Der Raum wird zweischiffig. Beide Schiffe sind gleichrangig. Es gibt kein Hauptschiff in einer Stoa. Der Unterschied zur Basilika ist beträchtlich. Die meisten Archäologen gehen heute davon aus, dass die Basilika eine römische Erfindung ist. Anregungen könnten von hellenistischen Königshallen ausgehen. Die römischen Architekten kopierten nicht nur mögliche Vorbilder, sie veränderten sie auch. An jede Längsseite wird ein Flügelbau von geringerer Höhe und Breite angeschlossen. Aus einem Schiff sind drei geworden. Man kann nun von einem Mittelschiff oder Hauptschiff und von zwei Seitenschiffen sprechen. Die Stoa hat keine drei- oder fünfschiffige Struktur wie die Basilika. Sie ist ein- oder zweischiffig. Gemeinsam ist beiden das großzügige Raumangebot für verschiedene Zwecke und für große Menschenansammlungen. Für den christlichen Gottesdienst eignet sich die römische Basilika eher als die griechische Stoa, und zwar wegen der stärkeren Geschlossen- und Abgeschlossenheit. Der Gottesdienst ist eine Mahlfeier, die nicht zu viel Öffentlichkeit verträgt. Auch einige Texte wie das Credo und das Vaterunser waren nicht für die Öffentlichkeit bestimmt. Sie unterlagen lange Zeit der Arkandisziplin, der Geheimhaltung. Die Stoa wäre zu durchlässig gewesen.

CHRISTLICHE BASILIKA

Christen benötigen zur Feier ihres Gottesdienstes einen Versammlungsraum. Privaträume erwiesen sich mit der Zeit als zu klein. Nachdem Konstantin Alleinherrscher ge-

Abb. 11 Basilica Aemiliana, Rom

Abb. 13 Basilica in Leptis Magna

Abb. 14
Basilica in Leptis Magna,
Taufbecken

Abb. 14
Basilica in Leptis Magna,
Taufbecken

bb. 12
laxentius- oder
onstantinsbasilika,
om

worden war und den Christen im Jahr 313 durch das sogenannte Toleranzedikt von Mailand freie Religionsausübung gestattete, ließ der Kaiser auf Staatskosten monumentale Kirchen errichten. Wie aber sollte ein solcher Bau aussehen? An der herkömmlichen heidnischen Basilika brauchte man nicht viel zu ändern, um einen funktionsgerechten Raum für die Feier des christlichen Kultes mit einer großen Menschenmenge zu haben. In der Apsis, in der früher die Statue des Kaisers stand, nahm nun der Bischof Platz. Seine Assistenz saß neben ihm. Falls nötig, wurden mehrere Bankreihen wie in einem kleinen Theater aufgebaut. Vor den Klerikern stand der Altar. Mittel- und Seitenschiffe boten ausreichend Platz für die Gemeinde.

Die erste Kirche, die Kaiser Konstantin für die schon ansehnliche Anzahl der Christen in Rom erbauen ließ, war die fünfschiffige Lateranbasilika (Abb. 15). Sie ist nach der Grundform antiker römischer Basiliken konzipiert. Die jetzige Fassade wurde in der Barockzeit vor den Bau gesetzt.

Vorchristliche Basiliken betrat man an den Langseiten. Mit der Übernahme dieses Bautyps für Kirchen wurde aus liturgischen Gründen der Haupteingang an die Schmalseite verlegt. Die ehemaligen Haupteingänge wurden – soweit sie blieben – zu Seiteneingängen. Der Papst zog zu Beginn des Gottesdienstes mit seiner Assistenz in einer feierlichen Prozession – Introitus genannt – durch das Mittelschiff nach vorn in den Chorbereich.

Eine bauliche strukturelle Veränderung einer Basilika wird erstmals an der von Konstantin und seinen Söhnen errichteten Kirche über dem Petrusgrab vorgenommen. „Alt-St.-Peter" heißt diese fünfschiffige Basilika-Kirche in Absetzung zur heutigen Peterskirche. Sie erhielt am Ende des Langhauses ein Querhaus. Der Grundriss bekommt so die Form des großen lateinischen Buchstabens T. Das war neu. Weder an heidnischen Basiliken noch an älteren Kirchen gab es ein Querhaus. Für diesen Bruch mit der Tradition muss es einen wichtigen Grund gegeben haben. Dort, wo sich Langhaus und Querhaus schneiden, befindet sich in der Tiefe das Petrusgrab. Es wird auf diese Weise markiert und akzentuiert. Außerdem bot das Querhaus den Pilgern Raum, in der Nähe des Petrusgrabes Prozessionen durchzuführen. Im Langhaus versammelten sich die Gläubigen zur Feier der Eucharistie. Viele Kirchen nördlich der Alpen orientierten sich an diesem Grundriss. Eine Variante bestand darin, das Querhaus so über das Langhaus zu legen, dass die Form eines lateinischen Kreuzes entsteht. Beide Grundrissformen findet man später in den Kirchen wieder. Die erste, weniger aufwendige Form, wurde vorzugsweise von Ordensgemeinschaften aufgegriffen, die sich in besonderer Weise der Armut verschrieben hatten.

Eine Basilika hat grundsätzlich eine ungerade Anzahl von Schiffen, und zwar mindestens drei. Die Kathedrale von Antwerpen besitzt sieben. Die im 8. Jahrhundert nach dem Vorbild von Kirchen errichtete Al-Aqsa-Moschee auf dem Tempelberg in Jerusalem verfügte ursprünglich über fünfzehn. Sieben von ihnen stehen noch heute (Abb. 16).

Mittelschiff und die Seitenschiffe bilden zusammen das Langhaus. Der quergelagerte Raum einer Basilika ist das Querhaus. Er entspricht dem Querbalken beim lateinischen Kreuz. Das Querhaus kann einschiffig oder auch dreischiffig sein. Im letzten Fall spricht man von Querhausschiffen im Unterschied zu Seitenschiffen, die das Mittelschiff des Langhauses flankieren.

Die basilikale Struktur des Innenraumes kann man schon am Außenbau erkennen. Das hohe Mittelschiff ist mit einem Satteldach versehen, dessen Beginn vorn oberhalb der

Abb. 15   Lateranbasilika in Rom

Abb. 16   Al-Aqsa-Moschee in Jerusalem

halbrunden Apsis sichtbar ist (Abb. 8). Die Fensterreihe in der Hochschiffwand – Obergaden genannt – sorgt für die Belichtung. Das Pultdach in Abbildung 8 liegt tief an der linken Wand. Auch die Zisterzienserkirche in Pontigny verrät schon am Außenbau die basilikale Struktur (Abb. 176): hohes Mittelschiff, Belichtung durch den Obergaden und niedrigere Seitenschiffe. Mit diesen wenigen Stichworten ist die Struktur einer Basilika definiert.

STAFFELBASILIKA

Eine Staffelbasilika muss mindestens auf jeder Seite zwei Seitenschiffe haben, deren Scheitelhöhe ungleich hoch ist, und zwar derart, dass jeweils das äußere das niedrigere ist. Beispiele für eine Staffelbasilika sind der Mailänder Dom, die Abteikirche Cluny III in Burgund – bis auf den Teil eines Querhauses zerstört – die Kirche St. Paul vor den Mauern in Rom und die Laterankirche (Abb. 17). Die Innenaufnahme gewährt einen Blick vom Mittelschiff in das benachbarte niedrigere Seitenschiff. Hinter dem Seitenschiff erkennt man Bogenansätze vom noch niedrigeren äußeren Seitenschiff.

PSEUDOBASILIKA

Der Name sagt schon, dass eine Pseudobasilika nur den Anschein einer Basilika erweckt. Es fehlt die Reihe der Fenster in den Hochschiffwänden. Die Belichtung geschieht ausschließlich durch die Fenster in den Seitenschiffen.

SONDERBEZEICHNUNGEN

DIE „KONSTANTINISCHE BASILIKA" IN TRIER

Wenn sich jemand mit dem Begriff Basilika vertraut gemacht hat, weiß er, dass ein solcher Bau ein erhöhtes Mittelschiff und auf jeder Seite mindestens ein niedrigeres Seitenschiff hat und dass durch den Obergaden Licht in die Kirche fällt. Wenn er mit diesem Wissen auf die sogenannte „Konstantinische Basilika" in Trier (Abb. 18) zugeht, muss er irritiert sein. Die Ratlosigkeit wird im Innenraum noch gesteigert, denn er wird dort umfangen von einem einzigen breiten und hohen Raum, der mit einer halbrunden Apsis schließt. Von Basilika keine Spur! Es ist heute eine evangelische Kirche vom Typ einer Saalkirche. In der Antike fungierte der imponierende Bau als kaiserliche Empfangsaula. Die Besucher sollten überwältigt werden. Das ist auch heute bei einem modernen Besucher noch der Fall. Das Staunen wurde noch gesteigert durch die kostbare Ausstattung an den Wänden, an der Decke, auf dem Boden und in der Apsis. Es war eine kaiserliche Empfangsaula und keine Basilika. Der Titel „Konstantinische Basilika" ist späteren Datums und als Architekturbegriff falsch.

PÄPSTLICHE BASILIKEN

An manchen Kirchen in Deutschland, in Italien und anderen Ländern kann man ein Schild lesen mit der Aufschrift: Päpstliche Basilika. Auch dieser Titel kann irritieren, besonders dann, wenn der Bau der Architektur nach keine Basilika ist.
Was hat es mit dieser Bezeichnung auf sich? Es ist ein Ehrentitel. Der Papst verleiht ihn

Abb. 17   Lateranbasilika

Abb. 18   Sogenannte Konstantinsbasilika in Trier

z. B. einer Marienwallfahrtskirche, die durch diesen Ehrentitel geehrt und aufgewertet werden soll. Der Titel wird unabhängig von der Architektur verliehen. So wird das Pantheon „Basilica Santa Maria ad Martyres" genannt, obwohl es ein kreisrunder Zentralbau ist. Aus einem ursprünglichen Architekturbegriff wird durch die Beifügung päpstlich ein Ehrentitel. Eine Päpstliche Basilika kann zufällig auch architektonisch eine Basilika sein wie die Kirche S. Prassede in Rom (Abb. 19). Der Titel wird aber grundsätzlich ohne Rücksicht auf die Architektur verliehen, wie das Beispiel Pantheon zeigt.

Päpstliche Basiliken werden unterteilt in Basilicae maiores und minores, in große und kleine Basiliken. Maior heißt größer und minor bedeutet kleiner. Die Ausdrücke beziehen sich nicht auf die räumliche Größe, sondern auf eine Abstufung in der Würde. Die eine ist größer – zu ergänzen: als die anderen – und die andere ist minor, also kleiner im Vergleich mit einer Basilica maior.

Insgesamt gibt es nur sieben Basilicae maiores. Fünf stehen in Rom und zwei in Assisi. Diese geringe Anzahl ist schon ein Hinweis auf den hohen Rang. Neben der Lateranskirche gehören in Rom dazu St. Peter, St. Paul vor den Mauern, S. Maria Maggiore und S. Lorenzo. In Assisi sind es S. Francesco und S. Maria degli Angeli. Die genannten fünf Basiliken in Rom sind exterritorial. Sie gehören zum Vatikanstaat.

In der Kirche S. Francsco befindet sich das Grab des hl. Franziskus. Auf dem Gelände der heutigen Kirche S. Maria degli Angeli standen die ersten Zellen der jungen franziskanischen Gemeinschaft. Dort wurde im Jahre 1212 die hl. Clara in die Franziskanische Gemeinschaft aufgenommen. Dort stand auch die baufällige Kapelle Portiuncula, die der junge Franziskus mit eigenen Händen restaurierte. Die Kapelle wirkt heute wie ein großes Reliquiar inmitten der gewaltigen Kirche S. Maria degli Angeli. Auf jenem Gelände starb der hl. Franziskus am 3. Oktober 1226. Eine Kirche, in der all die genannten Ereignisse lebendig werden, wollte der Papst durch die Bezeichnung „Päpstliche Basilika" ehren.

In jeder Basilica maior steht eine Cathedra des Papstes. In jeder gibt es einen Papstaltar – außer in S. Lorenzo –, an dem nur der Papst zelebrieren darf; andere nur mit besonderer Erlaubnis. Und jede Basilica maior hat schließlich eine heilige Pforte, die nur während des heiligen Jahres geöffnet wird.

Alle anderen „Päpstlichen Basiliken" sind Basilicae minores. Es gibt zzt. etwa 1 500 davon, allein 500 in Italien. Die Zahl der Basilicae minores steigt. Der Papst kann diesen Ehrentitel jeder Kirche verleihen.

DIE SOGENANNTE „BASILIKA" IN PAESTUM

Einer der griechischen Tempel in Paestum in Unteritalien ist unter dem Namen Basilika bekannt. Man hielt ihn bei der Wiederentdeckung im 18. Jahrhundert für einen antiken Versammlungsraum, weil er eine ungerade Zahl von Frontsäulen hat und eine Säulenreihe axial in der Mitte der Cella steht. Tatsächlich handelt es sich um einen Tempel der Hera. Der im 19. Jahrhundert eingeführte Name hat sich gehalten. Archäologen sprechen allerdings – ähnlich wie in Trier – von der „sogenannten" Basilika.

HALLENKIRCHE

Die Schiffe einer Hallenkirche haben die gleiche Scheitelhöhe (Abb. 20). Das ist der entscheidende Unterschied zu einer Basilika. Diese Differenz hat Konsequenzen für das

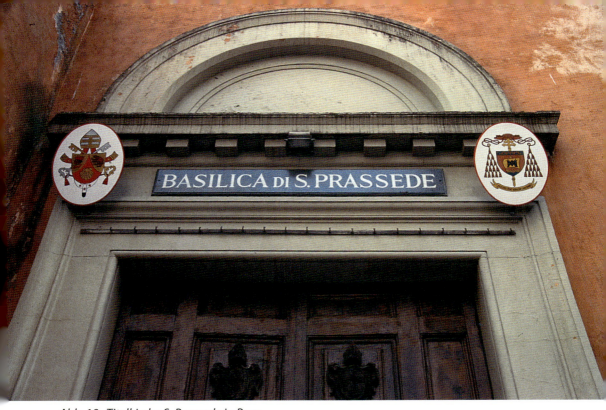

BASILICA DI S. PRASSEDE

Abb. 19   Titelkirche S. Prassede in Rom

Abb. 20   St.-Lamberti-Kirche in Münster

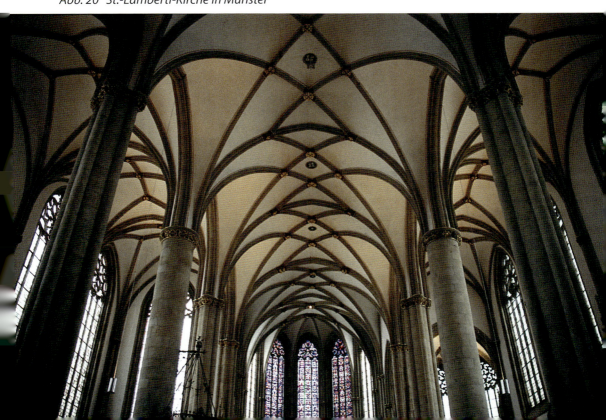

Raumerlebnis. Beim Betreten wird man von einem einheitlichen, weiten und hohen Raum umgeben. Der Name Halle ist treffend. Bei einer Basilika kann man fast von drei verschiedenen Räumen sprechen. Der Hauptraum wird durch das dominierende Mittelschiff konstituiert. Daneben liegen die Seitenschiffe wie gesonderte Räume. Beim Besuch einer Basilika wird man auch durch ein Seitenschiff gehen oder durch beide und sich nicht nur im Mittelschiff aufhalten. Daran wird die relative Selbstständigkeit der verschiedenen Schiffe deutlich. Mit wachsender Höhe der Seitenschiffe verlieren sie an Selbstständigkeit. Der Raum des Mittelschiffes dehnt sich in die Seitenbereiche aus. In der unteren Zone konstituiert sich immer mehr ein einheitlicher Raum. Wenn schließlich die Seitenschiffe die Höhe des Mittelschiffes erreicht haben, ist ein einheitlicher Raum entstanden. Der ehemalige Bochumer Kunsthistoriker Manfred Wundram beschreibt das neue Verhältnis zwischen Raum und Raumschale so: „Es entsteht ein neues Verhältnis zwischen Raumvolumen und Raumschale. Der Raum entwickelt sich aus seinem Zentrum heraus und wird nicht vornehmlich von seinen Grenzen bestimmt. Nicht mehr die begrenzende Wand ist der Faktor, der primär den Raum definiert, sondern das Raumvolumen hat eine Kraft gewonnen, deren Ergebnis jetzt umgekehrt die Raumschale ist. Mittelalterliche Räume werden wesentlich von ihren Grenzen her bestimmt, sind vergleichsweise ‚Zwischenräume' und damit ‚passiv'. Jetzt dominiert der ‚Rauminhalt', vergleichbar einer negativen Skulptur, entwickelt Aktivität und formt seine Grenzen."[1]

Hallenkirchen sind nicht an bestimmte Stilepochen gebunden. Aus der spätromanischen Zeit stammt die Kathedrale in Paderborn, die eine Hallenkirche ist. Sie war zwar als Basilika konzipiert, was man im Turmbereich innen noch sehen kann, wurde aber nach einem Planwechsel als Hallenkirche weitergebaut. Besonders zahlreich sind Hallenkirchen in der Zeit der Hochgotik. Die St.-Lamberti-Kirche in Münster ist dafür ein Beispiel (Abb. 20). Das erstarkende Bürgertum im Spätmittelalter fand in der Form der Hallenkirche einen angemessenen Ausdruck seines neuen Selbstbewusstseins.

Oben wurde gesagt, dass man die Struktur eine Basilika schon am Außenbau erkennen kann. Dasselbe trifft in etwa auf die Hallenkirche zu. An der Liebfrauenkirche in Dortmund (Abb. 21) ist das Pultdach bis zum Dachansatz hochgezogen. Das lässt die Annahme zu, dass sich dahinter eine Halle befindet. Zur Erinnerung: Bei einer Basilika ist die Fensterreihe im erhöhten Mittelschiff oberhalb der Pultdächer angebracht. Der Innenraum kann auch ein Saal sein. Da alle Schiffe einer Hallenkirche gleich hoch sind, kann das Licht nur durch die groß angelegten Fenster in den Außenwänden eindringen. Ein vergleichender Blick auf die Abbildungen 8 und 21 zeigt die Unterschiede am Außenbau zwischen einer Basilika und einer Halle.

Um es zu wiederholen: Eine Hallenkirche hat in der Regel drei Schiffe wie eine Basilika. Es gibt Ausnahmen. In der kleinen katholischen, neogotischen Backsteinkirche Unbefleckte Empfängnis Mariä in Wittenberg teilt eine Reihe von Rundpfeilern den Raum in zwei Schiffe. In diesem Fall muss man von einer zweischiffigen Hallenkirche sprechen.

Zweischiffige Hallen sind ansonsten typisch für Speiseräume in Klöstern und nicht für Kirchen. Davon kann man sich in den beiden Refektorien im ehemaligen Zisterzienserkloster in Maulbronn überzeugen. Mit dieser Vorkenntnis kann man bei Ausgrabungen einen Raum identifizieren. In der Kreuzfahrerfestung in Akko im heutigen Israel wurde ein Saal freigelegt mit einer Reihe mächtiger Rundpfeiler in der Mitte. Die Hypothese, es handele sich dort um einen ehemaligen Speiseraum, ist berechtigt.

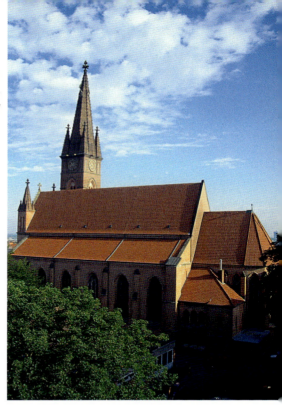

Abb. 21
Neogotische Liebfrauenkirche
in Dortmund

Abb. 22
Sainte-Chapelle, Paris

Abb. 23
Heilig-Kreuz-Kapelle des Markgrafen
von Landsberg bei Leipzig

STAFFELHALLE

Nach der Beschreibung einer Staffelbasilika kann man schon ahnen, was eine Staffelhalle kennzeichnet. Die Staffelung der Höhe der Schiffe zur Mitte hin ist charakteristisch für beide. Unterschiedlich ist die Lichtführung. Die Staffelbasilika erhält Licht durch den Obergaden des Mittelschiffes, bei einer Staffelhalle fällt das Licht ausschließlich durch die Fenster in den Außenwänden ein. Das nur unwesentlich erhöhte Mittelschiff bietet keine Möglichkeit zur Anbringung von Fenstern.

SAALKIRCHE

Zu den aus architektonischer Sicht einfacheren Kirchen gehören die Saalkirchen. Sie bestehen aus einem einzigen stützenlosen Raum. Das ist das entscheidende Kriterium. Die Decke kann flach, rund- oder spitzbogig sein. Seitenschiffe gibt es nicht. Viele Dorfkirchen sind Saalkirchen. Es fehlten hier finanzstarke Sponsoren für anspruchsvollere Bauten. Außerdem fühlten sich die zahlenmäßig kleineren Dorfgemeinden mit einer Saalkirche von der Größe her gut bedient.
Nach dem Zweiten Weltkrieg wurden viele schlichte Saalkirchen errichtet. In einer Zeit des Wiederaufbaues und der knappen Finanzen dachte man nicht an repräsentative Bauten. Sie hätten auch nicht der psychischen Situation der Menschen entsprochen nach einem verlorenen Krieg mit vielen Toten und trostlosen Zerstörungen.
Saalkirchen darf man trotzdem nicht mit Dorfkirchen gleichsetzen. Die Kirche der Eremiten in Padua neben der Scrovegnikapelle ist eine Saalkirche mit überwältigenden Dimensionen. Als Ordenskirche ist sie mit Absicht einfach gehalten; als Stadtkirche, die vielen Menschen Platz zum Hören der Predigten bieten sollte, muss sie über entsprechende Dimensionen verfügen.

DOPPELKAPELLE

Unter Doppelkapelle oder Doppelkirche versteht man ein Bauwerk mit zwei übereinanderliegenden Kapellen oder Kirchen. Man unterscheidet solche mit getrennten Geschossen von denen mit einer Öffnung zwischen Ober- und Untergeschoss. Ein klassisches Beispiel für die erste Form ist die Sainte-Chapelle im alten Königspalast in Paris (Abb. 22). Die beiden Kapellen sind für ein unterschiedliches Publikum geschaffen. In der Unterkirche versammelte sich das Personal zum Gottesdienst, oben feierte der Hofkaplan die Messe in Anwesenheit des Königs und seiner engsten Vertrauten. Dort wurden auch kostbare Reliquien aufbewahrt, u. a. die Dornenkrone Christi. Diese verschiedenen Funktionen erklären die unterschiedliche Ausstattung und die getrennten Eingänge. Der König konnte die Oberkirche direkt von seinem Palast aus betreten.
Viele Doppelkapellen sind durch eine Öffnung zwischen Ober- und Untergeschoss verbunden, wie z. B. die Aachener Pfalzkapelle, die Godehardkapelle im Mainzer Dom, die Kapelle des französischen Königs im Schloss von Versailles und die Heilig-Kreuz-Kapelle des Markgrafen von Landsberg bei Leipzig (Abb. 23) In den meisten Fällen steht in beiden Geschossen ein Altar. Der König hat so in der Oberkapelle einen freien Blick auf den Altar ihm gegenüber, und er kann jederzeit auf sein Volk herabschauen, wenn er oben Platz genommen hat und in der Unterkirche die Messe gefeiert wird.

Doppelkirchen sind herrschaftliche Bauten. Sie trennen zwischen oben und unten, zwischen höher und niedriger, und das nicht nur räumlich, sondern auch sozial. Insofern kann man von Zweiklassenkirchen sprechen.

Wenn dem Herrscher keine Doppelkirche zur Verfügung steht, hat er auf jeden Fall eine eigene Loge. Nach der Säkularisation ließ sich der weltliche Fürst vom Kloster Bronnbach bei Würzburg hinten in der Kirche unter der Orgel eine solche errichten. Selbstverständlich baute man für den Sultan in der Hagia Sophia nach der Eroberung der Stadt 1453 umgehend eine noch heute sichtbare Loge. Man kann also nicht sagen, dass überall dort, wo ein Fürst regiert, eine Doppelkirche stehen muss. Aber man darf sagen, dass dort, wo es eine Doppelkirche gibt, mit hoher Wahrscheinlichkeit ein Fürst regiert hat.

PAREKKLESION

Dieser griechische Fachausdruck heißt übersetzt: neben der Kirche oder Nebenkirche. Im Unterschied zur Doppelkirche stehen die beiden Bauwerke nicht übereinander, sondern „para", nebeneinander bzw. aneinander. Ein gut erhaltenes Parekklesion bietet das Chorakloster in Istanbul (Abb. 24). Neben, genauer gesagt, an eine bestehende Klosterkirche ließ der am kaiserlichen Hof einflussreiche und gelehrte Metochites im 14. Jahrhundert eine Kapelle errichten, die er zu seiner Grablege bestimmt hatte und mit einem entsprechenden Bildprogramm ausstatten ließ. Die von Metochites errichtete Kapelle steht „para", d. h. „neben" der älteren Kirche, und wird so logischerweise Parekklesion genannt.

Der Begriff Parekklesion setzt zweierlei voraus: Es muss sich um eine selbstständige Kirche handeln, und sie muss mit der anderen derart verbunden sein, dass ein einziger Kirchenkomplex entsteht. In den meisten Fällen haben beide Kirchen einen gemeinsamen Eingang. Insofern kann man z. B. die Irenenkirche in Istanbul nicht als ein Parekklesion zur Hagia Sophia bezeichnen. Zwischen beiden liegt ein Luftlinienabstand von etwa hundert Metern. In Köln standen bis ins 19. Jahrhundert in der Nähe der heutigen romanischen Kirchen kleinere Pfarrkirchen. Auch diese Nachbarschaft von Pfarrkirche und Stiftskirche fällt wegen der zu großen räumlichen Entfernung nicht unter den Begriff „Parekklesion".

Manchmal sind auch drei Kirchen miteinander verbunden, z. B. im jordanischen Gerasa westlich des Artemis-Tempels. Die drei Kirchen St. Cosmas und Damian, die Johanneskirche und die Georgskirche haben eine gemeinsame Außenmauer, sind aber innen als verschiedene Kirchen durch Wände voneinander abgesetzt. Vor den Eingängen steht eine durchlaufende Säulenreihe. Dadurch werden die drei Kirchen an der Eingangsseite zu einer Einheit zusammengefasst.

Auch neben der Taufstelle Jesu im Jordan östlich von Jericho haben Archäologen die Grundmauern mehrerer direkt nebeneinanderliegender Kirchen freigelegt.

Hier stellt sich die Frage, warum mehrere Kirchen so dicht nebeneinander errichtet werden. Die Tatsache, dass eine Häufung von Kirchen besonders im Mittelmeerraum nachweisbar ist, führt zu der Vermutung, dass hier vielleicht eine antike Tradition aus der vorchristlichen Zeit nachwirkt. In Rom und anderen Städten des Reiches sind Tempelkomplexe nichts Außergewöhnliches. Warum sollen Götter nur in weit auseinanderliegenden Tempeln verehrt werden? Dieses antike Denken ist m. E. noch lebendig. Den

Christen ist eine Alternative gar nicht in den Sinn gekommen. Hätte man sie gefragt, würden sie ähnlich wie früher die Heiden geantwortet haben: „Warum dürfen die Heiligen nicht in nebeneinanderstehenden Kirchen verehrt werden?" Dieses Konzept entspricht auch der Gemeinschaft der Heiligen mehr als die Isolierung ihnen geweihter Kirchen. Man wird an Ikonen erinnert, auf denen mehrere Heilige dargestellt sind, die einzeln an verschiedenen Tagen verehrt werden. Schließlich gab es im 6. Jahrhundert – aus dieser Zeit stammt der Kirchenkomplex in Gerasa – in den Städten noch keine Einteilung in verschiedene Pfarreien, von denen jede eine eigene Kirche beanspruchte.

BACKSTEINBAUTEN

Dieser Begriff gibt Auskunft über das verwendete Baumaterial. In Gegenden, in denen es keine Steinbrüche gibt, werden Steine entweder kostenintensiv aus großer Entfernung an die Baustelle herangeschafft oder künstlich hergestellt. Besonders in Flussniederungen und in Küstennähe werden Steine „gebacken". So stehen monumentale Kirchen aus Backstein in ganz Norddeutschland, in Norditalien und in den Niederlanden.
Der Begriff „Backsteingotik" ist missverständlich. Er suggeriert, das Material sei an gotische Architektur gebunden. Natürlich gibt es viele gotische Kirchen aus Ziegelsteinen, aber auch romanische. Man könnte deshalb auch von „Backsteinromanik" sprechen. Die großartigen frühchristlichen Kirchen und Baptisterien in Ravenna – wiederum eine Stadt am Meer auf sandigem Boden – wurden aus Ziegelsteinen errichtet. Die Begriffe „Backsteinbauten" oder „Ziegelbauten" sind für alle Bauten aus diesem Material zutreffend. Der Ausdruck „Backsteingotik" ist Kirchbauten vorbehalten, die aus Ziegelsteinen in der Zeit der Gotik errichtet wurden.
Ziegelsteine haben einen Nachteil gegenüber Natursteinen: Man kann sie nicht mit Hammer und Meißel bearbeiten und Schmuckformen oder Figuren herausarbeiten. Man muss andere Methoden wählen, um eine Ziegelwand zu gestalten. Wenn Kreise oder Spitzbögen am Bau erforderlich sind, müssen die Steine entsprechend im sandiglehmigen Zustand vorgeformt werden. Danach werden sie gebrannt und im gehärteten Zustand vermauert. Auch durch eine verschiedene Anordnung der rechteckigen Ziegel lassen sich Variation und Leben in eine Mauer bringen. Bei einem Läuferverband sind alle Steine der Länge nach geordnet. Wenn nur die Schmalseiten sichtbar sind, spricht man von einem Binderverband. Ein Blockverband entsteht, wenn Läufer- und Binderreihen schichtweise wechseln. In einer Reihe (Schicht) werden alle Steine der Länge nach gelegt, in der Reihe darüber sieht man nur Ziegeln mit der Schmalseite, darüber folgt wieder eine Reihe mit der Langseite, oder die Steine werden abwechselnd mit der Schmal- und Langseite aneinandergelegt. Die unbehauenen Steine können auch so gelegt werden, dass die Ecken aus dem Mauerverband einige Zentimeter vorstoßen. Auf diese Weise entsteht ein Fries, ein Schmuckband, das unter dem Namen „Deutsches Band" bekannt ist. Schließlich bieten auch die unterschiedlichen braunroten Farben Gestaltungsmöglichkeiten. Ein romanisches oder gotisches Figurenportal aus Ziegelsteinen wird man aber vergeblich suchen.
In Rom und in vielen Teilen des Römischen Reiches waren Ziegel das am meisten benutzte Baumaterial. Es diente zur Verkleidung eines harten, zementartigen Steinmörtelgemisches, des „opus caementitium".
Beliebt war eine Verkleidung aus quadratisch geformten Ziegeln mit einer Seitenlänge

Abb. 24   Chorakloster, Istanbul

Abb. 25   Kreuzkuppelkirche auf Zypern

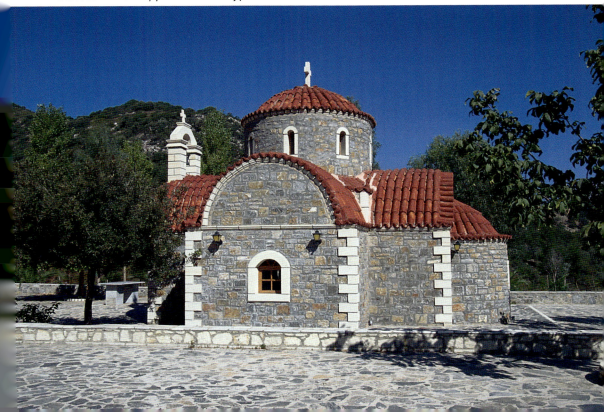

von etwa zehn Zentimetern, die auf der Rückseite pyramidenhaft zusammenlaufen. Diese „Nägel" wurden in das frisch gemauerte, noch feuchte, zementartige Mauerwerk eingedrückt. Der Stein wird so gesetzt, dass eine Spitze des Quadrates nach unten zeigt. So entsteht ein Rautenmuster, das wie ein Netz die Wand überspannt. Die Bezeichnung für diese Form und Anordnung von Ziegeln kann nicht anders lauten als Netzwerk, lateinisch „opus reticulatum".

KREUZKUPPELKIRCHE

Das Wort sagt ziemlich genau, was gemeint ist: Eine Kirche mit Kuppel über dem Grundriss eines griechischen Kreuzes. Es können auch noch vier weitere Kuppeln auf den Kreuzarmen dazu kommen. Auch in einem solchen Fall spricht man von einer Kreuzkuppelkirche. Sie wurde in der einen oder anderen Form zum Prototyp des byzantinischen Kirchbaus. In der griechisch-orthodoxen Welt steht sie auch bei Neubauten zahlenmäßig an erster Stelle (Abb. 25). Eine symbolische Deutung der fünf Kuppeln liegt nahe. Die mittlere weist auf Christus hin. Innen ist er im Zenit als Pantokrator (= Allherrscher) dargestellt (Abb. 32). Ihm gebührt die größte und höchste Kuppel. Deshalb steht sie auf einem Tambour, damit sie hoch über die Nachbarkuppeln hinausragt. Die vier anderen Kuppeln werden mit den vier Evangelisten in Verbindung gebracht. Christus im Zentrum, die Evangelisten um ihn herum. Sie tragen die Botschaft in die Welt. Die Vorliebe für die Kreuzkuppelkirche hängt mit der besonderen Art des Liturgieverständnisses zusammen. Der Gottesdienst ist nach orthodoxem Verständnis kein Menschenwerk, sondern göttliche Liturgie, die sich aus dem Himmel auf die Erde senkt. Die Kuppel ist traditionell ein Bild für den Himmel.

AN STILEPOCHEN GEBUNDENE BEGRIFFE

Am geläufigsten sind Formulierungen wie romanische oder gotische Kirche oder Barockkirche. Solche Begriffe vermitteln einen Gesamteindruck von der Architektur und geben ganz grob Auskunft über das Alter solcher Bauten. Insofern sind sie durchaus brauchbar. Vieles verschweigen sie, z. B. ob die gotische Kirche eine Hallenkirche ist oder eine Basilika. Das soll kein Vorwurf gegen die Begrifflichkeit sein. Man darf einen Begriff nicht überfordern. Um einen Bau genauer vorzustellen, muss man mehrere Begriffe benutzen. – Den Stilepochen ist ein eigenes Kapitel gewidmet, sodass an dieser Stelle nicht näher erläutert werden muss, was eine gotische Kirche ist. Aber was bedeutet es, wenn den Stilbezeichnungen ein „Neo" vorgesetzt wird? Was sagen die Begriffe „Neoromanik" oder „Neogotik" aus?

Neogotik heißt Neugotik. Die Worte kann man wechselweise benutzen. Das griechische Wort „neo" heißt nichts anderes als neu. Im 19. Jahrhundert gab es eine Tendenz, die bis zum Ersten Weltkrieg anhielt, Kirchen im Stil früherer Epochen zu bauen. So entstanden Kirchen, die auch ein Fachmann auf den ersten Blick für mittelalterliche Bauten halten konnte. Die Klosterkirche der Benediktiner in Gerleve z. B. macht außen und innen durchaus den Eindruck einer romanischen Kirche aus dem 12. Jahrhundert. Erst bei genauerem Hinschauen merkt man, dass Mauerwerk und Ausstattung erstaunlich gut erhalten sind und schon deshalb wohl kaum aus dem Mittelalter stammen können. Ein gutes Beispiel für eine neoromanische Kirche ist die Kirche St. Adalbero in Würzburg

Abb. 26
Neoromanische Kirche
St. Adalbero in Würzburg

Abb. 28
Modernes Gebäude mit
gotischen Spitzbögen in Abu Dhabi

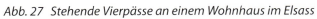

Abb. 27   Stehende Vierpässe an einem Wohnhaus im Elsass

(Abb. 26 und 38). Außen und innen gleicht sie einer romanischen Kirche aus dem 12. Jahrhundert. Sie ist stark horizontal gegliedert. Die wenigen Schmuckformen imitieren solche von echten romanischen Kirchen. Unter den Gesimsen der Türme verlaufen Rundbögenfriese. Die Turmecken sind betont durch flache, etwas vortretende Wandvorlagen ohne Kapitell und ohne Basis. Solche Lisenen sind typisch für mittelalterliche romanische Kirchen. Das Portal könnte eine direkte Kopie sein. Auch der Innenraum gleicht bis in Details einer Kirche aus dem 12. Jahrhundert: Die Decke ist kreuzgratgewölbt. Die Hochschiffwände werden von Arkaden auf Pfeilern getragen. Man entdeckt Würfelkapitelle und eine Trompenkuppel über der Vierung. Das gesamte Formenrepertoire der Romanik taucht wieder auf.

Eine neogotische Kirche ist die Liebfrauenkirche in Dortmund (Abb. 21). Es ist ein Backsteinbau in der Struktur einer Hallenkirche. Was oben über eine neoromanische Kirche und deren formaler Gleichheit mit einer mittelalterlichen romanischen Kirche ausgeführt wurde, kann hier analog von den neogotischen Kirchen gesagt werden.

Einzelnen im Mittelalter entwickelten Formen begegnet man in allen Jahrhunderten, z. B. einem stehenden Vierpass an einem vielleicht hundert Jahre alten Wohnhaus (Abb. 27). Ursprünglich haben Vierpässe ihren Platz an der Sockelzone gotischer Fassaden, neben den Eingängen. Auch die moderne Architektur greift gern auf gotische Formen zurück (Abb. 28).

Wenn man in Quedlinburg die romanische St.-Servatius-Kirche besucht, bemerkt man von außen einen hochgotischen Choranbau. Bei der Innenbesichtigung ist er wie verschwunden. Die Nationalsozialisten haben innen im gotischen Anbau eine neoromanische Apsis errichtet. Diese wurde bis an die Seitenwände und oben bis an die Decke geführt, sodass man von dem gotischen Chor innen nichts sehen konnte. Sie konnten offensichtlich die romanische Baukunst für ihre unselige Ideologie besser instrumentalisieren als die gotische: Ein Jahrtausend überdauernd, standfest, unzerstörbar, für die Ewigkeit geschaffen, klar und „echt deutsch", so wurde die romanische Architektur von den Nationalsozialisten gesehen.

FUNKTIONSBEGRIFFE

KIRCHE

Wenn man das Wort „Kirche" allein ohne weiteren Zusammenhang liest, kann es auch die Gemeinschaft der Gläubigen bezeichnen, also die Kirche, die aus lebendigen Steinen besteht. „Kommt zu ihm, dem lebendigen Stein, der von den Menschen verworfen, aber von Gott auserwählt und geehrt worden ist. Lasst euch als lebendige Steine zu einem geistigen Haus aufbauen, zu einer heiligen Priesterschaft, um durch Jesus Christus geistige Opfer darzubringen, die Gott gefallen" (1 Petr 2,4f). Kirche ist ein metonymer Begriff. Besser als komplizierte Begriffserklärungen können ein paar Beispiele verdeutlichen, was man unter einem metonymem Begriff versteht. Schule ist ein metonymer Begriff. Er kann sich auf das Schulgebäude beziehen oder auf eine Gruppe von Menschen, wie die Schule von Barbizon oder die Schule von Fontainebleau. Die Schule von Athen ist kein Schulgebäude in Athen, sondern ein Wandgemälde von Raffael im Vatikan. Im Titel dieses Buches wird Kirche als Architekturbegriff verstanden. Wenn sich später der Text auf die Gemeinschaft von Glaubenden bezieht, wird das aus dem Zusammenhang deutlich.

Die Gemeinschaft der Christen wird im griechischen Neuen Testament „Ecclesia" genannt, d. h. Versammlung. Das Wort wurde ohne Veränderung in die lateinische Sprache übernommen. Beide Ausdrücke sind identisch bis auf die Betonung. Die Griechen betonen das „i", die Lateiner das „e" in der Mitte. Das Wort „ecclesia" ist zunächst kein religiöses Wort. Es steht in einem politischen Kontext. Es bezeichnete im antiken Griechenland die Versammlung der Bürger einer Stadt. Die Volksversammlung hat legislative und exekutive Kompetenzen. Wenn im Neuen Testament Ecclesia auf die Gemeinschaft der Christen übertragen wird, ist das für sie eine Ehre. Um ein paar Beispiele für diese Anrede zu nennen: Im zweiten Vers des Philemonbriefes richtet sich Paulus an die „ecclesia", an die Versammlung im Haus des Philemon. Auch die Christen im heutigen Thessaloniki in Griechenland werden in den beiden Briefen an sie im ersten Vers so angeredet. Sie sind die Bürgerversammlung, nicht im politischen Sinn verstanden als Bürger einer Polis, eines Stadtstaates, sondern viel mehr: Sie sind die Bürgerversammlung im Reich Gottes. Deshalb erhält das Wort manchmal den Beinamen „Gottes", d. h., die Christen sind die Versammlung Gottes. Dadurch wird ihre Versammlung aufgewertet und erhält eine neue Qualität. Im Französischen heißt Kirche „eglise". Das griechische bzw. lateinische Wort „ecclesia" klingt deutlich durch.

Das deutsche Wort Kirche hat einen anderen Ursprung. Es hat als Wurzel das griechische Hauptwort „kyrios" (= der Herr) und das Adjektiv „kyriakä". Wenn man die ersten drei Buchstaben der beiden griechischen Worte ausspricht, klingen sie wie die erste Hälfte des deutschen Wortes „Kir"che. Wie aber gelangt das Wort „kyrios" zu einem Begriff, der die Gemeinde bezeichnet?

Mose erfuhr im brennenden Dornbusch den Gottesnamen JHWH (Ex 3,1-6). In der griechischen Übersetzung des hebräischen Textes der Bibel wird JHWH mit „kyrios" wiedergegeben. Dieser Titel, der sich zunächst auf den transzendenten Gott bezieht, wird im Neuen Testament auf Christus übertragen. Es ist ein Hoheitstitel. Christus ist der Herr, Bild des unsichtbaren Gottes. In der Liturgie wird Jesus oft mit diesem Titel angesprochen: Kyrie eleison – Herr, erbarme dich.

Im deutschen Wort „Kirche" ist diese Bedeutungsfülle latent enthalten. Man sieht sie dem Wort zwar nicht direkt an. Kaum jemand wird an die Dornbuschszene denken, wenn er das Wort Kirche ausspricht. Aber wenn man von dieser Verbindung und von der Übertragung des Gottesnamens auf Jesus einmal gehört hat, wird einem der Gehalt des inflationären Alltagswortes Herr vermutlich hin und wieder bewusst werden. Auch die Bezeichnung „Ecclesia" und das daraus abgeleitete französische „eglise" geben die Bedeutung als Bürgerversammlung Gottes nicht unmittelbar preis.

Es dürfte deutlich geworden sein, dass sich der Gottesname JHWH bzw. Kyrios in der Bezeichnung „Kirche" verbirgt. Aber man darf Kyrios und Kirche nicht gleichsetzen. Es gäbe auch keinen Sinn, zu sagen, die Kirche sei der Herr. Die Kirche ist eine Gemeinschaft, die zum Kyrios gehört oder ihm gehört. Sie ist eine Versammlung des Herrn, des Kyrios. Das griechische Adjektiv „kyriakä" ist ins Deutsche schwer zu übersetzen. Es heißt so viel wie „zum Herrn gehörig" oder, um des besseren Verstehens wegen ein neues Wort zu bilden: „kyrial". Die Kirche ist eine kyriale oder zum Herrn gehörende – nun muss man ergänzen: Gemeinde oder Versammlung. Das Adjektiv „kyriakä" hat sich verselbständigt und ist zu einem Substantiv geworden. Von diesem Adjektiv leitet sich das Wort „Kirche" ab. Im dritten Johannesbrief wird „kyriakä" in den Versen sechs und neun benutzt und mit „Gemeinde" übersetzt. „Sie haben vor der Gemeinde für deine Liebe Zeugnis abgelegt" und „Ich habe der Gemeinde geschrieben".

Das Wort Kirche bezieht sich im Neuen Testament immer auf die Gemeinschaft der Christen, nie auf ein Gebäude. Kirchengebäude gab es erst im dritten Jahrhundert. Die Kirche von Ephesus oder die Kirche von Korinth meint nicht ein Gebäude in diesen Städten, sondern die überschaubare Gruppe der Christen in Ephesus und Korinth. Manchmal wird auch eine einzelne christliche Familie als Gemeinde oder Kirche bezeichnet, wie der oben erwähnte Brief an Philemon zeigt. Paulus schreibt den Philemonbrief in erster Linie an Philemon, aber auch „an die Gemeinde in deinem Haus".

Bis heute hat sich die Bezeichnung Kirche als Begriff für die Christengemeinschaft erhalten. Erst später, als es Kirchengebäude gab, übertrug man diese Bezeichnung auch auf das Gebäude, in der sich die „kyriakä" traf.

KAPELLE

Eine Kapelle ist im allgemeinen Verständnis eine kleine Kirche (Abb. 29). Genaue Maße für die Abgrenzung von Kirche und Kapelle gibt es nicht. Die Grenzen sind fließend. So muss man sich mit der allgemeinen Definition von Kapelle als einer kleinen Kirche begnügen.

Tatsächlich können Kapellen manchmal recht groß und kostbar ausgestattet sein. Man denke nur an die Sainte-Chapelle in Paris (Abb. 22), die Sixtinische Kapelle im Vatikan, das „Käppele" (= „Kapellchen") in Würzburg (Abb. 30), die Aachener Pfalzkapelle, die Scrovegnikapelle in Padua (Abb. 31) oder an die Cappella Palatina in Palermo (Abb. 32).

Kapellen stehen nicht immer als selbstständige kleine Kirchen in der Landschaft wie die oben erwähnten. Man spricht auch von Kapellen innerhalb von Kirchen und meint damit die Kapellen in den Seitenschiffen oder den Kapellenkranz am Chorumgang. In Italien wurden solche Kapellen oft von reichen Familien ausgestattet. Bis heute tragen sie deren Namen. Es gab Konkurrenzdruck. Die Familien versuchten, die besten Künstler zu verpflichten. Skulpturen, Altäre und vor allem die Wandmalerei sind hochrangige Kunstwerke, man denke nur an die Kirchen S. Maria Novella und S. Croce in Florenz.

Das Wort „Kapelle" ist vom lateinischen „cappa" abgeleitet. Auf Deutsch heißt es „Mantel". Das ist mehr als seltsam. Was hat ein Gebetsraum mit einem Mantel zu tun?

Der Mantel des heiligen Bischofs Martin von Tours (316/17-397) wurde cappa oder – französisch – „capelle" genannt. Nach seinem Tod wurde der halbierte Mantel in einem Raum des französischen Königshauses in Paris aufbewahrt. Es erinnerte an die Tat der Nächstenliebe des hl. Martin, der seinen Mantel geteilt haben soll und die Hälfte einem frierenden Bettler gab. Wenn Pilger die „capelle" verehrten, erwiesen sie also der Mönchskutte des heiligen Martin und damit der Person selbst die Ehre. Vom Kleidungsstück ging der Name auf den kleinen Raum über, in dem die „capelle" des Heiligen verehrt wurde und schließlich auch auf andere kleine Gebetsräume.

KATHEDRALE

Dieser Begriff ist sehr präzise und eindeutig. Das lateinische Wort „cathedra" heißt „Stuhl". Gemeint ist der Lehrstuhl des Bischofs (Abb. 33). Die Kirche, in der die Cathedra

Abb. 29
Kapelle Dörnschlade bei Wenden, Sauerland

Abb. 30
Wallfahrtskirche „Käppele" in Würzburg

Abb. 31 *Scrovegnikapelle in Padua*

Abb. 32
Cappella Palatina in Palermo, Sizilien

Abb. 33
Cathedra in der Vierung des Kölner Doms

Abb. 34   Cathedra in der Lateranbasilika, Rom

des Bischofs steht, heißt Kathedrale. Es kann eine Saalkirche sein oder eine fünfschiffige romanische Basilika. Meist ist die Bischofskirche die größte und am reichsten ausgestattete Kirche einer Stadt. Oft ist sie auch die älteste. Aber das alles gilt mit Einschränkung. Entscheidend ist das Vorhandensein des Lehrstuhls. Die Cathedra macht eine Kirche zur Kathedrale, unabhängig von Alter, Baustil oder Kostbarkeit der Ausstattung.

Die Kathedrale ist kirchenrechtlich jedoch nicht die Privatkirche des Bischofs, schon gar nicht sein persönlicher Besitz. Eine Privatkapelle hat fast jeder Bischof in seiner Wohnung. Diese kann er nach seinen Vorstellungen gestalten. Hier feiert er an Werktagen die Messe, soweit er nicht in seinem Bistum unterwegs ist. Die Kathedrale dagegen ist eine juristische Person. Das Domkapitel ist verantwortlich für den Erhalt und für die Ausstattung der Kathedrale. Der Bischof ist kein Mitglied des Domkapitels. War er das vorher, verliert er dieses Amt mit der Bischofsernennung.

In der Antike und noch im Mittelalter war das Sitzen die dem Lehrer gemäße Haltung. Deshalb wird im Neuen Testament oft gesagt: Jesus „setzte sich" und begann zu reden. An sich, so könnte man meinen, ist die Bemerkung belanglos. Das ist sie aber keineswegs. Die Bemerkung vom „Sitzen" sagt: „Achtung! Hier spricht ein Lehrer, der Wichtiges zu sagen hat." Der Stuhl des Bischofs weist also auf den Bischof hin, auf den ersten Lehrer, Seelsorger und Leiter des Bistums. – Manche Bischöfe haben zwei Kathedralen. Die Cathedra des Bischofs von Mailand steht im Mailänder Dom. Vorher war die altehrwürdige Kirche S. Ambrogio seine Kathedrale. Diese Kirche sollte nicht eine einfache Pfarrkirche werden. Deshalb behielt sie der Bischof weiterhin als Kathedrale, als seine Cathedra im neu errichteten Mailänder Dom aufgestellt wurde. Auch der Bischof von München hat zwei Kathedralen. Bis 1821 war es allein die Kathedrale in Freising. Danach zog er nach München um und wählte den heutigen Liebfrauendom als Kathedrale. Die alte in Freising wurde aber nicht einfach fallengelassen, sondern behielt als „Co-Cathedrale", als „Mit-Kathedrale", den Rang einer Bischofskirche. Immer noch werden in der Co-Cathedrale einige bischöfliche Funktionen vollzogen wie z. B. die Spendung der Priesterweihe. Wenn schon einzelne Bischöfe mehrere Kathedralen haben können, wird dem Bischof von Rom eine noch größere Anzahl von Bischofskirchen zustehen. Tatsächlich hat der Papst fünf Kathedralen. Die ranghöchste, weil älteste, ist die Lateranbasilika. Weitere sind die Peterskirche, St. Paul vor den Mauern, S. Maria Maggiore und S. Lorenzo. In jeder dieser Kirchen steht eine prächtige Cathedra (Abb. 34). In St. Peter ist sie von Bernini (1598-1680) besonders aussagekräftig inszeniert. Sie schwebt vor dem Heilig-Geist-Fenster. Unter ihr stehen die Statuen von vier Kirchenlehrern. Es scheint, als würde sie von diesen getragen. Tatsächlich aber tragen sie nichts. Die päpstliche Cathedra bedarf keiner Stütze durch die Kirchenlehrer. Genau das ist die Aussage dieses künstlerischen Arrangements.

Von „cathedra" kommt auch das Wort Kathedralentscheidung. Dies ist eine Lehraussage des Papstes mit höchstem kirchlichem Anspruch.

Eine Kathedrale ist nicht immer eine gotische Kirche. Die beiden Worte werden zwar oft in einem Atemzug miteinander verbunden, sodass es den Anschein hat, jede Kathedrale sei im gotischen Baustil errichtet worden. „Gotische Kathedrale" oder die „gotischen Kathedralen Frankreichs" sind vertraute Formulierungen. Tatsächlich wurden im 13. und 14. Jahrhundert auch viele romanische Bischofskirchen modernisiert oder neu gebaut. Sie wurden natürlich im Zeitgeist, d. h. im gotischen Stil, errichtet, besonders in Frankreich. Zahlenmäßig sind in Frankreich die meisten Kathedralen gotische Bauten. In

Deutschland gibt es noch viele Kathedralen im romanischen Stil: Mainz, Worms, Speyer, Münster, Paderborn, um nur einige zu nennen. Noch einmal, zusammenfassend: Jede Kirche, in der die Cathedra des Bischofs steht, ist eine Kathedrale und sollte so genannt werden. Nicht jede Kathedrale ist eine gotische Kirche, und nicht jede gotische Kirche ist eine Kathedrale.

Von der Cathedra des Bischofs muss der einfache Priestersitz unterschieden werden. Nach der Liturgiereform im Zuge des Zweiten Vatikanischen Konzils stehen neben oder hinter dem Altar drei Sitze. Der mittlere ist für den Priester bestimmt, die beiden anderen für seine Assistenten. Im Unterschied zum Priestersitz ist der Bischofsstuhl repräsentativer und symbolhafter. An der Rückenlehne ist das bischöfliche Wappen angebracht. Die Cathedra ist entweder axial hinter dem Altar oder weit hinten in der Apsis der Kirche oder an einem Vierungspfeiler aufgestellt. Damit wird zu einem anderen Begriff übergeleitet, der oft synonym für Bischofskirchen benutzt wird:

DOM

Das Wort „Dom" ist eine Abkürzung des lateinischen Wortes „domus" und heißt Haus. Ursprünglich bezog sich das Wort auf das Haus des Bischofs. In seinem Wohnbereich wohnten auch seine engsten Mitarbeiter, die Domkanoniker. Zum Haus des Bischofs gehörte eine Kirche. Bald ging das Wort von der Wohnung des Bischofs auf diese Kirche über, die ja im Mittelalter als Wohnung oder Haus Gottes betrachtet wurde. Unter „Dom" verstand man nun diese bischöfliche Kapelle, in der die Domkanoniker das Chorgebet verrichteten und der Bischof privat betete. Erst gegen Ende des Mittelalters ging der Begriff auf die große Bischofskirche, die Kathedrale, über.

Das Wort „Dom" ist bis heute nicht präzise. Wie ausgeführt: Ursprünglich hatte es nichts mit der Kathedrale zu tun, sondern mit der bischöflichen Wohnung und der bischöflichen Kapelle. Heute wird dieser Begriff nicht nur auf Kathedralen bezogen, sondern auch auf andere größere Kirchen. Man spricht vom Altenberger Dom, der nie eine Bischofskirche war. Viele Pfarrkirchen werden im Volksmund Dom genannt.

PFARRKIRCHE

Eine Pfarrkirche ist die Kirche in einem Wohngebiet mit exakt festgelegten Grenzen. Bis auf die Hausnummer in einer Straße ist die Zugehörigkeit des betreffenden Hauses zu dieser oder jener Pfarrei geordnet. Die Pfarrkirche ist der Ort für das vielfältige gottesdienstliche Leben einer Gemeinde. Dort versammelt sich die Gemeinde zur sonntäglichen Eucharistiefeier, Kinder und Erwachsene werden getauft, Eheleute geben sich das Ja-Wort, man kann das Bußsakrament empfangen, der Bischof spendet die Firmung, Kinder werden zur Erstkommunion geführt. Eine Pfarrkirche ist nicht an einen bestimmten Stil gebunden. In Bezug auf Architektur und Ausstattung sollte man sie nicht unterschätzen. Es gibt wahre Schmuckstücke unter ihnen.

KLOSTER- UND ORDENSKIRCHEN

Ordensleute benötigen nicht nur Räume zum Wohnen, sondern vor allem einen Kirchenraum. Das Aussehen einer Ordenskirche hängt wesentlich vom Selbstverständnis des jeweiligen Ordens ab. Wenn Ordensleute autark und unabhängig von der Hilfe anderer leben wollen, benötigen sie Werkstätten und Ländereien. Sie werden ihre Kirchen reicher ausstatten als Orden, die den Lebensunterhalt von anderen Menschen erbetteln. – Im Kapitel Ordensarchitektur werden die verschiedenen Klosteranlagen als Folge unterschiedlicher Ordensregeln vorgestellt.

STIFTSKIRCHE

Unter Stift versteht man eine Gruppe von Priestern, die mehr oder weniger intensiv in einer Gemeinschaft lebt und das Chorgebet gemeinsam in ihrer Stifts- oder Kollegiatskirche verrichtet. Sie heißen auch Stiftsherren, Chorherren oder Kanoniker. Sie sind keine Mönche, weil sie privates Eigentum haben dürfen. Mönche legen die Gelübde der Armut, Keuschheit und des Gehorsams ab. Stiftsherren leben als Priester ehelos, müssen aber nicht arm sein. Ein Gelübde des Gehorsams dem Abt gegenüber leisten sie nicht, weil an der Spitze eines Stiftes kein Abt steht. Meist kommen sie aus gehobenen gesellschaftlichen Schichten. Als Grundlage für das Funktionieren ihres gemeinschaftlichen Lebens wählten die meisten Stifte die Regel des heiligen Augustinus (354-420). Augustinus lebte als Bischof von Hippo in Nordafrika mit einigen Priestern in einer „vita communis", einem „gemeinsamen Leben" auf der Grundlage einer festen Ordnung. Diese Regel hatte eine große Nachwirkung über fast tausend Jahre. Von vielen Stiften im Mittelalter wurde sie übernommen, wobei sie durchaus variiert und an örtliche Besonderheiten angepasst werden konnte. Chorherren, die nach einer festen Regel leben, sind „regulierte" Chorherren oder Kanoniker. Kanon heißt auf Deutsch Messschnur oder Regel. Sie haben die Verpflichtung zum gemeinsamen Chorgebet. Wie in einer Klosterkirche gibt es deshalb auch in Stiftskirchen ein Chorgestühl. Der Name Chorherren bezieht sich auf die Herren, die im Chorgestühl ihren Platz haben.
Viele der romanischen Kirchen in Köln sind ehemalige Stiftskirchen. In der Nähe der Stiftskirchen stand eine kleinere und meist weniger aufwendig gebaute und ausgestattete Pfarrkirche als Kirche für die Gemeinde. Die Stiftsherren verrichteten dort den Seelsorgedienst. Im 19. Jahrhundert wurden die meist schon ziemlich verfallenen Pfarrkirchen abgerissen. Erhalten und nach dem Krieg wieder aufgebaut wurden die Stiftskirchen.
So wie es für Priester das Leben im Stift gab, hatten auch Damen aus vornehmen Kreisen, die nicht in ein Kloster eintreten wollten, die Möglichkeit, in einem Damenstift – auch Kanonissenstift genannt – auf religiöser Grundlage in Gemeinschaft zu leben.

PROPSTEIKIRCHE

In manchen Städten gibt es eine Propsteikirche. Der Pfarrer an einer solchen Kirche nennt sich Propst. Der Propst ist ein „praepositus", ein Vorgesetzter. Bis ins 10. Jahrhundert wurde der Stellvertreter des Abtes Propst genannt. Auch der Leiter eines Domkapitels heißt Propst, „Dompropst". An der Spitze von Chorherrenstiften stand ein Propst. Demnach waren heutige Propsteikirchen früher mit einem Kloster oder Stift verbunden. Nach der Auflösung der Klöster und Stifte im 19. Jahrhundert in der Säkularisation blieb der Name Propst für die Pfarrer an solchen Kirchen erhalten. – Nicht alle Propsteikirchen haben diesen geschichtlichen Hintergrund. Manche waren früher

Pfarrkirchen. Der Papst hat sie zur Würde einer Propsteikirche erhoben. Es ist eine Auszeichnung. Der Pfarrer an einer solchen Kirche führt den Titel Propst. Zu den Insignien gehört das Propstkreuz. Es hängt vor der Brust an einem Seidenband und nicht, wie bei Domkapitularen und Bischöfen, an einer Kette. Zu den Insignien gehört ferner die Mozetta, ein breiter, schwarzer Kragen, der bei einigen liturgischen Handlungen über das weiße, knielange Rochett gelegt wird und Rücken, Schultern und Brust bedeckt. Bei der Messfeier wird die Mozetta nicht umgelegt, weil sie nicht sichtbar unter den Paramenten liegen würde.

WALLFAHRTSKIRCHE

Wallfahrtskirchen sind Kirchen, zu denen Menschen aus nah und fern pilgern, um Erhörung in einem Anliegen zu finden oder um Dank abzustatten. Viele Wallfahrtskirchen sind der Gottesmutter geweiht: Werl, Altötting, Lourdes, Fatima, Tschenstochau, um nur einige zu nennen. Mit fast allen Wallfahrtskirchen sind Gründungssagen verbunden: Kindern sei die Muttergottes wiederholt erschienen, ein Schäfer habe eine Marienstatue in einem Dornengestrüpp gefunden, ein Marienbild habe Tränen vergossen. Besonders wunderbar ist die Gründungsgeschichte der ersten großen Marienkirche St. Maria Maggiore in Rom. In der Nacht zum 5. August des Jahres 352 sei die Gottesmutter dem Papst Liberius im Traum erschienen und habe ihm gesagt, er solle auf dem Hügel, auf dem am nächsten Morgen Schnee gefallen sei, ihr zu Ehren eine Kirche bauen. Der Schnee war auf dem Esquilin gefallen. Dort wurde dann die prächtige Marienkirche gebaut. Die Kirche heißt in Erinnerung an die Geschichte vom Schneewunder auch „Santa Maria della Neve", die heilige Maria vom Schnee. Auch in Deutschland tragen noch manche Marienkirchen den Namen Maria im Schnee.
Fast jedes Land hat ein nationales Marienheiligtum. Auch in jedem Bistum gibt es eine exponierte Marienkirche, in der viel gebetet und viel Kraft geschöpft wird.
Neben Marienheiligtümern gibt es Wallfahrtskirchen, die anderen Heiligen geweiht sind. In Santiago de Compostela im Nordwesten Spaniens wird der heilige Jakobus besonders verehrt. Im Mittelalter pilgerten Hunderttausende aus allen Ländern Europas zu seinem Grab. Auch heute noch begeben sich viele Menschen allein oder in Gruppen auf den Weg zu seinem in Santiago vermuteten Grab.
Auch das Grab des hl. Antonius in Padua ist ein beliebtes Pilgerziel für Gruppen aus ganz Italien. Sie berühren mit Händen und Köpfen die Umfassungswände des Grabes, sie lassen Blumen dort und viele Tafeln mit Bitt- und Dankschriften. Auch nach Rom pilgerten die Menschen früher nicht der großen Kunstschätze wegen. Man besuchte die Gräber der Apostelfürsten Petrus und Paulus. Die wenigsten, die heute dicht gedrängt durch die Peterskirche gehen, werden vermutlich am Grab des hl. Petrus ein Gebet sprechen. Sie sind überwältigt von den Dimensionen des Innenraumes und von der kostbaren Ausstattung. – Die Grabes- bzw. Auferstehungskirche in Jerusalem und viele andere Kirchen an biblischen Stätten sind immer noch Wallfahrtsziele von allerhöchstem Rang. Hier lässt sich wohl zu Recht sagen, dass Menschen nicht der Kunstwerke wegen die Kirchen in Israel, Palästina, Syrien, im Libanon und in Ägypten besuchen – all das ist Heiliges Land –, sondern der biblischen Ereignisse wegen. Die Kirche mit dem Grab des hl. Simon, der in Syrien Jahrzehnte auf einer Säule zubrachte, war über Jahrhunderte ein stark frequentiertes Wallfahrtszentrum.

Es dürfte deutlich geworden sein: Wallfahrtsorte unterscheiden sich in vielerlei Hinsicht. Gemeinsam ist allen, dass sie von vielen Menschen aus allen Schichten besucht werden. Die einen hoffen auf Gebetserhörung, andere wollen Dank sagen. Manche wollen ihr bisheriges Leben reflektieren und ihm mit Gottes Hilfe eine andere Richtung geben.

Daraus resultieren einige für Wallfahrtsorte charakteristische Kennzeichen: In den Kirchen stehen viele Beichtstühle. An den Wänden hängen Votivgaben. Draußen gibt es große Plätze, wo sich die Pilger sammeln können.

Votivgaben sind ein sicheres Indiz für Wallfahrtskirchen. Besonders nach Heilungen von schwerer Krankheit bringen viele Pilger Miniaturdarstellungen einer Hand, eines Armes, eines Fußes mit und heften solche Nachbildungen aus Metall an die Wand. Oder ein Herz wird als Ausdruck der Dankbarkeit angebracht. Oft werden auch Schrifttafeln mit einem Satz des Dankes für die erfahrene Hilfe an die Wand geheftet. Mehrere Wände der Wallfahrtskirche Tschenstochau in Polen sind mit Tausenden von Votivgaben geschmackvoll dekoriert.

Solche Bräuche sind nicht neu. Bereits in der Antike schenkte man den Göttern ähnliche Votivgaben, wie sie später im Christentum üblich wurden. In vielen archäologischen Museen kann man solche Votivgaben sehen. Wenn sich die Gaben im Tempel zu sehr häuften, hat man sie in einer Grube – Butros genannt – vergraben.

MÜNSTER

Manche Kirchen werden Münster genannt. Das Wort ist vom lateinischen „monasterium" (= Kloster) abgeleitet. Wenn eine Kirche „Münster" genannt wird, liegt die Vermutung nahe, dass es früher eine Klosterkirche war. Es gibt Ausnahmen. Das Freiburger Münster war nie ein Kloster. Es wurde als Stadtkirche gebaut und ist später Bischofskirche geworden.

NATIONALKIRCHE

Wenn man vom Wort ausgeht, kann man schon vermuten: Eine Nationalkirche wird die Kirche einer bestimmten Nation in einem ausländischen Land sein. Im 18. und 19. Jahrhundert versuchten viele Regierungen in Europa und darüber hinaus, in berühmten christlichen Städten wie Rom und Jerusalem Grundstücke zu erwerben, um dort für ihre Landsleute eine Kirche zu bauen, eine Schule, ein Krankenhaus und bzw. oder ein Pilgerhaus. Die Deutschen besitzen in Rom direkt neben der Peterskirche bereits seit der karolingischen Zeit den Campo Santo Teutonico, einen Friedhof mit Kirche und einem Gebäudetrakt. In der Nähe der Piazza Navona steht die deutsche Nationalkirche S. Maria dell`Anima. Unweit vom Pantheon haben die Franzosen ihre Nationalkirche S. Luigi dei Francesi. Eine Kapelle dieser Kirche, die Capella Contarelli, hat Caravaggio mit Szenen aus dem Leben des Evangelisten Matthäus ausgemalt. Auch in Jerusalem gibt es Nationalkirchen. Russland hat dort mehrere kirchliche Zentren, ebenfalls die Deutschen, die Engländer, Franzosen, Italiener und Äthiopier. Alle möchten in dieser für die Christen wichtigsten Stadt vertreten sein und somit einen Fuß auf heiligem Boden haben.

„Titel" kann eine Berufsbezeichnung sein oder auch ein Name. Die Aufschrift am Kreuz Christi mit den Worten „Jesus von Nazareth, König der Juden" ist ein „Titulus". Er nennt den Namen und – ironisch – das Amt des Gekreuzigten.

Früher wurde in Rom der Name des Hausbesitzers, der Titulus, außen an die Hauswand geschrieben. Bis heute besteht dieser Brauch in vielen Ländern. Vor der Konstantinischen Zeit wurde die Eucharistie normalerweise im Haus eines reichen Christen gefeiert. Eine überschaubare Gemeinde versammelte sich sonntags z. B. im Haus des Clemens oder des Anastasius. Manchmal wurde dieser Raum ausschließlich für den sonntäglichen Gottesdienst genutzt und entsprechend hergerichtet. Dann kann man schon von der Titelkirche des Clemens oder des Anastasius sprechen. Die Hauskirche wird nach dem Besitzer benannt.

Für die Kirchen in Rom war der Bischof – später, etwa seit dem 4. Jahrhundert Papst genannt – verantwortlich. Die einzelnen Gottesdienstorte waren keine selbstständigen Pfarreien, sondern Unterteilungen der einen großen römischen Stadtpfarrei mit dem Bischof an der Spitze. Das Verwaltungszentrum der vom Papst verwalteten Pfarrei Rom war seit dem 4. Jahrhundert der Lateran. Die Pfarrer an den römischen Kirchen, die Kardinalpriester, waren in besonderer Weise dem römischen Bischof als Helfer und Berater zugeordnet. Der Titulus, der Name, bezieht sich nicht auf den Kardinalpriester, sondern auf den Besitzer oder Erbauer oder später auf den Heiligen, der Patron der betreffenden Kirche ist.

Das Bewusstsein für die Einheit der stadtrömischen Kirche wurde auch dadurch lebendig gehalten, dass der Bischof von Rom in den verschiedenen Kirchen Gottesdienst feierte. Er versammelte sich mit den Gläubigen in einer vorher bestimmten Kirche, der „collecta" (= sammeln, versammeln), wo ein Gebet gesprochen und vielleicht eine kurze Lesung vorgetragen wurde. Dann zog die Prozession zu einer anderen Kirche, der Stationskirche (statio = Halteplatz), in der die Eucharistie gefeiert wurde. Natürlich waren die Kardinalpriester bei diesen Feiern in der Nähe ihres Bischofs.

Wenn heute der Papst einen Bischof zum Kardinal ernennt, wird ihm eine Kirche in Rom als Titelkirche zugewiesen. Man kann auch sagen, der Kardinal wird einer stadtrömischen Kirche zugeordnet. Damit wird an die frühchristliche Tradition angeknüpft, dass die Kardinäle als Seelsorger in einer römischen Teilgemeinde Mitarbeiter und Berater des Papstes sind. Auch das Recht zur Papstwahl hängt mit den Titelkirchen zusammen. Lange Zeit wurde der Bischof von Rom vom stadtrömischen Klerus gewählt, also von den Klerikern, die an einer römischen Kirche ihren Dienst verrichteten. Wer sonst auch sollte ihren Bischof wählen! Wenn nun Bischöfe aus verschiedenen Teilen des Erdkreises zu Kardinälen ernannt werden und eine Titelkirche in Rom zugewiesen erhalten, dann gehören sie zum stadtrömischen Klerus und haben das Recht zur Papstwahl. Der zum Kardinal erhobene Bischof erhält eine Liste mit vakanten Titelkirchen, aus denen er eine wählen kann. Diese behält er bis zu seinem Tod. Erst dann kann sie von einem anderen Kardinal als Titelkirche übernommen werden. Es gibt keine automatische Übergabe an den Nachfolger. Kardinal Höffner aus Köln hatte die prominente Barockkirche S. Andrea della Valle unweit der Piazza Navona als Titelkirche. Sie wurde nicht routinemäßig von seinem Nachfolger übernommen, weil niemand weiß, ob und wann der nachfolgende Bischof zum Kardinal ernannt wird.

So sind die Kardinäle aus aller Welt heute an diesen Kirchen geistig anwesend, manchmal auch physisch. Wie eng die Verbindung eines Kardinals zu seiner Titelkirche ist, hängt von ihm selber ab. Manche kommen zur Feier des Kirchenpatrons nach Rom und verbinden mit dem Besuch Gespräche im Vatikan. Andere nutzen ihre dienstlichen Aufenthalte in Rom mit einem Besuch der Titelkirche. Die Gemeinde selbst hat kein Wahlrecht in Bezug auf den Titelinhaber. Der neue Kardinal wählt seine Titelkirche aus oder bekommt eine angeboten. Rechtliche Vollmachten in Bezug auf die Gemeinde sind mit dem Titel nicht mehr verbunden. Wichtig ist die Anbindung an eine römische Kirche wegen des Rechtes zur Papstwahl.

Der 2008 zum Kardinal erhobene Kurienbischof Dr. Paul Josef Cordes erklärte in seiner Predigt anlässlich der Besitzergreifung seiner Titelkirche am 11. 5. 2008: „Das Besitzergreifen der Titelkirche und die Übernahme der Verantwortung für die ihr zugeordneten Gläubigen ist mehr als eine bloße Formalität. Es erfüllt gleichsam die Bedingung dafür, dass die dem Kardinal übertragenen Rechte auch ausgeübt werden dürfen. Denn er nimmt an der Papstwahl teil, insofern er Hirte eines Teils der Gläubigen Roms ist. Erst diese diözesane Aufgabe vollendet die Bestellung zum Kardinal.“

Man erkennt eine Titelkirche an zwei Wappen oberhalb des Kirchenportals (Abb. 19). Eines ist das des regierenden Papstes, das andere das des Kardinals. An der genannten Kirche S. Andrea della Valle hängt ein drittes, nämlich das des Theatinerordens (Abb. 35). Mitglieder dieser Gemeinschaft wohnen im Kloster neben der Kirche und arbeiten in der Gemeinde.

In den letzten Jahrzehnten ist die Zahl der Kardinäle gewachsen. Deshalb mussten die Päpste auch Kirchen neueren Datums zu Titelkirchen erklären. Es ist schon auffallend, wie viele Kirchen im Rom an der Fassade zwei Wappen tragen. – Das Wappen von Papst Benedikt XVI. unterscheidet sich von allen früheren Papstwappen durch das Fehlen der Tiara. Außerdem ist es vielschichtig in der Darstellung. Eine Erläuterung findet man im Anhang.

SIMULTANKIRCHE

Eine Simultankirche ist ein Kirchengebäude, welches z. B. von einer katholischen und evangelischen Kirchengemeinde benutzt wird (simultan = zugleich). In Simultankirchen gibt es sonntags evangelische und katholische Gottesdienste. Als Dauerlösung oder als generelles Konzept sind Simultankirchen nicht erstrebenswert. Man ist an die Gottesdienstzeiten streng gebunden. Bei Überziehungen kann es Schwierigkeiten geben. Ausstattung und Schmuck bedürfen immer einer Absprache. Simultankirchen auf Zeit ergeben sich, wenn z. B. eine Kirche über eine befristete Zeit wegen Renovierung geschlossen bleibt. Selbstverständlich sollte der Schwesternkirche dann die eigene Kirche zur Nutzung angeboten werden. In manchen kommunalen Krankenhäusern gibt es Räume der Stille, die von Mitgliedern mehrerer Religionen benutzt werden können. Auch hier kann man von einer Simultankirche sprechen.

EIGENKIRCHE

Eigenkirchen gab es im Mittelalter seit der karolingischen Zeit um 800. Adlige errichteten sie auf ihrem Privatbesitz. Sie waren Eigentum des Landbesitzers, seine „eigene“

Abb. 35   Titelkirche S. Andrea della Valle, Rom

Abb. 36   Baptisterium,
Florenz

Abb. 37   Baptisteriumstür von Lorenzo
Ghiberti, Florenz

Kirche. Für den Vollzug von Kulthandlungen, wie Sakramente spenden und die Messe feiern, wählte der Besitzer einen Mann aus dem Kreis seiner Bediensteten. Diesen präsentierte er dem Bischof mit der Bitte, ihn zum Priester zu weihen. Wenn keine schwerwiegenden Bedenken gegen die Weihe vorlagen, folgte der Bischof dem Vorschlag. Dieser Vorgang war praktisch eine Ernennung durch den Adligen. Später, als es um die Ernennung von Bischöfen durch den Kaiser ging, führte diese Praxis zum Investiturstreit. Oft wurde der zum Priester Geweihte später auch noch mit ganz anderen Aufgaben betraut. Der „Eigenpriester" musste das Pferd des Adligen führen, seine Hundemeute versorgen und andere niedrigere Arbeiten erledigen. Die Einkünfte aus den pastoralen Diensten flossen in die Privatschatulle des Herrn, der allerdings für den Lebensunterhalt seines Priesters zu sorgen hatte. Im Zuge verschiedener Reformen gingen die Eigenkirchen schließlich in die Verwaltung von Klöstern über.

TAUFKIRCHE BZW. BAPTISTERIUM

Mehr als tausend Jahre lang gab es neben jeder Bischofskirche einen eigenen Zentralbau für die Spendung der Taufe. Zu den bekanntesten gehört das Baptisterium von Florenz (Abb. 36). Allein die sogenannte Paradiestür von Lorenzo Ghiberti (1378-1455) in vergoldeter Bronze lockt Scharen von Besuchern aus aller Welt an (Abb. 37). Eine ausführliche Erläuterung der Architektur einer Taufkapelle und der frühchristlichen Form der Erwachsenentaufe folgt unter dem Kapitel „Taufbecken und Taufspendung".

Architektur

Aussenarchitektur

Türme

Kirchtürme haben mehrere Funktionen. An erster Stelle sind sie Glockentürme. Glockengeläut hörte man im Mittelalter häufiger als heute. Bei Todesfällen, Stadtbränden und Bedrohungen durch Feinde wurden die Glocken geläutet. Auch anlässlich freudiger Ereignisse brachte man – durch Handarbeit! – die Glocken zum Schwingen. Ein Sieg im Kampf, ein hoher Besuch, städtische Feste waren Anlässe für ein feierliches Geläut. Heute kündigen Glocken regelmäßig eine Viertelstunde vor Beginn die Gottesdienste an. Dreimal am Tag läuten sie zum Angelusgebet: morgens um 8 Uhr, mittags um 12 und abends um 18 oder 19 Uhr. Das Geläut zum Angelus kann man an der Abfolge der Glockenschläge erkennen. Trotzdem wird es von den meisten Zeitgenossen nicht als besonderes Geläut wahrgenommen. Dabei müsste es neugierig machen.
Der französische Maler Jean-Francois Millet hat einem seiner Hauptwerke den Titel „Angelusgebet" gegeben. Der Papst betet jeden Sonntag um 12 Uhr am geöffneten Fenster seines Arbeitszimmers mit den Pilgern auf dem Petersplatz den Angelus.
„Angelus" ist das lateinische Wort für Engel. Gemeint ist der Erzengel Gabriel, der, wie es im Lukasevangelium heißt, Maria die Botschaft von der bevorstehenden Geburt des Messias brachte. „Angelusgebet" bzw. „Der Engel des Herrn" ist demnach ein Gebet, das sich auf diese Botschaft des Engels und auf die Reaktion der Jungfrau bezieht. Anders gesagt: Das Angelusgebet meditiert über die Menschwerdung Gottes. Es hat folgenden dialogischen Aufbau:

> Der Engel des Herrn brachte Maria die Botschaft, und sie empfing vom Heiligen Geist.
> Gegrüßet seist du, Maria, voll der Gnade, der Herr ist mit dir. Du bist gebenedeit
> unter den Frauen, und gebenedeit ist die Frucht deines Leibes, Jesus.
> Heilige Maria, Mutter Gottes, bitte für uns Sünder jetzt und in der Stunde unseres
> Todes. Amen.
> Maria sprach: Siehe, ich bin die Magd des Herrn; mir geschehe nach deinem Wort.
> Gegrüßet seist du, Maria …
> Und das Wort ist Fleisch geworden und hat unter uns gewohnt.
> Gegrüßet seist du, Maria …
> Bitte für uns, heilige Gottesmutter,
> dass wir würdig werden der Verheißung Christi.
> Lasset uns beten. – Allmächtiger Gott, gieße deine Gnade in unsere Herzen ein.
> Durch die Botschaft des Engels haben wir die Menschwerdung Christi, deines Sohnes, erkannt. Lass uns durch sein Leiden und Kreuz zur Herrlichkeit der Auferstehung gelangen. Darum bitten wir durch Christus, unseren Herrn. Amen.

Das Geläut zum Angelus beginnt mit drei Glockenschlägen. Dazu wird der erste Satz gesprochen. Wenn man zu zweit oder zu mehreren ist, kann einer die erste Satzhälfte sprechen und die anderen die zweite. Dann schweigen die Glocken, und man betet das

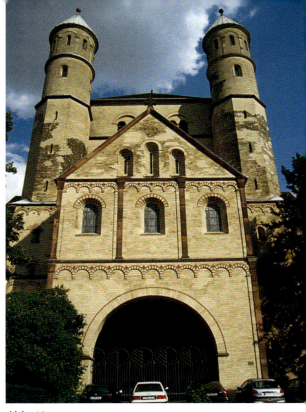

Abb. 38
Vierungsturm, St. Adalbero, Würzburg

Abb. 40
St. Pantaleon, Köln

Abb. 39 St. Michael, Hildesheim

Ave-Maria, das Gegrüßet-seist-du-Maria. Nach dieser kurzen Stille hört man wieder drei Schläge. Dabei wird wieder aus dem Lukasevangelium zitiert: Maria sprach ... Dann folgt wieder das Ave-Maria. Der dritte kurze Bibeltext steht im Johannesevangelium: Und das Wort ..., wiederum begleitet von drei Glockenschlägen. Dann wird zum dritten Mal das Gebet an die Gottesmutter gerichtet: Gegrüßet seist du, Maria. Die Glocke schweigt wieder eine Weile. Nach der Bitte an Maria läutet die Glocke eine Weile ununterbrochen, während ein Gebet an Gott gerichtet wird: Allmächtiger Gott, ... –

Kirchtürme sind auch Ausdruck von Macht und Selbstbewusstsein. Je größer und zahlreicher sie sind, desto höher der Rang. Die meisten Kirchen begnügen sich mit einem Turm. Eine Doppelturmfassade meldet schon einen höheren Anspruch an. Für die gotische Kathedrale in Chartres waren neun Türme vorgesehen. Zwei gelangten zur Ausführung.

Wo kann eine solche Vielzahl von Türmen positioniert werden? Der Eingangsbereich mit zwei Türmen, die Doppelturmfassade, wurde bereits erwähnt. Ein weiterer bevorzugter Ort ist die Vierung, also der Kreuzungsbereich von Lang- und Querhaus. „Vierungsturm" nennt man logischerweise den Turm an diesem Ort (Abb. 38 und 39). „Querhaustürme" stehen an den Stirnmauern des Querhauses (Abb. 39). Ein „Querhauswinkelturm" ist in der Ecke zwischen Querhaus und Langhaus positioniert. Eine Kirche kann also zwei Querhauswinkeltürme haben. Türme in den Ecken zwischen Querhaus und Chor heißen „Chorwinkeltürme".

Eine dritte Funktion der Türme ist der Verweis auf das Himmlische Jerusalem. Im 21. Kapitel der Geheimen Offenbarung werden bei der Schilderung der Heiligen Stadt zwar keine Türme erwähnt. Aber eine Stadt ohne Türme war für den mittelalterlichen Menschen kaum vorstellbar.

Der Grundriss eines Turmes kann quadratisch, polygonal oder kreisförmig sein. Manchmal sieht man an ein und demselben Turm alle drei Formen (Abb. 40). Im unteren, erdnahen Bereich sind die Türme von St. Pantaleon in Köln quadratisch, in Höhe der Fensterzone gehen sie in eine oktogonale Form über, und oben sind sie kreisrund. Einen Wechsel vom Quadrat zum Oktogon kann man auch am Turm der Thomanerkirche in Leipzig beobachten (Abb. 66). Diese Abfolge darf nach mittelalterlichem Empfinden nicht umgekehrt werden. Die Quadratform ist erdnah und erdverbunden. Es gibt vier Jahreszeiten, vier Himmelsrichtungen, vier Temperamente. Die Kreisform ohne Anfang und Ende wird mit der göttlichen Sphäre in Verbindung gebracht, deshalb hat sie oben ihren Ort. Zwischen beiden vermittelt die achteckige Form, weder Viereck noch Kreis, aber beiden ähnlich.

Türme entsprechen in ihrer Form der jeweils vorherrschenden Architektur. Massiv und ziemlich schmucklos sind sie in der Zeit der Romanik, kurvig und stark gegliedert durch Nischen und verkröpftes Gebälk im Barock. Türme aus der Zeit der Gotik sind steil und wirken durch das aufgebrochene Mauerwerk schwerelos. Es gibt Ausnahmen. An „Notre-Dame" in Paris scheinen die Türme wie abgeschnitten (Abb. 41). In England stehen viele monumentale gotische Kirchen nur mit einem Turmansatz. Sie sind „non finito", unvollendet. Das Geld ging aus, es traten Epidemien auf, oder es wurde Krieg geführt; Gründe, die einen Baustopp verursachten. In einer späteren Zeit mit einem anderen Architekturverständnis sah man im Fehlen der Helme auf den Türmen offensichtlich kein Defizit. Das ist denkbar in der Zeit des Übergangs von der Spätgotik zur Renaissance. Im 19. Jahrhundert gab es wieder eine Welle der Begeisterung für die gotische Architektur. Damals wurden Türme vollendet wie z. B. die des Kölner Doms.

Abb. 41 Fassade von Notre-Dame, Paris

Abb. 42
Campanile, S. Apollinare in Classe, Ravenna

Abb. 43
Kremlglocke in Moskau

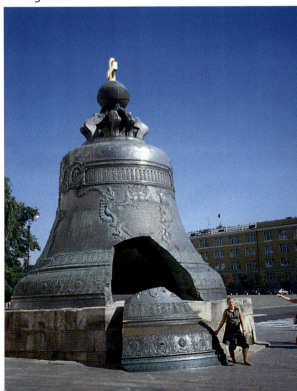

In Italien steht der Glockenturm, der „Campanile" (campana = Glocke), meist unverbunden neben dem Kirchengebäude (Abb. 42). „Unverbunden" heißt nicht, ohne Berücksichtigung der Dimensionen und des Aussehens der Kirche. Campanile und Kirche bilden ein harmonisches Ensemble.

Nicht nur Größe und Anzahl der Türme sind für den Rang einer Kirche bedeutsam. Auch Größe und Anzahl der Glocken tragen zum Image bei. Die schwerste Glocke der Welt befindet sich im Kreml in Moskau (Abb. 43). Mit einem Türmchen, „Dachreiter" genannt, und einem Glöckchen darin begnügen sich die Zisterzienser (Abb. 44). In orthodoxen Klöstern geht es noch einfacher zu. Ein Mönch schlägt mit einem Holzhammer auf ein Brett. Mit diesem „Simantron" (Abb. 45) macht er auf das Stundengebet aufmerksam. Nur vor der Feier der göttlichen Liturgie (= Messe) werden mehrere kleine Glocken geläutet.

Eine noch weitere Reduzierung von Kirchtürmen und Glocken führt zum Verzicht auf beides. In der Nachkriegsarchitektur gibt es Kirchen ohne Turm und ohne Glocken. Das ist durchaus eine Möglichkeit. Die oben genannten Begründungen für den Bau von Glockentürmen sind heute nicht mehr aktuell. Trotzdem wäre es m. E. ein Verlust, wenn in den Städten der Glockenklang ganz verstummen würde.

DER HAHN AUF DEM TURM

Auf der Spitze eines Kirchturms steht in der Regel ein Kreuz oder ein Hahn oder beides (Abb. 46). Dass ein Kreuz auf dem Turm sinnvoll ist, leuchtet ein. Aber was hat dort ein Hahn verloren? Bereits auf frühchristlichen Sarkophagen des 4. und 5. Jahrhunderts ist er ein beliebtes Motiv. Er erinnert an die dreimalige Verleugnung des Herrn durch Petrus. „In dieser Nacht, noch ehe der Hahn kräht, wirst du mich dreimal verleugnen" (Mt 26,34). Später weinte er über seinen feigen Verrat. Jesus verzieh ihm. Der Hahn erinnert an die Verfehlungen der Menschen und an die Barmherzigkeit Gottes. Deshalb hat der Hahn auch einen festen Platz als Relief an frühchristlichen Sarkophagen.

Abbildung 46 zeigt die Kirche St. Peter in Gallicantu (= St. Peter zum Hahnenschrei) in Jerusalem. Nach der Tradition soll Petrus an dieser Stelle seinen Herrn verraten haben. Der Hahn auf dieser Kirche, an dieser Stelle hat mit Sicherheit die Hauptfunktion, auf den Verrat des Petrus und auf die Barmherzigkeit Gottes hinzuweisen.

In der Katakombenmalerei steht neben dem Hahn oft ein Text, der ihn in den Zusammenhang mit der Auferstehung bringt. So wie der Hahn jeden Morgen aus dem Dunkel der Nacht zu neuem Leben erwacht und seine Stimme hören lässt, so möge auch der Verstorbene aus der Nacht des Todes erwachen und von Christus in das Licht des ewigen Lebens geführt werden.

Es gibt eine dritte Begründung für den Hahn auf dem Turm. Da sich der Hahn mit dem Wind dreht, aber immer mit dem Gesicht standhaft zum Wind bzw. gegen den Wind schaut, ist er auch ein Bild der Standhaftigkeit für Christen und für die Verkünder des Evangeliums. Ihnen weht oft ein kräftiger Wind ins Gesicht.

PORTALE

Portale (porta = Tür) als Durchgangszonen zwischen außen und innen zeigen eine Vielfalt an künstlerischer Gestaltung. Die Spannweite reicht von dem an Einfachheit nicht

*Abb. 44 Dachreiter auf dem ehemaligen
Zisterzienserkloster in Altenberg bei Köln*

*Abb. 45 „Holzglocke" (Simantron)
in einem orthodoxen Kloster*

Abb. 46 Turmkreuz mit Hahn, St. Peter in Gallicantu, Jerusalem

zu übertreffenden Zugang zur Geburtskirche in Bethlehem (Abb. 47) bis hin zu den kapellenartigen Portalvorbauten an gotischen Kathedralen (Abb. 48). Kritisch betrachtet ist die niedrige Maueröffnung in Bethlehem alles andere als funktional. Auch für gesunde jüngere Menschen ist es umständlich, in gebückter Haltung einen halben Meter zu gehen, ohne den Kopf anzustoßen. Ursprünglich war an dieser Stelle ein großer Eingangsbereich. Um Soldaten daran zu hindern, mit ihren Pferden in die Kirche einzureiten, wurde das Portal zugemauert. Alle Besucher können nur in tiefer Verbeugung durch diese Öffnung in die Kirche kommen. Der scheinbar so funktional gestaltete Eingang erfüllt also ganz andere Zwecke: Schutz vor unerwünschten Eindringlingen und eine erzwungene Verneigung vor dem Ort der Geburt Christi.

Die Anzahl der Portale ist oft ein Indiz für Größe und Rang einer Kirche. Vom Atrium vor der Hagia Sophia in Istanbul führten drei Eingänge in einen ersten quergelagerten Vorraum, den Exonarthex. Von hier können die Besucher – heute noch – durch fünf Türen in einen zweiten, querrechteckigen Raum gelangen, den Endonarthex. Dieser liegt unmittelbar vor dem Kirchenraum. Die Anzahl der Portale erhöht sich dort auf neun (Abb. 49). Das mittlere ist die Kaisertür. Sie ist hervorgehoben durch die Mittelposition und durch monumentale Dimensionen.

An größeren gotischen Kirchen sind drei Portale an der Fassade die Regel (Abb. 41). Die weit nach außen abgeschrägten Gewände dominieren über die noch verbleibende geringe Wandfläche. Die Fassade ist in der ganzen Breite geöffnet. Besucher werden mit offenen Armen empfangen. Man kann m. E. von einer „Portalisierung der Fassade" sprechen.

Sicher liegt einem solchen Konzept ein tieferer Sinn zugrunde. Jeder ist eingeladen in das Reich Gottes. Die Tür hinten aber ist eng. Man wird an Schriftworte erinnert: „Geht durch das enge Tor! Denn das Tor ist weit, das ins Verderben führt, und der Weg dahin ist breit, und viele gehen auf ihm. Aber das Tor, das zum Leben führt, ist eng, und der Weg dahin ist schmal, und nur wenige finden ihn" (Mt 7,13f). Auf die Frage, ob nur einige gerettet werden, antwortet Jesus: „Bemüht euch mit allen Kräften, durch die enge Tür zu gelangen; denn viele, sage ich euch, werden versuchen hineinzukommen, aber es wird ihnen nicht gelingen" (Lk 13,24).

Der Portalbereich muss schon von Anfang an eine besondere Aufmerksamkeit gefunden haben. Und das nicht erst seit es Kirchen gibt! Man kann sich davon leicht überzeugen, wenn man den Eingang in das Pantheon in den Blick nimmt oder den zum sogenannten Romulustempel auf dem Forum Romanum (Abb. 138). Die Christen konnten aus den ihnen sichtbar vorliegenden antiken Formen schöpfen. Wie stark die Anregungen waren, drückt sich auch in der direkten Übernahme antiker Architektur- und Ausstattungsstücke aus. Aus dem Senatsgebäude wurde die gigantische Bronzetür entfernt. Sie dient heute noch als Hauptportal der Laterankirche.

Offensichtlich galt das künstlerische Interesse zunächst den Türflügeln. Dafür spricht die Gestaltung der Tür in der Kirche S. Sabina auf dem Aventin in Rom. Diese Holztür aus dem 5. Jahrhundert zeigt in ursprünglich 28 gerahmten Bildfeldern – 18 sind erhalten – Szenen aus dem Alten und Neuen Testament. Sie wurde vorbildlich für viele andere Türen, z. B. für die Holztür in St. Maria im Kapitol in Köln, für die Bronzetüren im Hildesheimer Dom und in Nowgorod.

Die Umsetzung von Holzschnitzerei in eine Bronzearbeit ist ein großer Schritt. Das Material ist kostbar und technisch schwieriger und zeitaufwendiger zu bearbeiten, beson-

Abb. 47   Eingang in die Geburtskirche in Bethlehem

Abb. 48   Kapellenartige Portalvorbauten an der Kathedrale in Chartres

Abb. 49 Portale im Endonarthex
der Hagia Sophia

Abb. 51 Bronzetür im Hildesheimer Dom

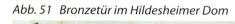

Abb. 50 Löwenkopf, Dom zu Mainz

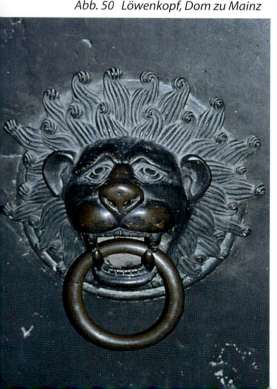

ders dann, wenn jeder Flügel – wie in Hildesheim – mit allen szenischen Darstellungen in einem einzigen Gussvorgang gefertigt ist. Eine alte Bronzetür aus der karolingischen Zeit kann auch der Aachener Dom aufweisen. Er ist mit gegossenen Schmuckleisten verziert. An die Bronzetür im Mainzer Dom (Abb. 50) ist ein Löwenkopf appliziert. Am Ring kann man sie zuziehen. Der Löwe soll die bösen Geister abwehren, er hat eine apotropäische Funktion. Die Hildesheimer Tür ist technisch und ikonografisch ein Höhepunkt (Abb. 51). Ein solches Werk setzt gebildete Theologen voraus, eine gut ausgestattete Werkstatt und Spezialisten im Bronzeguss. Hildesheim erfüllte diese drei Bedingungen um die Jahrtausendwende.

Nicht nur die Türflügel, auch das nähere Umfeld begann man mit der Zeit aufwendiger zu gestalten. Wenn man über dem Türsturz einen Entlastungsbogen anlegt, entsteht ein halbrundes oder spitzbogiges Feld, Tympanon oder auch Lunette genannt. Es ist wie geschaffen für Reliefdarstellungen (Abb. 52), ebenso der Türsturz (Abb. 53). Anfangs waren die Türen wie aus der Wand herausgeschnitten. In der Romanik begann man, die Laibung nach außen hin zu verbreitern. So gewann man mehr Fläche. Die schräg angelegte Laibung konnte abgetreppt werden. In die Ecken wurden zunächst Rundstäbe gestellt. So entstand ein Säulenportal (Abb. 54). In einem weiteren Schritt wurden vor die Säulen Skulpturen gestellt. Anfangs bildeten beide eine unzertrennliche Einheit. Sie waren aus einem einzigen Block gearbeitet wie am Königsportal in Chartres (Abb. 55). Aus dem Säulenportal ist ein Figurenportal geworden. Weil die Figuren im Gewände stehen, nennt man sie „Gewändefiguren".

Zum ersten Mal sind sie in der Kirche St. Denis in Paris nachweisbar. Diese alte Benediktinerkirche wurde unter dem Abt Suger (gest. 1151) umgestaltet. Er führte eine Reihe von Neuerungen ein, sodass die meisten Kunsthistoriker in diesem Sugerbau die erste „gotische" Kirche sehen. Einen Höhepunkt erreichen die Figurenportale einige Jahrzehnte später in der Hochgotik. In Chartres und Amiens, in Köln, Freiburg und Straßburg wurden kapellenartige Räume vor die Portale gesetzt, um noch mehr Raum für die Anbringung von z. T. lebensgroßen Figuren zu gewinnen (Abb. 48).

An den über dem Tympanon angebrachten halbrund oder spitz zulaufenden Archivolten sind Archivoltenfiguren angebracht (Abb. 56). Sie sind klein, etwa 20-30 cm lang. So können sie leicht in den geschwungenen Verlauf der Bögen integriert werden.

Unter den Archivoltenfiguren gibt es Kostbarkeiten. Auf der Abbildung 56 entdeckt man links neben der Bogenspitze eine originale Darstellung des ersten Menschen. Adam hat seinen Kopf in den Schoß Gottes gelegt. Gott legt seine rechte Hand zärtlich unter den Kopf Adams. Die Fingerspitzen der linken berühren das Kopfhaar. Es ist der Schöpfer, der wie ein Töpfer modelliert und gerade dabei ist, die Finger von dem vollendeten Werk zu nehmen.

Das ausgeprägte Figurenprogramm an den Portalen ist nicht willkürlich. An den Nordportalen sind Szenen aus dem Alten Testament angebracht, im Süden solche aus dem Neuen Testament. Das Alte Testament, so dachte man im Mittelalter, liegt im Vergleich zum Neuen Testament noch im Dunklen. Es bringt noch nicht die volle Offenbarung ans Licht. Die moderne Theologie würde eine solche Zuordnung von Figuren aus dem Alten Testament an die Schattenseite und solche aus dem Neuen Testament an die Lichtseite nicht hinnehmen. Es geht nicht um einen Gegensatz von Altem und Neuem Testament oder um eine Ablösung des Alten durch das Neue. Deshalb würden heute auch die Personifikationen von Altem und Neuem Bund in der Weise, wie sie im Mittelalter dar-

Abb. 52   Reliefiertes Tympanon am Königsportal der Kathedrale zu Chartres

Abb. 53   Hauptportal mit reliefiertem Türsturz, Notre-Dame, Paris

Abb. 54   Säulenportal am Limburger Dom

Abb. 55
Figuren am Königsportal
in Chartres

Abb. 56 Archivoltenfiguren
am Nordportal in Chartres

gestellt wurden, keinen Platz an einer Kirche finden. Die Figuren an der Südseite des Straßburger Münsters (Abb. 57 und 58) sind die bekanntesten und künstlerisch wertvollsten. Die Synagoge (Alter Bund, Altes Testament) ist dargestellt durch eine Frauenfigur mit einem Schleier auf den Augen (Abb. 57). Sie hat Jesus nicht als Sohn Gottes erkannt. Sie muss blind sein, dachten die Menschen damals. Die Lanze ist gebrochen. Die Figur der Ecclesia (Kirche, Neuer Bund) steht stolz da mit Kreuz und Kelch in den Händen (Abb. 58). Selbstbewusst schaut sie auf die Synagoge an der anderen Seite des Portals. Bei aller künstlerischen Wertschätzung sind die weit verbreiteten Personifikationen von „Ecclesia und Synagoga" Dokumente eines tatsächlich vorhandenen Antijudaismus.

Das Figurenpaar „Kirche und Synagoge" war im Mittelalter sehr beliebt. Davon zeugen die vielen erhaltenen Skulpturen und Altarbilder. Besonders drastisch und entwürdigend sind die Darstellungen in der Malerei, z. B. auf einer Tafel aus der Wiesenkirche in Soest, die sich heute im Kunstforum in Berlin befindet. Ein Engel stößt die Figur der Synagoge vom Kreuz weg, die Krone ist ihr vom Haupt gefallen, ein dichter Schleier verhüllt ihre Augen, in den Händen hält sie die Gesetzestafeln.

Wenn man die Personifikation des Alten Testamentes veränderte, könnten beide wieder einen Platz in christlichen Kirchen finden. Die Augenbinde müsste entfernt werden. Auf ihrem Kopf sollte sie wie die Ecclesia eine Krone tragen und in ihren Händen die Gesetzestafeln. Man könnte sie gegenüber oder nebeneinander aufstellen. Weiterführende Gedanken zum Thema Judentum und Christentum stehen im Kapitel über die Menora.

Das Tympanon des Mittelportals konfrontiert den Besucher in der Regel mit dem Jüngsten Gericht (Abb. 53 und 59). Deshalb nennt man es Weltgerichtsportal. Die Komposition ist vom Thema fast vorgegeben und zeigt bei aller Varianz von Details immer denselben Aufbau. Die größte Person ist der auf dem Richterstuhl sitzende Christus. An den erhobenen Händen sind die Wundmale sichtbar. Die rechte Seite des Oberkörpers bleibt immer frei von Gewändern, damit die Seitenwunde nicht verdeckt wird. Engel zu seiner Rechten und Linken zeigen die Leidenswerkzeuge: Lanze, Dornenkrone, Schwamm und Nägel. Man nennt sie „arma Christi", die Waffen Christi, weil mit ihnen Teufel und Tod besiegt wurden. Meist tragen die Engel diese „arma" mit verhüllten Händen. Mit einem solchen Tuch, einem Tablion, überreichte die Dienerschaft am kaiserlichen Hof in Byzanz Gegenstände, mit denen der Kaiser später in Berührung kam. Aus den Marterwerkzeugen sind so kostbare Instrumente der Erlösung geworden! Manchmal bitten die Mutter Jesu und Johannes der Täufer im Tympanon um Gnade für das Menschengeschlecht, wie auch auf dem Tympanon in Chartres. In der darunter liegenden Zone führen Engel zur Rechten von Jesus die Seligen in den Himmel. Auf der anderen Seite wird eine Schar mit Ketten einem Drachenmaul in der äußersten Ecke zugeführt (Abb. 59). Am Haarschnitt, an der Art der Kopfbedeckung und der Kleidung kann man erkennen, dass auf beiden Seiten Menschen aus bekannten Ständen anzutreffen sind. Man sieht Mönche mit der geschnittenen Tonsur, gelegentlich einen Mann mit einer Krone oder einer Mitra. Man scheute sich nicht, Kleriker, Könige und Bischöfe mit anderen Verdammten in die Hölle gehen zu lassen.

Monumentale Gerichtsdarstellungen gibt es bereits in den Tympana romanischer Kirchen, z. B. in Autun oder Vézelay in Burgund. Auch die Innenwand der Fassade bot in jener Zeit eine ideale große Fläche zur malerischen Ausbreitung dieses vielfigurigen Themas. Im Breisacher Münster ist eine monumentale Wandmalerei von Martin Schon-

Abb. 57
Darstellung der Synagoga, Straßburg

Abb. 58
Figur der Ecclesia, Straßburg

Abb. 59 Ausschnitt vom Weltgerichtsportal, Chartres

gauer (gest. 1491) erhalten. In der Kathedrale auf der Insel Torcello bei Venedig ist das Weltgericht an der Innenwand in Mosaik ausgeführt. Ob außen oder innen, dem mittelalterlichen Menschen wurden entweder beim Betreten oder Verlassen der Kirche die beiden Möglichkeiten seines Lebens in der Ewigkeit vor Augen geführt. Der Anblick der Gerichtsszene sollte ihn zu einem christlichen Lebenswandel motivieren.

Auf den modernen Betrachter wirkt die massive Präsenz des Jüngsten Gerichtes bedrohlich. Aber es gibt nicht nur Verdammte, sondern auch Erlöste. Und in den Reihen der Verdammten gibt es Könige, Mönche, Bischöfe und Ordensleute. Das Thema des Jüngsten Gerichtes soll in erster Linie als ein Dokument der Gerechtigkeit verstanden werden. Auch Könige werden gerichtet und gegebenenfalls verdammt. Gewaltherrscher und Unterdrücker müssen sich einmal vor dem unbestechlichen Richter verantworten. Die Gerichtsdarstellung warnt die Mächtigen und Scheinheiligen. Den Schwachen und Rechtlosen will sie Hoffnung und Zuversicht geben.

Ein gern aufgegriffenes Thema an gotischen Portalen – meist an Nebenportalen – ist die Geschichte von den klugen und törichten Jungfrauen. Ein Gewände ist ja wie geschaffen für die Aufnahme von zwei Fünfergruppen. Man kann mit einem Blick die Klugen von den Törichten unterscheiden. Letztere halten ihre Ölgefäße mit der Öffnung nach unten (Abb. 60). Sie haben keinen Vorrat für den Fall, dass der Bräutigam etwas später kommt. Matthäus überliefert diese Geschichte (Mt 25,1-13), die zur Wachsamkeit aufruft und die Hoffnung auf die baldige Wiederkehr (= Parusie) des Bräutigams Christus stärken will. Am rechten Portal an der Fassade des Straßburger Münsters ist noch eine Figur dazugekommen, der „Fürst dieser Welt". Er ist höfisch gekleidet (Abb. 60). Er lächelt. Tritt man näher an die Figur heran, entdeckt man Kröten und Schlangen in ihrem Rücken. Das Lächeln täuscht! – Solche außergewöhnlichen Details kann man normalerweise nicht bei einem ersten Besuch entdecken. Man erfährt davon durch ein gutes Buch oder von einem informierten Kirchenführer.

Oft ist das Tympanon eines Nebenportals dem Thema der Marienkrönung vorbehalten (Abb. 61). Auch dafür gibt es eine überlieferte Kompositionsstruktur. Im unteren Register liegt Maria auf dem Sterbebett. Hinter ihr steht Jesus mit einem Kind im Arm. Nur in diesem Kontext trägt Jesus ein Kind. Es ist eine bildliche Darstellung der Seele der Gottesmutter und ihres verklärten Leibes. Im oberen Register wird die mit Leib und Seele in den Himmel aufgenommene Mutter Jesu von ihm gekrönt. Ein Portal mit dieser oder mit anderen Szenen aus dem Leben der Gottesmutter heißt „Marienportal".

Ein „Annenportal" ist nach der Mutter der Maria benannt. Die Bibel berichtet über Anna nichts, nicht einmal den Namen. Aber die bibelähnlichen Schriften, die Apokryphen, schildern fantasievolle Geschichten aus ihrem Leben. Viele haben in der Kunst ihren Niederschlag gefunden.

Oft ist ein Portal dem Kirchenpatron gewidmet oder einem Heiligen aus der lokalen Kirchengeschichte. Es trägt dann den Namen des Heiligen, oder man spricht einfach von „Heiligenportal".

Neben den Begriffen Weltgerichtsportal, Marien- und Heiligenportal ist gelegentlich die Rede von Paradies- und Gerichtsportal. Paradies ist seit dem 8./9. Jahrhundert gleichbedeutend mit Atrium oder Vorhof. Die Tür, die aus dem Vorhof in die Kirche führt, ist das Paradiesportal oder die Paradiespforte. Besonders in der Romanik gab es solche Anlagen. – Den Namen „Gerichtsportal" erhält ein Eingang, vor dem im Mittelalter Gericht gesprochen wurde.

Abb. 60 „Fürst dieser Welt" mit törichten Jungfrauen, Straßburg

Abb. 61 Marienkrönung, Straßburg

Wenn man die Entwicklung der Portale von frühchristlichen Kirchen bis zur Hochgotik überblickt, kann man feststellen, dass zunächst die Tür der Bereich für ornamentale und figürliche Gestaltung war. In den Jahrhunderten gotischer Architektur verlagert sich das künstlerische Interesse immer mehr auf die unmittelbare Umgebung. Für diesen Ortswechsel kann man folgende Gründe anführen: Die Bronzetechnik wurde nicht mehr beherrscht. Erst in der Frührenaissance lebte sie mit Donatello (gest. 1466) und Ghiberti (gest. 1455) wieder auf und wurde meisterhaft beherrscht. Ein zweiter Grund liegt in dem anderen Wandkonzept. Für die Hochgotik sind unbearbeitete, reine Wandflächen ein Horror. Die breiten Gewände und ihre Verlängerung durch die kapellenartigen Vorbauten entsprechen dem neuen Konzept. Die Wand wird mit Skulpturen versehen und auf diese Weise reduziert. Die Tür besteht aus zwei mit Eisenbeschlag versehenen Holzflügeln. Das Portal bietet nur noch den steinernen Mittelpfeiler zur Gestaltung. Er ist schmal und hoch und damit ideal für die Anbringung einer Standfigur. Am Hauptportal im Westen oder an der Südseite steht dort oft eine Figur des „Beau Dieu", des schönen Gottes (Abb. 62). Christus mit dem Evangelienbuch hat ein schönes und menschenfreundliches Gesicht; deshalb hat er den Namen „Beau Dieu" erhalten. Die Christusstatue ist an dieser Stelle sinnvoll platziert. „Ich bin die Tür; wer durch mich hineingeht, wird gerettet werden; er wird ein- und ausgehen und Weide finden" (Joh 10,9). Jesus identifiziert sich mit der Tür. Genau das ist sichtbar gemacht. Tür und Christus sind eins geworden.

Manchmal ist die Rede von einer „Trumeaufigur". Das französische Wort „trumeau" hat einen weiten Bedeutungsumfang. Es kann u. a. „Fensterkreuz" bedeuten oder den Pfosten am Portal meinen. Wenn die Statue des „Beau Dieu" dort steht, ist sie eine Trumeaufigur. Der Ausdruck sagt etwas aus über den Standort. Jede Statue kann eine Trumeaufigur werden, wenn sie am Fensterkreuz oder an dem besagten Türpfosten steht. Am Nordportal in Chartres sieht man eine etwas traurig aussehende Frau mit einem Mädchen im Arm am Türpfosten. Da sie im Norden steht, in einer Zone, in der die Sonne nie erscheint, wird es sich um eine alttestamentliche Figur handeln. Es ist die Mutter Anna mit ihrer Tochter Maria. Anna ist wegen ihres Standortes eine Trumeaufigur.

STREBEWERK

Ein Strebewerk gibt es in ausgeprägter Form nur an gotischen Kirchen. Romanische Bauten mit dicken Außenmauern und kleinen Fensteröffnungen bedürfen keiner Stützung von außen. Man kann noch weiter eingrenzen: Nur gotische Bauten mit basilikaler Struktur erfordern ein Strebewerk. Eine Hallenkirche ist auf ein ausgeprägtes Stützensystem mit Strebebögen und Strebepfeilern nicht angewiesen. Alle Schiffe einer Halle haben bekanntlich die gleiche Höhe. Die Wände der Seitenschiffe übernehmen die Funktion des Strebewerkes, weil sie bis zum Dachansatz reichen. Über den Seitenschiffen einer Halle sind manchmal Giebel angebracht, die quer zur Kirche stehen und dadurch dem verbleibenden Schub des Daches entgegenwirken. Das ist eine zusätzliche Sicherheitsmaßnahme. Eine Kirche ohne Pultdächer an den Außenseiten ist entweder eine Saal- oder eine Hallenkirche.

Eine Basilika aus der Zeit der Romanik hat dicke Mauern und kleine Fenster. So ruht sie in sich (Abb. 8 und 113). Im 13., 14. oder 15. Jahrhundert haben sich die manchmal nur schießschartengroßen Fenster derart erweitert, dass Kunsthistoriker nicht mehr von Fenstern, sondern von Glaswänden sprechen (Abb. 63). Die verbleibenden Mauerreste sind zu schwach, um dem Schub des Daches standhalten zu können. Ohne Gegenstützen von außen würden die Wände durch die Schubkraft der beiden Dachflächen des hohen Satteldaches nach außen gedrückt und zusammenbrechen. Deswegen ist es erforderlich, eine gotische Basilika außen am Langhaus und am Chor mit einem Wald von Stützen zu umgeben. Im Eingangsbereich erfüllen die Türme diese Aufgabe. Wie ist das Strebewerk konzipiert?

Der untere Teil der Strebepfeiler steht oft zwischen den Mauern der Seitenkapellen und tritt so nicht auffallend in den Blick. Im oberen Teil wachsen sie zwischen den großflächigen „Fenstern" wie mächtige Baumstämme empor, meist mit einem Abstand von wenigen Metern zur Wand. Die von den Strebepfeilern ausgehenden Strebebögen schlagen in verschiedenen Höhen einen Bogen zur Mauer zwischen den Fenstern und schaffen so einen Gegendruck gegen den Schub nach außen. Das Ganze funktioniert wie bei einem Menschen, der sich mit ausgestreckten Armen oder mit seinem Oberkörper gegen ein schwankendes Objekt stemmt und so ein Umkippen verhindert. Das Strebewerk ist der Preis, den die Architekten für die Glaswände bezahlen.

Das Strebewerk erfüllt eine wichtige Funktion und ist zugleich schön. Es stört nicht. Im Gegenteil! Die Pfeiler sind abgestuft bzw. getreppt (Abb. 64). Unten muss ein Pfeiler aus statischen Gründen massiver sein als im oberen Bereich. Zugleich wirkt er durch die nach oben abnehmende Massigkeit leichter und lebendiger.

Auf dem Strebepfeiler steht oft ein Tabernakel (Abb. 65). Es ist ein viereckiger, hohler Aufbau. Er wird von Rundstäben getragen. Innen ist Platz für eine Statue. Den oberen Abschluss bildet ein Spitzdach. Der Tabernakel steht auf dem Strebepfeiler und übt einen beachtlichen Druck nach unten aus, d. h., er erhöht dessen Standfestigkeit. Das ist seine primäre Aufgabe. Außerdem passt er in die gotische Formensprache. Das Spitzdach leitet den Blick, wie viele andere Elemente, nach oben. Die Verbindung von Funktionalität und Ästhetik ist typisch für die gotische Architektur.

Es gibt ein anderes Element, das einem Tabernakel ähnlich ist und an jedem gotischen Bau hundertfach verwendet wird, auch als Abschluss von Strebepfeilern: die Fiale. Der Unterschied zwischen Fiale und Tabernakel ist minimal. Der vier- oder achteckige Unterbau der Fiale ist massiv und wird „Leib" genannt. Der sehr schlanke Aufbau in Form eines Spitztürmchens ist mit Krabben besetzt und heißt „Riese".

SOCKEL

Bei frühromanischen Kirchen wachsen die Mauern oft direkt glatt aus dem Erdbereich hoch. Man muss sich vorstellen, dass auf das Fundament Steinschicht auf Steinschicht für die Außenmauern gelegt wurde. Später schüttete man rundherum Erde an die Mauer. Was man sieht, ist eine Wand, die aus dem Boden steigt und bis zum Dachansatz reicht. Spätestens nach dem Jahr 1000 erhalten die Kirchen – mit Ausnahme mancher Dorfkirchen – einen Sockel. Dieser kann durch einen Mauervorsprung oder durch eine andere Steinschicht markiert werden. Der Sockel gliedert und setzt das Kirchengebäude als etwas Besonderes vom Erdreich ab.

Abb. 62 „Le beau dieu", Notre-Dame, Paris

◀ Abb. 63 Glaswand in der Chorhalle im Dom zu Aachen

Abb. 64 Strebewerk, Kathedrale in Chartres

Abb. 65 Strebewerk mit Engeln in Tabernakeln an der Kathedrale von Reims

WASSERSPEIER

Schon ein Blick zum Ansatz des Daches oder zu den Türmen lässt eine Vielfalt von Tieren und Fabelwesen erkennen. Alle schauen mit dem Gesicht bzw. mit den Fratzen nach außen. Sie erfüllen zwei Funktionen. Die erste ist wieder eine praktische. Es sind Wasserspeier. Alle haben eine Öffnung im Maul, durch die sie das Regenwasser weit weg von den Wänden und Grundmauern des Kirchengebäudes befördern können. Der hintere, nicht sichtbare Teil, ist zur Dachrinne hin weit geöffnet und nimmt das vom Dach herabfließende Regenwasser auf.

Wie schon mehrfach erwähnt, begnügt sich die Architektur des Mittelalters nicht mit der Funktion. Sie ist auch Bedeutungsträger. Um das Mauerwerk des Gebäudes vor Regenwasser zu schützen, bedarf es nur eines langen Rohres. Wenn man das Rohr verstecken möchte, könnte man es im Körper eines schönen Tieres anbringen, das man in vielfacher Wiederholung um die Kirche herum an der Dachrinne befestigen könnte. Eine solche serielle Reihung würde sicher gut aussehen. Aber man macht es anders. Die figürlichen Wasserspeier sind Angst einflößende oder mehr noch lächerliche Mischwesen mit schrecklichen Fratzen. Vor solchen Wesen, so dachte man im Mittelalter, fürchten sich die Dämonen, die in den Lüften schwirren und besonders die Kirchen zu schädigen versuchen. Vor nichts fürchten sich Dämonen so sehr wie vor ihrem eigenen Spiegelbild. Wenn sie nun heranfliegen und in die Kirche eindringen wollen, stoßen sie außen auf die steinernen Fratzen der Wasserspeier und drehen sofort ab. Wasserspeier haben eine „apotropäische Funktion", d. h. „das Böse abwehrend".

Am Dachansatz der Kathedrale von Reims stehen zusätzlich noch Engel als Wächter rund um die Kirche (Abb. 65). So ist sie doppelt geschützt.

KIRCHENDÄCHER

Kirchendächer aus dem Mittelalter sind sehr steil. Das trifft besonders auf Dächer gotischer Kirchen zu. Je steiler das Dach, desto geringer wird die Schubkraft gegen die Außenmauern. Das Dach der gotischen Thomanerkirche in Leipzig hat eine Neigung von 63 Grad (Abb. 66). Eine andere Möglichkeit zur Verringerung der Schubkraft ist die Konstruktion eines möglichst flachen Daches. Diese Lösung haben die Architekten antiker Tempel gewählt (Abb. 67). Das aber widerstrebt dem gewollten Höhenzug gotischer Architektur.

Was dem Auge verborgen bleibt, ist die Holzkonstruktion unter dem Dach mittelalterlicher Bauten. Ganze Wälder mit riesigen Stämmen mussten geschlagen, transportiert, zersägt und in schwindelnder Höhe verbunden werden. Wenn ein Feuer diesen Bereich erreichte, brannte es lichterloh. Es gab keine Möglichkeit, ein solches Flammenmeer zu löschen.

Dächer auf modernen Kirchen bieten dank der zur Verfügung stehenden Materialien wie Beton und Stahl eine unbegrenzte Vielfalt an Gestaltungsmöglichkeiten.

Abb. 66 Steildach der Thomanerkirche in Leipzig

Abb. 67 Concordia-Tempel in Agrigent, Sizilien

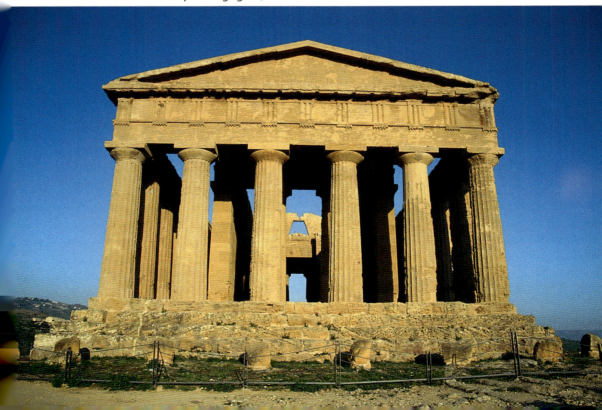

INNENARCHITEKTUR

DER INNENRAUM ALS GESAMTHEIT

Nachdem der Besucher die Kirche betreten hat, wird er vermutlich nach ein paar Schritten stehen bleiben und den Raum auf sich wirken lassen. Am besten nimmt er zunächst in einer der hinteren Bänke Platz und lässt den Blick wandern. Schnell wird ihm klar werden, ob der ihn umgebende Raum eine Halle ist, ein Saal oder eine Basilika oder sonst einem der erläuterten Begriffe zugeordnet werden kann. Die Erkundung eines Kirchengebäudes – übrigens auch eines Gemäldes oder einer Skulptur – geht immer von der Makrostruktur zur Mikrostruktur, vom Gesamteindruck zur Detailwahrnehmung. Man wird in einer fremden Kirche also nicht sofort mit gesenktem Blick zur Kanzel gehen, um dort eine kleinteilige Steinmetzarbeit zu betrachten oder sich vor ein Glasfenster begeben, um alle Themen zu benennen. Der Blick tastet vielmehr Wände und Decke ab, er nimmt Pfeiler und Säulen wahr, Bögen und Fensterreihen und vielleicht ein Orgelprospekt im Seitenschiff, auf der Empore oder als Schwalbennest an der Mittelschiffswand. Auf diese globale Wahrnehmung folgt ein erkundender Gang durch die Kirche, der den Details Aufmerksamkeit schenkt und sehr spannend sein kann.

DAS STÜTZENWERK

Ein Stützenwerk kann innen und außen erforderlich sein. Das Strebewerk außen wurde oben bereits erläutert. Nun geht es um die Betrachtung der Stützen im Innenraum. Eine Saalkirche kommt ohne Stützenwerk aus. Die Außenmauern tragen Decke und Dach. Basiliken und Hallenkirchen benötigen Stützen. In der Hochschiffwand einer Basilika muss es Durchgänge zu den Seitenschiffen geben. Diese können oben durch einen Rund- oder Spitzbogen abgeschlossen sein. In beiden Fällen spricht man von einer „Arkadenbasilika" (arcus = Bogen). In den romanischen Kirchen des 10., 11. und 12. Jahrhunderts werden Rundbögen verwendet (Abb. 68). Eine Ausnahme bilden viele Kirchen in Burgund. Dort gibt es Spitztonnengewölbe auch in romanischen Kirchen. Der Spitzbogen allein macht noch keine gotische Architektur aus, was später noch eingehend erläutert wird.
Die Hochschiffwand muss nicht von einer Bogenfolge getragen werden. Sie kann horizontal abschließen und auf Pfeilern oder Säulen ruhen. Folgerichtig spricht man in diesem Fall von einer „Architravbasilika".
Als Stützen kommen Pfeiler und Säulen infrage. Auf den nächsten Seiten werden einige oft vorkommende Formen vorgestellt.

PFEILER

Pfeiler (Abb. 68) können im Grundriss quadratisch, rechteckig, kreuzförmig und sogar rund sein. In der Gotik gibt es als Sonderform den Bündelpfeiler, der unten näher beschrieben wird. Warum eine kreisförmige Stütze mit gleichbleibendem Durchmesser Rundpfeiler und nicht Säule genannt wird, kann man erst verstehen, wenn man sich mit antiken Säulen auseinandergesetzt hat. In vielen Kirchen des Mittelmeerraumes wurden sie ohne Veränderungen aufgestellt. Ursprünglich schmückten sie vielleicht eine

Abb. 68
Stützenwechsel in St. Michael, Hildesheim

Abb. 69
Korinthische Säulen am Pantheon in Rom

Abb. 70
Durchbrochene Cella,
Concordia-Tempel in Agrigent, Sizilien

Abb. 71
Jonisches Kapitell,
Leptis Magna, Libyen

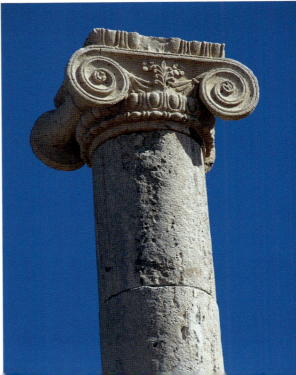

Tempelfront oder die Wände in Thermen. Mit einer Grundkenntnis antiker Säulenordnungen sieht man mehr und kann ein- und zuordnen. In der Renaissance- und Barockarchitektur orientierte man sich an antiken Vorbildern. Aus diesen Gründen ist es sinnvoll, sich einige Grundkenntnisse antiker Säulenordnungen zu verschaffen.

ANTIKE SÄULENORDNUNGEN

Nicht nur ganz Italien, auch Spanien, Frankreich, Länder des Vorderen Orients und Nordafrikas waren vor 2000 Jahren römisch. In den Städten gab es Tempel, Thermen und Theater. Solche Bauten waren mit Säulen ausgestattet. Auch die Hauptstraßen in den Städten, „Decumanus" (Ost-West-Straße) und „Cardo" (Nord-Süd-Straße), waren von Säulen flankiert. Als später die Tempel nicht mehr benutzt wurden, d. h. etwa ab dem 5. Jahrhundert, nachdem Kaiser Theodosius das Christentum zur Staatsreligion erklärt hatte, wurden antike Säulen für den Kirchbau benutzt. „Spolien" nennt man Architekturteile, die in einem anderen Zusammenhang wiederverwertet bzw. zweitverwendet werden. In vielen römischen Kirchen stehen sie noch heute. Ein Blick auf die Basen gibt in manchen Fällen schon Auskunft, ob es sich um eine Zweitverwendung handelt. Die Säulen wurden aus unterschiedlichen Gebäuden geholt und hatten deshalb nicht alle dieselbe Höhe und denselben Durchmesser. Indem man sie auf unterschiedlich hohe Sockel stellte, gewann man eine gleichmäßige Höhe. Auch durch Abtrennung eines Teiles am oberen oder unteren Säulenschaft konnte man sie auf gleiche Länge bringen. Neben der Höherstellung und Verkürzung ist auch ein unterschiedliches Material in einer Säulenreihe ein Indiz für Spolien. Wenn Granitsäulen, Säulen aus Travertin und Marmor nebeneinanderstehen, waren sie nicht für diese Kirche vorgesehen. – Ein sicherer Hinweis auf Zweitverwendung liegt auch vor, wenn nebeneinanderstehende Säulen verschiedenen Ordnungen angehören. – Offensichtlich hatte man keine Berührungsängste vor einer bunten Palette antiker Säulen in den Kirchen. Sicher war auch die Kostenfrage entscheidend. Fertige Säulen herbeizuschaffen war auf jeden Fall kostengünstiger und zeitsparender als den Herstellungsprozess vom Steinbruch bis zur Ausarbeitung der Kanneluren zu bezahlen. – Nicht nur Säulen wurden wiederverwendet. Für Steinblöcke mit ornamentalen und floralen Verzierungen gab es viele Verwendungsmöglichkeiten, z. B. als Türsturz, wie am Eingang des sogenannten Mausoleums der Galla Placidia in Ravenna. (Weitere Überlegungen zu Spolien im Exkurs „Spolien in der Architektur".)
Eine Säule besteht aus drei Teilen: Sie hat einen Fuß bzw. eine Basis, sie hat einen Leib, der Schaft genannt wird, und sie besitzt einen Kopf bzw. ein Kapitell (Abb. 69). Diese Teile können verschieden gestaltet sein. Archäologen sprechen von unterschiedlichen Säulenordnungen. Das dorische Kapitell ist das älteste. Es besteht aus einer quadratischen Platte, dem Abakus, der auf einem runden Polster aufliegt, dem Echinus (Abb. 70). Die dorische Säule besitzt keine Basis. Sie scheint durch den Boden hindurchzugehen. – Das charakteristische Merkmal eines jonischen Kapitells sind die spiralförmigen Gebilde an den Ecken, die Voluten genannt werden (Abb.71). Der Schmuck des korinthischen Kapitells besteht u. a. aus drei Blattkränzen (Abb. 69). Aus der Verbindung eines jonischen und korinthischen Kapitells entsteht ein Kompositkapitell, ein zusammengesetztes Kapitell. Man erkennt es schnell an den Blattkränzen und den ausgeprägten Voluten an den Seiten. In der Barockarchitektur ist das Kompositkapitell sehr

Abb. 72 Verschiedene Säulenordnungen am Kolosseum in Rom

Abb. 73
Torso einer jonischen Säule mit Kanneluren und Stegen,
St. Paul vor den Mauern, Rom

Abb. 74
Korinthische Säulen am Castor-
und Pollux-Tempel in Rom

beliebt. Es fügt sich gut ein in die Bewegtheit der Formen. Schließlich gibt es noch das weniger bekannte toskanische Kapitell. Es gleicht dem dorischen, unterscheidet sich von ihm aber durch einen Wulst (Halsring) unter dem Kapitell. Am Kolosseum in Rom sind in den einzelnen Zonen von unten nach oben Halbsäulen mit toskanischen, ionischen und korinthischen Kapitellen vor die Pfeiler gesetzt. Die oberste Zone ist mit korinthischen Pilastern geschmückt. Abbildung 72 zeigt diese Wandgliederung mit Ausnahme der untersten Zone.

Der Schaft kann glatt oder kanneliert sein. Kanneluren heißen die vertikal verlaufenden Rillen. Bei dorischen Säulen lassen die Steinmetze zwischen den Kanneluren scharfe Grate stehen (Abb. 70), bei jonischen und korinthischen Säulen sind die Grate ca. ein bis zwei Zentimeter breit. Sie werden Stege genannt (Abb. 73).

Der Standbereich ist unterschiedlich gestaltet. Die dorische Säule wächst – wie gesagt – wie ein Baumstamm ohne Basis aus dem Boden (Abb. 67 und 70). Die Säulen der anderen Ordnungen stehen auf unterschiedlich geformten Basen (Abb. 69).

Die dorische Säule hat in der Regel eine Schwellung im unteren Drittel, eine Entasis. Sie verleiht der Säule etwas Organisches, Lebendiges. Unter handwerklichem Aspekt ist die Herausarbeitung einer Entasis aus dem Stein eine Höchstleistung, die vom Steinmetz viel Zeit und Können verlangt. Bei jonischen und korinthischen Säulen ist die Entasis nicht so stark ausgeprägt. Stattdessen verjüngen sie sich gleichmäßig von der Basis bis zum Kapitell. In der hellenistischen Zeit, also vom Ende des 4. Jahrhunderts bis ins 1. Jahrhundert vor Christus, wird statt der Entasis diese geradlinige Form der Verjüngung allgemein bevorzugt. Die drei korinthischen Säulen vom Castor-und-Pollux-Tempel in Rom (Abb. 74) besitzen offensichtlich eine leichte Entasis und Verjüngung. Man sieht das an den breiter werdenden Zwischenräumen in der oberen Hälfte. – Entasis und Verjüngung nehmen die meisten Besucher gar nicht wahr. In diesem Fall stimmt die Redewendung, dass man nur das sieht, was man weiß.

Schließlich unterscheiden sich Säulen durch das Material. Die kostbarsten sind Säulen aus Porphyr. Nur in Ägypten gibt es diesen rötlichen Stein. Er ist sehr hart und folglich schwer zu bearbeiten. In der Antike war Porphyr dem Herrscherhaus vorbehalten. Eine Statue aus diesem Material ist mit hoher Wahrscheinlichkeit die Darstellung eines Kaisers. Am Markusdom in Venedig, vor dem Haupteingang in den Dogenpalast, stehen gleich vier Kaiser in brüderlicher Umarmung. Genauer gesagt sind es zwei Augusti und zwei Cäsaren. Das Material ist Porphyr. Im kaiserlichen Palast standen – nicht ausschließlich – Säulen aus diesem kostbaren Stein. Das Material für kaiserliche Sarkophage war selbstverständlich Porphyr. Die meisten Porphyrfunde stammen deshalb aus Städten, in denen Herrscher residierten oder bestattet wurden, wie Rom, Konstantinopel, Mailand, Ravenna oder Trier. Als in diesen Städten später Kirchen gebaut wurden, hat man Porphyrsäulen als willkommene Spolien wieder verwendet, besonders gern als Stützen für den Baldachinaltar. Dort stehen sie zu Ehren des neuen Herrschers, des Kyrios Christus.

Mykenische Säulen

Wer je in Knossos auf Kreta war, hat Säulen gesehen, die von allen bisher besprochenen Formen abweichen. Sie scheinen wie umgedreht (Abb. 75) zu stehen. Unter dem Kapitell haben sie den größten Durchmesser und nach unten verjüngen sie sich. Eine über alle Zweifel erhabene Begründung für diese Form liegt noch nicht vor. Vielleicht kann

Abb. 75   Mykenische Säulen in Knossos, Kreta

Abb. 76   Gekuppelte Säulen im Kreuzgang von Monreale auf Sizilien

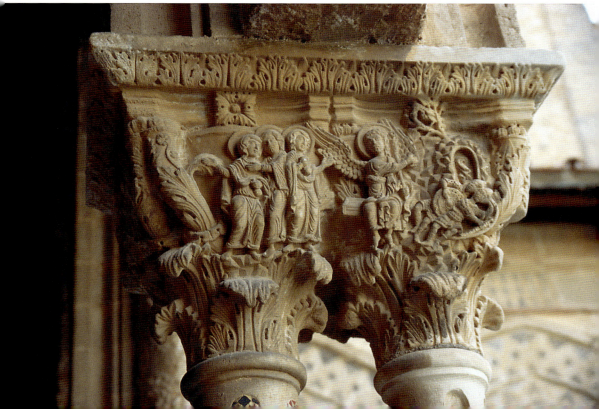

das geschehen, wenn zeitgenössische Quellen gefunden würden, die auf diese Frage eingehen, was allerdings unwahrscheinlich ist. Die sich nach oben verbreiternden Säulen waren offensichtlich so alltäglich und selbstverständlich auf Kreta, dass eine Begründung nicht erforderlich war. Unter den vielen Anmerkungen, die heute von den Archäologen gegeben werden, scheint die am plausibelsten, die eine Orientierung an Möbelstücken vorschlägt. Ein Stuhlbein hat viel zu tragen, ebenfalls ein Tischbein. Beide sind oben stabiler als in Bodennähe.

Gekuppelte Säulen

Zwei nebeneinanderstehende Säulen müssten eigentlich zwei Kapitelle haben. Manchmal sind sie jedoch durch ein einziges durchlaufendes Kapitell verbunden (Abb. 76). Auch das ist keine Erfindung mittelalterlicher Architekten. Man sieht gekuppelte Säulen z. B. auf der Empore der Hagia Sophia in Istanbul, dort, wo die Kaiserin mit ihrem Hofstaat beim Gottesdienst Platz nahm. Die Idee, zwei Säulen nebeneinanderzustellen und durch ein gemeinsames Kapitell zu verbinden, entsprang ursprünglich vermutlich rein praktischen Erwägungen. Eine schwere Last sollte aus Sicherheitsgründen von zwei Säulen getragen werden. Die gekuppelte Säule hat durchaus auch eine ästhetische Qualität. Sie ist schöner anzuschauen als eine überproportional dicke Stütze. Schließlich ist die Fläche des Kapitells größer geworden und bietet den Steinmetzen ganz andere Gestaltungsmöglichkeiten. Das kann man besonders an den Kapitellen gekuppelter Säulen in Kreuzgängen beobachten (Abb. 76).

Gedrehte Säulen

Gedrehte Säulen, auch Spiralsäulen genannt, sind besonders in der Barockzeit beliebt. Der Blick muss kreisen, wenn er den Windungen folgt (Abb. 142). Die größten Spiralsäulen stehen über dem Papstaltar in der Peterskirche. Sie haben die Höhe eines fünfstöckigen Wohnhauses. Würde man sie vor den Palazzo Farnese in Rom stellen, würden sie bis zum Dachansatz reichen. Zierliche Spiralsäulen schmücken oft die Kreuzgänge, wie z. B. in St. Paul vor den Mauern in Rom.

Gefüllte Säulen

An den meisten Säulen sieht man am Schaft vertikal verlaufende Rillen, Kanneluren genannt. Diese halbrunden Vertiefungen sind bei jonischen Säulen im unteren Drittel oft gefüllt. Man nennt diese Füllungen auch Pfeifen. Den Steg kann man immer noch als solchen erkennen. Warum ein solcher Aufwand? Ursprünglich hatten die Pfeifen eine schützende Funktion. Wenn man bedenkt, dass Säulen nicht nur im geschützten Tempelbereich standen, sondern auch in den Straßen und auf Märkten, also an Orten, wo sich Tiere aufhielten und Lasten aller Art bewegt wurden, wird verständlich, wie gefährdet kannelierte Säulen waren. Leicht können sie angestoßen und abgestoßen werden. Man schützte sie, in dem man die Kanneluren füllte, und zwar in leicht konvexer Form. So blieben die schwach herausragenden Stege noch sichtbar. Man erkannte bald auch den ästhetischen Reiz. Deshalb wurden schon in der Antike Säulen gefüllt, auch wenn sie an Orten standen, wo sie nicht beschädigt werden konnten, wie am Vesta-

Abb. 77
Gefüllte Säulen und Pilaster
im Pantheon in Rom

Abb. 78
Geknotete Säulen, Kathedrale in Parma,
Italien

Abb. 79   Rundpfeiler in der Kathedrale zu Rouen, Frankreich

tempel in Rom, der auf einem hohen Podium steht. Im Pantheon sind die in den Rechteck- und Halbrundnischen stehenden Säulen alle gefüllt, wiederum aus ästhetischen Gründen, denn eine Beschädigungsgefahr bestand hier nicht (Abb. 77).

In der Renaissance und im Barock griff man gern auf diese in der Antike entwickelte Schmuckform zurück.

GEKNOTETE SÄULEN

In Kreuzgängen, an Portalen oder auf Emporen stehen manchmal Säulen bzw. Rundpfeiler, die in halber Höhe wie eine Kordel geknotet sind (Abb. 78). Das ist nicht nur eine gekonnte formale Spielerei. Der Knoten hat eine apotropäische Funktion. Er soll die bösen Geister fernhalten. Diese fürchten sich vor Knoten ebenso wie vor Fratzenwesen an gotischen Kirchen. Beim Anblick eines Knotens sind sie irritiert und machtlos. Sie finden und sehen keinen Anfang und kein Ende. Sie können den Verlauf und die Konstruktion eines Knotens nicht verstehen. – Phänomene, die man nicht benennen und zuordnen kann, machen Angst. Das muss wohl der Grund sein, warum böse Geister angesichts solcher für sie unerklärlichen Phänomene lieber das Weite suchen. Eine geknotete Säule auf der Empore im Westen ist gut platziert, denn aus der Dunkelheit des Westens starten nach mittelalterlichem Glauben die bösen Geister ihre Angriffe.

RUNDPFEILER

In vielen Kirchen stehen runde Stützen, die fälschlicherweise als Säulen bezeichnet werden (Abb. 79 und 80). Tatsächlich sind es „Rundpfeiler". Der Unterschied zwischen beiden liegt darin, dass der Durchmesser eines Rundpfeilers über die gesamte Höhe konstant bleibt. Er hat die Form eines lang gezogenen Zylinders. Ein zierlich schmaler Rundpfeiler wird Stab oder Rundstab genannt (Abb. 81). Wenn man klare Begriffe verwendet, sollte man ihn nicht Säule oder Säulchen nennen, denn Entasis und Verjüngung und die dadurch bedingte Änderung des Durchmessers sind Kennzeichen einer Säule. Einen Rundstab kann man beliebig verlängern oder verkürzen, ohne dass er ästhetische Qualität verliert. Für eine Säule gelten bestimmte Proportionen zwischen Durchmesser und Höhe. Mit der Entscheidung für die Breite des Durchmessers an der Basis sind im Prinzip auch Form und Höhe der Säule festgelegt. Entasis und Verjüngung lassen eine beliebige Verlängerung oder Verkürzung nicht zu.

KREUZPFEILER

Kreuzpfeiler haben meist den Grundriss eines griechischen Kreuzes. Die Kanten können abgeschrägt bzw. „abgefast" sein. Vor die schräge Kante wird manchmal ein Rundstab gestellt. Kreuzpfeiler sind typisch für romanische Kirchen.

BÜNDELPFEILER

Wie der Name sagt, hat dieser Pfeiler etwas mit Bündelung zu tun (Abb. 82). Äußerlich gleicht er einer Getreidegarbe. Der Vergleich stimmt für das äußere Aussehen, nicht aber für den verborgenen Pfeilerkern. Bei einer gebundenen Garbe stehen die einzel-

Abb. 80   Rundpfeiler in der St.-Severinus-Kirche in Wenden

Abb. 81   Stab- bzw. Rundpfeiler am Fenster eines Hauses in Taormina, Sizilien

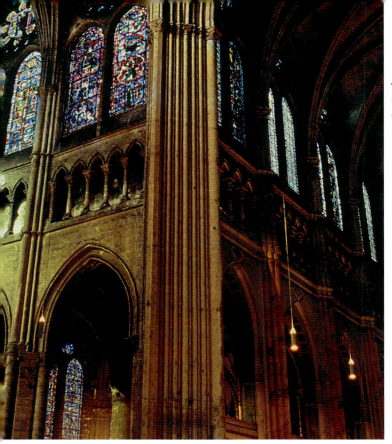

Abb. 82
Bündelpfeiler
in der Kathedrale
von Chartres

Abb. 83
Kern eines
Bündelpfeilers
aus Saint-Wandrille,
Frankreich

nen Halme selbstständig nebeneinander. So scheint es auch bei einem Bündelpfeiler zu sein. Tatsächlich sind beim Bündelpfeiler die Rundstäbe (= Dienste) aus einem massiven Steinblock herausgearbeitet (Abb. 83). Sie stehen nicht isoliert nebeneinander, sondern sind Teil des Kerns. Wenn der Bündelpfeiler einen großen Umfang haben muss, wird man zwei halbe oder vier Viertelblöcke zusammenfügen. „Alte Dienste" haben im Vergleich zu einem „jungen Dienst" einen größeren Durchmesser. Genaue Angaben für eine Zuweisung der Dienste in die eine oder andere Gruppe gibt es nicht. Entscheidend ist die Zusammenstellung im Verbund. Wenn ein Bündelpfeiler aus schmalen Diensten besteht, wird ein etwas breiterer schon als „alter Dienst" bezeichnet. Derselbe Dienst würde in einem Verbund von Stäben mit großem Durchmesser „junger Dienst" genannt werden. Die einzelnen Dienste der Bündelpfeiler sind meist als Dreivierteldienste ausgearbeitet. In diesem Zusammenhang spricht man zwar auch in der offiziellen Architektursprache von Halb- und Dreiviertelsäulen, obwohl, wie oben ausgeführt, die Bezeichnung Säule nicht angemessen ist. – Besonders mächtige Bündelpfeiler haben einen rautenförmigen Grundriss. In dieser Form wirken sie nicht so massiv. Besonders die Bündelpfeiler im Eingangsbereich müssen stark sein, weil sie das Gewicht der Türme tragen. Sie sind so positioniert, dass man beim Eintritt in die Kirche nicht auf die Breitseite, sondern auf die Spitze der Raute schaut wie in der Kathedrale zu Köln. Bündelpfeiler wirken wegen der vielen Dienste leicht. Sie lenken den Blick nach oben. Deshalb werden Bündelpfeiler gern in der gotischen Baukunst benutzt. Wegen der intendierten Vertikalisierung ist auch ein Architravabschluss der Hochschiffwand in einer gotischen Kirche nicht denkbar. Der horizontale Akzent, den ein Architrav im gesamten Mittelschiff setzt, würde die Vertikalisierung zu sehr bremsen. Deshalb ruht die Hochschiffwand in gotischen Bauten auf spitzbogigen Arkaden.

STÜTZENWECHSEL

Wenn die Form der Stützen nicht identisch ist, spricht man von einem „Stützenwechsel". Es gibt z. B. einen einfachen Stützenwechsel von Pfeiler, Säule, Pfeiler, Säule usw. Mit der Reihenfolge kann man spielen. Zum ersten Mal ist ein Stützenwechsel in der St.-Michaels-Kirche zu Hildesheim aus der Zeit um 1000 nachweisbar, und zwar in der Anordnung: Pfeiler–Säule–Säule, Pfeiler–Säule–Säule, Pfeiler (Abb. 68). Man nennt diese Folge auch sächsischen Stützenwechsel, weil er in Sachsen häufig vorkommt. Er ist auch unter dem Namen „Daktylischer Stützenwechsel" bekannt. Der Daktylos ist ein Versmaß aus der Poesie und bezeichnet eine Folge von einer betonten und zwei unbetonten Silben, wie z. B. bei den Worten Blumentopf oder auserwählt. Der Pfeiler würde der betonten Silbe entsprechen, die beiden folgenden Säulen den unbetonten.
Unter einem rheinischen Stützenwechsel versteht man die Abfolge Säule–Pfeiler–Pfeiler, Säule–Pfeiler–Pfeiler usw. Wie der Name sagt, ist diese Folge besonders oft im Rheinland anzutreffen.
Ein weiterer – gar nicht so selten benutzter – Fachausdruck lautet latenter Stützenwechsel. Damit ist ein Wechsel gemeint, der nicht sofort oder vielleicht gar nicht wahrgenommen wird, es sei denn, man hat davon gehört. In der Kathedrale von Chartres bestehen die Arkadenstützen wechselweise aus einem Rundpfeiler, an den vier achteckige Dienste gelegt sind (Abb. 84) und einem oktogonalen Pfeilerkern mit vier runden Diensten (Abb. 85).

Abb. 84   Runder Kern mit polygonalen
Diensten, Kathedrale in Chartres

Abb. 85   Polygonaler Kern mit runden
Diensten, Kathedrale in Chartres

Abb. 86   Pantheon, Blick auf den Zentralbau mit Entlastungsbögen, Rom

Der Ausdruck „latenter Stützenwechsel" ist m. E. überflüssig. Wenn der Stützenwechsel verborgen ist, ist er verborgen und kann nicht wahrgenommen werden. Wird er bemerkt, ist er nicht verborgen. So gesehen ist die Formulierung „latenter Stützenwechsel" eher ein Indiz für mangelhafte Wahrnehmung. Der Begriff hat auch keine Trennschärfe. Wo und wann beginnt ein Stützenwechsel, verborgen zu sein? Mancher nimmt auch die Differenziertheit eines sächsischen Stützenwechsels nicht wahr. Man sollte aus den genannten Gründen auf diesen Begriff verzichten.

WÜRFELKAPITELL

In der St.-Michaels-Kirche zu Hildesheim wurde auch erstmals ein Würfelkapitell nachgewiesen. Es ist eine Synthese aus Würfel und Halbkugel (Abb. 68). Wäre das Würfelkapitell hohl und würde man es dann umdrehen, sodass die flache Seite nach unten käme, wäre aus dem Würfelkapitell eine Hängekuppel geworden. Sehr bald wurde diese Kapitellform auch in anderen Regionen aufgenommen. Man begegnet ihr in Sizilien und Frankreich, in Spanien und in Österreich. Das Würfelkapitell wurde zum Markenzeichen der romanischen Architektur. Wenn man einen Bau mit dieser Kapitellform sieht, hat man wieder einen Anhaltspunkt für eine Grobdatierung. Er kann nicht vor der Jahrtausendwende entstanden sein. – Die Gotik verzichtet auf Würfelkapitelle, weil die halbkreisförmigen Flächen an den vier Seiten nach unten gerichtet sind. Das widerspricht dem gewollten Höhenzug. Sie bevorzugt schlankere Kapitellformen, z. B. das Kelchkapitell. Es ist rund und glatt und verbreitert sich in der oberen Hälfte in einer konkaven Form, sodass die Fläche größer wird und geeigneter zum Tragen größerer Lasten ist. Gotische Kapitelle sind auch oft mit Blättern heimischer Bäume und Pflanzen geschmückt. Logischerweise nennt man sie Blattkapitelle.

BOGENFORMEN

Der Abschluss eines Bogens ist nicht immer halbkreisförmig oder spitz. Die bildhaften Namen, von denen hier nur einige wichtige vorgestellt werden, beziehen sich auf den jeweiligen Abschluss.

RUND- UND SPITZBOGEN

Diesen Bogenformen begegnet man in der Sakral- und Profanarchitektur am häufigsten. In der römischen Antike war der Rundbogen allgegenwärtig. Die römischen Aquädukte bestehen über lange Strecken aus aneinandergereihten Rundbögen. Im Kolosseum sind sie neben- und übereinandergesetzt. Das Skelett dieses gewaltigen Flavischen Theaters besteht aus Rundbögen. Mehrere Kaiser ließen die Fläche des Palatinhügels in Rom durch riesige Substruktionen in Bogenformen erweitern. Bögen statt Mauern, d. h. auch Einsparung von Material. – Bögen werden zur Entlastung in Mauern eingelassen, wie ein Blick auf die obere Zone der Außenmauer des Pantheons zeigt (Abb. 86). Oberhalb der Fensterschlitze sind im Mauerwerk Rundbögen erkennbar. Einem antiken Besucher entging diese Ansicht, weil der Rundbau marmorverkleidet und hinter senkrechten Mauern versteckt war.
Die Erfindung des Spitzbogens war ein weiterer Fortschritt. Man kann die in einem

Punkt zusammenlaufenden Bogenschenkel so führen, dass sie sich der Form eines Rundbogens annähern, und man kann sie spitz auslaufen lassen, sodass der Scheitelpunkt höher liegt und ein Lanzettbogen entsteht.

Chorumgänge gotischer Kirchen sind mit Kreuzrippengewölben ausgestattet. Falls erforderlich, kann man die Rippen in unterschiedlicher Länge ansetzen, was bei einem Rundbogen nicht möglich ist. Das ist oft erforderlich, da die einzelnen Kompartimente im Umgang keinen quadratischen oder rechteckigen Grundriss haben, sondern einen trapezförmigen.

KORBBOGEN

Man könnte den Korbbogen als einen gedrückten Rundbogen beschreiben. Wenn man ihn umdreht, sodass die Schenkel nach oben zeigen, gleicht er einem flachen Korb. Der mittlere Bogen am Lettner in St. Pantaleon in Köln ist ein solcher Korbbogen (Abb. 87).

KIELBOGEN

Der Korbbogen am Lettner in St. Pantaleon wird von zwei Kielbögen flankiert (Abb. 87). Die Form gleicht einem Schiffskiel. Die Bogenschenkel laufen nicht wie bei einem Spitzbogen kontinuierlich auf einen Punkt zu, sondern folgen konkaven Linien, bevor sie sich schließlich treffen. Das Auge braucht mehr Zeit, einem Kielbogen zu folgen. Der vertikale Impuls nach oben ist noch stärker als bei einem Spitzbogen.

LANZETTBOGEN

Bei einem Lanzettbogen steigen die Schenkel des Bogens hoch hinauf. Beim Treffpunkt entsteht ein sehr spitzer Winkel. Die Bogenspitze liegt bei gleicher Bogenbreite höher als bei einem normalen Spitzbogen.

GESTELZTER BOGEN

Abbildung 88 zeigt drei leicht spitz zulaufende Bögen. Der mittlere ist ein gestelzter Bogen. Er heißt so, nicht weil er der mittlere ist oder der höchste und der breiteste oder weil er rund oder spitz ist. Entscheidend ist, dass die Schenkel oberhalb des Kapitells noch eine Strecke vertikal verlaufen und dann erst in die Bogenform übergehen. Er erinnert an einen Stelzengänger, dessen Beine durch die Stelzen ebenfalls verlängert werden. Ein gestelzter Bogen kann für sich allein stehen oder, wie in Abbildung 88, einen Verbund mit anderen Bögen bilden. In diesem Fall gliedert, akzentuiert und rhythmisiert der gestelzte Bogen. Der horizontale Fluss einer Bogenreihe wird durch den gestelzten Bogen gebremst. Insofern eignet er sich für Zentralbauten wie z. B. für das Dekagon der Kirche St. Gereon in Köln. Besonders beliebt sind gestelzte Bögen an orthodoxen Kirchen, die ja in der Mehrzahl Zentralbauten sind (Abb. 24). Eine lang gestreckte Basilika, deren Mittelschiff eine Art „via sacra" (= heilige Straße) bildet, die den Besucher Richtung Chor führt, verzichtet auf retardierende Elemente.

Abb. 87 Lettner in St. Pantaleon in Köln mit Korb- und Kielbögen

Abb. 89 Hufeisenbogen in Kairouan, Tunesien

Abb. 88 Gestelzter Bogen, St. Gereon, Köln

Abb. 90
Scheitrechter Bogen,
in Ani, Türkei

Abb. 91
Offener Dachstuhl in Monreale,
Sizilien

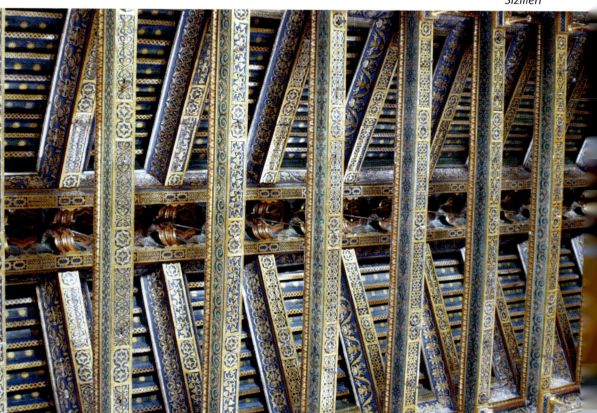

HUFEISENBOGEN

Auch dieser Name ist von der Form des Bogens abgeleitet. Der untere Teil des Bogens hat die Tendenz, in die Kreisform überzugehen und sich zu schließen. Anders gesagt: Der Hufeisenbogen ist ein Rundbogen, der über den Durchmesser hinweg weitergezogen ist zu einem Dreiviertelkreis. Die so entstehende Gesamtform gleicht einem Hufeisen (Abb. 89). – Hufeisenbögen kommen besonders in der arabischen Architektur vor. Da Araber über mehrere Jahrhunderte – bis 1453 – in Spanien waren, trifft man auch dort in der Profan- und Sakralarchitektur oft auf diese Bogenform als Hinterlassenschaft.

SCHEITRECHTER BOGEN

In der Regel ist ein Bogen gerundet oder spitz zulaufend. Eine Ausnahme bildet der scheitrechte Bogen, auch Horizontalbogen oder Sturzbogen genannt. Er hat einen waagerechten Abschluss (Abb. 90). Er wird Bogen genannt, weil er wie ein Bogen konstruiert ist. Die Steine sind schräg angeordnet. Sie halten sich gegenseitig wie bei einem Bogen. Die Fugen laufen auf einen angenommenen Mittelpunkt zu. Besonders Türstürze sind oft in dieser Form gemauert. Deshalb hat er auch den Namen Sturzbogen. Ein scheitrechter Bogen ist belastbarer und kostengünstiger als ein massiver Block.
Die verschiedenen Bogenformen werden exakt mit dem Zirkel entworfen. Für einen Halbrundbogen wird der Zirkel einmal angesetzt. Andere verlangen zwei oder drei Zirkelschläge.

DECKENGESTALTUNG

Im folgenden Kapitel werden verschiedene Möglichkeiten der Deckengestaltung vorgestellt.

OFFENER DACHSTUHL

Das Mittelschiff aller Basiliken wird mit einem Satteldach abgeschlossen. In unseren Breiten ist ein Satteldach auch typisch für die meisten Wohnhäuser. Die Balken werden schräg aufgerichtet und treffen sich oben in einem spitzen Winkel. Je länger die Balken, desto steiler das Dach und umso geringer der Druck gegen die Außenmauern. Deswegen sind die Dächer an mittelalterlichen Kirchen und Rathäusern oft schwindelerregend steil.
Die Holzbalken an und unter der Decke bilden ein durchdachtes und symmetrisch konstruiertes Liniengefüge. Die erste Funktion ist statischer Art. Das Dach muss getragen werden, auch dann, und besonders dann, wenn es Stürmen, Regenfällen und Schneelasten ausgesetzt ist. Wenn ein solches statisch zuverlässiges Gerüst auch noch schön ist, dann soll es auch gesehen werden, es bleibt offen (Abb. 91). Die schweren Holzbalken erhalten farbenfrohe Ornamente und werden an den Kanten bearbeitet. Ein offener Dachstuhl spart zusätzlich Kosten. Deshalb ist es nicht verwunderlich, ihn oft in Bettelordenskirchen anzutreffen.
Einige Sätze zuvor fiel das Wort statisch. Die Baumeister konnten im Mittelalter bei der

Errichtung von Großbauten keine statischen Berechnungen vornehmen. Durch Erfahrung lernten sie, wie stark die Balken in einem offenen Dachstuhl und wie dick bestimmte Mauern sein mussten. Berechnen konnte man die Statik nicht. Aus Erfahrung wurde man klug. Man kann vermuten, dass es auch Einstürze gab. Nicht nur das gigantisch hohe Mittelschiff der Kathedrale von Beauvais bei Paris ist während der Bauzeit zusammengebrochen. Sicher hat es weitere Unfälle dieser Art gegeben.

FLACHDECKE

Der horizontale Abschluss eines großen Raumes ist aufwendig, denn zusätzlich zur Dachkonstruktion muss eine Decke eingezogen werden. Für diesen Schritt sind ästhetische Gründe ausschlaggebend. Wer möchte immer nur in das Dachgestühl schauen? Schon die antike Architektur zeigt verschiedene Möglichkeiten, eine horizontale Decke zu gestalten.
Eine einfache Art der Konstruktion eines Flachdaches besteht darin, Brett an Brett quer über den Raum zu legen. Die untere sichtbare Fläche kann farblich gestaltet werden. Beispiel für eine Flachdecke dieser Art ist die in der St.-Michaels-Kirche zu Hildesheim (Abb. 92). Auf einer Fläche von circa zwanzig Metern Länge und zehn Metern in der Breite ist in leuchtenden Farben aus dem 13. Jahrhundert der Stammbaum Jesu ausgebreitet, ein in der Buch- und Wandmalerei und in der Reliefkunst des Mittelalters beliebtes Thema. Aus dem Schoß des liegenden Isai, dem Vater König Davids, wächst ein Baum. Sein Sohn David ist König in Israel. Er hat seinen Platz unten im Geäst. Über ihm folgt sein Sohn Salomo. Oben in der Krone thront die Gottesmutter mit ihrem Kind.
Flachdecken sind in der Regel plastisch gestaltet, „kassettiert" (Abb. 93). Fantasievolle geometrische Muster entstehen aus Kreisen, Quadraten, Rauten und Dreiecken. Die Decke wirkt wie ein monumentales Relief. Oft erkennt man die Wappen der Stifterfamilien in den Feldern oder Rosetten. Viele der großen Basiliken in Rom sind mit vergoldeten Kassetten ausgestattet wie S. Maria Maggiore, S. Clemente oder die Laterankirche. Die Technik der Kassettierung hat in Rom eine Tradition, die bis in die Antike zurückreicht. In der Maxentiusbasilika auf dem Forum sind die gegossenen, mehrfach gestuften Kassetten erhalten, ebenfalls im Pantheon (Abb. 77). Ursprünglich waren sie mit vergoldeter Bronze überzogen. Die Römer wiederum erhielten Anregungen für diese Art der Deckengestaltung aus der griechischen Tempelarchitektur.
In der gotischen Baukunst gibt es keine Flachdecken. In der vertikalen Ausrichtung aller Architekturteile wären sie Fremdkörper. Findet man heute ein Flachdach in einer gotischen Kirche – wie z. B. in der Stiftskirche in Wertheim im Frankenland –, so handelt es sich um eine spätere Veränderung. Flachdecken sind typisch für frühchristliche Kirchen.

TONNENGEWÖLBE

Die Römer waren Experten im Gewölbebau. Schon im 2. Jahrhundert vor Christus hatten sie eine Art Zement entwickelt. Diese Mörtel-Steinmischung ermöglichte die Überbrückung großer Breiten. Die erhaltenen Gewölbe in den Caravalla-Thermen und in der Maxentiusbasilika in Rom beeindrucken noch heute (Abb. 12). Das Wissen um die Technik der Einwölbung ging im Laufe der Jahrhunderte verloren. Erst um 1100 wurde mit der Einwölbung des Speyerer Domes eine neue Entwicklung eingeleitet.

Abb. 92 Deckengemälde
in der Michaeliskirche, Hildesheim

Abb. 93 Kassettendecke in der
Lateranbasilika

Abb. 94 Tonnengewölbe in St. Antonius
Einsiedler, Finnentrop-Rönkhausen

Abb. 95 Kreuzgratgewölbe
in der St. Severinus-Kirche, Wenden

Ein Tonnengewölbe kann recht unterschiedlich aussehen. Eine Rundtonne hat einen halbkreisförmigen Querschnitt (Abb. 94). Eine Flachtonne hat die Form eines Kreissegmentes. Sie wird durch ein Kreissegment abgeschlossen. Es wirkt etwas gedrückt. Ein Tonnengewölbe kann auch spitzbogenförmig zusammenlaufen. In diesem Fall spricht man von einer Spitztonne. In vielen romanischen Kirchen in Burgund trifft man sie an. – Gewölbe sind in der Regel durch stark hervortretende und quer verlaufende Gurtbögen unterteilt (Abb. 94). Diese leiten die Schubkräfte auf die Pfeiler und gliedern die Decke in verschiedene Kompartimente, auch Traveen oder Joche genannt.

KREUZGRATGEWÖLBE

Wenn sich zwei Tonnen im rechten Winkel schneiden, entsteht ein Kreuzgratgewölbe. Die diagonalen Linien bleiben als scharfe „Grate" stehen (Abb. 95). – Das Kreuzgratgewölbe ist keine Erfindung der Christen. Schon in den Kaiserthermen in Rom – und nicht nur dort – gibt es perfekte Kreuzgratgewölbe.

KREUZRIPPENGEWÖLBE

Die Grate können durch Rippen verstärkt oder ersetzt werden. Man spricht dann von einem Kreuzrippengewölbe (Abb. 96). Es ist charakteristisch für gotische Kirchen. Zwischen den parallel verlaufenden Gurtbögen kreuzen sich zwei Rippen. Zwischen ihnen liegen vier Gewölbekappen. Ein solches vierteiliges Kreuzrippengewölbe ist typisch für die Hochgotik. In der Frühgotik wird häufig noch eine Rippe durch den Schnittpunkt der beiden Rippen gezogen, parallel zu den Gurtbögen. Eine solche Gewölbegestaltung kann man zur Grobdatierung heranziehen. Wenn anstelle der Rippen ein Band aus breiten Steinen angelegt ist, sind das noch Elemente aus der spätromanischen Zeit. Im nördlichen Querhaus des Straßburger Münsters sind Bandrippen verarbeitet. Auch in Bauten der Kreuzfahrer aus dieser Zeit kann man gelegentlich Bandrippen entdecken, wie z. B. im Refektorium der Kreuzfahrerburg in Akko.
Der Querschnitt der Rippen ändert sich. Am Anfang steht die Bandrippe mit rechteckigem Profil. In der Zeit der Gotik wäre diese abschließende, breite und glatte Form störend. Das Band wird deshalb nach unten verlängert und plastisch gestaltet, z. B. in Form eines Halb- oder Dreiviertelkreises oder eines lang gezogenen Halbkreises, der an die Form einer Birne erinnert. Damit ist auch der entsprechende Name gegeben: Birnstab.
Noch vor Jahrzehnten war man der Ansicht, den Rippen käme in erster Linie die Aufgabe zu, das Gewölbe zu tragen. Das ist eine widerlegte These. Kreuzgratgewölbe sind aus statischen Gründen nicht auf Rippen angewiesen. Im Französischen werden die Kreuzrippen „nervures" (= Nerven) genannt. Nerven stabilisieren den Körper ebenso wenig wie Rippen das Gewölbe. Rippen haben eine ästhetische Funktion.

NETZGEWÖLBE

In der späten Gotik, im 14. und 15. Jahrhundert, verzichten Architekten manchmal auf die Jocheinteilung und legen ein durchgehendes Rippenwerk in Form eines Netzes an das Gewölbe. Ein Netzgewölbe bildet rautenförmige Felder (Abb. 97). Man nimmt nun

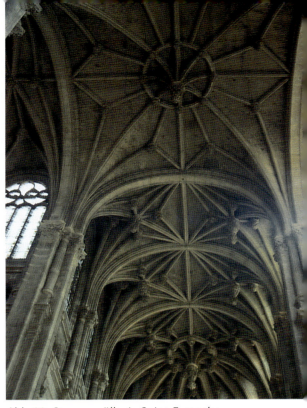

Abb. 96   Kreuzrippengewölbe im Langhaus des Kölner Doms

Abb. 98   Sterngewölbe in Saint-Eustache, Paris

Abb. 97   Netzgewölbe in der Thomanerkirche, Leipzig

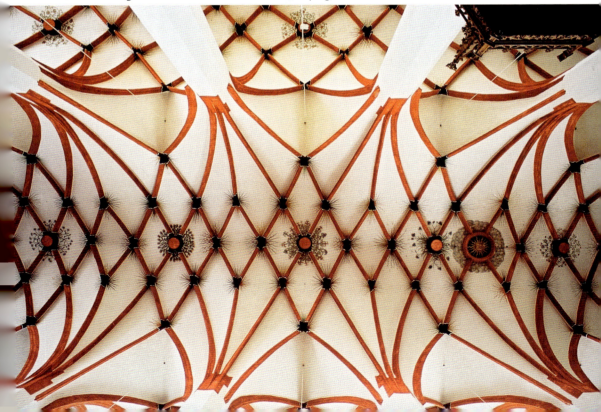

nicht mehr einzelne Joche wahr, die durch Gurtbögen getrennt sind, sondern das gesamte Gewölbe als Einheit.

STERNGEWÖLBE

Man kann mit den Rippen sozusagen spielen und mit ihnen verschiedene Lineamente bilden. Sie können z. B. sternförmig angelegt werden, sodass ein „Sterngewölbe" entsteht (Abb. 98). Oft liegen vier oder fünf Sternenmuster hintereinander. Netz- und Sterngewölbe gibt es erst seit der Spätgotik, sie sind somit verlässliche Hilfen zu einer Grobdatierung. In Abbildung 98 erkennt man im Zentrum jedes Sterns einen Kreis, aus dessen Mitte etwas herabhängt. Man fragt sich, wie ein solch zusätzliches und unnötiges Gewicht überhaupt statisch gesichert werden kann. Der steinerne Zapfen wird Abhängling genannt. Er hängt am Schlussstein des Gewölbes und zieht ihn nach unten. Wenn man bedenkt, dass ein Schlussstein angespitzt ist und in eine entsprechend geformte Lücke eingelassen wird, zieht das Gewicht des Abhänglings den Schlussstein fest nach unten und gibt ihm einen unverrückbaren Halt im Verbund mit den ihn umgebenden Steinen. Insofern ist das, was zunächst als unnötige Belastung aussieht, in Wirklichkeit eine zusätzliche Stabilisierung. Der Abhängling ist nichts anderes als ein hängender Schlussstein.

KLOSTERGEWÖLBE

Das Klostergewölbe ist einer Kuppel nur ähnlich. Deshalb wird es nicht unter Kuppelformen behandelt, sondern hier unter dem Stichwort Gewölbeformen.
Ein Klostergewölbe wird gern über einem quadratischen Grundriss errichtet. Man kann die Konstruktion leicht verstehen, wenn man an eine Pyramide denkt. Von jeder der vier Grundlinien steigt eine dreieckige Fläche nach oben. Wären die Außenflächen konvex gebogen, würde ein perfektes Klostergewölbe entstehen. – Die Grundfläche kann auch polygonal oder dreieckig sein. Das Klostergewölbe besteht aus so vielen Wangen wie die Grundfläche Seiten hat. Im Unterschied zu einer Kuppelbildung bleibt die Grundlinie keine Kreisform.

MULDENGEWÖLBE

Wenn der Grundriss rechteckig ist, kann man ein Kloster- oder ein Muldengewölbe errichten. Bei einem Klostergewölbe treffen, wie beschrieben, alle Wangen in einem Scheitelpunkt zusammen. Ein Klostergewölbe über rechteckigem Grundriss hat an den Schmalseiten kleine Wangen und an den Längsseiten entsprechend der Grundlinie größere. Um ein Muldengewölbe zu erhalten, müssen die langen Seitenwangen fast in der ganzen Länge konvex nach oben gebogen werden. Dadurch entsteht eine Linie, eine Mulde. Die Wangen an den Schmalseiten werden ebenfalls hochgezogen und bilden so kleine sphärische Dreiecke.

SPIEGELGEWÖLBE

In der Mitte der gewölbten Decke ist eine rechteckige, ebene Fläche ausgespart. Das unterscheidet das Spiegelgewölbe von einem Muldengewölbe. Der flache Teil ruft so-

zusagen nach Malerei. – Manchmal werden Spiegelgewölbe und Spiegeldecken verwechselt. Letztere waren besonders in der Schlossarchitektur beliebt. Auf der Spiegel-
decke sind Profile in Form eines Bilderrahmens aufgelegt. Der Übergang zu den Wänden erfolgt durch Kehlen. Insgesamt herrscht der Eindruck einer flachen Decke vor. Bei
einem Spiegelgewölbe tritt das Gewölbe an den Seiten in Erscheinung und die wesentlich kleinere Fläche in der Mitte der Decke.

DOMIKALGEWÖLBE

Diese Gewölbeform ist eine Mischung aus Kreuzrippengewölbe und Kuppel. Im Prinzip
ist das Domikalgewölbe ein Kreuzrippengewölbe mit stark überhöhtem Scheitel, sodass
der Eindruck einer Kuppel vermittelt wird.

KUPPELFORMEN

Die Kuppel als Abbild des Himmels ist eine passende Architekturform für Sakralbauten.
Eine Reihe weltbekannter Kirchen sind Kuppelkirchen, z. B. die Hagia Sophia in Istanbul
aus dem 6. Jahrhundert, St. Gereon in Köln, der Dom von Florenz, die Peterskirche in
Rom und die St.-Pauls-Kathedrale in London.
Der für eine Kuppel angemessene Grundriss ist die Kreisform. Aber auch über Grundris-
sen, die der Kreisform nahekommen, lassen sich Kuppeln errichten. Das scheint ein
Widerspruch in sich zu sein. Um die Sache noch mehr zu komplizieren: Es gibt Kuppeln,
die zwar wirklich wie eine Kuppel aussehen und trotzdem keine sind. Dieses paradoxe
Phänomen soll als Erstes besprochen werden.

FALSCHE UND ECHTE KUPPELN

Die falsche Kuppel steht am Anfang einer Entwicklung, die zu immer komplizierteren
Kuppelkonstruktionen führt. Sie heißt auch unechte Kuppel oder Pseudokuppel. Bereits
in Mykene wurde im zweiten Jahrtausend vor Christus über einem bis heute gut erhaltenen Raum eine Pseudokuppel errichtet. Das entscheidende Merkmal einer falschen
Kuppel sind die vorkragenden horizontal geschichteten Steinlagen. Auf einen kreisförmig angeordneten Steinring wird eine zweite Schicht aus Steinen gelegt, wobei jeder
Stein etwas nach innen geschoben wird, d. h., diese zweite Schicht kragt über den darunter liegenden Steinen vor. Der Durchmesser des oberen Ringes ist – logisch – immer
etwas kleiner als der des unter ihm liegenden. So wird Ring auf Ring gesetzt. Falls die
Steine – wie in der griechischen Antike üblich – nicht durch Mörtel miteinander verbunden wurden, musste man sie in der hinteren Hälfte außen z. B. mit Steinen belas-
ten. So wurde verhindert, dass die Steine eines neuen Ringes nach innen kippten.
Abbildung 99 zeigt das Konstruktionsprinzip mit den vorkragenden Steinen. Über dem
Türsturz ist aus statischen Gründen eine Aussparung in Form eines gleichschenkligen
Dreiecks belassen. Jede höhere Lage wird weiter nach innen geschoben. In diesem Fall
ensteht ein ungefähr gleichschenkliges Dreieck. Wenn die oberen Steinschichten
weiter nach innen vorkragen, entsteht ein Rund- oder Spitzbogen. Auch am Löwentor
zu Mykene (Abb. 100) wird mit vorkragenden Steinen gearbeitet. Würde man das Dreieck mit den Löwen oberhalb des Türsturzes herausnehmen und die zwei Steine in der

Abb. 99 Eingang zum sogenannten
Atreusgrab, Mykene

Abb. 100 Löwentor in Mykene,
vorkragende Steinlagen

Abb. 101 Rundbögen in Apollonia, Libyen

obersten Lage zusammenschieben, hätte man einen falschen Bogen geschaffen. Genau nach diesem Prinzip wird ein falsches Gewölbe gebaut. Je weiter die Steine vorkragen, desto flacher wird die Kuppel; je geringer, umso steiler und höher wird sie. – Hunderte von Rundhäusern mit falschen Kuppeln stehen in Alberello im süditalienischen Apulien. Man nennt sie Trulli. Auch die Schneehäuser der Eskimos sind nach dem Prinzip des Vorkragens als Pseudokuppelbauten errichtet. Wie die Steine bei einem echten Bogen gesetzt sind, zeigt ein Blick auf Abbildung 101. Entsprechend sind sie auch bei einem echten Gewölbe angeordnet.

Früher haben die Menschen natürlich nicht gesagt: „Wir wollen ein unechtes Gewölbe oder eine unechte Kuppel bauen!" Erst nachdem man verschiedene Konstruktionsmethoden für Kuppelbauten entwickelt hatte, konnte man die ersten Versuche unecht oder falsch nennen.

Das entscheidende Merkmal einer echten Kuppel ist: Die Steinfugen sind, wie bei einem Bogen, auf einen imaginären Mittelpunkt gerichtet. Die Steine sind trapezförmig geschnitten. Sie sind oben breiter als an der unteren Kante. Somit können sie sich nicht aus dem Verbund lösen. Die keilförmig geschnittenen Nachbarsteine verhindern ein Durchrutschen (Abb. 101). Der Schlussstein im Zenit hat ebenfalls eine Trapezform. Er gibt durch sein zentnerschweres Gewicht dem Gewölbe Halt und wird gleichzeitig von den Nachbarsteinen getragen.

Schon in der römischen Antike wurden Kuppeln – wie heute – nicht gemauert, sondern aus einer zementartigen Masse gegossen wie z. B. im Pantheon oder in den Caracalla–Thermen in Rom.

Über einem kreisförmigen Grundriss kann man eine falsche oder eine echte Kuppel errichten. Was aber, wenn der Grundriss quadratisch ist? Auf den ersten Blick scheint es wie ein Widerspruch, über einem quadratischen Grundriss eine Kuppel zu errichten. Aber es ist möglich. Folgende Lösungen wurden gefunden:

TROMPENKUPPEL

Eine Trompenkuppel erhebt sich oft über der Vierung romanischer Kirchen (Abb. 102). Dort, wo sich Langhaus und Querhaus schneiden, wird ein Quadrat „ausgeschieden", das Vierungsquadrat. In die Ecken des Quadrates wird ein Keil gemauert. Nach unten läuft er spitz aus, oben bildet er in den vier Ecken eine dreieckige Fläche. Das Gebilde ähnelt der Form einer Trompete mit dem Mundstück unten. Deshalb wird es Trompe genannt (französisch „la trompe" = Trompete, Trichter). Aus dem Viereck ist ein Achteck geworden. Darauf lässt sich eine oktogonale oder kreisrunde Kuppel errichten. Der Basiskreis der Kuppel liegt auf den Seitenlinien des Quadrates und auf den Trompen.

HÄNGEKUPPEL

Der Basiskreis einer Hängekuppel liegt nicht auf den Seitenlinien des Vierungsquadrates wie bei einer Trompenkuppel, sondern auf den Ecken. Damit überschreitet der Fußkreis der Kuppel das Quadrat an allen vier Seiten. Die überstehenden Kuppelteile werden vertikal abgeschnitten. So verbleiben dort senkrechte Flächen mit einem halbrunden Abschluss. Auf den Ecken stehen nur die vier auslaufenden Füße der Kuppel. – In Wirklichkeit wird natürlich keine Mauer geschnitten. Die Kuppel wird von vornherein so

Abb. 102 Trompengewölbe im Limburger Dom

Abb. 103 Kuppel von St. Peter, Rom

Abb. 104 Alabasterfenster in S. Vitale, Ravenna

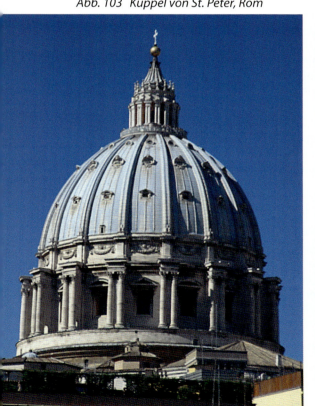

gebaut wie es hier beschrieben wird. – Eine Hängekuppel lässt sich im Modell einfach herstellen. Eine runde Frucht, z. B. eine Apfelsine, wird halbiert. Mit der Schnittfäche oder mit der Rundung wird sie auf eine Unterlage gelegt. Außen an der Schale werden dann vier Vertikalschnitte so angesetzt, dass an der runden Schnittfäche eine Quadratform entsteht. Zwischen den abgeschnittenen Stücken sollte an den vier entstandenen Ecken ein schmaler Streifen Schale erhalten bleiben. Damit ist ein perfektes Modell einer Hängekuppel entstanden.

STUTZKUPPEL

Bei einer Stutzkuppel ist die eingewölbte Fläche wesentlich kleiner und flacher als bei einem Halbkugelgewölbe. Es sieht aus wie eine Kappe, deshalb heißt es auch Kappengewölbe oder Böhmische Kappe. Weitere Namen sind: Stutzkuppel und Platzelgewölbe.

PENDENTIFKUPPEL

Die Pendentifkuppel ist die ausgeklügeltste und galanteste Form einer Kuppelkonstruktion. Es handelt sich eigentlich um zwei Kuppeln. Wenn man in einer Hängekuppel einen horizontalen Schnitt anlegt, den oberen Teil also abtrennt, bleibt eine kreisrunde Form, auf die eine Kuppel gesetzt werden kann. Sie wird umso größer, je tiefer man den Schnitt ansetzt. Die untere Hängekuppel wurde durch den Horizontalschnitt zwar zerstört, aber mit dem Gewinn, eine Kreisform als Unterbau für die Kuppel zu erhalten. Von der ursprünglichen Hängekuppel bleiben praktisch nur vier sphärische Dreiecke übrig. Man nennt sie auch Pendentifs. Diese geschwungenen Dreiecke tragen die Kuppel. Ein frühes Beispiel für eine Pendentifkuppel ist die in der Hagia Sophia in Istanbul.

TAMBOURKUPPEL

Der Begriff Tambourkuppel bezieht sich auf den zylindrischen Unterbau einer Kuppel (französisch „tambour" = Trommel). Die Trommel ist der Form nach ein zylindrisches Instrument. Der Tambour hat die Funktion eines Sockels. Die darüber aufragende Kuppel wird präsentiert. Ein prominentes Beispiel für eine Tambourkuppel ist die von St. Peter in Rom (Abb. 103). Auch die Kuppeln des Invalidendoms in Paris und der St.-Pauls-Kathedrale in London stehen auf einem Tambour. – In der Barockzeit sind Tambourkuppeln besonders beliebt.

FLACH- UND SPITZKUPPEL

Oft lässt sich vom Anblick eines Bauwerkes auf die innere Struktur schließen. Das wurde einleitend an einigen Kirchentypen erläutert. Es gibt aber auch die gewollte Diskrepanz zwischen außen und innen. Der Besucher soll überrascht werden. Die Kuppel des Pantheons in Rom ist von außen betrachtet eine Flachkuppel, innen besitzt sie die perfekte Form einer Halbkugel (Abb. 77). Diese Diskrepanz zwischen Außen- und Innenansicht ist beabsichtigt. Der Außenbau sollte die innere Raumgestaltung nicht verraten. Ein fremder Besucher stand vor dem Tempel, sah eine ihm vertraute Front mit Säulen und Giebeldreieck und war überzeugt, dass der Innenraum rechteckig sein müsse. Die Kuppel sollte und konnte er nicht sehen. Deshalb wird sie außen möglichst flach gehalten. Der Platz vor dem Pantheon lag in der Antike mehrere Meter tiefer als heute. Dadurch konnte der Besucher von der Kuppel absolut nichts bemerken. Auch seitwärts gab der zylindrische Bau nichts von seiner Rundung und von der Existenz einer Kuppel preis, weil er durch hohe Mauern verdeckt war.

Um in den Tempel zu gelangen, musste der Besucher eine Treppe hochsteigen, wie das bei römischen Tempeln üblich war. Er ging staunend durch die Vorhalle mit den monumentalen braun-rötlichen Granitsäulen. Er war gespannt auf das Götterbild, das er in der rechteckigen Cella zu sehen hoffte. Aber entgegen all diesen Erwartungen umgab ihn im Innern ein lichtdurchfluteter Kuppelbau. Der Eindruck muss überwältigend gewesen sein.

Gewollte Diskrepanzen zwischen außen und innen und damit die Erzeugung eines Überraschungs- und Überwältigungsmomentes lassen sich auch in der christlichen Sakralarchitektur nachweisen. Die Wallfahrtskirche Vierzehnheiligen im Frankenland überrascht innen mit einer Rokokoausstattung, die man aufgrund der Außenansicht in dieser Form nicht erwartet hätte.

Neben den beiden Formen einer Flach- und Spitzkuppel sollte noch die Faltkuppel erwähnt werden, weil sie recht häufig vorkommt. Die Faltkuppel ist nicht einheitlich rund, sondern in Zickzackform gefaltet. Deshalb heißt sie logischerweise Faltkuppel. Wenn die einzelnen Teile konvex geformt sind wie bei einem Schirm, spricht man von einer Schirmkuppel.

DIE LATERNE AUF DER KUPPEL

Ohne Lichtquelle wäre das Kuppelinnere auch tagsüber dunkel. Eine einfache Möglichkeit, Licht einfallen zu lassen, haben die Architekten des Pantheons gefunden, indem sie im Zenit der Kuppel eine große Öffnung aussparten. So kann das Tageslicht in seiner vollen Kraft einfallen. Aber es kann auch hineinregnen. Das ist für Gebäude, in denen sich viele Menschen zum Gottesdienst versammeln wie in Kirchen, äußerst unangenehm. Deshalb muss eine andere Lösung gefunden werden. Wiederum wird in der Kuppel eine Öffnung ausgespart. Darüber aber wird eine Laterne gesetzt, ein hoch gestreckter runder Aufbau mit vielen Fenstern in Form einer Laterne (Abb. 103). Wenn die Kuppel auf einem Tambour ruht, wird auch dieser durchfenstert (Abb. 103). So fällt genügend Licht ein, um die Malerei im Kuppelbereich gut sichtbar zu machen und das Kircheninnere zu erhellen.

Besonders in orthodoxen Kirchen erreicht die Laterne eine beträchtliche Höhe, besonders wenn oben das Bild des Pantokrators oder der Gottesmutter angebracht ist. Die Höhe entspricht der Entrücktheit in den Himmel. Das durch die hohen Fenster gewonnene Licht ist Ausdruck des himmlischen Lichtes, das in Fülle in den Kirchraum einfällt.

FENSTER UND GLASWÄNDE

ALABASTERFENSTER

In den frühchristlichen Kirchen wurden die kleinen Fensteröffnungen meist mit dünnen, lichtdurchlässigen Alabasterscheiben gefüllt. In der Kirche S. Vitale (Abb. 104) und im sogenannten Mausoleum der Galla Placidia in Ravenna, in den Basiliken St. Paul vor den Mauern und in S. Sabina in Rom leuchten die Fenster in einem wohltuenden gelb-braunen Farbton. In St. Peter griff Bernini später auf dieses Material zurück. Oberhalb der Cathedra setzte er ein Alabasterfenster ein mit einer Taube als Symbol des Heiligen Geistes. Es ist das einzige farbige Fenster in St. Peter. – Besonders in Gegenden ohne Alabastervorkommen spannte man dünn geschabtes Pergament in die Fensteröffnungen, bevor man schließlich das preiswerter gewordene Glas einsetzte.

Wenn die Fenster klein sind, bleibt viel Wandfläche. Diese nutzte man für Malerei. Kirchen aus der Zeit der Romanik waren vollständig ausgemalt. Viel von der ursprünglichen Ausstattung an Wand- und Deckenmalerei ist verloren gegangen. Die kleinen Fenster in romanischen Kirchen hatten bereits farbigen Glasschmuck. Andernfalls hätten sie nicht bestehen können im Vergleich mit der Wandmalerei ihrer Umgebung. Viele Beispiele romanischer Glasmalerei sind erhalten. Wegen der Kostbarkeit werden die Originale oft in Museen gezeigt. Die Technik der Herstellung ist in der Gotik dieselbe wie in der Romanik.

Die groben Gewandfalten und Umrisslinien werden durch Bleiruten markiert, Augen-partien, Mund und Nase mit Schwarzlot auf das Glas gemalt. Es ist ein lichtundurchläs-siges Gemisch aus verschiedenen Mineralien und seit dem 12. Jahrhundert bekannt. Vor dem Zusammenfügen der farbigen Glasstücke durch Bleiruten wurde die Binnen-zeichnung mit Schwarzlot aufgetragen und anschließend eingebrannt.

GLASWÄNDE IN GOTISCHEN KIRCHEN

In gotischen Kirchen haben sich die Fenster an Zahl und Fläche beträchtlich vergrößert. Kunsthistoriker sprechen deshalb nicht von Fenstern, sondern lieber von Glaswänden (Abb. 63 und 105). Diese Bezeichnung ist aus zwei Gründen passender: zum einen we-gen der erwähnten Größe, zum anderen wegen der unterschiedlichen Funktion von Fenster und Glaswand. Ein Fenster soll den Blick nach draußen ermöglichen und Son-nenlicht einlassen. Das aber ist nicht Zweck der farbigen Glaswände, was im Folgenden näher erlautert wird.

MYSTISCHES LICHT

Die Glaswände in gotischen Kirchen waren grundsätzlich farbig. Ausgenommen von dieser Pracht waren die Kirchen von Ordensmitgliedern, die ein Armutsgelübde abge-legt haben. Viele mittelalterliche Kirchen verfügen leider nicht mehr über den ursprüng-lichen Bestand an bunten Glaswänden. Ersatzweise wurden helle Scheiben eingesetzt. Moderne Menschen empfinden die dadurch erzeugte Helligkeit und Steinsichtigkeit oft als wohltuend. Das Empfinden der Menschen im Mittelalter muss wohl ein anderes gewesen sein, sonst hätte man damals schon helle Scheiben verwendet, statt in mehre-ren Arbeitsgängen mühsam farbige Scheiben herzustellen. Man wollte im Mittelalter das Sonnenlicht nicht direkt in die Kirche einlassen, sondern in transformierter Form als mystisches Licht. Vom Himmlischen Jerusalem heißt es in der Offenbarung des Johan-nes: „Die Stadt braucht weder Sonne noch Mond, die ihr leuchten. Denn die Herrlich-keit Gottes erleuchtet sie, und ihre Leuchte ist das Lamm" (Offb 21,22). Das Licht in der Kirche, die als Abbild des Himmlischen Jerusalem verstanden wurde, soll also nicht erkennbar von einer äußeren Lichtquelle kommen. Es soll vielmehr der Eindruck entstehen, das Licht sprühe aus den Fenstern in den Kirchenraum. Die Glaswände sind das Licht. Die Heiligenfiguren stehen im Licht. Es gibt hinter ihnen nicht noch das Licht der vergänglichen Sonne, die im Himmlischen Jerusalem nicht mehr existiert, weil Gott dort das Licht ist. Offensichtlich hatte man in der Gotik ein neues Verhältnis zum Licht. Und man war sich dessen bewusst. Abt Suger von St. Denis spricht vom „lux mirabilis" (wunderbares Licht) und von den „sacratissimae vitrae" (allerheiligste Fenster). Die Bücher des Dionysios Areopagita aus dem 5. Jahrhundert wurden begierig gelesen. Dieser Theologe befasste sich in seinen Schriften intensiv mit der Bedeutung des Lichtes. Gott sei das Urlicht. Aus diesem immateriellen Sein ergieße sich in Abstufungen alles Sein bis hinab zu den materiellen Seinsweisen.

Wenn Kirchen mit weitgehend erhaltenem mittelalterlichen Glasbestand beim Betreten auch ziemlich dunkel wirken, erfährt man nach der Adaptation der Augen an das schwache Licht, dass man immer tiefer in eine andere Welt eintaucht. Nach dem Verlassen der Kirche erscheint einem das Tageslicht nüchtern, kalt und desillusionierend. Am ehesten kann man diese Erfahrung in der Kathedrale von Chartres machen. Es gibt keine andere Kirche mit einem so großen Bestand an mittelalterlichen Glaswänden. Die Fläche eines Fußballplatzes könnte damit belegt werden. Wenn man die Kirche betritt, steht man zunächst in einem dunklen Raum. Nur die drei großen Chorfenster funkeln in der Ferne. Dreht man sich um zur Fassadenwand hin, blickt man in ein Wunder an Formen und Farben. Drei Fenster und eine Rose leuchten aus der Dunkelheit. Durch nichts wird der Blick abgelenkt. Der Besucher spürt, dass er in eine andere Welt eintaucht.

Entgegen einer weit verbreiteten Meinung entfalten die Glasfenster und Glaswände nicht dann ihre größte Leuchtkraft, wenn der Himmel blau ist und die helle Sonne auf die Fenster scheint. Bei einer solchen Wetterlage erkennt man die Sonne als Lichtquelle hinter den Scheiben, was aber vermieden werden soll. Ferner werden die Farben an bestimmten Stellen durch die starke Lichteinwirkung derart hell, dass sie die Leuchtkraft verlieren. Am natürlichsten leuchten die Glasfenster bei bedecktem Himmel.

THEMEN UND IHRE ANORDNUNG IN DEN GLASWÄNDEN

In den Fenstern wird die Heilsgeschichte ausgebreitet. Einen hohen Rang haben die Chorfenster hinter dem Altar. Dort sind besonders wichtige Themen aus der Bibel dargestellt. Wenn es sich um eine Marienkirche handelt, wird die Gottesmutter dort einen Ehrenplatz haben. Beispielhaft sei wieder auf die Kathedrale von Chartres hingewiesen (Abb. 105). Überlebensgroß leuchten Maria und ihre Verwandte Elisabeth in den vierzehn Meter hohen Chorfenstern. Der Eintretende soll die Figuren schon von Weitem erkennen können. Auch die Figuren im Obergaden sind wegen der Distanz zum Betrachter überlebensgroß. Kleiner sind die Darstellungen in den Fenstern in Bodennähe. Auch hier gilt, was schon zu den Hunderten von Figuren und Figurinen an den Portalen gesagt wurde: Man kann und soll bei einem Rundgang nicht jedes Feld entziffern. Der Gesamteindruck ist wichtig. Unter Umständen greift man das eine oder andere Fenster heraus, um z. B. zu verstehen, was typologische Schriftauslegung ist oder um einen bestimmten Heiligen oder eine Szene genauer zu betrachten. Da in den Glaswänden Geschichten erzählt werden, ist es bei der inhaltlichen Betrachtung eines Fensters wichtig, den Anfang zu finden. Dieser liegt in der Regel unten links. Die Geschichte wird auf

Abb. 105   Chorfenster in Chartres

Abb. 106   Chorfenster mit typologischen Darstellungen, Kathedrale zu Köln

Abb. 107   Rose, südliches Querhaus, Chartres

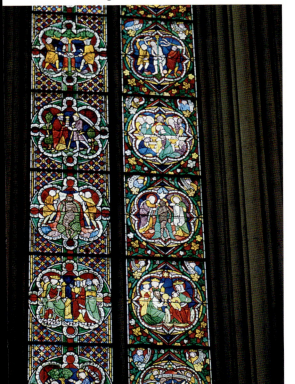

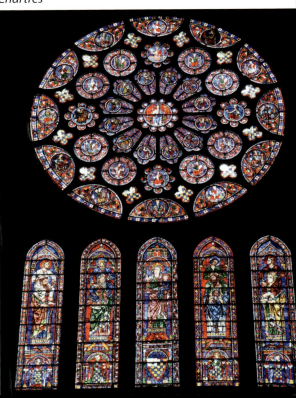

dieser Zeile nach rechts weiter erzählt. Dann geht der Blick in die Zeile darüber und folgt der Erzählung nach links. In der dritten Zeile liest man wieder von links nach rechts. Wie ein Bauer am Ende einer Furche den Pflug wendet und in die umgekehrte Richtung pflügt, so wandert der Blick bei der Betrachtung von Glasfenstern von links nach rechts und von dort nach links.

Nicht immer ist diese Leserichtung vorgegeben. Manchmal steht eine Heiligenfigur zentral in der Mitte, während um sie herum Szenen aus der Vita, aus dem Leben, der heiligen Person, kreisförmig angeordnet sind.

Eine im Mittelalter beliebte Anordnung von Themen ist die typologische. Dabei wird einer Person oder Szene aus dem Alten Testament eine aus dem Neuen Testament gegenübergestellt. Die Auswahl erscheint auf den ersten Blick willkürlich, aber tatsächlich ist System in der Zusammenstellung. Beide Szenen müssen etwas gemeinsam haben. Auf einem Fenster rechts am Beginn des Chorumgangs der Kathedrale zu Köln kann man folgende Szenen in einer Zeile nebeneinander sehen (Abb. 106): Die Auferstehung Jesu und Jona, der aus dem Maul eines großen Fisches an Land gespuckt wird. In beiden Darstellungen geht es um die Rettung aus bzw. vor dem Tod. Die alttestamentliche Person nennt man Typos, die entsprechende Szene aus dem Neuen Testamen ist der Antitypos. Anti ist nicht negativ oder kämpferisch gemeint, sondern meint lediglich ein Gegenüber. In einer anderen Zeile sieht man die Königin von Saba bei König Salomon und die Weisen aus dem Morgenland an der Krippe. Das Gemeinsame: Beide bringen Geschenke. – Manchmal werden auch gegensätzliche Figuren gegenübergestellt, z. B. Eva und Maria. Maria ist die neue Eva, die gegen den Ungehorsam der Eva ihrerseits den Gehorsam setzt. Christus ist der neue Adam als Gegenfigur zum ersten Adam. Am sogenannten Klosterneuburger Altar bei Wien ist die Typologie am weitesten getrieben. Dort sind in Emailtechnik jeweils zwei Szenen aus dem Alten und eine aus dem Neuen Testament gegenübergestellt. Von den beiden Themen aus dem Ersten Testament ist eine aus der Zeit von der Erschaffung der Welt bis Mose (ante legem = vor dem Gesetz), die nächste aus der Zeit von Mose bis Christus (sub lege = unter dem Gesetz). Die dritte ist dem Neuen Testament entnommen (sub gratia = unter der Gnade). Ohne die Kenntnis der typologischen Methode bleiben viele biblische Themen in ihrer Zusammenstellung willkürlich und werden in ihrer Bedeutungsfülle nicht ausgeschöpft.

ROSEN UND ROSETTEN

Unter den mittelalterlichen „Glasfenstern" verdienen die Rosen und Rosetten eine besondere Beachtung (Abb. 107). Die Rose als Blume hat ein Zentrum, um das herum die Rosenblätter in verschiedenen Lagen angeordnet sind. So hat auch die Fensterrose ein kreisrundes Zentrum inmitten blattartiger Formen. Jede Rose besitzt ein individuelles Liniengefüge, welches durch dünne Stäbe, das Maßwerk, gebildet wird. Es wird zunächst mit Zirkel und Lineal auf Papier oder auf einem Stein entworfen, daher der Name „gemessenes Werk" oder „Maßwerk". – Zum ersten Mal ist Maßwerk in den Chorfenstern der Kathedrale zu Reims nachgewiesen. Dort ist es eine Komposition aus einer Kreisform unter dem Bogenscheitel und zwei unter dem kreisförmigen Element spitz auslaufenden Bahnen. Seitdem gibt es ein Maßwerk im Bogenfeld jedes gotischen Fensters. Dabei werden die Formen immer fantasievoller. Man entdeckt drei-, vier- und sechsteilige stehende und liegende Pässe. Das Maßwerk wird nach dem französischen Wort für Krone auch „Couronnement" genannt. Es kann auch auf Wandflächen aufgelegt, d. h. vorgeblendet sein. – Wegen der großen Fläche lässt sich in Rosen ein besonders reichhaltiges Maßwerk anbringen. Rosen haben ihren Platz in der Fassade und in den Querhauswänden. Genau dort leuchten in Chartres drei Rosen mit einem Durchmesser von etwa zehn Metern. Jede ist Quelle eines unwirklichen farbigen Lichtes aus dem Jenseits.

Welche Bedeutung haben Fensterrosen? Über Funktion und Ästhetik hinaus sind sie christologisch und marianisch interpretierbar. Christus bezeichnet sich selber als Licht: „Ich bin das Licht der Welt" (Joh 8,12). Im Bild der Sonne wird er in Gebeten und Hymnen oft gepriesen. Jede Rose in einer Kirche ist Hinweis auf Christus, die wahre Sonne. Deshalb ist auch die Rundform angemessen, weil diese der Form der Sonne entspricht. Mit einer Rose wird auch die Mutter Jesu in Litaneien und Liedern verglichen. Maria ist die „rosa mystica" (= geheimnisvolle Rose). Deshalb kann man die Fensterrose christologisch und mariologisch deuten. Sie ist beides, Hinweis auf Christus und auf Maria.

BODENGESTALTUNG

Auf die Bodengestaltung der Kirchen wird seit Jahrhunderten kein besonderer Wert gelegt. Pragmatische Gesichtspunkte sind entscheidend. Der Boden muss warm sein, pflegeleicht und haltbar. Im Übrigen ist er mit Kirchenbänken zugestellt, sodass man ihn ohnehin kaum sieht.

Das war früher anders. Man betrat die Kirche und schaute auf eine riesige freie Bodenfläche. Es gab für das Kirchenvolk keine Sitzbänke. Man stand beim Gottesdienst, so wie es heute noch in den Ostkirchen üblich ist. Nur in Ausnahmefällen gibt es eine Sitzgelegenheit für Alte und Kranke. Der Gestaltung des Bodens hat man deshalb besondere Aufmerksamkeit gewidmet. Man kann in den verschiedenen Epochen unterschiedliche Vorlieben für bestimmte Materialien feststellen.

MOSAIKBÖDEN

In der ersten Welle großer Kirchbauten im 4. Jahrhundert waren Mosaike das Material für die Bodengestaltung. Von diesen konstantinischen Kirchen sind nicht viele erhalten. Die zweite, wesentlich stärkere Welle von Neubauten ist mit Kaiser Justinian (527-565) verbunden. Viele Kirchen, die in seiner Regierungszeit gebaut wurden, sind heute noch in Funktion, z. B. in Ravenna. In Istanbul wurden viele in Museen oder in Moscheen umgewandelt. In Israel, Jordanien und Nordafrika sind Hunderte von Kirchen aus der justinianischen Zeit freigelegt worden. Leuchtende Mosaikböden kamen zum Vorschein. In der jordanischen Stadt Madaba gab es eine berühmte Mosaikwerkstatt. Heute noch kann man in Madaba Mosaikböden aus ehemaligen oder in jetzt noch existierenden Kirchen sehen. Das berühmteste und heute noch in weiten Teilen erhaltene Mosaik bedeckt den Boden der griechisch-orthodoxen St.-Georgs-Kirche in Madaba. Es ist eine Landkarte mit Städtenamen und war sicher gedacht zur Orientierung für Pilger, die vom Berg Nebo in der Nähe von Madaba einen ersten Blick in das Jordantal mit der Oase Jericho, auf den Jordan, auf das Tote Meer und die Wüste Juda werfen konnten. Die Karte führte den Pilgern auch die Lage der übrigen biblischen Orte westlich der

Wüste Juda vor Augen. – Mosaikböden waren in den südlichen Ländern die Regel. Auch im Norden, d. h. in Gallien und Germanien, waren die Kirchen während der Römerzeit mit Mosaikböden ausgestattet. In der Stiftskirche St. Gereon in Köln kann man unter dem heutigen Boden hinter dem Eingang rechts an der Wand noch Teile eines Mosaik-bodens aus der spätantiken Vorgängerkirche sehen.

Die Mosaike aus den erhaltenen frühchristlichen Kirchen zeigen Pflanzenmotive, geo-metrische Muster und Tierdarstellungen. Heiligendarstellungen hatten ihren Platz an den Wänden. Die Christen scheuten sich, mit Füßen auf die Heiligen zu treten. Mosaike an den Wänden, das war in der Antike etwas Neues. Das berühmte Alexandermosaik befand sich auf dem Boden in der Villa eines reichen Bürgers in Pompeji.

Mit der Renaissance schwand allmählich die Mosaikkunst. An ihre Stelle trat die Male-rei. Die Böden wurden großflächig mit verschiedenfarbigen kostbaren Marmorplatten ausgelegt. Auch das war bereits in der Antike eine Alternative zur Mosaikausstattung. Im Pantheon ist ein solcher Boden noch original erhalten, im Augustusforum lassen die Fragmente die ursprüngliche Pracht ahnen.

COSMATENBÖDEN

In Rom und Umgebung wurden im 13. und 14. Jahrhundert besonders schöne Fußbo-denmuster verlegt. Mehrere der untereinander verwandten Künstler trugen den Na-men Cosmas. Deshalb spricht man von „Cosmatenarbeit" oder von „Cosmatenfußbö-den". Aus größeren und kleineren farbigen Marmorstücken verlegten diese Meister ausschließlich geometrische Muster. Man erkennt die Arbeit der Cosmaten leicht an dieser geometrischen Strenge der Formen, die gepaart ist mit einer Vielfalt von Farben. Größere Muster setzen sie aus vielen kleinen Dreiecken, Vierecken, Vielecken und run-den Formen zusammen. Wertvolle farbige Steine fand man in Fülle auf dem Forum Romanum und in den Kaiserforen. – Auch Chorschranken, Osterleuchter, Altäre, Kan-zeln und Säulen in Kreuzgängen wurden von den Cosmaten gestaltet. – In dieser Tech-nik arbeitete auch ein anderer Künstler namens Pietro Vassalletto. Sein engster Mitar-beiter war sein Sohn. Deshalb spricht man wie bei den Cosmaten auch hier im Plural von einer Arbeit der Vassalletti. Die Kreuzgänge neben der Lateranbasilika und von St. Paul vor den Mauern (Abb. 108) sind Arbeiten der Vassalletti.

LABYRINTHE

In manchen gotischen Kathedralen ist auf dem Boden mit grauen und weißen Steinen ein Labyrinth gelegt, z. B. in Chartres, Reims und Amiens. Das Labyrinth in Chartres nimmt die Breite des Mittelschiffes ein. Würde man die Westwand mit der Rose in die Kathedrale hineinklappen, würde die Rose mit dem Labyrinth deckungsgleich sein. Das ist kein Zufall. Ein Labyrinth zu entwerfen setzt Können voraus. Das bekannteste Laby-rinth in der Antike soll ein griechischer Architekt namens Dädalus im Palast des Königs Minos in Knossos auf Kreta entworfen haben. Es war nach den mythologischen Erzäh-lungen derart verwinkelt, dass niemand wieder den Weg nach draußen fand. Der Held Theseus rollte beim Hineingehen einen langen Faden auf, an dem er sich beim Verlas-sen des Zentrums wieder hinaustastete. Vorher erschlug er im Zentrum des Labyrinthes einen menschenfressenden Stier (Abb. 109). – Wenn nun ein gotischer Baumeister ein

Abb. 108 Kreuzgang von St. Paul
vor den Mauern, Rom

Abb. 109 Römisches Labyrinth
aus Tunesien

Abb. 110 Orgelprospekt in St. Severinus, Wenden

Labyrinth entwirft, ist das eine Art Gütesiegel. Er stellt sich auf eine Stufe mit dem berühmten Dädalus. Da an einer Kathedrale wegen der langen Bauzeit meist verschiedene Architekten tätig waren, stehen mehrere Namen im Labyrinth. Trotzdem ist es erstaunlich, dass ein mythologisches Thema aus der vorchristlichen Antike den Weg in eine Kirche findet. Das kann nur möglich sein, wenn eine neue Deutung hinzukommt. Das Labyrinth wurde als Bild für die Irrwege und Umwege menschlichen Lebens gedeutet. Der neue Theseus ist Christus, der das Böse bzw. den Bösen besiegt.

HOLZFUSSBÖDEN

In den skandinavischen Ländern, in Russland und Kanada gibt es viele Kirchen mit Holzfußböden. Dieses Material ist wegen der schier endlosen Wälder im Überfluss vorhanden. – Deshalb sind oft auch ganze Kirchen aus Holz errichtet. Wegen der Verwendung von Masten bzw. Stäben als Stütz- und Verbindungselementen nennt man sie auch Stabkirchen.

CHOR- UND APSIDENGESTALTUNG

CHOR – EIN METONYMER BEGRIFF

Chor ist wie das Wort Kirche ein metonymer Begriff. Wenn ein Architekt das Wort Chor hört, wird er an den Altarbereich einer Kirche denken. Für einen Musiker ist Chor zunächst eine Gruppe von Sängern.
Das griechische Wort „choros" bezeichnet einen Ort für Gesang und Tanz. Die Bezeichnung wurde bald auch auf die Menschen übertragen, die dort agierten. Diese Doppelbedeutung als Ort und Sängergruppe hat das Wort auch heute noch.
Der Chorraum entwickelte sich zu einem Raum für den Klerus, zu einem Presbyterium. Schranken trennten ihn vom Laienraum. In den Kirchen des lateinischen Westens entwickelten sich die Chorschranken zum Lettner, im griechischen Osten zur Ikonostase.
Seit karolingischer Zeit wird in der Verlängerung des Mittelschiffes vor der Apsis noch ein rechteckiges Joch eingefügt, ein Chorjoch oder Chorquadrat. Es vergrößert den Raum für den Klerus. Wenn ein Querhaus vorhanden ist, beginnt der Chor schon mit der Vierung. In manchen Zisterzienserkirchen ist der Chor nicht nur auf den Bereich hinter der Vierung beschränkt. Er reicht weit in das Mittelschiff hinein. Grund hierfür sind die großen Mönchsgemeinschaften.

DOPPELCHÖRIGE KIRCHEN

In manchen Kirchen gibt es zwei Chöre, einen im Osten und einen im Westen, der häufig dem Kaiser vorbehalten war.
Der hl. Bischof Bernward von Hildesheim (gest. 1022) hatte einen anderen Grund für die Anlage eines Westchores in der St.-Michaels-Kirche. Über seinem Grab in der Krypta ließ er einen Chor für die Mönche errichten. Wenn die Benediktiner dort Liturgie feierten, wurden sie durch die Nähe des Grabes fast gezwungen, für die Seelenruhe des verstorbenen Bischofs zu beten.
Chöre können verschiedene Grundrisse haben, wie die folgende Auflistung zeigt.

RECHTECKIGER CHORABSCHLUSS

Die schlichteste Möglichkeit eines Chorabschlusses ist eine glatte Wand. Man findet sie deshalb oft in Bettelordenskirchen und in Zisterzienserklöstern. Auch im modernen Kirchbau wird sie bevorzugt.
In die Chorabschlusswand kann auch eine Apsis mit einem rechteckigen, quadratischen, polygonalen oder halbkreisförmigen Grundriss eingelassen werden.

STAFFELCHOR

Ein Staffelchor liegt vor, wenn neben der zentralen Apsis für den Hauptaltar noch weitere Chorabschlüsse vorhanden sind, die in der Tiefe jeweils ein Stück zurückgesetzt sind. Der Grundriss ist abgetreppt. So wie eine Staffelbasilika auf jeder Seite mindestens zwei zum Mittelschiff hin ansteigende Seitenschiffe hat, so gehören zu einem Staffelchor auf jeder Seite mindestens zwei Apsiden, von denen jede gegenüber der Nachbarapside etwas zurückversetzt, abgetreppt bzw. gestaffelt ist.

DREIKONCHENCHOR

Eine besonders großzügige Anlage ist der Dreikonchenchor, auch Trikonchos oder Kleeblattchor genannt. Das Mittelschiff endet in einem Halbkreis, oft erst hinter dem Chorquadrat. Rechts und links legt sich je ein weiterer halbrund geschlossener Raum in Form eines Kleeblattes an. Alle drei Apsiden haben denselben Grundriss und die gleiche Länge. Sie sind wie ein Kleeblatt angeordnet. Ein solcher Chor ist schon in der konstantinisch-justinianischen Geburtskirche in Bethlehem. Die meisten Besucher registrieren ihn nicht, weil die mittlere Konche durch die Bilderwand verdeckt ist. Die gleichen Abmessungen wie in Bethlehem finden sich wieder im ersten Kleeblattchor der westlichen Welt, in der Kirche St. Maria im Kapitol in Köln. Er ist mit Sicherheit von der Geburtskirche beeinflusst. Anders ist die Identität der Maße nicht zu erklären.
Köln verstand sich im Mittelalter als zweites Bethlehem. Deshalb feierte der Erzbischof die Mitternachtsmesse am Heiligen Abend in „Maria im Kapitol", d. h. in einer Marienkirche, die durch das Architekturzitat dazu noch den Anspruch erhob, die Geburtskirche zu sein. Die zweite Messe feierte der Erzbischof in St. Ursula, der Kirche der Stadtpatronin, und die dritte am Weihnachtstag in seiner Kathedrale. – Köln besitzt in Groß St. Martin und St. Aposteln noch zwei weitere Kirchen mit einem Kleeblattchor.
In Bethlehem ist der Trikonchos allerdings nicht erfunden und zum ersten Mal realisiert worden. Er ist bereits nachweisbar in der profanen vorchristlichen Architektur des Hellenismus und in der römischen Kaiserzeit, z. B. in der Villenanlage Kaiser Hadrians (117-138) in Tivoli. Im Unterschied zu einem Dreiapsidenchor zeigen die Konchen eines Kleeblattchores in drei Richtungen. Bei einem Dreiapsidenchor liegen sie parallel nebeneinander und sind meist nach Osten ausgerichtet.

UMGANGSCHOR

Höhepunkt der Chorgestaltung ist der gotische Umgangschor. Es reiht sich Kapelle an Kapelle, die wie die Radien eines Kreises auf einen imaginierten Mittelpunkt ausgerichtet sind. Deshalb heißen sie Radialkapellen. Dass Umgangschöre erst in der Zeit der Gotik ihre Blüte haben, liegt an der souveränen Handhabung der Spitzbögen. Ein Spitzbogen kann gedrungen oder spitz zulaufend in Form eines Lanzettbogens sein. Bei gleicher Scheitelhöhe können die vier oder sechs Rippen eines Gewölbes unterschiedliche Längen haben. Diese Möglichkeiten bietet der Rundbogen nicht. So wundert es nicht, dass es in Burgund, wo der Spitzbogen bereits in romanischen Bauten Verwendung fand, auch schon früh Umgangschöre gibt.

BILDTHEMEN IN DEN APSIDEN

Wandmalerei, Mosaikenschmuck, Glasmalerei und Skulpturen für den Chorbereich und besonders für die Apsiden müssen besonders sorgfältig ausgewählt werden. In romanischen Kirchen thront Christus als Pantokrator in halber oder ganzer Figur in der Apsiskalotte, von einer mandelförmigen oder kreisrunden Aureole umgeben. In San Vitale in Ravenna und in den Kirchen von Monreale und Cefalu auf Sizilien ist Christus in den Apsiden überlebensgroß präsent. In Kuppelkirchen hat der Pantokrator seinen Ort an der höchsten Stelle im Scheitel der Kuppel (Abb. 32).

WESTWERK, WESTBAU UND EMPORE

Spätestens nach der Erkundung des Chorbereiches, wenn der Besucher wieder zum Ausgang zurückkehrt, fällt der Blick auf die Empore mit dem Orgelprospekt (Abb. 110).
Vor der Brüstung stehen in dieser Kirche (Abb. 110) die Figuren der zwölf Apostel. Traditionell haben sie ihren Platz an den Pfeilern der Kirche, falls zwölf vorhanden sind. Das ist eine sinnvolle Positionierung, denn wie die Pfeiler die Kirche tragen und stützen, so sind die Apostel die Stützen der Kirche aus lebendigen Steinen.
Während die Empore zur Grundausstattung der meisten Kirchen gehört, ist das Westwerk eine Rarität. Wie der Name sagt, liegt es grundsätzlich im westlichen Bereich (Abb. 111). Das Wort „Werk" bedeutet so viel wie Bau. Mehr gibt der Begriff nicht preis. Im Unterschied zu einer Empore gehören zu einem Westwerk zusätzlich zwei seitliche Arme. So entsteht ein Raumteil, der zwar offen zum Mittelschiff und damit Teil der Gesamtkirche ist, aber gleichzeitig beansprucht er Selbstständigkeit. Der triumphale Bogen in St. Pantaleon in Köln vermittelt den Eindruck eines Übergangs in eine andere, imperiale Raumzone (Abb. 111).
Die Frage nach der Funktion lässt sich beantworten, wenn man die Zeit der Entstehung bedenkt. Die ersten Westwerke sind in der karolingischen Architektur nachweisbar. Unter den Ottonen, näherhin unter der Kaiserin Theophanu, der Gemahlin Ottos II., wurde das Westwerk an St. Pantaleon errichtet. Die karolingischen und ottonischen Könige waren fast ständig unterwegs. Eine plausible Erklärung für die Herausbildung der Westwerke hängt mit der Präsenz des Königs in den verschiedenen Teilen des Reiches zusammen. Das Westwerk war sein Bereich. Dort hatte er seinen Platz während des Gottesdienstes. Dort empfing er seine Vasallen. Die Funktion des Westwerkes als besonderer Ort für den König kommt in der imperialen Architektur zum Ausdruck. Die Tatsache, dass Westwerke meist mit Klosterkirchen verbunden waren – auch in Köln –, ist ebenfalls ein Indiz für eine königliche Nutzung. Ein weiträumiges Kloster mit Speiseraum und Schlafsälen konnte dem König und seinem Anhang Gastfreundschaft bieten.

*Abb. 111
Westwerk in St. Pantaleon,
Köln*

*Abb. 112
Paramente: Schultertuch,
Albe, Stola, Messgewand
und Cingulum (rechts)*

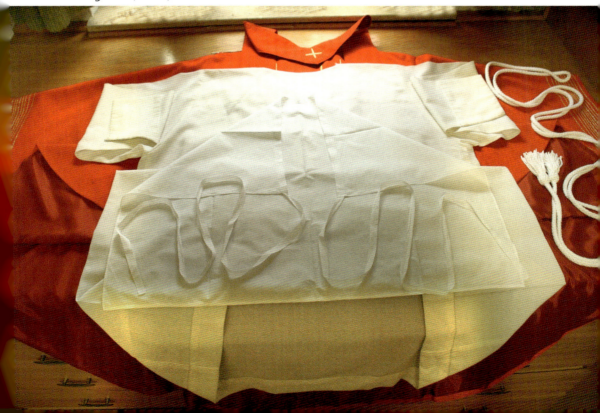

Von einer Empore und einem Westwerk gilt es noch den „Westbau" zu unterscheiden. Wenn eine Kirche einen gewaltigen Turm hat wie die Patroklikirche in Soest, ist aus statischen Gründen ein mächtiger Unterbau erforderlich. Gleichzeitig befindet sich dort oft der Zugang zur Kirche. Zwischen mächtigen Stützen hindurch gelangt man in das Kirchenschiff. Man spricht in solchen Fällen von einem „Westbau". Damit wird die lastende Schwere des Eingangsbereiches betont. Darüber befindet sich eine einfache Empore. Ein Westwerk dagegen ist hufeisenförmig konzipiert und konstituiert einen Raum mit einem hohen Grad an Selbstständigkeit.

Sakristei

Die Sakristei ist ein separater, abschließbarer Raum in der Nähe des Chores oder des Eingangsbereiches. In dem Wort verbirgt sich das lateinische „sacer" (= heilig) und das Verb „secernere" (= absondern, trennen). Die letzte Bedeutung ist an sich zutreffender. Die Sakristei ist kein heiliger Raum, wohl aber ist er von der Kirche abgesondert. Sie ist eine Art Vorrats- und Aufbewahrungsraum von Gegenständen, die für die Feier des Gottesdienstes benötigt werden. Deshalb die Nähe zum Chor! Aus der Sakristei zieht der Priester mit seiner Assistenz zur Feier der Eucharistie. Unter diesem Aspekt ist eine Lokalisierung auch im Eingangsbereich sinnvoll, weil von dort ein großer Einzug durch das Mittelschiff zum Altar erfolgen kann.

Die Ausstattung einer Sakristei ergibt sich aus der angedeuteten Funktion. In den Kleiderschränken hängen liturgische Gewänder. Auf einer breiten tischförmigen Fläche werden sie für die Messfeier ausgelegt. Zuoberst liegt das Schultertuch auf der langen weißen Albe. Darunter wird die Stola auf dem Messgewand ausgebreitet. Neben ihr liegt das Cingulum. Auf Abbildung 112 sind die genannten Paramente ausgelegt: das weiße Schultertuch mit Bändern, darunter die Albe, rechts die weiße Kordel, mit der die Albe gegürtet wird, die Stola mit Kreuz, darunter das Messgewand.

Außer den Paramenten werden in der Sakristei noch Kerzen und Kerzenständer, ein Weihrauchfass, unkonsekrierte Hostien und liturgische Bücher aufbewahrt.

Der einbruchsichere Panzerschrank ist den wertvollen Gegenständen vorbehalten: Kelchen, Ciborien und die Monstranzen.

Es ist einleuchtend, dass die Sakristeien in Kloster-, Stifts- und Bischofskirchen besonders groß sind. Dort müssen Gewänder für viele Kleriker zur Verfügung stehen. Auch künstlerisch haben Sakristeien einiges zu bieten. Die Wandschränke können in schönster Intarsienarbeit ausgeführt sein wie die in der Sakristei von S. Domenico in Bologna. Große Künstler haben Decken- und Wandmalereien hinterlassen.

In orthodoxen Kirchen gibt es direkt hinter der Ikonostase drei miteinander verbundene Räume. Der Altarraum ist der größte und liegt in der Mitte hinter der Königstür. Die beiden Räume rechts und links heißen Pastophorien. Man kann sie vom Altarraum aus erreichen und von der Kirche her. Die beiden Türen fallen als solche nicht auf, weil sie bemalt sind und so mit der Ikonostase verschmelzen. In der Prothesis, wie der linke Raum heißt, wird das heilige Brot geschnitten und für den Gottesdienst vorbereitet. Das Diakonikon auf der rechten Seite ist, was seine Funktion betrifft, mit der Sakristei in westlichen Kirchen vergleichbar.

KRYPTA

Dem Wortsinn nach bedeutet „Krypta" überdeckter Gang. Heute versteht man unter Krypta einen Begräbnisraum unter dem Chor der Kirche. Die Pilger gelangten durch einen geradlinigen Stollen zum Grab. Eine solche Stollenkrypta ist die Urform. In einem weiteren Schritt wird der Stollen ringförmig um das Grab geführt. So entsteht eine Ringkrypta. Diese Anlage eignet sich für Prozessionen um das Grab herum. Im 9. Jahrhundert sind die ersten Hallenkrypten nachweisbar, meist dreischiffige kapellenartige Räume. Sie dienen nicht nur als Grabraum oder Reliquienort, sondern sind mit einem Altar ausgestattet. In der St.-Michaels-Kirche in Hildesheim oder in St. Germain in Auxerre oder in St. Philibert in Tournus – beide in Burgund – liegt eine Verschmelzung von Ringkrypta und Hallenkrypta vor. Da das Stützenwerk in der Krypta eine beträchtliche Höhe erreicht, erkennt man schon beim Betreten einer Kirche an dem höher gelegenen Chor, dass sich darunter eine Krypta befindet. Die flächenmäßig größte auf deutschem Boden ist die im Dom zu Speyer. Als Grablege der salischen Kaiser konzipiert zieht sie sich unterirdisch bis zur Vierung und bis in die Seitenschiffe hin. Die zweitgrößte ist die unter dem Chor von St. Maria im Kapitol in Köln. Dort ist die Größe durch das abfallende Gelände zum Rhein hin bedingt. Eine besondere Krypta besitzt die Kathedrale in Chartres. Sie nimmt den gesamten Raum unter der Kathedrale ein. Der romanische Vorgängerbau hatte bereits eine Krypta von der Größe des Kirchenraumes. Beim gotischen Neubau orientierte man sich an diesem Grundriss und ließ die Krypta bestehen. Dort verehrten die Druiden bereits in vorchristlicher Zeit ein Quellenheiligtum als Ursprung und Bedingung für neues Leben. Weil dort das Leben gefeiert wurde, gab es keine Gräber. In der christlichen Zeit verehrte man die Jungfrau Maria als Ursprung und Quelle neuen Lebens. So wurde auch inhaltlich ein fließender Übergang von einem heidnischen zu einem christlichen Heiligtum hergestellt. Die christianisierten Bewohner konnten auch weiterhin, wie ihre Vorfahren, zum Heiligtum pilgern. Tote wurden auch in der christlichen Ära dort nicht bestattet.
In der Zeit der Gotik, also im 13. bis 15. Jahrhundert, wurden keine neuen Krypten angelegt. Die Reliquien der Heiligen fanden ihren Platz nun in Schreinen auf den Altären.

DIE EINTEILUNG NACH STILEPOCHEN

DIE PROBLEMATIK ZEITLICHER ABGRENZUNGEN

Die gängigen Begriffe Romanik, Gotik, Renaissance und Barock mit ihren zeitlichen Grenzziehungen werden in der gegenwärtigen kunsthistorischen Diskussion infrage gestellt. Warum?

Wie bei jeder Klassifizierung werden individuelle Abweichungen bei einer Epochenzuweisung zu wenig berücksichtigt. Die Zuordnung suggeriert möglicherweise Merkmale, die in einem konkreten Fall nicht nachweisbar sind. Außerdem variieren die zeitlichen Eingrenzungen oft von Land zu Land. Der zeitliche Rahmen für die Romanik reicht von ca. 1000 bis 1250. Mit dieser Festlegung werden sofort die oben genannten Schwächen der Epocheneinteilung deutlich. Jemand kann mit Recht einwenden, dass auch nach 1250 noch romanische Kirchen gebaut wurden, z. B. in Köln. Und man kann sagen und belegen, dass in Frankreich die romanische Epoche schon ein paar Jahrzehnte früher endete. Und wie sind die Sakralbauten einzuordnen, die unter Karl dem Großen um 800 errichtet wurden? Oder die unter den Ottonen um 1000? Man kann die Kunst unter den karolingischen und sächsischen Kaisern als selbstständige Kunstepochen betrachten oder auch unter den Oberbegriff Romanik fassen. Ähnliche Einwände wird man auch bei den folgenden Epocheneinteilungen erheben können.

Trotz der Schwächen jeder Klassifizierung wird man auch in der Kunstgeschichte ohne die bekannten Stilepochen nicht auskommen. Die Bildung von Klassen erleichtert die Verständigung und ist zeitsparend in der Kommunikation. Alle einem bestimmten Begriff zugewiesenen Bauten müssen einige wichtige gemeinsame Charakteristika haben. Das ist die Voraussetzung für eine Klassifizierung.

Unter Berücksichtigung der Schwächen jeder Klassifizierung kann Folgendes gesagt werden.

ROMANIK

KENNZEICHEN ROMANISCHER ARCHITEKTUR

Der erste Eindruck von romanischen Kirchen: Sie sind massig, wuchtig und wehrhaft. Man steht vor großen Mauerflächen (Abb. 113). Die Fenster sind klein und rundbogig (Abb. 39, 40, 113 und 115). In den Nischen des Giebeldreiecks von St. Pantaleon standen früher Figuren. In der mittleren und größten befand sich eine Christusstatue. Oberhalb und unterhalb der drei Fenster sind Rundbogenfriese als Architekturschmuck angebracht. Sie können horizontal verlaufen – wie hier – oder an Giebeln oder unter Rundbögen ansteigen, wie an St. Gereon in Köln (Abb. 114). Im ersten Fall spricht man von einem „liegenden", im zweiten von einem „steigenden" Rundbogenfries. Weitere Gliederungs- und Schmuckelemente sind Lisenen. Dies sind – oft farblich abgesetzt – vertikale, einige Zentimeter vortretende Wandvorlagen. Sie haben weder Basis noch Kapitell. Klassische Lisenen sieht man auf der Abbildung 114 in der unteren Zone. Zwischen ihnen läuft ein liegender Rundbogenfries. – Ein „Pilaster" ist eine Lisene mit Kapi-

Abb. 113 Romanische Kirche St. Hippolyt, Helden bei Olpe

Abb. 114 St. Gereon, Köln, Rundbogenfries und Lisenen in der Sockelzone

Abb. 115 Romanische Abteikirche in Guebviller im Elsass

tell und Basis. Die beiden braunen Wandvorlagen an St. Pantaleon (Abb. 40) besitzen Kapitell und Basis, was man an den Verdickungen an diesen Stellen schon sieht, und müssen deshalb Pilaster genannt werden. Eine Halbsäule tritt halbrund aus der Wand hervor. Eine Dreiviertelsäule zeigt entsprechend drei Viertel ihres Umfangs. Die Vollsäule schließlich steht mit ihrem ganzen Schaft vor der Wand, oft auch etwas abgesetzt. Lisenen, Halb-, Dreiviertel- und Vollsäulen sind immer wiederkehrende Elemente in romanischen Kirchen. Sie werden auch in den späteren Epochen der Renaissance und des Barock verwendet. Die Romanik hat eine Vorliebe für Lisenen, die Barockzeit bevorzugt Pilaster.

Zum Eindruck der „Massigkeit" tragen besonders die Türme bei (Abb. 38, 39, 40 und 115). Das Benediktinerkloster Murbach im Elsass war im 12. Jahrhundert eine der wichtigsten Reichsabteien (Abb. 115). Im 18. Jahrhundert wurde das Langhaus abgetragen. Man wollte ein neues, moderneres errichten, wozu es aber nie gekommen ist. Der erhaltene Komplex gehört auch in diesem torsoartigen Zustand zum Besten, was die elsässische Romanik zu bieten hat.

Großartige Reliefkunst sieht man in den Bogenfeldern der Portale in romanischen Kirchen. Was in diesen „Tympana" im burgundischen Autun oder Vézelay geschaffen wurde, ist mehr als Schmuck. Es ist Verkündigung. Am Mittelportal fällt der Blick der Kirchenbesucher auf Christus, den Weltenrichter. „Ich bin die Tür; wer durch mich hineingeht, wird gerettet werden; er wird ein- und ausgehen und Weide finden" (Joh 10,9). So wird dem Besucher schon vor dem Betreten der Kirche die überragende Bedeutung des Kyrios Christus vor Augen geführt. Das steinerne Portal wird Träger der Heilsbotschaft. Das Tympanon im Königsportal in Chartres stammt noch aus der romanischen Vorgängerkirche (Abb. 52). Es ist sicher eines der beeindruckendsten Tympana der romanischen Kunst.

Der Primat der Wandmalerei

Innen bieten die großen Wände den Malern Gestaltungsmöglichkeiten für Szenen aus dem Alten- und Neuen Testament und für Heiligendarstellungen. Die ursprüngliche Malerei ist vielfach nicht mehr zu sehen. Man darf aber davon ausgehen, dass die heute freien Wände alle bemalt waren.

Gotik

Mit drei Stichworten lässt sich die gotische Baukunst charakterisieren: Vertikalisierung – Reduzierung der Wände – Diaphanie.

Vertikalisierung

Wenn man vor einer gotischen Kirche steht, geht der Blick nach oben. Man kann sich nicht gegen diese Blickrichtung wehren. Das liegt daran, dass die Fassade mit der Turmpartie derart hoch gebaut ist, dass die Augen nicht die gesamte Architektur in den Blick nehmen können. Wenn man die Portalzone betrachtet, kann man nicht gleichzeitig die Türme sehen. Legt man den Kopf in den Nacken und betrachtet die Türme, kann man den Eingangsbereich nicht sehen. Auch die Innenräume gotischer Kirchen sind entsprechend hoch aufragend. Das kann man allerdings auch von einigen romanischen Kirchen sagen. Der romanische Speyerer Dom hat ein hoch aufsteigendes Mittelschiff. Die romanische Abteikirche Cluny III erreichte die schwindelerregende Höhe von dreißig Metern. Die Abteikirche in Jumiège in der Normandie hatte eine Mittelschiffhöhe von achtundzwanzig Metern, was man an der eindrucksvollen Ruine abmessen kann. Im Vergleich mit romanischen Kirchen sind gotische Bauten in der Mehrzahl höher, in einzelnen Fällen können sie jedoch von romanischen Kirchen übertroffen werden. Die objektive Höhe allein ist noch kein ausreichendes Unterscheidungsmerkmal für die Zuweisung zu einer Epoche.

Romanische Bauten sind, abgesehen von den genannten Kirchen, in der Mehrzahl eher horizontal gelagert, während gotische nach oben drängen. Der Fachausdruck Vertikalisierung drückt diesen Aspekt kurz und präzise aus. Mit Vertikalisierung ist zunächst die objektiv messbare Höhe der Architektur gemeint. Die Höhe des Mittelschiffes von Notre-Dame in Paris beträgt vierundzwanzig Meter, die von Reims achtundzwanzig, die von Amiens zweiundvierzig Meter. In der Kathedrale von Beauvais steigerte man die Höhe bis zur Grenze des damals Möglichen, auf die Rekordhöhe von achtundvierzig Metern. Die Architekten hatten zu hoch gegriffen, das Gewölbe stürzte über weite Teile ein.

Der Begriff Vertikalisierung bezieht sich nicht nur auf die objektiven Höhenmaße. Wenn auch manche romanische Kirchen höher sind als gotische – wie oben nachgewiesen wurde – wirken sie trotzdem gedrungener und erdverbundener als eine niedrigere gotische Kirche. Das ist doch bemerkenswert und motiviert zu einem genauen Hinschauen. Der Ausdruck Vertikalisierung umfasst alle formalen Elemente, die dem Auge des Betrachters den Eindruck vermitteln, der Bau strebe in Leichtigkeit in die Höhe. Diese Strategien gegen die Wahrnehmung der Schwerkraft sollen im Folgenden untersucht werden. Sie sind so subtil, dass sie meist erst auffallen, wenn man darauf hingewiesen wird.

An erster Stelle muss auf den Spitzbogen hingewiesen werden (Abb. 116). Er hat zwei Schenkel, zwei Teile, die sich oben in einer Spitze treffen. Sie sind wie ein Pfeil, der nach oben gelenkt wird. Ein Pfeil gibt auf Verkehrsschildern eine Richtung an. Das Auge folgt dem Pfeil und verlängert virtuell diese Richtung. Genau das geschieht angesichts eines spitzbogigen Architekturelementes. Obwohl der Bogen auf Abbildung 116 ein gedrückter Sitzbogen ist (auch „unterspitz" genannt), kann man sich dem geschilderten Eindruck nicht entziehen.

Die Wahrnehmung eines Rundbogens ist eine völlig andere (Abb. 101). Man kann nicht von zwei Schenkeln sprechen. Es ist eine durchgehende Linie, die um einen Mittelpunkt kreist. Wo immer man den Rundbogen betrachtet: Der Blick wird geführt und bald nach unten gelenkt. Folgt man dem Bogen an der linken Seite nach oben, wird man über die Krümmung oben wieder auf der anderen Seite nach unten geführt. Setzt der Blick rechts an, wird er entsprechend nach oben geleitet und weiter nach links unten. Nicht nur frei stehende Rundbögen lenken den Blick nach unten, sondern auch Rundbögen am Bau (Abb. 108). Wenn man die sogenannte Basilika in Trier an der Längsseite in den Blick nimmt, verspürt man kein Verlangen, sich oberhalb der Bögen in der Dachzone noch umzuschauen (Abb. 117). Fast willenlos folgt das Auge der Richtung nach unten, die der Bogen angibt. Der Spitzbogen führt den Blick in die Vertikale, der Rundbogen hält den Blick in der Horizontalen. Der Spitzbogen entlässt den Blick nach oben, der

*Abb. 116
Gedrückter Spitzbogen
auf dem Tempelplatz
in Jerusalem*

*Abb. 117
Sogenannte
konstantinische
Basilika, Trier*

Rundbogen hält ihn wie an der Leine. Der Spitzbogen ermöglicht und fördert Transzendenz, ein Überschreiten der Grenze. Die Verwendung des Spitzbogens ist deshalb für einen gotischen Bau, der Vertikalisierung anstrebt, unverzichtbar.

Ausnahmen gibt es von jeder Regel. Wer sich in der Sakralarchitektur von Paris auskennt, wird auf die Kirche St. Eustache neben der Börse hinweisen (Abb. 118). Dieser gewaltige Bau stellt einen Sonderfall dar. Alle Fenster sind rundbogig geschlossen. Auch die Bahnen des Maßwerkes haben einen halbrunden Abschluss. Wegen der vielen Fenster bzw. wegen der Glaswand ist ein Stützenwerk erforderlich. Hier und da erkennt man ein Triglyphon, wie es in der dorischen Kunst verwendet wurde. Man erkennt Triglyphen und eine „regula mit guttae". Auch die Fassade des Querhauses ist horizontal akzentuiert. Waagerechte Elemente überwiegen. Es gibt insgesamt vier: Oberhalb und unterhalb der Rose, ein drittes liegt über dem Tympanon des Eingangs, und ein viertes bildet den Türsturz.

Innen steigt das Mittelschiff zu einer beeindruckenden Höhe empor (Abb. 119). Wiederum sieht man nur Rundbögen in der steil hochgezogenen Arkadenzone. Auch die Fenster im Obergaden schließen rundbogig ab, ebenfalls die Arkaden im Triforium. Nur im Chor entdeckt man nach langem Betrachten ein paar spitzbogige Arkaden. Statt Bündelpfeiler tragen eckige Pfeiler die Last der fünfschiffigen Basilika. Konsolen und Schaftringe bremsen den Höhenzug.

Wie ist diese gotische Architektur mit formalen Elementen aus der Antike und aus der Romanik zu erklären? – Die Kirche stammt in den wesentlichen Partien aus dem 16. Jahrhundert, also aus einer Zeit, in der Renaissancebauten errichtet wurden. In Paris wirkt die gotische Architektur bis in diese Zeit nach. Man hat den Eindruck, dass man sich in dem Land, in dem die gotische Architektur als Erstes in Erscheinung trat, nur schwer von ihr trennen kann. Man baut mit zeitgenössischen Mitteln, d. h. mit Formen, die in der Renaissance beliebt waren, die Architektur einer – doch nicht ganz – vergangenen Epoche. Es ist keine Imitation mit gleichen Vokabeln wie später im Historismus, wo man romanische und gotische Bauten imitierte. In St. Eustache hat man in einer anderen Sprache, d. h. mit zeitgenössischen Vokabeln, das auszudrücken versucht, wozu man ein- und zweihundert Jahre früher andere Vokabeln benutzte.

Horizontale Bauelemente sind aus statischen Gründen erforderlich. Sie wirken aber dem Bemühen entgegen, dem Bau ein aufwärtsstrebendes, vertikalisierendes Aussehen zu verleihen. Das kann man trotzdem erreichen, indem man z. B. alle horizontalen Elemente durch vorgeblendete Spitzbögen oder Dreiecksformen verdeckt, sodass sie vom Auge nicht wahrgenommen werden. Das kann ein Blick auf Abbildung 120 deutlich machen. Die Dreiecksform über dem Mittelportal, „Wimperg" genannt, könnte unter dem Gesims enden. Der Architekt lässt die Spitze aber in die darüber liegende Zone hineinragen. So kann der Blick mühelos nach oben geführt werden, ohne durch das horizontale Element angehalten zu werden. Der Wimperg hat die Form eines gleichschenkligen Dreiecks, die Form eines Pfeiles oder einer Richtungsangabe. Ein gleichseitiges Dreieck würde diesen eindeutigen Richtungsimpuls nicht in dieser Intensität angeben. Es ruht mehr in sich. Es zeigt nach drei Seiten gleichzeitig. Man kann es drehen. Es bleibt, wie es vorher war. Dreht man aber ein gleichschenkliges Dreieck, ändert sich die Richtungsangabe. Der Blick geht immer in die Richtung, die durch die lange Spitze angegeben wird. Da die gotische Architektur die Vertikale bevorzugt, hat sie im Wimperg ein ideales, formales Mittel gefunden. Und das in zweifacher Hinsicht! Zum einen

Abb. 118 Saint-Eustache, Außenansicht, Paris

Abb. 119
Saint-Eustache, Innenansicht, Paris

Abb. 120
Kathedrale in Köln, Südansicht

ist das gleichschenklige Dreieck in sich ein Vertikalwert. Dieser wird noch unterstützt durch die Form der Basis. Diese ist keine horizontale Linie, sondern ein Spitzbogen. Genau betrachtet ist also der Wimperg kein Dreieck. Er ist eine geometrische Mischfigur, oben Dreieck und darunter Spitzbogen. So geht von dieser Form ein doppelter Schub aus, einmal durch die pfeilartig nach oben gerichtete Außenform und zusätzlich durch die spitzbogenförmige Grundlinie. Der Wimperg ist als Form ein vertikalisierendes Element und eignet sich hervorragend zur Verschleierung bzw. Verschleifung horizontaler Bauglieder. Wie der Spitzbogen ist auch die geniale Figur des Wimpergs aus der gotischen Architektur nicht wegzudenken.

Die Verschleifung verschiedener Zonen ist ein wichtiges Merkmal gotischer Architektur im Sinne der Vertikalisierung des Baues. Abbildung 41 zeigt die frühgotische Kathedrale Notre-Dame von Paris. Die Fassade ist noch relativ ausgewogen zwischen horizontalen und vertikalen Zonen. Eine Verschleifung der Stockwerke ist nicht zu bemerken. Es ist eben noch nicht die Zeit der Hochgotik. Das ändert sich schon wesentlich im Außenbereich des Langhauses, welches einige Jahre nach Fertigstellung der Fassade gebaut wurde. Man begann den Bau gleichzeitig im Osten und im Westen und arbeitete aufeinander zu. Deswegen findet man außen an beiden Seiten des Querhauses hochgotische Wimperge.

Der gleitende Übergang von einer Zone zur anderen kann auch durch die besondere Anbringung von Figuren erfolgen. In der Sainte Chapelle in Paris steht unterhalb der Glaswände eine massive Sockelzone. Der Bereich zwischen dem oberen Ende des Sockels und dem Ansatz der Glaswand setzt einen starken horizontalen Akzent. In dieser Zone würden Wimperge nicht so recht passen. Stattdessen hat man die an den schmalen Pfeilern in der Glaswand stehenden Apostelfiguren derart positioniert, dass ihre Körper im unteren Drittel vor dem massiven Sockel stehen und die oberen Zweidrittel in den Bereich der Glaswand hineinragen. Die Figuren leisten formal für die Vertikalisierung das, was sonst Aufgabe der Wimperge (Abb. 121) ist, nämlich durch starke vertikale Akzente horizontale Strukturen aufzubrechen. Verständlicherweise lässt sich der Blick nur schwer von den funkelnden Glaswänden ablenken, sodass auf diese Positionierung in der Literatur noch nicht hingewiesen wurde.

Es gibt einen dritten Faktor, der ein gotisches Bauwerk für die Wahrnehmung hochstrebend und fast schwerelos erscheinen lässt: Alle pfeilerartig frei stehenden Elemente haben einen spitz zulaufenden Abschluss. Die Strebepfeiler könnten oben horizontal enden. Tatsächlich wird aber noch ein Tabernakel mit pyramidenartigem Dach (Abb. 65) oder eine Fiale aufgesetzt. Darauf wurde bereits hingewiesen. Statik und Ästhetik kommen zu ihrem Recht.

Die bislang besprochenen Elemente im Dienst der Vertikalisierung tragen dazu bei, die gotische Architektur zu „entlasten". Die traditionellen Prinzipien von Tragen und Lasten sind offenbar außer Kraft gesetzt. Im Innenraum herrscht Leichtigkeit. Es gibt scheinbar nichts, was lastet, und deshalb auch nichts, was trägt. In gotischen Kirchen türmen sich wuchtige Steine bis zu einer Höhe von dreißig und vierzig Metern. Paradoxerweise nimmt der Betrachter aber weder etwas wahr vom Tragen noch vom Lasten. Die Materie scheint sich gegen alles Wissen nach oben zu bewegen. Es liegt unter diesem Eindruck nahe zu sagen: Die Materie ist entmaterialisiert. Aber tatsächlich ist sie noch da. Deshalb ist es treffender zu formulieren: Die Materie wird in der gotischen Baukunst verwandelt.

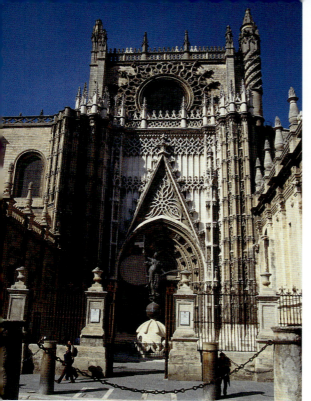

Abb. 121 Wimperg an der Kathedrale
von Sevilla

Abb. 122   Kathedrale in Reims, verglastes
Tympanon

Abb. 123   Dom zu Erfurt, Blendwerk auf der Mauerfläche

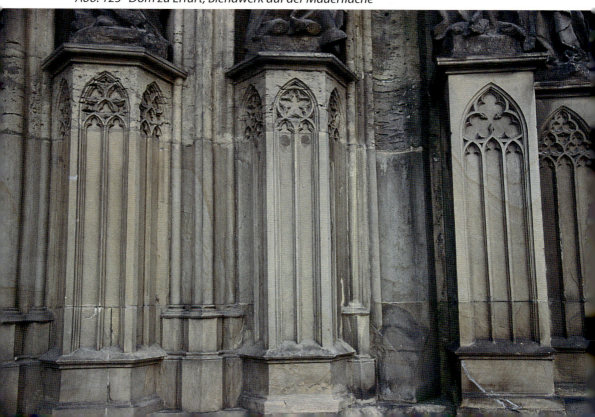

Wie das geschieht, konnten eine wachsende Zahl von sogenannten christlichen Rittern und die sie begleitenden Theologen anlässlich des unglücklichen vierten Kreuzzugs im Jahr 1204 in der lichtdurchfluteten Hagia Sophia in Konstantinopel erleben. Die Begriffe „Licht" und „Wandlung" waren auch Schlüsselbegriffe, die im 12. und 13. Jahrhundert – wieder – leidenschaftlich diskutiert wurden. Es soll wenigstens erwähnt werden, dass in den biblischen Schriften Licht immer mit Gott und seinem Reich verbunden ist. „Wandlung" war und ist ein euchristischer Zentralbegriff. Die damals moderne scholastische Theologie unter Federführung des heiligen Thomas von Aquin (1225-1274) erklärte die Wandlung von Brot und Wein mit dem Begriff der Transsubstantiation. In Analogie – nicht in einer direkten Entsprechung zu dem, was dieser Begriff meint, und der Wandlung der Materie in der gotischen Baukunst – kann man sagen, dass es um Sichtbares und Unsichtbares geht, um Vordergründiges und Hintergründiges, um Materielles und Immaterielles, um für die Sinne Vorhandenes und zugleich Entrücktes. Eine Wandlung geschieht aber nicht nur mit den eucharistischen Gaben von Brot und Wein, sondern auch in der Auferstehung Christi. Und schließlich wird die Schöpfung am Ende der Zeiten gewandelt in einen neuen Himmel und in eine neue Erde. Man könnte als Diskussionsthese formulieren: Gotische Archtektur ist eucharistisch, österlich und eschatologisch.

REDUZIERUNG DER WÄNDE

Neben der besprochenen Vertikalisierung und die dadurch bedingte Entmaterialisierung ist für die gotische Architektur die Reduzierung der Wandflächen von eminenter Wichtigkeit. Was ist darunter zu verstehen und wie wird dieses Ziel erreicht? Die Wandfläche soll unter Beibehaltung der äußeren Maße verringert werden. Das klingt paradox, ist aber realisierbar. Das wichtigste und wohl auch einfachste Mittel zu diesem Ziel ist die Vergrößerung der Fenster. Romanische Kirchen besitzen meist kleine Rundbogenfenster im Obergaden. In der frühen Zeit sahen sie aus wie Schießscharten. Ein Blick auf Abbildung 63 zeigt, was in der Gotik aus diesen kleinen Lichtöffnungen geworden ist. Man hat in gotischen Kirchen tatsächlich den Eindruck, von Wänden aus Glas umgeben zu sein, nicht nur in Chartres, Reims oder in der Sainte-Chapelle in Paris oder im gotischen Chor der Aachener Pfalzkapelle. Die Baumeister gehen sogar so weit, dass sie auch noch die Ecken um die Rosen herum verglasen. In Reims ist selbst das Tympanon über dem Haupteingangsportal mit Glas gefüllt (Abb. 122).

Neben der Vergrößerung der Fenster zu Glaswänden gibt es eine weitere Methode zur Verringerung der Wandfläche. Hierbei wird die Wand zwar nicht wirklich verkleinert, sie wird aber derart bearbeitet, dass der Betrachter keine geschlossene Wandfläche wahrnehmen kann. Das geschieht durch Auflegen von Architekturformen direkt auf die Wand (Abb. 123). Man sieht nun nicht mehr eine geschlossene Fläche, sondern – auf diesem Bild – die Umrisse eines zweibahnigen Maßwerkfensters. Da diese Formen auf eine Wand gelegt bzw. gemauert sind und keine Fenster umschließen, durch die man hindurchschauen kann, sagt man: Das Fenster ist vorgeblendet. Darin steckt das Wort „geblendet". Das Fenster ist blind, man kann nicht hindurchschauen. Oft liegen auch Rosettenformen auf einer durchgehenden Wand. Auch in diesem Fall sagt man: Die Rosette ist vorgeblendet.

Es ist erstaunlich, wie viele und wie verschiedene aufgelegte Formen man an Außen-

und Innenwänden sehen kann. Die Fläche wird zergliedert und kleinteilig gemacht. Es entsteht der Eindruck von Leichtigkeit und Schwerelosigkeit. Auch die Außenwände am Kölner Dom sind in dieser Weise zergliedert (Abb. 124).

DIAPHANIE

Ein weiteres Merkmal gotischer Architektur, besonders der französischen Hochgotik, ist die „Diaphanie". Der Kunsthistoriker Hans Jantzen hat diesen Begriff 1927 in einem Vortrag mit dem Thema „Über den gotischen Kirchenraum" bei der Freiburger Wissenschaftlichen Gesellschaft eingeführt. Diaphanie bedeutet ein Durchscheinen. Licht kann durch Materie hindurchscheinen. In der Architektursprache wird der Ausdruck auch auf verschiedene hintereinanderliegende Raumschichten angewandt. Hans Jantzen nimmt besonders die gotische Hochschiffwand in den Blick und macht daran deutlich, was er unter Diaphanie versteht. Die Wand bildet nach seiner Meinung kein Wandkontinuum mehr. Die Form der Bündelpfeiler in der Arkadenzone belegt schon die Beobachtung von Hans Jantzen. Ein Bündelpfeiler besitzt keine ebene Fläche. Oberhalb der Arkadenzone legen sich Dienste vor die Wand. Die Triforiumszone ist wie ein Gitterwerk vor einem Raum. Anders gesagt: Die Stäbe des Triforiums sind mit einem Raum hinterlegt. Die riesigen farbigen Fenster des Obergadens bieten dem Auge ebenfalls keine glatte wandähnliche Begrenzung. Sie sind in der Tiefendimension nicht fassbar. Man sieht Figuren und Ornamente. Diese scheinen aus sich selbst zu leuchten. Sie haben einen farbigen Tiefenraum hinter sich, der sich jeder näheren Maßangabe entzieht. „Die gotische Wand will nicht mehr als Masse-Kontinuum, sondern als ‚Plastik' verstanden werden."[2] Eine glatte Wand ist nirgendwo zu sehen. Man hat den Eindruck, die hintere Raumschicht würde durch die vordere hindurchscheinen. Bögen oder senkrechte Stäbe können nicht nur auf eine massive Wand aufgeblendet werden – das wurde oben erläutert –, sondern diese Formen können auch mit einem Abstand vor die Wand gestellt werden und durch nicht sichtbare Stäbe in der Wand befestigt werden. Wiederum bietet das Straßburger Münster hierfür Anschauungsunterricht (Abb. 125). Man hat über weite Bereiche den Eindruck, als sei ein Spitzenwerk aus Stein vor die Mauer gehängt worden. Man sieht die Formen und ahnt, dass zwischen „Vorhang" und Wand noch eine Raumschicht liegt, d. h., man sieht den steinernen Vorhang. Der Raum dahinter wird meist nicht bewusst wahrgenommen, und doch ist er für den Eindruck entscheidend. Er scheint durch wie Licht durch einen Edelstein. Dadurch leuchtet der Edelstein stärker als ohne das diaphane Licht. Entsprechend werden die vorgehängten Architekturformen mit einer dahinter liegenden Raumschicht anders wahrgenommen als aufgeblendete Formen. – Der von Hans Jantzen eingeführte Begriff der Diaphanie ist brauchbar und hilfreich.

In einer drei- oder fünfschiffigen gotischen Basilika sind die Hochschiffwände dreifach gegliedert. Man spricht von einem dreiteiligen Wandaufriss (Abb. 126). Unten befindet sich die Arkadenzone (arcus = Bogen), oben die Glaswand bzw. der Obergaden und zwischen beiden die Triforiumszone. In der romanischen Architektur besteht das Triforium noch nicht aus Stäben, die mit Abstand vor die Wand gesetzt werden – wie in der Gotik –, sondern sie werden direkt auf die Fläche gelegt, vorgeblendet, sodass ein Relief entsteht. Ein weiterer Schritt besteht in der Verglasung der Wand hinter den Stäben, wie man es auf der Abbildung 126 sehen kann. So entsteht ein durchlichtetes Triforium.

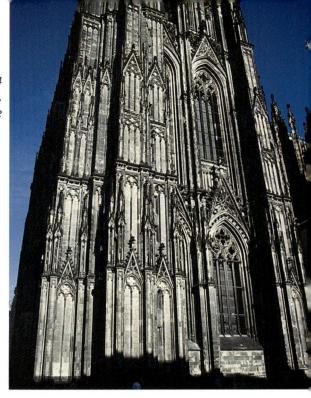

Abb. 124
Kathedrale zu Köln,
Blendwerk an der Fassade

Abb. 125 Straßburger Münster,
Thron Salomons

Abb. 126 Dreiteiliger Wandaufbau mit
Schwalbennestorgel im Kölner Dom

Damit verschwindet die einzige noch verbliebene dunkle Wandzone. Die Hochschiff-wand ist nun in ihrer ganzen Höhe durchlichtet. Das Triforium ist Teil der Glaswand geworden.

Das Mittelschiff kann schmal oder breit sein, die Arkadenzone niedrig oder hoch. Die Dienste können ohne horizontale Elemente bis in die Gewölbezone durchlaufen oder durch Schaftringe (= Wirtel) in ihrem Höhendrang gebremst werden.

Der Begriff Gotik wurde in Italien für eine bestimmte Kunst nördlich der Alpen geprägt. Er war in keiner Weise anerkennend gemeint. Die Erinnerung an die Goten, die in der Völ-kerwanderungszeit in Italien viele Kunstwerke zerstört hatten, schwingt in dieser Be-zeichnung mit. Deren Kunst galt als barbarisch. Diese Stilrichtung ist deshalb in Italien nie heimisch geworden. Dass in Mailand eine Kathedrale steht, die man noch am ehesten in die Nähe französischer Gotik rücken kann, liegt daran, dass die Stadt nicht weit vom Ur-sprungsland der Gotik entfernt ist und weil es dort Herrscher aus dem starken Geschlecht der Sforza gab, die es dem französischen König gleichtun wollten.

Eine Kathedrale war Ausdruck von Macht und Machtsicherung. In Frankreich hatte der König ein besonderes Interesse an den imponierenden Kathedralen. Das zeigt sich in der Anbringung einer Königsgalerie. In der Residenzstadt Paris erstreckt sie sich oberhalb der Portalzone unübersehbar wie ein Schmuckband über die ganze Breite der Fassade (Abb. 127). Überlebensgroß stehen dort alttestamentliche Könige: David, Salomo und deren Nachfolger. Natürlich sahen viele Betrachter in den Figuren auch Anspielungen an die französischen Könige. Das war gewollt. In Chartres, von Paris entfernt, sind die Könige an der Fassade schon deutlich kleiner ausgefallen und wesentlich weiter nach oben ge-rückt. Und noch etwas weiter entfernt von Paris sucht man sie vergebens. In Deutschland gibt es an keiner gotischen Kathedrale eine Königsgalerie. Vielleicht liegen die Gründe dafür in dem schnelleren Wechsel der Dynastien und der schwächer ausgebildeten Zen-tralgewalt.

Wenn man andere gotische Kirchen in Italien betritt, wie etwa S. Maria sopra Minerva in Rom oder den Dom von Florenz oder die Frarikirche in Venedig, wird sofort deutlich, dass es eine andere Gotik ist als die nördlich der Alpen. Es fehlt vor allem das der Wand vorgelegte „geklöppelte Spitzenwerk". Ein „horror vacui", das ist die Angst vor freien Wandflächen, ist in der italienischen Gotik nicht festzustellen. Wenn man Kriterien für bestimmte Stile zusammenträgt, muss man bedenken, dass es bei aller Ähnlichkeit auch Nationalstile gibt, die sich nicht einer bestimmten Kriteriensammlung unterwerfen. Auch die englische Gotik zeigt Besonderheiten. Damit ist das Thema der Sonderformen und der Nationalstile einer bestimmten Stilrichtung angesprochen.

SONDERFORMEN DER GOTIK

Die ersten gotischen Bauten entstanden auf dem Terrain der französischen Könige in der Gegend um Paris, in der Île-de-France. Mit zeitlicher Verzögerung wurden die neu-en Formen in Deutschland übernommen. Die Elisabethkirche in Marburg und die Lieb-Frauenkirche in Trier gehören zu den frühesten gotischen Kirchen in Deutschland. In einigen europäischen Ländern, z. B. in England, entwickelten sich auch Sonderformen unter Beibehaltung der oben besprochenen Grundprinzipien. In der englischen Gotik werden drei Phasen unterschieden:

Early English (= frühes Englisch): Gemeint ist der Stil vom Ende des 12. bis Mitte des

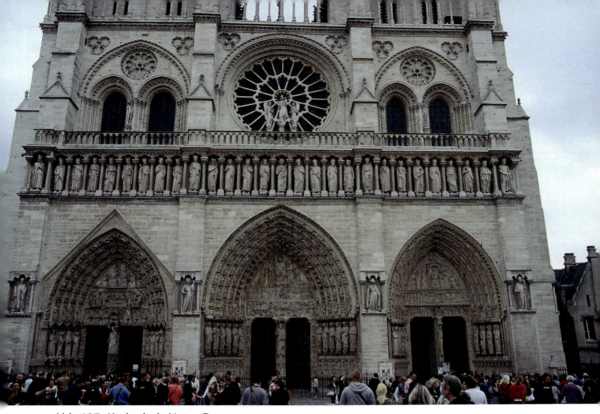

Abb. 127   Kathedrale Notre-Dame,
Königsgalerie, Paris

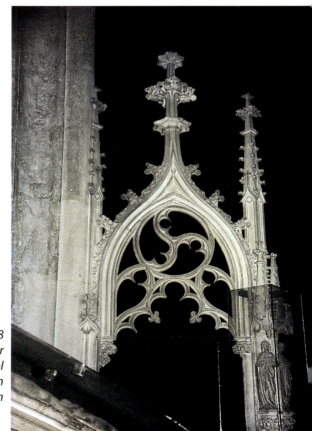

Abb. 128
Fischblasenmuster
als Trinitätssymbol
im Stephansdom
zu Wien

Abb. 129
Flamboyant-Rose
in Caudebec-en-caux,
Normandie

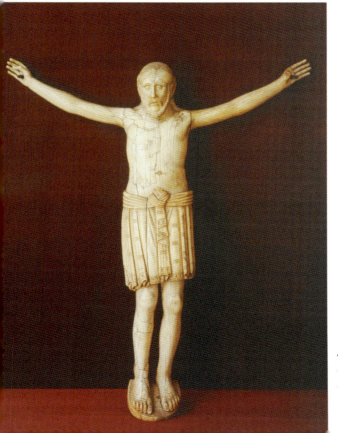

Abb. 130
Romanischer Elfenbeinkruzifix,
Diözesanmuseum, Bamberg

13. Jahrhunderts. Typisch sind schlanke Pfeiler mit Rundstäben. Der vertikale Langhausaufbau besteht aus Arkaden, Empore und Fensterzone.

Decorated Style (= Dekorativer Stil): Diese mittlere Phase vom ausgehenden 12. Jahrhundert bis zur Mitte des 13. Jahrhunderts entspricht zeitlich in etwa der französischen Hochgotik. Das Mittelschiff ist steil, es gibt Radialkapellen und ein Strebewerk. Einzelformen können verspielt gestaltet sein, daher der Name „decorated".

Die dritte Phase vom 14. bis 16. Jahrhundert wird „Perpendicular Style" genannt (lateinisch „perpendiculum" = Pendel, Lot). Wo immer möglich, werden vertikale Elemente in Form von Rundstäben eingesetzt, z. B. in der Fensterzone, an den Wänden und am Strebewerk. Vorherrschend ist der Tudorbogen, eine gedrückte Bogenform, die in eine Spitze mündet.

In der Schlussphase der Gotik tauchen – nicht nur in England – neue Gewölbedekorationen durch verschieden angelegte Rippenführungen auf. Darauf wurde schon hingewiesen. Auch im Maßwerk von Fenstern, Rosen und Rosetten entwickelt sich Neues: das Fischblasenmuster. Am Aufgang zur Kanzel im Wiener Stephansdom steht ein zierliches Maßwerkgebilde mit vielen Elementen gotischer Baukunst (Abb. 128). Unter dem Scheitel des Kielbogens ist ein Kreis geschlagen. Tatsächlich wird er von den Umrisslinien dreier Fischblasen gebildet. Drei identische Formen bilden einen Kreis, d. h., aus drei Elementen entsteht ein neues, größeres. Keines kann herausgenommen werden, ohne das Ganze zu zerstören. Ruhe und Bewegung sind in Harmonie. Die Form hat keinen Anfang und kein Ende. Die Binnenstruktur im Kreis besteht aus drei geschwungenen Linien. Diese markieren gleichzeitig die innere Begrenzung der Fischblasen. Zugleich definieren sie mit der ganzen Länge der Innenlinie die Außenlinie zweier Nachbarfischblasen. Jeweils eine Fischblase ist die Bedingung für die Existenz zweier anderer.

Absichtlich wurde dieses Motiv genau beschrieben. Erst so wird die Kompliziertheit deutlich. Es geht um das Zahlenverhältnis drei zu eins oder eins zu drei. Damit ist ein hoch theologisches Problem angesprochen, nämlich das des einen Gottes in drei Personen. Für den mittelalterlichen Betrachter war diese Form nicht einfach ein Fischblasenmuster – und damit abgetan, sondern ein visueller Verweis auf den dreifaltigen Gott.

Fischblasenformen findet man oft in spätgotischen Rosenfenstern (Abb. 129). Am Rand liegen kielbogenartig auslaufende, kreisähnliche Muster nebeneinander. Jede umschließt drei ähnliche, kleinere Formen. Trotz einer anderen formalen Komposition als auf Abbildung 128 ist auch hier das Zahlenverhältnis drei und eins visualisiert. In einer lichtdurchfluteten Rose ist ein solcher trinitarischer Hinweis sinnvoll.

Das spätgotische Maßwerk aus Fischblasen erweckt den Eindruck von züngelnden Flammen (Abb. 129). Deshalb spricht man auch vom Flamboyant-Stil.

Wandel des Christusbildes

Ein unübersehbarer Wandel vollzieht sich im 13. Jahrhundert in der Darstellung des Gekreuzigten. Christus sieht man nicht mehr wie schwebend vor dem Kreuz (Abb. 130 u. 131). Statt einer goldenen Krone trägt er eine stachelige Dornenkrone (Abb. 132). Die Füße stehen nicht mehr nebeneinander auf einer Fußstütze, dem Suppedaneum, sondern sind übereinandergelegt und mit einem einzigen Nagel am Kreuz befestigt. Kunsthistoriker sprechen etwas nüchtern von einem „Dreinageltyp" im Unterschied zum romanischen

„Viernageltyp" (Abb. 131). Die Darstellung des Leidens des Herrn wird in den Pestkreuzen des 14. und 15. Jahrhunderts bis zum Extrem gesteigert. Der Körper besteht nur noch aus Haut und Knochen, der Brustkorb quillt hervor. Blutströme – vom Fassmaler (= Maler, der Statuen bemalt, in Farbe „fasst") dick aufgetragen – ergießen sich aus dem gegeißelten Körper und aus den durch Nägel und Lanzenstich verursachten Wunden.

Wie ist dieser Wandel im Bild des Gekreuzigten zu erklären? Wenn man an das damalige Weltgeschehen denkt, müssen in erster Linie die Kreuzzüge genannt werden. Im Jahr 1099 erreichte das erste Kreuzfahrerheer Jerusalem. Bis zum Fall der Hafenstadt Akko am Mittelmeer im Jahr 1291 waren Kreuzfahrer im Heiligen Land präsent. Scharen von Kaufleuten und Pilgern strömten zu den Heiligen Stätten. Was suchten sie? Sie wollten die Orte sehen und verehren, an denen Jesus als Mensch gelebt hatte. Dazu gehörten natürlich der Kreuzweg, den Jesus gegangen ist, und der Kalvarienberg, auf dem er gekreuzigt wurde. Auch heute noch suchen die Pilger im Hl. Land die Stätten auf, die zum Leben Jesu gehören. Seine Spuren sucht er, und ihnen möchte er folgen. Die Erfahrungen der Pilger und ihre Erzählungen haben wesentlich zu der neuen Akzentuierung der Menschheit Jesu in Kunst und Frömmigkeit beigetragen. Damals entstanden Kreuzwege in den Kirchen und in der Landschaft. Thema sind die verschiedenen Leidensstationen des Herrn. In Bologna wurden in dem bis heute erhaltenen Kirchenkomplex S. Stefano sogar die Grabeskirche mit dem Grab Christi und der Palast des Pilatus nachgebildet.

GOTISCHE PROFANBAUTEN

Einige Jahrhunderte bestimmte die Gotik das Bild der Städte, zumindest nördlich der Alpen. Nicht nur Sakralbauten, auch profane Gebäude wurden in diesem Stil errichtet, z. B. die Rathäuser von Brügge und Leuven in Belgien. In Italien dagegen gab es die ununterbrochene Tradition der römischen Antike. Jede Stadt war reich an gut erhaltenen Bauten aus vorchristlicher Zeit und aus den ersten noch „heidnischen" nachchristlichen Jahrhunderten. Manchmal wusste man nicht so recht, ob ein Bauwerk von Christen oder von „Heiden" errichtet worden war. Das Baptisterium in Florenz (Abb. 36) hielt man eine Zeit lang für ein antikes Bauwerk. Der Rückgriff auf die Antike und die Begeisterung für sie erlebte in Italien im 15. und 16. Jahrhundert einen Höhepunkt in der Renaissance.

RENAISSANCE

DER NAME RENAISSANCE UND DIE RENAISSANCEN VOR DER RENAISSANCE

Wiedergeburt heißt dieses aus dem Lateinischen kommende Wort. Wer oder was wird wiedergeboren? Meist lautet die Antwort: „Die Antike! Renaissance ist die Wiedergeburt der griechisch-römischen Welt!" Eine solche Aussage muss hinterfragt werden. Kann eine vergangene Epoche wiedergeboren werden in dem Sinn, dass sie nun noch einmal existent wird? Eine spätere Zeit kann eine frühere Epoche erforschen und sich Anregungen holen, aber Empfindungen, Denkweisen, religiöse Überzeugungen, kurz die gelebte Kultur einer vergangenen kann nicht wiederholt werden. Insofern ist die Definition der Renaissance als Wiedergeburt der Antike schlicht falsch. Der Kunsthistoriker

Abb. 131
Romanisches Kruzifix,
Kathedrale in Münster

Abb. 132
Kreuzigungsdarstellung
auf dem Isenheimer Altar
von M. Grünewald
in Colmar

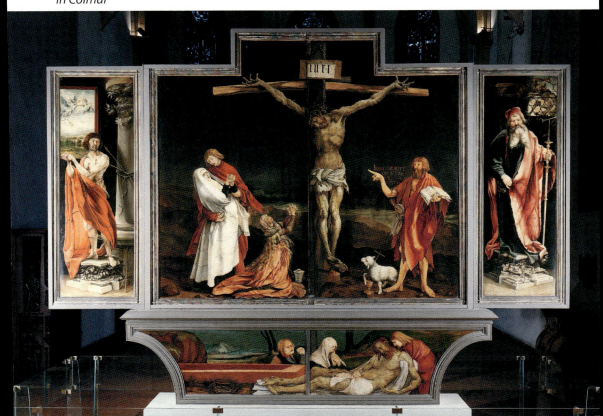

Manfred Wundram, ein exzellenter Kenner der Kunst der Renaissance, schreibt: „Innere und äußere Schönheit werden wieder als untrennbares Ganzes gesehen. Diese Identität begründet die Verwandtschaft mit der Antike und öffnet in verstärktem Maße den Blick auf die griechische und römische Tradition. Ursache und Wirkung sollten hier nicht miteinander verwechselt werden."[3] Wundram verweist auf den italienischen Künstler und Kunsttheoretiker Giorgio Vasari (1511-1574), der die Renaissance verherrlichte „als eine gegenüber dem Mittelalter neue Hinwendung der Künstler zur Auseinandersetzung mit den sichtbaren Phänomenen der diesseitigen Wirklichkeit, deren Wiedergabe in Malerei und Skulptur er fortschrittsgläubig bis in seine Gegenwart hinein ständig sich vervollkommnen sah."[4]

Man könnte unter dem Eindruck dieser Zitate die Frage diskutieren: Hätte es eine Renaissance im 15. und 16. Jahrhundert gegeben ohne genaue Kenntnis der Kunst der Antike? Bezogen auf die Malerei, wird man diese Frage bejahen können. Es gibt nachweislich auch eine immanente Weiterentwicklung der Kunst. Die „maniera greca", die ikonenhafte, flache Malerei, wurde von Giotto um 1300 doch wohl auch ohne Rückgriff auf antike Vorbilder überwunden. Meines Erachtens kann die Entdeckung und Anwendung der Zentralperspektive nicht hoch genug eingeschätzt werden, Impuls für die Kunst der Renaissance. Wenn man im 15. Jahrhundert Gebäude, Landschaften und Lebewesen nicht nur irgendwie räumlich – das konnte man auch schon in der Antike –, sondern exakt dreidimensional auf den Punkt bringen konnte, dann betrat man Neuland. Nun konnte man mit der Antike in Konkurrenz treten und versuchen, sie zu überbieten.

Im 15. Jahrhundert wurden in Rom bedeutende antike Skulpturen gefunden und studiert. Der junge Michelangelo hatte dazu Gelegenheit im Garten der Villa Medici in Florenz. Das Interesse an den antiken Monumenten wuchs wie nie zuvor. Architekten besuchten das Forum und die Kaiserforen und fertigten Skizzen an von antiken Säulen mit ihren Kapitellen und Basen. Schmuckformen wie Zahnschnitt, Astragal und Kymatien wurden übernommen. Im römischen Pantheon fanden Architekten und Bildhauer fast alles, was sie für ihre Zwecke zum Bau von Kirchen und für die Ausstattung benötigten.

Aber der Renaissancebegriff ist umfassender und bezieht sich nicht nur auf die Bildende Kunst. Das Bildungswesen und die Philosophie der antiken Welt wurden erforscht. Man entdeckte beim Studium der griechischen Geschichte die Bedeutung des Individuums und seiner politischen Möglichkeiten in einem demokratischen Staatswesen. – Der einflussreiche Bankier Cosimo Medici bemühte sich mit Erfolg, die Teilnehmer am Konzil von Ferrara 1439 zu motivieren, ihre Beratungen nach Florenz zu verlegen. Dieses Konzil sollte die 1054 zerbrochene Einheit zwischen Ost- und Westkirche wiederherstellen. Hochrangige Vertreter aus Konstantinopel waren anwesend, der Kaiser, der Patriarch und mit ihnen eine Reihe von Theologen. Sie brachten Texte griechischer Philosophen und Theologen mit. In vielen Schulen von Florenz wurde die griechische Sprache gelehrt. So konnte man griechische Originaltexte lesen und abschreiben. Man hatte Zugang zur Welt der Mythen. Florenz rühmte sich, das neue Athen zu sein. Malern und Bildhauern öffnete sich eine neue Welt. In Gelehrtenkreisen gab es ganz neue Gesprächsthemen. Man diskutierte viel miteinander und konnte zeigen, dass man gebildet und auf der Höhe der Zeit war.

Von Renaissance wird auch schon in früheren Zeiten gesprochen. Mit der Regierungszeit Karls des Großen verbindet man die Karolingische Renaissance. Die lateinische Sprache wurde für die Gelehrten verbindlich vorgeschrieben. Die antike und frühchristliche Architektur war vorbildlich für viele karolingische Bauten. Die Aachener Pfalzkapelle hat ein direktes Vorbild in der Kirche S. Vitale in Ravenna. An der Eingangshalle zum Kloster Lorsch aus der Karolingerzeit stehen Pilaster und Säulen, wie man sie genauso auch an antiken Bauten findet. In Aachen hatte Karl der Große einen „Palast", genannt nach dem römischen Hügel „Palatin", auf dem mehrere Kaiserresidenzen standen. Nun gab es einen neuen Palatin in Aachen, auf dem die neue Residenz Kaiser Karls stand. Die Orientierung an der Antike wird in der Karolingischen Renaissance ziemlich weit getrieben. Auch in der Geschichtsschreibung orientierte man sich an antiken Vorbildern. Auf eigene Traditionen in der Historiografie konnte Karl nicht zurückgreifen. Es gab sie nicht.

Etwa zweihundert Jahre nach der Karolingischen Renaissance, die hauptsächlich ein Phänomen in den Gebieten nördlich der Alpen war, entstanden in Italien sakrale Bauten, von denen spätere Generationen annahmen, sie stammten aus der römischen Antike. Das Baptisterium (Abb. 36) und die Kirche S. Miniato al Monte in Florenz gehören in diese Epoche. Sie wird Protorenaissance genannt, erste Renaissance oder Vorrenaissance. So wird sie von der Renaissance im 15. Jahrhundert unterschieden.

„Alle diese Renaissance-Bewegungen kennzeichnet eine bis an die Grenzen der Kopie führende Orientierung an antiken Vorbildern, die in der Fülle der Monumente und in der Genauigkeit der Rückgriffe weit über die Schöpfungen des frühen 15. Jahrhunderts hinausgeht".[5]

DIE ZENTRALPERSPEKTIVE

Das, was unter Renaissance verstanden und oben erläutert wurde, begann in Florenz in der ersten Hälfte des 15. Jahrhunderts. Bruneleschi (1377-1446) entwickelte bzw. entdeckte die Zentralperspektive. Fortan konnte der Künstler die Welt von seinem Standpunkt aus darstellen. Die Natur kam ihm nicht mehr entgegen, sie kam nicht über ihn, er war ihr nicht ausgeliefert; er sah und gestaltete sie von dem Ort aus, den er einnahm. So wie er sie sah, so wurde sie dargestellt. Ob ein Baptisterium oktogonal oder rund war, ob es ein Flach- oder ein Pyramidendach hatte, ob der Künstler frontal vor einem Bauwerk stand oder ob er nur eine Ecke sah, er verfügte über das Können, die Welt so abzubilden, wie er als Individuum sie sah und nicht wie er sie sehen sollte. Die Vertreter der Kirche waren anfangs der neuen Erfindung gegenüber sehr zurückhaltend. Die Schöpfung konnte nun nicht nur vom Jenseits her betrachtet werden, sondern vom Standpunkt des Menschen aus.

Auf den Ikonen der orthoxen Kirchen werden auch heute noch z. B. die seitlichen Linien eines Fußschemels zum Betrachter hin enger (Abb. 194). Der Schemel wird dargestellt, wie von der Rückseite, von der transzendenten Welt her gesehen. Nach den Regeln der Zentralperspektive müssten sich die Außenlinien des quadratischen Schemels nach hinten allmählich einander nähern. Da dies nicht so ist, spricht man von „umgekehrter Perspektive".

Abb. 133   Pazzikapelle, S. Croce, Florenz

Abb. 134   Strozzi-Palast, Florenz

Abb. 135   Erker am Kopfhuis in Colmar

Die Renaissance ist ein internationaler Stil. In Italien entstanden, hat sie in ganz Europa in der Sakral- und Profanarchitektur ihre Spuren hinterlassen, was beispielhaft die Abbildungen 135 und 136 belegen.

Wie äußert sich die Renaissance in der Sakralarchitektur? Aufgrund welcher Kennzeichen kann man eine Kirche als Renaissancekirche einstufen?

Die Kontraste zwischen einer gotischen Kirche und einer Kirche aus der Renaissance können größer nicht sein. In der Renaissance wird die Horizontale betont, sowohl bei Sakral- als auch bei Profanbauten. Die Pazzikapelle in Florenz (Abb. 133) ist eindeutig horizontal ausgerichtet. Der Palazzo Strozzi ist in drei horizontale Zonen gegliedert (Abb. 134). Vertikalisierung wird nicht angestrebt, eher gemieden. Wände treten wieder als Wände zum Vorschein und werden nicht verdeckt oder reduziert. Über Fenstern und Türen bringt man horizontale Schmuckleisten an. Fenster werden gern mit Dreiecks- oder Segmentgiebeln bekrönt. Manchmal wechseln die beiden Formen wie bereits im Pantheon (Abb. 77). Neben den zwei korinthischen Säulen kann man links einen Dreiecksgiebel und rechts von ihnen einen Segmentgiebel sehen. In der Fachsprache heißt es: Die beiden Formen alternieren, oder sie werden alternierend eingesetzt.

Ein wichtiges Element in der Renaissancearchitektur ist die Verwendung der Säule, und zwar der Säule mit Basis, Schaft, Kapitell mit Verjüngung und in den richtigen Proportionen. Säulen werden in der Innen- und Außenarchitektur verwendet. Das Findelhaus in Florenz mit den Säulenreihen vor dem Bau gehört zu den frühen Schöpfungen der Renaissancearchitektur. Der Baumeister ist Bruneleschi. Schier unbegrenzt ist die Verwendung von Säulen in Kreuzgängen, z. B. in S. Croce in Florenz (Abb. 137). Es sind nicht mehr die gedrehten oder die mit farbigen Steinen verzierten Säulen wie in gotischen Kreuzgängen, sondern sie werden wieder den antiken Ordnungen unterworfen. Selbstverständlich wird die Vielfalt antiker Schmuckformen übernommen (Abb. 138). Das Schmuckband im unteren Drittel des Türsturzes, ein „Astragal", besteht aus länglichen Elementen in der Größe von ungefähr drei Zentimetern, zwischen die jeweils zwei dünne Scheiben eingelegt sind. Darüber liegt ein Blattkranz. Dann folgt ein Eierstab oder jonisches Kymation. Direkt unter ihm erkennt man wiederum ein Astragal. Über dem Kymation ist eine Folge von Würfeln ausgebreitet, die Zähnen mit Zwischenraum gleichen und deshalb den Fachausdruck Zahnschnitt erhalten haben. Auf diese Zierformen trifft man in der Renaissance- und Barockarchitektur immer wieder.

AUS HANDWERKERN WERDEN KÜNSTLER

In diesem Kapitel über die Renaissance wurde wiederholt der Ausdruck „Künstler" verwendet. Im Mittelalter hat man auch die größten Maler und Bildhauer nicht Künstler, sondern Handwerker genannt. In der Frührenaissance beginnt ein Prozess der Absetzung der Maler, Bildhauer und Architekten von den Handwerkern. Sie argumentierten, dass zur Schaffung eines Bildes ein hohes Maß an Wissen erforderlich sei. Mathematische Kenntnisse seien nötig, um die neue Methode der Zentralperspektive anwenden zu können. Man müsse in der griechischen Mythologie bewandert sein. Ohne diese Kenntnisse könne man z. B. das Thema „Danae im Goldregen" oder „die Geburt der Venus" nicht malen. Ohne ein Grundwissen über die Anatomie und Physiologie sei der

Abb. 136   Renaissance-Lettner in St. Maria im Kapitol, Köln

Abb. 138 Antike Schmuckformen am Romulus-Tempel auf dem Forum Romanum, Rom

Abb. 139
Selbstbildnis von Lorenzo Ghiberti an der
Baptisteriumstür in Florenz

b. 137
ppelkreuzgang
Franziskanerkloster
Croce, Florenz

menschliche Körper nicht adäquat darstellbar. All das brauchten ihre Kollegen früher nicht zu wissen. Aber jetzt in dieser neuen Zeit würden andere Anforderungen an sie gestellt. Sie könnten all das schaffen, was die Antike hervorgebracht hat. Sie würden es sogar noch besser machen. – Mit solchen Überlegungen, die auf Tatsachen beruhen, beanspruchten sie einen neuen Status, und sie erhielten ihn auch. Fürsten bemühten sich, die besten Künstler an ihre Höfe zu holen.

Die Selbstbildnisse der Künstler ändern sich. Im Quattrocento – im Italienischen entspricht das dem 15. Jahrhundert – entsteht das autonome Selbstbildnis. Wenn sich im Mittelalter ein Künstler selbst ins Bild setzte, wählte er einen indirekten Weg. In einer biblischen Szene mit mehreren Personen verlieh er einer die eigenen Porträtzüge. Nur wer den Künstler persönlich kannte, war in der Lage, ihn z. B. in der Gestalt des hl. Johannes des Täufers oder in einem der Heiligen Drei Könige zu erkennen. Nun aber stellen sich Künstler ohne einen historischen oder biblischen Kontext als einzige Person dar. Und wie stellen sie sich dar! Nicht als Künstler im Arbeitskittel mit farbverschmierten Händen oder als schwer arbeitender Bildhauer. Künstler stellen sich vor im Gewand eines Bürgers oder städtischen Amtsträgers. Manchmal liegt ein Buch als Zeichen der Bildung neben ihm. Oft erkennt man einen lateinischen oder griechischen Text auf dem Bild, wiederum ein Hinweis auf die Gelehrsamkeit des Künstlers. Beispiele für diese neue Art von Selbstbildnissen gibt es von Albrecht Dürer (1471-1528), Ludger tom Ring (1496–1547), und Lucas Cranach d. Älteren (1472-1553). Einer der Hauptmeister der Frührenaissance, Lorenzo Ghiberti, stellt sich in Form eines Brustbildes an der Paradiestür am Baptisterium in Florenz vollplastisch dar (Abb. 139).

BAROCK

Jeder hat eine Vorstellung von dem, was Barock ist. Zeitlich schließt diese Stilrichtung an die Renaissance an. Exakte Grenzziehungen sind kaum möglich. Man kann in einer bestimmten Zeit noch bauen wie frühere Generationen, also sich bewusst distanzieren von der aktuellen Entwicklung. Dafür gibt es Beispiele in allen Kunstgattungen. Die Spanne zwischen 1580/1600 und 1750 dürfte für die zeitliche Einordnung des Barock in etwa zutreffen.

DER NAME BAROCK

Das Wort Barock kommt aus dem Portugiesischen. „Barucca" ist die Bezeichnung für eine unregelmäßige, schiefe Perle. Erst im 18. Jahrhundert belegte man die sich dem Ende nähernde Kunstrichtung mit diesem Begriff. Das war keine schmeichelhafte Benennung! Die Künstler, die im 17. Jahrhundert großartige Werke schufen, wären irritiert gewesen, hätte man sie als Barockkünstler bezeichnet. Der Begriff existierte noch nicht. Sie schufen Neues. Sie und ihre Werke wurden gefeiert. Erst als sich der Zeitgeschmack änderte, wurde die vergangene Zeit negativ beurteilt und erhielt auch die entsprechend negativ geladene Bezeichnung „Barock". Noch heute wird es nicht unbedingt als Kompliment verstanden, wenn etwas oder jemand „barock" genannt wird. Italien ist wiederum das Land, in dem die ersten Äußerungen der neuen Kunstrichtung und auch deren Höhepunkte nachweisbar sind. Während man von der Frührenaissance zu Recht sagen kann, sie sei in Florenz entstanden, muss als Geburtsort der

Abb. 140 Barocke Fassade der
St.-Nikolaus-Kirche in Prag

Abb. 142 Barocker Hochaltar in St. Severinus,
Wenden bei Olpe

Abb. 141 Barockes Deckengemälde in S. Ignazio, Rom

Barockkunst Rom genannt werden. Von hier breitete sich der neue Kunstgeschmack in ganz Europa aus.

Barockkirchen erkennt man schon an der Außenarchitektur: Geschwungene Fassaden, Mansarddächer, Freitreppen, Rundbögen und Segmentbögen, gesprengte Giebel, verputzte Außenwände ohne Steinansichtigkeit, Statuennischen (Abb. 140). Das Bauwerk ist außen und innen wie aus einem Guss, von der Makroarchitektur bis hin zu den Details. Kerzenhalter an der Wand, Beichtstühle, die Kapitelle der Säulen, das Orgelprospekt und die Kommunionbank sind formal in die Schwingungen des Gesamtraumes eingebunden. Nichts darf verändert, weggenommen oder hinzugefügt werden.

Die Pracht des Innenraumes mit einem tonnengewölbten Langhaus und einer hoch aufragenden Kuppel über der Vierung soll den Besucher überwältigen (Abb. 141), wie ein Bick in das Deckengemälde in S. Ignazio in Rom zeigt. Er soll wie benommen sein und aus dem Staunen und Schauen nicht herauskommen. Was sieht er? Architektur? Malerei? Skulpturen? Reliefs? Ist dies gemalt oder ist es plastisch? Die Gattungen Malerei, Relief und Skulptur sind nicht mehr zu unterscheiden. In der genannten Kirche hat der Jesuit Andrea Pozzo (1642-1709) die illusionistische Malerei auf die Spitze getrieben. Auf eine Flachdecke malte er eine Kuppel. Beim Eintreten ahnt der Besucher noch nichts von der Täuschung. Erst wenn er sich im Chor umdreht, wird sie als Scheinkuppel entlarvt.

Die Schäfte von plastischen und gemalten Säulen sind in Barockkirchen oft gedreht (Abb. 142). Barockarchitektur und Barockmalerei wollen Bewegung. Zwar gerät auch in der gotischen Baukunst der Blick in Bewegung. Es ist aber eine ausschließlich vertikale Richtung. Betritt man eine Barockkirche, wird der Blick in Richtungen geführt, die man vorher nicht kalkulieren kann. Es gibt nicht nur die vertikale Erfassung des Raumes, nicht nur die horizontale, sondern eine Vielfalt von geschwungenen Wegen. Giebel sind gesprengt, d. h., die Dachschrägen werden unterbrochen durch Aussparung der Giebelspitze (Abb. 143). Das Auge kann sich nicht ausruhen vor einem geschlossenen Dreieck. Es wird zu einem Sprung gezwungen. Die verbleibenden Teile werden oft gebogen, wie die an einem Seitenaltar im Erfurter Dom (Abb. 144). Dadurch wird der Blick gleich am Anfang stärker bewegt, als würde er der Geraden eines Giebeldreiecks folgen. Auch auf dem Altar in der St.-Severinus-Kirche in Wenden erkennt man die geschwungenen Endstücke eines Sprenggiebels neben dem Bild Gottvaters (Abb. 142). Gesprengte Giebel gibt es nicht erst seit der Barockzeit. Schon die Antike kannte sie. Der Ehrenbogen für den römischen Kaiser Septimius Severus (193-211) in seiner Geburtsstadt Leptis Magna im heutigen Libyen hat solche Giebel an jeder der vier Seiten des Monumentes. Ein schönes Beispiel bietet auch die Nabatäerstadt Petra im heutigen Jordanien (Abb 145). Die gesamte tempelartige Front ist aus dem rosaroten Felsen herausgeschlagen. In der oberen Zone ist der Giebel gesprengt.

Barockkirchen sind oft Saalkirchen mit seitlich angeordneten Kapellen, oder sie haben einen betonten Hauptraum und schmale Seitenschiffe. Als Grundriss wird das Oval bevorzugt, weil es weder Ecken noch Geraden hat. Pilaster mit Kanneluren sind beliebt, und Gold wird verschwenderisch eingesetzt.

Abb. 143 Gesprengter Giebel an der
Löwenapotheke in Trier

Abb. 144 Gesprengter Giebel an einem Altar
im Erfurter Dom mit Bild von L. Cranach d. Ä.

Abb. 145 Tempelartige Fassade
mit gebrochenem Giebel
in Petra, Jordanien

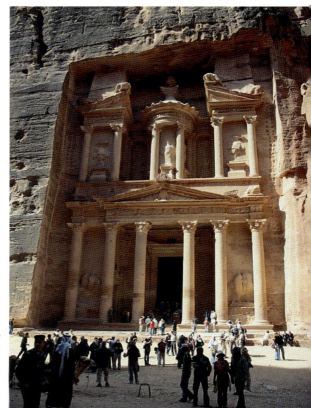

Sakral- und Profanarchitektur beeinflussen sich gegenseitig. Im Mittelalter war die erste wohl anregend für die zweite. In der Moderne ist es eher umgekehrt. Wie auch immer das Abhängigkeitsverhältnis sein mag, ein neuer Baustil breitet sich aus und bestimmt das Aussehen der Städte. Nicht nur Kirchen wurden im 17. Jahrhundert im Barockstil erbaut. Die Palastarchitektur war ein wesentliches Arbeitsfeld für die Künstler. König Ludwig XIV. setzte mit seinem Residenzschloss in Versailles neue Maßstäbe. Es war vorbildhaft für viele Schlösser in Europa. – Zum Barockschloss gehört unbedingt ein Garten. Für die damaligen Zeitgenossen waren die Gartenanlagen mit Wasserspielen, heimischen und exotischen Pflanzen, Statuen und Pavillons genauso wichtig und bewundernswert wie das Schloss.

Ein Barockschloss oder eine Barockkirche ist ein Gesamtkunstwerk, weil Architektur, Bildhauerei und Malerei zusammenwirken.

ROKOKO

DER NAME ROKOKO

Die Bezeichnung spielt auf eine wichtige Ornamentform in diesem Stil an: die Rocaille (Abb. 146, 147). Die Form ist muschelartig, in sich bewegt und von verspielter Heiterkeit und Grazie. Sie kann Verbindungen zu anderem Dekor herstellen, weil man die Rocailleformen je nach Bedarf größer oder kleiner gestalten kann. Man kann auch die Binnenform verändern, ohne dass die Gesamtform an Lebendigkeit und Harmonie verliert. Die Rocaille bietet sich wegen ihrer vegetabilen Form geradezu an, auf Flächen appliziert zu werden. Dadurch geschieht wie in der Gotik eine Reduzierung der Fläche, aber mit anderen Formen und mit einem anderen Ergebnis. In der Gotik sind die vorgeblendeten Formen strikt vertikal ausgerichtet. Der Effekt ist eine Führung des Blickes nach oben. Die einzelne Form wird kaum wahrgenommen. Der Blick soll sich auch nicht bei ihr aufhalten. Die Rocaille dagegen zieht den Blick an und lässt ihn kreisen. Die dahinter liegende Fläche kann man zwar sehen, verliert aber an Interesse. In beiden Stilrichtungen wird die Fläche negiert. Das zierliche Ornament einer Rocaille dominiert über die Fläche, indem es den Blick erst gar nicht bis zur Wand durchlässt bzw. ihn sofort wieder auf sich lenkt. Ein gotischer Bau leitet den Blick, wohin er auch fällt, sofort weiter nach oben.

In der Sakralarchitektur ist für den verschwenderischen Umgang mit der Rocaille die Wallfahrtskirche Vierzehnheiligen ein gutes Beispiel. Das riesige Deckengemälde ist von Rocailleformen umgeben. Decken und Wände sind damit geschmückt. Der Hochaltar zu Ehren der vierzehn Nothelfer ist eine Komposition aus aufrecht stehenden Rocaillen. An der Orgel, an Kerzenhaltern und Beichtstühlen ist dieses Motiv appliziert. Der Innenraum scheint nur aus Rocaillen zu bestehen.

KENNZEICHEN DER ARCHITEKTUR DES ROKOKO

Rokoko ist m. E. weniger eine Zeit innovativer Architekturschöpfungen als vielmehr eine neue Art der Ausstattung und des Dekors von Räumen und Objekten. Insofern ist unter

Abb. 146 Rocaillen in
Vierzehnheiligen

Abb. 147
Rocaillen in Vierzehnheiligen

dieser Überschrift eine Fehlanzeige angesagt. Die Kirche Vierzehnheiligen ist in der Architektur nicht von einer Barockkirche zu unterscheiden. Rokoko ist eine Frage der Ausstattung.

AUSSTATTUNG

DER ALTAR ALS WICHTIGSTES AUSSTATTUNGSSTÜCK
UND SPIRITUELLES ZENTRUM DER KIRCHE

Jedem wird das deutlich, wenn die Eucharistie gefeiert wird. Aber auch schon beim Betreten einer Kirche merkt man, dass die gesamte Architektur auf den Altar hin ausgerichtet ist.

Der Altar hat eine lange Entwicklungsgeschichte hinter sich. Ohne Grundkenntnisse der Liturgiegeschichte ist die Entwicklung von einem transportablen Tisch bis hin zu den großen Wandelaltären des 15. Jahrhunderts nicht zu verstehen.

DIE HAUSEUCHARISTIE IN DER URKIRCHE OHNE ALTAR

Um es klar vorweg zu sagen: Jesus benötigte zur Feier des letzten Abendmahles keinen Altar, sondern einen Tisch. Vermutlich lag Jesus mit den Jüngern auf Polstern, wie es in der Antike bei festlichen Mählern üblich war. So ist es auch auf einem Mosaik mit der ältesten Abendmahlsdarstellung in S. Apollinare Nuovo in Ravenna zu sehen. Die ersten Christen, die sich zum Brotbrechen trafen, haben nie daran gedacht, einen Altar aufzustellen. Sie trafen sich zum gemeinsamen Mahl an einem Tisch. Den Christen in Korinth schreibt Paulus: „Ihr könnt nicht Gäste sein am Tisch des Herrn und am Tisch der Dämonen" (1 Kor 10,21).

Altäre standen in der Antike vor den Tempeln. Den Göttern wurden blutige Opfer dargebracht. Auch in einem offenen Hof des Tempels von Jerusalem stand bis zur Zerstörung von Stadt und Tempel im Jahre 70 n. Chr. ein Altar, an dem für JHWH das Blut vieler geschlachteter Tiere floss. In der apostolischen und nachapostolischen Zeit trafen sich die kleinen Christengruppen sonntags in einer Wohnung. Man aß und trank, las aus den Schriften der hebräischen Bibel und erzählte von Jesus. Ein Presbyter wiederholte die Worte, die Jesus beim Abschiedsmahl über Brot und Wein gesprochen hatte. Man empfing das konsekrierte Brot und trank aus dem Kelch des Heils. Herrenmahl nennt Paulus im 1. Korintherbrief dieses gemeinsame Essen und Trinken (11,20). Das Wort „Herrenmahl" wird heute von einigen kirchenfremden Zeitgenossen vermutlich als ein Essen für Herren unter Ausschluss von Damen verstanden. Es ist das Mahl mit dem „Herrn" Jesus Christus. Martin Luther übersetzte Herrenmahl ziemlich frei mit Abendmahl.

Die Apostelgeschichte spricht vom Brotbrechen (Apg 2,42.46;20,7). Die Bezeichnung „Eucharistia" (= Danksagung) taucht Anfang des 2. Jahrhunderts zum ersten Mal in einer Textsammlung mit dem Namen „Didache" auf. Messe ist ein Begriff aus dem 5. Jahrhundert. Er bezieht sich auf den Entlassungsritus: „Ite, missa est" – „Geht, es ist Entlassung." Das Wort Messe hat sich durch die Jahrhunderte bis heute gehalten. Nach dem Zweiten Vaticanum bekommt es Konkurrenz durch den Begriff Eucharistiefeier.

Anfangs feierte man das Herrenmahl abends, was man der Apostelgeschichte entnehmen kann; vermutlich deshalb, weil auch Jesus das Paschamahl abends gefeiert hat. „Als wir am ersten Tag der Woche versammelt waren, um das Brot zu brechen, redete

Paulus zu ihnen, denn er wollte am folgenden Tag abreisen; und er dehnte seine Rede bis Mitternacht aus" (Apg 20,7). Wäre die Versammlung vormittags gewesen, hätte Paulus den ganzen Tag über bis Mitternacht reden müssen. Man erfährt in diesem Vers ein Zweites: Man traf sich am ersten Tag der Woche, also nach jüdischer Zählweise am Sonntag. Damals war der Sonntag ein normaler Werk- und somit Arbeitstag. Nach getaner Arbeit kamen die Christen zum Brotbrechen zusammen. Erst Konstantin erklärte im Jahr 321 den Sonntag zum arbeitsfreien Tag. Es war der Tag, der dem heidnischen Sonnengott Sol (= Sonne) geweiht war. Mit hoher Wahrscheinlichkeit war sich der Kaiser bewusst, dass dieser Schritt besonders von den Christen begrüßt wurde, die an diesem Tag ihre Versammlungen hatten.

Wenn sich in Korinth – und vermutlich auch in anderen Gemeinden – die Christen zum Brotbrechen versammelten, wurde zunächst gegessen und getrunken. Jeder brachte nach seinen Möglichkeiten etwas für das Mahl mit, so wie das auch heute noch bei manchen Partys praktiziert wird. Offensichtlich gab es in der Gemeinde von Korinth Probleme. Einige fingen mit Essen und Trinken an, ohne zu warten, bis auch diejenigen eingetroffen waren, die noch arbeiteten. Es müssen wohlhabende Christen gewesen sein, die nicht oder nicht so lange arbeiten mussten. Die Folge war, dass die Ersten viel aßen und reichlich tranken und die Späterkommenden vor leerem Tisch standen. Ein solches Benehmen steht im Kontrast zu einem Mahl, bei dem besonders an die Armen gedacht werden sollte. Und es widerspricht dem Wesen des anschließenden Abendmahles. Es kam auch vor, dass einige Teilnehmer angetrunken waren. Die Konsequenz war, dass die Betreffenden das voraufgehende Mahl von dem anschließenden eucharistischen Mahl nicht mehr unterscheiden konnten. Paulus wird in seinem Brief an diese Gemeinde in Korinth sehr deutlich: „Was ihr bei euren Zusammenkünften tut, ist keine Feier des Herrenmahles mehr; denn jeder verzehrt sogleich seine eigenen Speisen, und dann hungert der eine, während der andere schon betrunken ist. Könnt ihr denn nicht zu Hause essen und trinken? Oder verachtet ihr die Kirche Gottes? Wollt ihr jene demütigen, die nichts haben? Was soll ich dazu sagen? Soll ich euch etwa loben? In diesem Fall kann ich euch nicht loben" (1 Kor 11,20-22). Dem Sättigungsmahl folgte das eigentliche Brotbrechen. Die Verbindung zwischen Eucharistiefeier und Sättigungsmahl verursachte Probleme. Wegen der unwürdigen Mahlfeier in Korinth wurde das gewöhnliche Essen bald vom anschließenden eucharistischen Brotbrechen getrennt, zunächst wohl in Korinth, aber nicht nur dort. Paulus deutet es in den zitierten Versen an, wenn er fragt, ob sie – die Christen – nicht zu Hause essen könnten. Einheitliche Regelungen für alle Gemeinden existierten in den ersten Jahrhunderten noch nicht. Es gab noch keine zentrale Stelle mit der Befugnis, verbindliche Vorschriften für alle Christen zu erlassen. Deshalb konnte das Sättigungsmahl in einigen Gemeinden auch erst auf das Brotbrechen folgen. Im 2. Jahrhundert war die Eucharistiefeier in den meisten Gemeinden vom Sättigungsmahl getrennt. Da man abends die Hauptmahlzeit einzunehmen pflegte, hatte diese Abkoppelung eine zeitliche Verlegung des Herrenmahles vom Abend auf den Vormittag zur Folge. Vor Arbeitsbeginn traf man sich zum Brotbrechen. Daran konnten auch die Tagelöhner teilnehmen, die oft bis spät am Abend arbeiten mussten. Wenn die Eucharistie morgens gefeiert wird, kann auch ein Nüchternheitsgebot eingeführt werden.

Die Trennung der Eucharistie von einem Sättigungsmahl hatte Konsequenzen für die Raumausstattung. Es genügte ein einzelner Tisch, auf den der Kelch und etwas Brot deponiert werden konnten. „Im Versammlungsraum brauchte man keine Tische mehr, um daran zu speisen. Nur der Bischof bzw. Presbyter hatte einen Tisch für das symbolische Brot und den einen Becher der Eucharistie. Das Dankgebet war das maßgebliche Element. Man lag nicht mehr zum Mahl um den Tisch, sondern man stand vor Gott und sprach über die Gaben das Gebet. Die Mahlgestalt dominierte nicht mehr in der früheren Deutlichkeit, freilich war sie beibehalten. Der Tisch des Bischofs war als ‚Tisch des Herrn‘ oder ‚heiliger Tisch‘ der Mittelpunkt, um den alle Teilnehmer herumstanden. Schließlich wurde er, infolge des Verständnisses der Eucharistie als Opfer, zum Altar. Was in Privaträumen mit abendlichen Mahlzeiten begonnen hatte, brauchte als kirchlicher Kult im Laufe der Zeit natürlich immer größere und ‚öffentlichere‘ Räumlichkeiten.“[6]

Anders gesagt: Anfangs kamen die Christen ohne einen besonderen heiligen Raum aus. Und sie brauchten auf keinen Fall einen Raum oder ein Gebäude, in dem eine Götterstatue stand, sodass man hätte sagen können, das sei der Tempel der Christen. Paulus schreibt der Gemeinde in Korinth: „Wisst ihr nicht, dass ihr Gottes Tempel seid und der Geist Gottes in euch wohnt? Wer den Tempel Gottes verdirbt, den wird Gott verderben. Denn Gottes Tempel ist heilig, und der seid ihr“ (1 Kor 3,16f.). Da die Christen weder Tempel noch Götterstatuen vorweisen konnten, meinten viele Zeitgenossen, sie seien Atheisten. Besonders in Zeiten der Christenverfolgungen wurde dieser Vorwurf erhoben.

In den ersten drei Jahrhunderten kamen die Christen nur sonntags zur Feier des Herrenmahles zusammen. „Bis in das 4. Jahrhundert hinein war die Kommunion aller Anwesenden selbstverständlich“, schreibt der Kirchenhistoriker Alfons Fürst.[7] An Werktagen wurde in den ersten Jahrhunderten keine Eucharistie gefeiert. Aber auch ohne Werktagsmesse empfingen die Christen jeden Tag das Brot des Lebens. „Indem man eucharistisches Brot mit nach Hause und als erste Speise am Morgen nüchtern zu sich nahm, kommunizierte man in den ersten drei Jahrhunderten sogar täglich.“[8] Erst im 3. Jahrhundert sind Eucharistiefeiern auch an Festtagen während der Woche nachweisbar. „Vielleicht schon Ende des 4. Jahrhunderts, sicher aber im 6. Jahrhundert, war die tägliche Eucharistiefeier die Regel geworden, aber nicht mehr alle Teilnehmer kommunizierten, wie das anfangs selbstverständlich war.“[9] Und: „Das Verhältnis zwischen Gottesdienstbesuch und Kommunionempfang hatte sich umgekehrt. Während man bis in das 4. Jahrhundert hinein nur am Sonntag Eucharistie feierte, wurde vom 4. Jahrhundert an im Westen (weniger im Osten) die tägliche Eucharistiefeier üblich, doch ging man nur noch selten zur Kommunion.“[10] Bischof Ambrosius von Mailand (gest. 397) beklagte sich darüber, dass manche Christen nur einmal jährlich zur Kommunion gehen. Auf dem vierten Laterankonzil (1215) wird die einmalige Kommunion im Jahr in der österlichen Zeit als Minimum vorgeschrieben. Dieser Bestimmung kann man entnehmen, dass viele Christen überhaupt nicht mehr am eucharistischen Mahl teilnahmen.

Anfangs wurde der Privatraum, in dem sonntags die Eucharistie gefeiert wurde, während der Woche für andere Zwecke benutzt. Allmählich wird er hier und da nur für die Feier des sonntäglichen Herrenmahles reserviert worden sein. Wohlhabende Christen, von denen es entgegen einer verbreiteten Meinung in den frühchristlichen Gemeinden etliche gab, verfügten über Häuser mit einer ausreichenden Zahl an Zimmern. Es gibt ein schönes Beispiel einer solchen Hauskirche in Dura Europos, einer Stadt im Südosten Syriens am oberen Verlauf des Euphrat, nahe der Grenze zum Irak. Diese Hauskirche stammt aus der Mitte des dritten Jahrhunderts. Ein großer Raum in diesem Haus war ausgemalt und wurde ausschließlich für gottesdienstliche Versammlungen benutzt. Auch ein Taufraum konnte von den Archäologen freigelegt werden. Als die Zahl der Christen stieg, reichten Privaträume für die sonntäglichen Versammlungen nicht mehr aus. Es wurden Kirchen gebaut, auch schon vor dem sogenannten Toleranzedikt von Mailand im Jahr 313. In Verfolgungszeiten wurden viele wieder zerstört oder anderweitig benutzt. Mit der Errichtung von Kirchen hatte man einen der Größe der Gemeinde angemessenen Raum, in dem der Tisch einen festen, unverrückbaren Platz fand. Mehr und mehr festigte sich der Ablauf der Liturgie. Die einzelnen Funktionsträger, wie Presbyter, Diakone, Lektoren, Türschließer und Sänger, und die wachsende Zahl von Frauen und Männern, die sich der neuen Religion zuwandten, erhielten ihre Aufgaben und Orte zugewiesen, die auch in der Architektur ihren Ausdruck fanden.

Eine neue Phase des Kirchbaus begann mit dem oben erwähnten Toleranzedikt von Mailand.[11] Kaiser Konstantin sympathisierte mit der neuen Religion. Seinen Sieg im Jahr 312 an der Milvischen Brücke in Rom über seinen Rivalen Maxentius führte er auf die Hilfe des Christengottes zurück. Mit seinem Mitkaiser Licinius kam er überein, das Christentum zu einer „Religio licita" zu erklären, zu einer erlaubten Religion. Diesen Status hatte es eine Zeit lang auch schon unter einem seiner Vorgänger gehabt. Kaiser Konstantin war nach wie vor Pontifex Maximus (= oberster Pfadsucher, oberster Brückenbauer) der offiziellen römischen Staatsreligion. Er musste den Göttern Staatsopfer darbringen, Tempel bauen und restaurieren. Aber er stand nun in der Pflicht, dafür zu sorgen, dass auch die Christen ihren Gottesdienst ungestört feiern konnten. Als Dank für seinen Sieg, der ihm die Alleinherrschaft als Kaiser verschafft hatte, baute er auf dem Gelände einer reichen römischen Familie mit Namen Laterani – daher der Name Lateran – für die Christen eine riesige fünfschiffige Basilika und für den Bischof von Rom zusätzlich einen Palast neben der Kirche. In unmittelbarer Nähe zur Bischofskirche wurde ein Baptisterium errichtet, welches auch heute noch als Taufkirche benutzt wird. Diese Kirche mit basilikaler Struktur war in den folgenden Jahrhunderten vorbildhaft für viele Neubauten.

Aus den bisherigen Ausführungen ist deutlich geworden, dass und warum der Altar am Anfang eine Tischform hatte. Diese wurde auch in den folgenden Jahrhunderten nie ganz aufgegeben. Als in späterer Zeit die Eucharistiefeier in erster Linie als sakramentale Repräsentation des Kreuzesopfers Christi gedeutet wurde, erhielt der Altar die Form eines würfelartigen Opfersteines, Blockaltar genannt. – Manchmal wurden die Leichname von Märtyrern im Altarblock bestattet. In solchen Fällen wird der Altar zum Sarkophag. Auch größere Reliquiare wurden im Altarblock untergebracht. Hinter einem Schutzgitter oder einer Glasscheibe war das Reliquiar sichtbar. Wie auch immer sich die Form des Altares je nach den unterschiedlichen theologischen Akzenten änderte: Immer hat es die Möglichkeit gegeben, auf die obere Abschlussplatte eine Schale mit Brot und einen Kelch mit Wein zu stellen.

DAS GEÄNDERTE EUCHARISTIEVERSTÄNDNIS IM 13. JAHRHUNDERT ALS VORAUSSETZUNG FÜR ALTARBILDER

Bis ins 12. Jahrhundert zumindest, meist auch noch in der ersten Hälfte des 13. Jahrhunderts, hatte der Priester seinen Platz hinter dem Altar. Sein Gesicht war der Gemeinde zugewandt. In Kathedralen gab es hinter dem Altar eine großzügige Sitzgelegenheit für den Bischof und seine Assistenz, „Bema" genannt. Wie in einem antiken Theater waren mehrere Stufen halbkreisförmig übereinander angelegt. Auf der obersten befand sich die Cathedra des Bischofs. In der Kirche S. Maria Assunta auf der Insel Torcello bei Venedig hat sich eine solche Anlage erhalten.

Solange der zelebrierende Priester hinter dem Altar stand, war es nicht möglich, ein großes Tafelbild auf den Altar zu stellen. Die etwa tausend Jahre während Praxis der Position des Priesters hinter dem Altar änderte sich im 13. Jahrhundert als Folge einer sich wandelnden eucharistischen Frömmigkeit (Abb. 148). Dieses Relief aus der „Domopera" (= Dommuseum) in Florenz hatte ursprünglich seinen Platz im unteren Bereich des Campanile. Man sieht einen Priester vor dem Altar mit dem Rücken zum Volk. Es ist der Augenblick der Elevation der Hostie dargestellt. – Der Positionswechsel des Priesters war die Voraussetzung für die Aufstellung großer Altarbilder. Zunächst wird der theologische Hintergrund für das neue Eucharistieverständnis erläutert, danach die Entwicklung der Altarbilder bis hin zum Wandelaltar.

In den ersten drei Jahrhunderten nahmen die Christen – so wurde oben erläutert – sonntags wie selbstverständlich am Herrenmahl teil und empfingen die heiligen Gaben Brot und Wein. Eine Tendenz, sich von der Kommunion fernzuhalten, setzt bereits im 4. Jahrhundert ein. Im 13. Jahrhundert spätestens ist aus dieser Tendenz eine allgemeine Praxis geworden. Es werden Fragen gestellt: Wie muss man sich auf den Empfang der Gaben vorbereiten? Ist der Mensch überhaupt würdig, regelmäßig die konsekrierten Gaben zu empfangen? Begegnet er nicht dem Gott, der „fascinosum", aber auch „tremendum" ist? Gott ist faszinierend und furchterregend zugleich, sagt die Bibel in vielen Bildern. Nun wurde besonders der zweite Aspekt betont. Wäre es nicht sinnvoller, diesen Gott in den gewandelten Gestalten anzubeten, statt zu empfangen? Immer seltener nahmen die Christen an der Kommunion teil. Das vierte Laterankonzil (1215) musste deshalb vorschreiben, wenigstens einmal im Jahr, und dann zur österlichen Zeit, die Kommunion zu empfangen. Dieser Bestimmung kann man entnehmen, dass viele Gläubige über Jahre nicht zur Kommunion gingen. Auch die großen Heiligen haben nicht jeden Sonntag kommuniziert.

Eine weitere Folge dieser übertriebenen Ehrfurcht vor dem Sakrament war das Aufkommen der Augenkommunion. Viele Gläubige wechselten sonntags von Kirche zu Kirche, um den Augenblick der Wandlung und Erhebung (= Elevatio oder Elevation) der eucharistischen Gaben möglichst oft zu sehen und Christus anzubeten. Die Augenkommunion war auch ein Ersatz der wirklichen Kommunion. Man wusste, wann in der Nachbarkirche die Messe begann und wann ungefähr der Zeitpunkt der Wandlung sein musste. Auch in jeder größeren Kirche standen an den Pfeilern und in den Kapellen Altäre, an denen parallel Messen gefeiert wurden. Nebenaltäre gab es bereits im 9. Jahrhundert in jeder Kirche, schreibt der Jesuit Josef Braun. Meist wurden die Altäre von Zünften und Bruderschaften gestiftet, sicher nicht ohne Eigennutz zu erwarten. Es gab Zunftaltäre der Bäcker, Schuster, Barbiere, Schneider, um nur einige zu nennen. Dazu kommen die Altäre der Bruderschaften. Der Sakramentsaltar von Dieric Bouts (gest. 1475) wurde z. B. von der Sakramentsbruderschaft in Löwen in Auftrag gegeben (Abb. 149). Am Namenstag ihres Patrons feierten die Mitglieder der Zünfte und Bruderschaften die Messe, auch am Jahrestag des Todes eines Mitgliedes. Man kann sich vorstellen, dass – besonders in Ordenskirchen – ständig Messen gelesen wurden. Jeder

Abb. 148
Priester bei der Messfeier,
Relief, Domopera, Florenz

Abb. 149
Abendmahl von Dieric Bouts,
St.-Peters-Kirche zu Leuven,
Belgien

Priester durfte mehrere Messen an einem Tag lesen. Was in karolingischer Zeit schon begann – die Aufstellung von Nebenaltären und die Steigerung der Zahl der Messen –, erreichte den Höhepunkt in der Zeit vom 13. bis 15. Jahrhundert. Wandlung und Elevation waren die entscheidenden, unmittelbar aufeinander folgenden Momente, die man auf jeden Fall erleben wollte. „Theologen wie Volk stimmten darin überein, dass das Anschauen der Hostie reiche Gnaden und die Erhörung vieler Bitten gewähre, freilich nur bei wirklichem und direktem Hinsehen. Rufe, auch Lieder und Litaneien von reichster Vielfalt, erschollen privat oder laut, rezitiert oder gesungen; das ‚Ave verum' zum Beispiel hat hier seinen Ursprung. Oft musste die Elevation verlängert oder gar wiederholt werden. Aber damit war dann auch das Eigentliche der Messe vorüber. Die Frommen eilten zur Schau weiterer Elevationen. Die Mystikerin Dorothea von Montau (gest. 1349) rühmte sich, wohl täglich an die hundertmal die Hostie gesehen zu haben."[12]

Auf dem Triptychon von Dieric Bouts in der St.-Peters-Kirche zu Löwen spiegelt sich genau diese Frömmigkeit (Abb. 149). Der Augenblick der Konsekration ist dargestellt. Christus hält eine weiße Oblate in der Hand. Einige der Apostel schauen wie fixiert auf die Oblate. Andere blicken schräg nach oben, als würde sie das Geschehen am Tisch nicht interessieren. Aber wenn an diesem Altar die Messe gefeiert wird und der Priester die große Hostie hochhält, sind deren Blicke exakt auf die erhobene Hostie gerichtet. Das anbetende Schauen ist thematisiert.[13]

Eine konsequente Entwicklung dieser schauenden und anbetenden eucharistischen Frömmigkeit führt zur Fronleichnamsprozession. Die konsekrierte Hostie wird dabei in der Monstranz durch Straßen und Felder getragen. Die Menschen schauen, knien und beten an. In Köln fand im die erste Fronleichnamsprozession im Jahr 1277 statt.

Vor dem Hintergrund dieser Frömmigkeit ist der Wandel des Altaraufbaus logisch. Wenn es in erster Linie darauf ankommt, dass Priester und Gemeinde in der konsekrierten Hostie Christus anbeten, dann muss dieser Augenblick inszeniert werden. Der Priester verlässt seine Position hinter dem Altar und begibt sich vor den Altar mit dem Rücken zum Volk. Er hat die gleiche Blickrichtung auf die konsekrierte Hostie wie die Gemeinde. Wenn die große Oblate und der Kelch bei der Elevation über dem Kopf des Priesters sichtbar werden, dann ist der Augenblick gekommen, auf den alle gewartet haben. Zum ersten Mal während der Feier beugt der Priester nun nach der Erhebung der Hostie die Knie, ebenfalls nach der Erhebung des Kelches. Die Gläubigen knien, schauen und bekreuzigen sich. Die Messdiener schellen. In feierlichen Gottesdiensten wird das Weihrauchfass geschwenkt. Nun fühlt man sich gesegnet und kann getrost in eine andere Kirche gehen, um dort zum zweiten Mal diesen furchterregenden, nur wenige Minuten dauernden Moment der heiligen Wandlung und der Elevation der Gaben zu erleben.

Der Positionswechsel des Priesters ermöglicht die Aufstellung großformatiger Tafelbilder auf dem Altartisch. Solange der Priester seinen Platz hinter dem Altar hatte, hing vorn ein kostbar gestaltetes Tuch herab. Man nennt einen solchen Schmuck Antependium (= davorhängen, Davorgehängtes). Das Antependium kann auch als gestaltete Edelmetallplatte an die Vorderseite des Altarblocks gestellt werden, was man im Aachener Münster noch sehen kann. Ein vergoldetes, mit Treibarbeiten versehenes Antependium aus der romanischen Zeit bewahrt das Cluny-Museum in Paris auf. Neben dem Antependienschmuck wurden gelegentlich auch Reliquienschreine in Altarnähe aufgestellt. Antependien und Reliquiare in Altarnähe beschleunigten die Entwicklung der

Altarbilder nach dem Positionswechsel des Priesters. Thematisch wurde vieles, was vorher auf Antependien und an Reliquiaren angebracht wurde, nun auf das immer größer werdende Altarbild übertragen. Die Retabelgestaltung erreichte im 15. Jahrhundert mit Spitzenwerken in technischer und künstlerischer Hinsicht einen Höhepunkt. Schon die verschiedenen Bezeichnungen sind ein Indiz für ein neues Feld handwerklicher und künstlerischer Betätigung.

BEGRIFFSERKLÄRUNGEN: RETABEL, TRIPTYCHON, POLYPTYCHON, FLÜGELALTAR, WANDELALTAR

Retabel ist ein Allgemeinbegriff für jede Art von Altarbildern. Es bedeutet zurückgestellte Tafel. Von dem neuen Standort des Priesters vor dem Altar aus betrachtet, ist diese Bezeichnung treffend. Es ist die Zeit des 13. Jahrhunderts. Überall in Europa werden gotische Kirchen gebaut. So wie manche gotische Portale kappellenartig erweitert wurden, um möglichst viele Statuen anbringen zu können, so suchte man auch in der Retabelgestaltung nach Möglichkeiten, mehr Fläche zu erhalten. Ein einzelnes Altarbild kann man nur auf der Vorderseite bemalen. Wenn man an dieses Bild rechts und links noch je einen durch Scharniere befestigten auf- und zuklappbaren Flügel anbringen würde, hätte man Malfläche gewonnen. Triptychon heißt ein solches dreiteiliges Altarbild. In der Breite hat jeder Flügel die Hälfte der Abmessung der Mitteltafel, d. h., wenn man beide Flügel schließt, ist der Mittelteil bedeckt. In der Regel sahen die Gläubigen den „Flügelaltar" in diesem geschlossenen Zustand (Abb. 150). Es ist die „Werktagsseite". Wurde er an Sonn- und Feiertagen geöffnet, leuchtete die Pracht der Farben auf der Feiertagsseite (Abb. 151). In Köln hat man diese Praxis wieder aufgenommen. In der Fasten- und in der Adventszeit bleiben alle Flügelaltäre im Dom geschlossen. – Die Flügelaltäre, die heute im Kölner Dom stehen, waren im Mittelalter noch nicht dort. Sie befanden sich in anderen Kirchen und Kapellen und wurden erst im 19. Jahrhundert in den Dom überführt. Aber wo immer sie waren, sie wurden geschlossen und geöffnet in dem beschriebenen Sinn.

Die Praxis der Schließung und Öffnung der Altäre erinnert an die Kreuzverhüllung während der Karwoche. Das Kreuz in den Kirchen ist hinter einem violetten Tuch verborgen. Am Karfreitag wird es während des Gottesdienstes in einem beeindruckenden liturgischen Akt enthüllt. An diesem Erinnerungstag an Jesu Kreuzestod sollen die Gläubigen das Kreuz nach einer mehrtägigen visuellen Distanz neu in den Blick nehmen. So werden die Gläubigen nach tage- und wochenlangem Verschluss der Altäre immer wieder überwältigt sein, wenn im geöffneten Zustand die Personen aus der Heilsgeschichte wieder in ihrer Farbenpracht erstrahlen. – Auf den Außenseiten der Flügel ist meist Grisaillemalerei (französisch „gris" = grau). Der Kontrast zwischen außen und innen lässt die Farbenpracht in geöffnetem Zustand zu einem noch intensiveren Erlebnis werden.

Auf den Außenseiten der Flügel sieht man auffallend oft eine Verkündigungsgruppe. Das ist keine Fantasielosigkeit. Die Verkündigung ist wie eine Ouvertüre zum neutestamentlichen Heilsgeschehen. Sie ist Voraussetzung für all das, was an Sonn- und Feiertagen vor dem Betrachter ausgebreitet wird.

Es gibt Abweichungen von dieser Regel. Peter Paul Rubens stellt auf der Außenseite eines Flügels am Kreuzabnahme-Altar in der Kathedrale zu Antwerpen den hl. Christophorus dar. Im Mittelalter glaubten die Menschen, der Anblick dieses Heiligen gewähre

Abb. 150 Altar der Stadtpatrone von Stefan Lochner in der Marienkapelle des Kölner Doms, geschlossen

Abb. 151 Altar der Stadtpatrone von Stefan Lochner in der Marienkapelle des Kölner Doms, geöffnet

eine gute Sterbestunde. Er musste täglich sichtbar sein, deshalb steht er meist als Skulptur innen an einem Pfeiler in der Nähe des Eingangs. So können die Gläubigen zu jeder Zeit in die Kirche gehen und einen Blick auf ihn werfen. – Der besagte Altar in Antwerpen wurde von der St.-Christophorus-Bruderschaft in Auftrag gegeben. Das erklärt, warum der Heilige überhaupt einen Platz am Altar gefunden hat und warum er gerade an dieser Stelle zu sehen ist. An allen Werktagen konnten ihn die Besucher bei geschlossenen Flügeln sehen.

Es gibt auch dreiteilige Altarbilder ohne bewegliche Flügel. Auf einer bemalten Holztafel sind auf der Vorderseite drei vertikal verlaufende Leisten angebracht. In jedem der so entstehenden drei Felder ist Platz für ein Thema. Sie stehen in einem inhaltlichen Zusammenhang und haben dennoch eine gewisse Selbstständigkeit. Drei Einzeltafeln dafür zu schaffen, würde die Einheit des Themas zerstören. Alle Szenen auf einer ungegliederten Tafel unterzubringen, würde der Selbstständigkeit der Szenen nicht gerecht. Es wäre im 13. Jahrhundert auch ein Rückschritt in die Methode der kontinuierenden Bilderzählung, wo der Protagonist mehrfach auf ein und demselben Bild gezeigt wird. – Die dreigeteilte Tafel ohne Flügel wird ebenfalls Triptychon genannt. Anders gesagt: Eine Mitteltafel mit zwei beweglichen Flügeln ist ein Flügelaltar und als solcher natürlich auch ein Triptychon. Ein durch Profile dreigeteiltes Thema auf einer durchgehenden Tafel ist ein Triptychon, aber kein Flügelaltar.

Die Form des Triptychons wurde in der Renaissance und im Barock mehr und mehr durch ein einziges großes Tafelbild ersetzt. Besonders in der Barockzeit wurde das Altarblatt mit einem üppigen Rahmen versehen und in den plastischen Kontext des Altaraufbaus integriert. Ein rechteckiges Triptychon würde stören in der Dynamik der Rundungen. Die Gegenwartskunst dagegen greift wieder gern auf die Form des Triptychons zurück. Ich erwähne nur die beiden Kreuzigungsdarstellungen des Iren Francis Bacon und des Spaniers Antonio Saura. In der amerikanischen Nachkriegs- und Gegenwartskunst trifft man ebenfalls oft auf die Form des Triptychons, auch dort, wo es sich auf den ersten Blick um profane Themen handelt. Wenn sich ein Künstler dieser Form bedient, wählt er eine Form, die durch Jahrhunderte im kirchlichen Raum Bildträger religiöser Themen war und deshalb auch seinem Werk, mag es auch noch so profan erscheinen, einen Hauch religiöser Aura zu verleihen vermag.

Mit einem dreiteiligen Flügelaltar, dem Triptychon, ist die Entwicklung zur Vergrößerung der Malfläche noch längst nicht an die Grenzen gekommen. Man kann an jeden Flügel noch einen weiteren ansetzen. Dann wird aus dem Triptychon ein Polyptychon, aus dem dreiteiligen wird ein vielteiliger Altar. Er kann ein größeres ikonografisches Programm aufnehmen. Alle Flügelteile sind beidseitig bemalt. Es gibt mehr Möglichkeiten, verschiedene Darstellungen sichtbar zu machen. Wandelaltar wird er genannt. Ein gutes Beispiel für einen Wandelaltar ist der Genter Altar der Brüder van Eyck aus dem 15. Jahrhundert. Statt weiterer Flügel anzusetzen, kann man auch zwei oder drei Mitteltafeln hintereinander anbringen und diese mittig durch einen Vertikalschnitt trennen. Wenn man das erste Mittelbild öffnet, kommt die dahinterliegende Tafel zum Vorschein. Diese ist ebenfalls aufklappbar, weil sie in der Mitte einen senkrechten Schnitt hat. Es gibt mehrere Schauseiten, die auch „Wandlungen" genannt werden. Auf dem Isenheimer Altar in Colmar gibt es drei. Zunächst wird der Betrachter mit einer ergreifenden Kreuzigung konfrontiert (Abb. 132). Das ist die erste Schauseite. So präsentierte sich der Altar an Werktagen dem Besucher. Er entspricht in dieser Ansicht dem geschlossenen Zustand anderer Altäre. Die schmalen Flügel an den Seiten sind nicht beweglich. Es sind Standflügel. Man sollte und konnte sie nicht nach innen klappen. Die Mitteltafel dagegen war geteilt und konnte über die Seitenflügel aufgeklappt werden. Die aufklappbaren zwei Hälften der Mitteltafel werden ebenfalls logischerweise Flügel genannt. Wenn man die Mitteltafel mit der Kreuzigungsdarstellung öffnet, kommt die zweite Schauseite zum Vorschein. Dem Künstler standen nun vier Flächen für die Malerei zur Verfügung: Die Innenseiten der soeben aufgeklappten Flügel und die Mitteltafel, die wiederum in der Mitte durchtrennt ist. Auf den beiden Teilen der nun sichtbar gewordenen zweiten Mitteltafel sind dargestellt: Verkündigung und Auferstehung und auf den aufgeklappten Flügeln das Engelkonzert und die Geburt Christi. Die dritte Schauseite wird erreicht, wenn auch die nächste Mitteltafel aufgeklappt wird. Auf den beiden Flächen dieser Mitteltafel ist die Versuchung des hl. Antonius thematisiert und sein Besuch beim Einsiedler Paulus. In der Mitte, im Schrein, erblickt man nun als Höhepunkt die dreidimensionalen Figuren: den hl. Einsiedler Antonius, den hl. Hieronymus und den hl. Augustinus (Abb. 152).

Im Unterschied zu einem Triptychon, welches man „nur" öffnen und schließen kann, ist der Begriff „Wandelaltar" im allgemeinen Verständnis solchen Altären vorbehalten, die seitlich mehr als einen Flügel haben oder deren Mitteltafel man ein- oder mehrmals öffnen kann. In beiden Fällen ist der Altar „wandelbar" und bietet mehrere Schauseiten.

DIE ANORDNUNG VON GATTUNGEN AUF EINEM FLÜGELALTAR

Der Mittelteil eines Flügelaltares ist oft kastenförmig vertieft. Man nennt die Vertiefung Schrein. Es ist der bevorzugte Ort für dreidimensionale Figuren. Auch an den Innenseiten der Flügel können gelegentlich geschnitzte Figuren statt Malerei angebracht sein. Am sparsamsten ist die Außenseite eines Flügelaltares bearbeitet.

Wenn man an Flügelaltären bei geöffnetem Zustand nur Reliefs und vollplastische Figuren sieht, aber keine Malerei, muss die Steigerung von außen nach innen mit anderen Mitteln vorgenommen werden. Ein Beispiel dafür ist der Marienaltar von Veit Stoß (gest. 1533) in der Marienkirche in Krakau. Er enthält nur Reliefs und vollplastische Figuren. Diese sind gefasst, wie man die farbliche Behandlung der Figuren nennt. Bereits im geschlossenen Zustand sieht der Betrachter zwölf Bildfelder. Diese Werktagsseite ist so reich gestaltet, dass sie mit vielen Feiertagsseiten anderer Flügelaltäre konkurrieren kann. Wie ist da noch eine Steigerung zwischen geschlossenem und geöffnetem Zustand möglich? Veit Stoß bedient sich folgender Mittel:

– Im Schrein wird Gold verwendet.
– Die Figuren sind dort größer als auf den Flügeln, sogar überlebensgroß.
– Sie sind im Mittelteil vollplastisch gearbeitet.
– Es gibt eine beherrschende Mittelachse von der Predella über den Schrein bis in das Gesprenge, auf der jeweils die Gottesmutter in verschiedenen Kontexten zu sehen ist.

Auch das Altarretabel des Meisters HL im Breisacher Münster enthält nur Schnitzerei. Da man auf den Außenseiten der Flügel keine Malerei findet, gehört er zu den wenigen Altären, die vermutlich nie geschlossen wurden. Ein anderer Altar, den man nur in geöffnetem Zustand gesehen hat, ist das bereits erwähnte Triptychon von Dieric Bouts (gest. 1475) in der St.-Peters-Kirche in Leuven. Auch dieses Triptychon weist keine Bemalung auf den Rückseiten der Flügel auf. Die Mitteltafel zeigt Jesus bei der Feier des Abendmahles. Vor diesem Triptychon wurde die Messe gefeiert. Wegen der im Bild vorgeführten Verschränkung von Abendmahl und Messfeier und wegen der mehrmals am Tag gefeierten Messe an diesem Altar wäre eine Schließung des Altares wenig sinnvoll (Abb. 149).

DER FLÜGELALTAR ALS GESAMTKUNSTWERK

An der Herstellung eines Flügelaltares waren mindestens vier Berufsgruppen beteiligt. Ein Schreiner musste aus Brettern und Pfosten den Rohzustand des Altares herstellen. Nach den Wünschen des Auftraggebers und den Maßangaben des Schnitzers und Malers stellte er die äußere Form her. Diese konnte hochrechteckig oder querrechteckig sein. Der obere Abschluss ist nicht immer geradlinig. Die Herstellung des Gesprenges fiel ebenfalls in die Zuständigkeit des Schreiners. Bei ihm wird viel handwerkliche Erfahrung vorausgesetzt. Wenn der Schreiner seine Arbeit geleistet hat, gleicht der Altar einem geöffneten Küchenschrank ohne Geschirr oder einem Bücherregal ohne Bücher. Der Bildhauer war nun verantwortlich für die Figuren im Schrein und für die Statuetten im Gesprenge.

Nach der Arbeit der Schreiner und Bildhauer gleicht der Altar einem unlackierten Auto. Nun sind die Maler an der Reihe. Sie können Figuren weinen und bluten lassen. Sie können durch die Gewandbehandlung eine Figur aus ärmlichem oder reichem Milieu kommen lassen. – Erst Tilman Riemenschneider (gest. 1531) verzichtete auf eine farbige Behandlung der Figuren. Form und Material sollten zur Wirkung kommen. Deshalb überzog er sie nur mit einem bräunlichen, durchsichtigen Überzug. Dieser schützt das Holz und gibt den Figuren, die ja aus verschiedenen Teilen eines Stammes geschnitzt sind, ein gleiches Aussehen.

Schließlich mussten die Flügel mit Scharnieren am Mittelteil befestigt werden. Das lag im Kompetenzbereich eines Schmiedes.

Das Endprodukt ist tatsächlich eine Art Gesamtkunstwerk. Drei verschiedene Handwerkergruppen waren beteiligt. Deshalb brauchte man jemanden, der die Gesamtverantwortung übernahm. Dieser muss zeitlich planen und koordinieren können. Er ist Ansprechpartner für den Auftraggeber. Oft übernimmt der Schreiner diese Aufgabe. Er ist auch verantwortlich für die Vorlage eines Altarrisses, einer Entwurfszeichnung. Der Altarriss gibt dem Auftraggeber einen Eindruck vom Aussehen des künftigen Altares.

DER ISENHEIMER ALTAR ALS BEISPIEL EINER SINNVOLLEN IKONOGRAFIE FÜR AUFTRAGGEBER UND ZIELGRUPPE

Altäre im Museum sind aus ihrem Kontext herausgenommen. An ihrem ursprünglichen Standort (= in situ) wurden sie anders gesehen. Die Thematik wird verständlich und ermöglicht neue Assoziationen, wenn man nach der Funktion und nach dem Aufstellungsort fragt. Das soll am Bildprogramm des Isenheimer Altares kurz erläutert werden. Heute ist dieser Wandelaltar mit Rücksicht auf die Besucher auseinandergenommen und wird museal präsentiert. Geschaffen war er für die Krankenhauskapelle in Isenheim. Die erste Schauseite zeigt Christus am Kreuz. Auf den Flügeln stehen die Heiligen

Abb. 152 Isenheimer Altar
von Matthias Grünewald,
Schrein, Unterlindenmuseum
Colmar, Elsass

Abb. 153
Gesprenge vom Altar
Maria im Rosenhag
von Martin Schongauer,
Dominikanerkirche in Colmar,
Elsass

Antonius und Sebastian. Mit dem leidenden Christus konnten sich die Kranken identifizieren und aus der Betrachtung Kraft schöpfen. Die beiden genannten Heiligen rief man im Mittelalter an bei Hauterkrankungen. Auf den hl. Einsiedler Antonius setzten Kranke ihre Hoffnung, die am Antoniusfeuer litten. Es wurde verursacht durch längeren Verzehr von Brot, das aus stark mutterkornhaltigem Mehl gebacken wurde. Es kam zu Krämpfen, die Glieder färbten sich schwarz und fielen ab. Auf die Behandlung dieser Krankheit waren die Antoniter spezialisiert. – Sebastian konnte nach dem Volksglauben die Pest abwehren.

Die Kranken wurden nach ihrer Ankunft zunächst in die Kapelle gebracht. Den Altar konnten sie noch nicht sehen, weil er von einem Lettner verdeckt war. Erst wenn man weiter durch eine schmale Öffnung in der Mitte des Lettners ging, erblickte man plötzlich diesen Christus am Kreuz lebensgroß und zum Greifen nahe vor sich. Auf die Kranken muss dieser Anblick wie ein Schock gewirkt haben. Seine Haut war ähnlich entstellt und verbeult und voller Geschwüre wie die Haut der Kranken. Und er hing am Kreuz! Konnte es noch Schlimmeres geben? Die eigene Krankheit wurde relativiert angesichts des Gekreuzigten. Irgendwann löste sich der Blick von diesem grauenvollen Geschehen. Der Anblick der Heiligen Antonius und Sebastian ließ Hoffnung in ihnen aufkommen. Schwerkranke können versucht sein, an der Barmherzigkeit Gottes zu zweifeln. Deshalb kann das Thema der Versuchung des hl. Antonius auf der dritten Schauseite die innere Befindlichkeit mancher Kranker widerspiegeln.

So wichtig und hilfreich für die Kranken der Anblick des Gekreuzigten war, sie sollten auch frohmachende Themen sehen wie Geburt und Auferstehung Christi. Das war auch für die Antoniter selbst wichtig. Das Bildprogramm richtete sich an die Kranken und an die Auftraggeber. Sie waren gebildet und lebten als Chorherren nach der Regel des hl. Augustinus. Wenn sie in die Kapelle kamen, nahmen sie das Bild anders wahr als die Pflegebedürftigen. Sie selbst waren ja gesund. Sie kannten die Bibel, mit Sicherheit auch die Worte: „Ich war krank und ihr habt mich besucht" (Mt 25,36). Und: „Was ihr für einen meiner geringsten Brüder getan habt, das habt ihr mir getan" (Mt 25,40). Das Bildprogramm war gut gewählt für die Kranken, aber auch – was selten betont wird – für die hier arbeitenden Antoniter. Ihnen wurde sichtbar vor Augen geführt, dass ihre Bemühungen um die Kranken auch ein Dienst an dem ist, der den Heilung Suchenden äußerlich so ähnlich ist.

Die Blüte der großen Flügelaltäre lag im 15. Jahrhundert. Viele herausragende Werke sind entweder „in situ" – am Ort der ursprünglichen Aufstellung – erhalten oder sie befinden sich geschützt in Museen. In allen europäischen Ländern trifft man sie an. In der zweiten Hälfte des 15. Jahrhunderts wird, mit der Renaissance in Italien beginnend, der vielteilige Altar wieder durch eine einzige meist hochrechteckige Tafel ersetzt. In Italien sind Wandelaltäre im Mittelalter kaum nachweisbar. Dort sind feststehende Altartafeln mit Unterteilungen als Triptychen oder Polyptychen die Regel.

Eine vielleicht naive Frage: Wer öffnete und schloss eigentlich die Altäre? Diese Aufgabe oblag dem Küster. Er wusste, wann der Altar geschlossen oder geöffnet werden musste. Er hatte gelernt, diese Aktion sensibel auszuführen, um Beschädigungen an der Malerei oder an den Statuetten zu vermeiden.

Abschließend soll noch auf einige wichtige Details spätmittelalterlicher Flügelaltäre hingewiesen werden. Dazu gehören:

Die Predella

Zwischen Mensa (= Altarplatte) und Retabel befindet sich ein stabiles 30-50 Zentimeter hohes Zwischenstück aus Holz. Predella wird es genannt (Abb. 132). Bei einem Polyptychon greift die Predella seitwärts noch etwas unter den benachbarten Flügel auf jeder Seite, um diese zu stützen. Das dient der zusätzlichen Sicherheit. Um das Gewicht der Flügel, die durch Scharniere mit dem Mittelteil verbunden sind, zu verringern, werden dort oft Leinwände statt Holz als Malunterlage benutzt.

Es ist einleuchtend, dass die Predella als die der Altarplatte nächste Zone auch als Bildträger genutzt wurde. Predellenbilder nennt man logischerweise die Bilder an dieser Stelle. Das Format ist abhängig von der Höhe der Predella. Diese wiederum richtet sich aus Gründen der Proportion nach der Höhe der Mitteltafel. Grünewald nutzt die Predella auf dem Isenheimer Altar nicht für mehrere kleinformatige Bilder z. B. aus der Passionsgeschichte, sondern er wählt das Thema der Grablegung (Abb. 132). Das lange Querrechteck bietet ausreichend Platz, den liegenden Leichnam der Hauptperson unüberschnitten aufzunehmen. – In der Spätgotik wurden die Predellen oft auch bildhauerisch mit Reliefs oder Statuetten versehen.

Das Gesprenge

Über dem fest montierten, unbeweglichen Mittelteil eines Flügelaltares erhebt sich das „Gesprenge" (Abb. 153). Das Bild zeigt den zierlichen, pyramidalen Aufbau aus Türmchen, Fialen und kleinen Figuren über der Mitteltafel.

Die meisten Altäre aus dem späten Mittelalter stehen in Kirchen und Museen ohne Gesprenge. Zum Glück gibt es auch noch eine Reihe Altäre mit vollständig erhaltenem Gesprenge, z. B. in der ehemaligen Benediktinerabtei in Blaubeuren, im Breisacher Münster, in Creglingen und in der Dominikanerkirche zu Colmar (Abb. 153). Das Fehlen liegt nicht nur bzw. in den wenigsten Fällen an der leichten Zerbrechlichkeit dieses Aufbaues. Es wurde oft zerstört, weil es im 16. Jahrhundert und danach nicht mehr dem Zeitgeschmack entsprach. In günstigeren Fällen wurde es auf dem Dachboden gelagert, wo es allerdings auch allmählich vermoderte und auseinanderbrach.

Der moderne Besucher vermisst das Gesprenge so wenig wie die Quadriga auf einem römischen Ehrenbogen. Beides bekommt er selten zu sehen. Den Torso hält er für das Ganze. Was er sieht, zieht ihn in den Bann. Ein heutiger Besucher vor dem Isenheimer Altar bemerkt normalerweise nicht, dass etwas fehlt. Zur Zeit seiner Entstehung wären die Zeitgenossen schon irritiert gewesen.

Tragaltar

In vielen Dommuseen werden Tragaltäre aufbewahrt (Abb. 154). Sie sind oft mit dem lateinischen Namen „altare portatile" (= tragbarer Altar) gekennzeichnet. Ein solcher Altar passt nahezu in eine Aktentasche. An den vier Ecken der Unterseite sind kleine Tierfüße angebracht, auf denen das kastenförmige Altärchen steht. Die Oberfläche ist durchgehend glatt oder hat eine Vertiefung wie auf Abbildung 154, weil dort Kelch und Hostienschale auf sicherem Grund stehen müssen. Die Randzonen und vor allem die Seiten sind kunstvoll gestaltet.

Die ersten Tragaltäre werden im 6. Jahrhundert erwähnt. Aus dem 10., 11. und 12. Jahrhundert sind viele solcher Tragaltäre erhalten. – Warum gerade aus diesen Jahrhunderten? Wenn ein Bischof unterwegs war und er durch noch nicht missionierte Gegenden reiste, pflegte seine Assistenz einen solchen Altar mitzunehmen. Der Tragaltar enthält Reliquien, die bekanntlich in jeden Altar eingelassen sind, an dem die Messe gefeiert wird.

Tragaltäre sind aus kostbaren Materialien hergestellt. Edle Marmorsorten – von weither importiert – wurden verwendet, ebenso Edelmetalle. Seltener sieht man Edelsteine. Diese könnten durch den Transport und durch Aus- und Einpacken zu leicht aus der Fassung gedrückt werden. Dagegen eignen sich wegen der glatten Oberfläche Emailarbeiten. – Die Herstellung von Tragaltären wurde überflüssig in Zeiten, in denen es genügend Kirchen gab. Heute würde kein Bischof auf die Idee kommen, bei einem Besuch in seinem Bistum einen Tragaltar mitzunehmen, da auch in den kleinsten Ortschaften eine Kirche oder Kapelle mit Reliquien vorhanden ist. Außerdem darf die Eucharistie außerhalb eines Kirchengebäudes gefeiert werden, auch wenn keine Reliquien vorhanden sind. Das geschieht z. B. bei Jugend- und Pilgergottesdiensten oder bei Messfeiern am Fronleichnamsfest.

Eine letzte Bemerkung zur Anzahl der Altäre. In frühchristlichen Kirchen stand in jeder Kirche nur ein einziger Altar. An diesem wurde sonntags das Herrenmahl gefeiert. In Kirchen des Hoch- und Spätmittelalters, besonders in Stifts- und Klosterkirchen mit vielen Priestern, gab es Dutzende von Altären. Der wichtigste stand im Chor. Manche Kirchen sind doppelchörig, sie verfügen über einen Ost- und Westchor. In beiden standen Altäre. Gelegentlich ist auch das Querhaus verdoppelt wie in der St.-Michaels-Kirche in Hildesheim (Abb. 39). An den Enden der Querhäuser wurden Altäre aufgestellt. Bischof Bernward hatte sein Grab im Westen der Kirche in der Krypta vorgesehen. Über seiner Grabstätte sollten die Mönche die Messe feiern und das Stundengebet verrichten und dabei für die Seelenruhe des Bischofs beten. Zu den bevorzugten Plätzen für Altäre gehörten auch die Pfeiler des Mittelschiffes. Natürlich stand in jeder Kapelle der Seitenschiffe und des Chorumgangs ein Altar, an dem nach Möglichkeit täglich zelebriert wurde. Besonders in Kloster-, Stifts- und Domkirchen gab es eine Fülle von Altären, weil es dort an Priestern keinen Mangel gab. Einfache Dorf- und Stadtkirchen konnten sich durchaus auch weiterhin mit nur einem Altar begnügen. Die wachsende Anzahl der Altäre ist Folge entsprechender theologischer Überlegungen. Wenn man die Eucharistiefeier nicht mehr in erster Linie als ein von Christus gestiftetes Mahl betrachtet, in dem er uns nahe sein will und die Gemeinde immer aufs Neue zu einem Liebesbund mit ihm und untereinander zusammenführt, sondern mehr als unblutige Repräsentation des Kreuzesopfers Christi, welches dem Vater in jedem „Messopfer" dargebracht wird und von dem ein Strom von Gnade auf die Gläubigen herabströmt, dann ist die steigende Anzahl von Messfeiern durchaus logisch, sogar zwingend.

Diese Messopfertheologie soll hier durchaus nicht als abwegig oder theologisch unhaltbar abgetan oder lächerlich gemacht werden. Im Nachhinein und mit anderen theologischen Einsichten ist es leicht, aber auch billig, frühere Ansichten als naiv hinzustellen. Noch einmal: Aus dem theologischen Denken der Zeit war eine Steigerung der Messhäufigkeit logisch. Das Zweite Vatikanische Konzil hat jedoch andere Akzente gesetzt.

BALDACHIN- BZW. CIBORIUMALTAR

Das Wort Baldachin ist ursprünglich die Bezeichnung für einen kostbaren Seidenstoff aus Baldac (= Bagdad). Aus einem solchen Stoff wurden oft die Prunkhimmel über Thronen von Monarchen hergestellt. Auch Bischofsstühle waren oft in dieser Weise hervorgehoben. Bei Fronleichnamsprozessionen wird an vier Stangen ein rechteckiges Stück Stoff getragen, der Himmel. Unter diesem Baldachin geht der Priester mit der Monstranz in den Händen. Der Baldachin schützt vor Unwetter und ist gleichzeitig eine Würdeform für die Monstranz mit der konsekrierten Hostie. Es lag nahe, über Altären, dem Ort der Messfeier, ebenfalls einen kostbaren Stoff auszuspannen. Der Stoff wurde durch feste Materialien aus Stein oder Bronze ersetzt. Manchen Baldachinen sieht man noch die Herkunft aus dem textilen Umfeld an, wie etwa dem von Bernini in St. Peter in Rom. Wie ein bewegtes Stück Stoff hängen die Stoffränder oben herab. Die Bezeichnung Baldachin wurde auch übernommen für die turmartigen Aufbauten über Statuen in der mittelalterlichen Architektur. Sarkophage können unter einem Baldachin stehen. – Manchmal wird der Begriff „Ciboriumaltar" synonym für Baldachinaltar verwendet. Ciborium ist ein Speisekelch. Durch den abnehmbaren Aufsatz unterscheidet er sich vom Messkelch. Der Vergleich eines solchen Deckels mit dem Aufsatz über dem Altar hat vermutlich irgendwann zur Bezeichnung Ciboriumaltar geführt.

HAUSALTAR

In Museen stößt man häufig auf die Bezeichnung Hausaltar. Es handelt sich dabei um Triptychen kleineren Formates von ca. 50 x 80 Zentimetern. Man stellte sie zu Hause (Hausaltar!) auf, um vor ihnen zu beten und zu meditieren. Die Besitzer waren auch überzeugt, dass die Wohnung unter dem besonderen Schutz der dargestellten Heiligen stünde. Einen Hausaltar konnte man auch mit auf Reisen nehmen. Die kleine Mitteltafel und die Malerei auf den Flügeln waren im zugeklappten Zustand geschützt. Wer sich den Luxus eines Hausaltärchens leisten konnte, gehörte zur gehobenen Klasse. – Um den Unterschied zwischen Hausaltar und Tragaltar herauszustellen: Der Tragaltar ist – wie ausgeführt – ein kleiner, rechteckiger Untersatz, auf dem Kelch und Hostienteller für die Messfeier deponiert werden. Er hat keine bemalten Tafeln. Kostbar sind das edle Material und die künstlerische Bearbeitung der Seitenflächen. Der Hausaltar ist ein hölzernes Triptychon, dessen materieller Wert in der Malerei begründet ist.

DAS KREUZ IN DER KIRCHE

Man kann selbstverständlich nicht vorhersagen, an welchen Orten einer Kirche sich bestimmte Bilder und Statuen befinden, ohne dass man sich vorher dort umgesehen hat. Aber es gibt doch gewisse Regeln für die Anordnung von Kunstwerken in der Kirche.
Der wichtigste Bereich in einer Kirche ist der Chorraum. Dort steht der Altar. Sonntags versammelt sich die Gemeinde zur Eucharistiefeier und hat ständig den Chorraum im Blick. Diese beiden Aspekte müssen vor jeder Gestaltung des Chorraumes bedacht werden: Was geschieht im Chor und was kann der Gemeinde visuell zugemutet werden?
In den meisten Kirchen begegnet man im Chorraum dem Kruzifix. Das Kreuz oder das

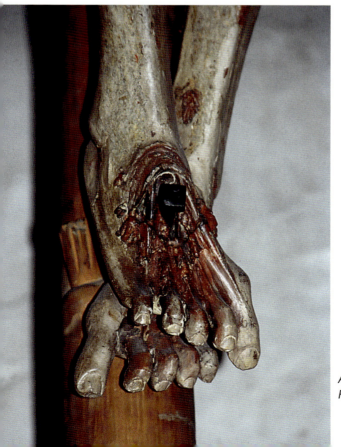

Kruzifix (= Kreuz mit dem Gekreuzigten) ist wie eine Essenz des Glaubens. Kreuz und Auferstehung Christi sind die beiden Seiten der Goldmedaille des christlichen Glaubens. Paulus zitiert im Philipperbrief einen Hymnus, der in den apostolischen Gemeinden bekannt war: „Er war Gott gleich, hielt aber nicht daran fest, wie Gott zu sein, sondern entäußerte sich und wurde wie ein Sklave und den Menschen gleich. Sein Leben war das eines Menschen; er erniedrigte sich und war gehorsam bis zum Tod, bis zum Tod am Kreuz. Darum hat ihn Gott über alle erhöht und ihm den Namen verliehen, der größer ist als alle Namen, damit alle im Himmel, auf der Erde und unter der Erde ihre Knie beugen vor dem Namen Jesu und jeder Mund bekennt: ‚Jesus Christus ist der Herr' zur Ehre Gottes, des Vaters" (Phil 2,6-11).

Der Gekreuzigte ist immer der Auferstandene und der Auferstandene ist immer der Gekreuzigte. Dieser Glaube ermöglicht eine Fülle von Darstellungsmöglichkeiten. Jede Zeit hat ihre Weise gefunden, diesen Doppelaspekt ins Bild zu bringen. Ein halbes Jahrtausend lang gab es kein Kruzifix, sondern das mit Edelsteinen geschmückte Kreuz. – In der Zeit der Romanik gibt es kaum Kreuze ohne den Corpus. Christus scheint vor dem Kreuz zu schweben, seine Augen sind geöffnet, er trägt eine goldene Krone, seine Füße stehen nebeneinander auf einem Sockel, den Körper bedeckt ein vornehmes Gewand. Christus hat das Leid hinter sich. Es scheint, als wäre der zweite Teil des oben zitierten Hymnus aus dem Philipperbrief ins Bild gesetzt.

Seit dem 12. Jahrhundert sind auch Triumphkreuze nachweisbar. Es sind lebens- oder überlebensgroße Darstellungen des Gekreuzigten, oft mit den Assistenzfiguren Maria und Johannes dem Evangelisten. Das Kruzifix hängt an einer Kette am Eingang zum Chor. Die dreifigurige Gruppe steht auf einem Querbalken. Der Name bezieht sich auf den Sieg Christi am Kreuz, auf seinen Triumph am Kreuz. Durch die Passion wurde Christus in die Herrlichkeit des Vaters aufgenommen. Sein äußeres Scheitern interpretiert die Schrift als Triumph. Obwohl sich die Kreuzigungsdarstellung in den folgenden Jahrhunderten radikal ändert – wie gleich erläutert wird –, bleibt das Triumphkreuz weitgehend dem in der Romanik entwickelten Typ treu.

In der Zeit der Gotik, also etwa vom 13. bis 15. Jahrhundert, wird die Passion des Herrn besonders betont. Der Gekreuzigte ist nur mit einem Lendentuch bedeckt, der Körper ist blutüberströmt. Jesus trägt eine Spottkrone aus Dornen, die Füße sind übereinandergezerrt und werden von einem einzigen Nagel durchbohrt (Abb. 132). Das Gewicht des nach unten gesackten Körpers zieht die Arme schräg nach unten.

Die schrecklichsten Kruzifixe stammen aus dem 14. und 15. Jahrhundert. Der zeitliche Bogen beginnt in der Zeit großer Pestepidemien im 14. Jahrhundert. Pestkreuze werden sie genannt. Die Fußpartie auf Abbildung 155 mag für den ganzen Corpus stehen, der bis auf die Knochen abgemagert ist. Im 15. Jahrhundert setzt Matthias Grünewald auf dem Isenheimer Altar noch einmal die furchtbaren Qualen des Kreuzestodes ins Bild. Sie werden nur noch übertroffen von der Gegenwartskunst, die ein großes Interesse an der Passion Christi hat. Auf eine beeindruckende Art weiß sie das Leiden Christi mit Folter und Mord an vielen Menschen zu verbinden.

Wie wichtig für Christen das Kreuz ist, sieht man auch daran, dass es auf Kirchtürmen steht oder in der Landschaft und in den Wohnungen hängt. In der Kirche sollte es auf jeden Fall einen würdigen Platz haben. Ob dieser Ort immer der Chorraum sein muss, ist eine andere Frage. Sie wird ausführlich unter den Anmerkungen zum modernen Kirchbau diskutiert.

MARIENBILDER

Ein Marienbild gehört zur Standardausstattung einer katholischen Kirche. Maria ist die Mutter Jesu. Marienverehrung führt immer zu Christus hin. Das wird deutlich im „Ave-Maria". In diesem Mariengebet heißt es in der Mitte: „... und gebenedeit ist die Frucht deines Leibes, Jesus." Maria wird nicht angebetet, sie wird verehrt und in Nöten angerufen. Sie ist Vorbild im Glauben, in der Treue und im Ertragen von Leid. Deshalb ist in den Kirchen oft eine Pietà aufgestellt (Abb. 156). Die sitzende Maria hält den toten Sohn auf ihrem Schoß. Mit dieser leidgeprüften Frau können sich viele Beter identifizieren und Kraft schöpfen. Statt einer Pietà hängt in vielen Kirchen das Bild der „Immerwährenden Hilfe", auch Passionsmadonna genannt (Abb. 157). Engel zeigen dem Jesuskind die Leidenswerkzeuge. Während es den Kopf zurückdreht und das Kreuz sieht, hält es sich an der Hand der Mutter fest. Voll Angst verkrampft es die Füße, sodass eine Sandale herabfällt. In beide Personen können sich wiederum viele hineinversetzten und für das eigene Leben Kraft schöpfen. Solche Bilder stehen vorzugsweise hinten in der Kirche in einem eigenen Raum, wo der Beter seine Gefühle nicht kontrollieren muss. – Marienstatuen stehen meist im Übergangsbereich vom Kirchenschiff zum Chor, oder sie hängen als Doppelmadonna im Mittelschiff. Eine Doppelmadonna ist eine Einheit aus zwei identischen Statuen, die Rücken an Rücken stehen, und so von zwei Seiten betrachtet werden kann.

Besonders in Wallfahrtskirchen, aber auch in Pfarrkirchen, brennt vor dem Bild der Gottesmutter oft ein Meer von Kerzen (Abb. 158). Jede ist Ausdruck einer Bitte oder einer Danksagung. Die Kerze ist eine Art sichtbar leuchtendes und andauerndes Gebet. Besonders im Monat Mai, der auch Marienmonat genannt wird, werden Statuen und Bilder der Gottesmutter geschmückt (Abb. 159). In orthodoxen Kirchen sind Kerzen vor Heiligenbildern unverzichtbar. Sie bringen Licht und Leben in den Kirchenraum. Die Motive zum Anzünden sind dieselben wie in der westlichen Kirche: Dank, Bitte und Verehrung. Nach orthodoxer Frömmigkeit sind die Heiligen in den Ikonen präsent. Das Bild ermöglicht die Realpräsenz des Heiligen.

Kein Katholik ist verpflichtet, eine Kerze anzuzünden. Es ist ihm aber auch nicht verboten. Offenbar ist das Anzünden einer Kerze für viele Menschen ein adäquater Ausdruck für tiefe Gefühle der Dankbarkeit oder für die Ohnmacht in einer Not.

DAS BILD DES KIRCHENPATRONS

Jede Kirche hat einen Namen. Sie kann benannt sein nach der Trinität oder nach einer göttlichen Person: Dreifaltigkeitskirche, Christuskirche, Hl.-Geist-Kirche. Sie kann den Namen eines Heiligen tragen: Aloysiuskirche. Manche haben mehrere Heilige als Patrone. Konstantin nannte die von ihm erbaute Kirche in Konstantinopel Apostelkirche. In einem solchen Namen drückt sich ein hoher Anspruch aus. In dieser Kirche wollte er bestattet werden. Auch in Köln gibt es eine romanische Kirche mit diesem Patronat. Die meisten katholischen Kirchen sind der Gottesmutter geweiht, daran gibt es keinen Zweifel. In einem seriösen Stadtführer von Rom sind sechsundvierzig Kirchen mit dem Namen Santa Maria aufgeführt. Damit man sie unterscheiden kann, tragen alle eine zusätzliche Charakterisierung wie S. Maria Maggiore oder S. Maria in Trastevere. – Auch die französischen Kathedralen sind in der Mehrheit der Gottesmutter geweiht: Notre-

Dame de Chartres, Notre-Dame de Paris usw. Auch in Deutschland sind die meisten Kirchen der Gottesmutter geweiht. Die meisten heißen einfach St. Marien oder Liebfrauen, andere haben einen Zusatz wie Mariä Himmelfahrt oder Maria im Schnee.

In der Regel hat jede Kirche ein Bild von ihrem Patron. Oft leuchtet er in einem Chorfenster. Oder es gibt eine Skulptur oder ein gemaltes Bild von ihm bzw. von ihr. Trotzdem ist der Patron nicht leicht zu finden, weil nicht nur er dargestellt ist. In einer orthodoxen Kirche ist der Patron leichter zu finden, obwohl es dort mehr Heiligenbilder gibt als in katholischen Kirchen. Man schaut auf die königliche Pforte in der Ikonostase. Links daneben ist immer eine Ikone der Gottesmutter und neben ihr das Bild des Kirchenpatrons.

Der Todestag des Heiligen ist sein Geburtstag für das ewige Leben. Dieser Tag ist der Namenstag der Kirche. Die Gemeinde feiert ihr Patronatsfest. In vielen Städten wird über mehrere Tage eine Kirmes gefeiert, die nach dem Namen des Patrons benannt ist.

KANZEL UND AMBO

In älteren Kirchen entdeckt man in der Mitte des Langhauses an einem Mittelschiffpfeiler rechts oder links eine Kanzel (Abb. 160). Sie ist der Ort der Verkündigung und deshalb auch entsprechend gestaltet.

Fast obligatorisch ist eine Darstellung der vier Evangelisten. Es gibt keinen sinnvolleren Ort für diese Figuren als diesen. Sie sind gekennzeichnet durch ihre Attribute. Markus hat einen Löwen neben sich, Lukas einen Stier, Matthäus einen Engel oder Menschen und Johannes einen Adler.

Ein anderes passendes Thema für die Kanzel sind die drei göttlichen Tugenden: Glaube, Hoffnung und Liebe. Diese Tugenden sollen ja durch die Verkündigung des Wortes Gottes gestärkt werden. Wie aber kann man sie darstellen? Es sind abstrakte Begriffe! Man bedient sich der Allegorie. Kreuz, Anker und Herz treten an ihre Stelle. In der St.-Severinus-Kirche in Wenden sind die Evangelisten in die vier Felder am Kanzelkorb platziert und die Tugenden über dem Schalldeckel (Abb. 160).

Ein sinnvolles Thema für den Ort der Verkündigung sind die Zehn Gebote, besser: die zehn Weisungen. Wenn ein Mann zwei Gesetzestafeln in der Hand hält, ist es der Prophet und Gesetzgeber Mose.

Einer der großen Prediger war Johannes der Täufer. In der Ostkirche wird er Prodromos (= Vorläufer) genannt. Er hat die bevorstehende Ankunft des Messias Jesus wortgewaltig angekündigt. Wenn er einen Platz am Ort der Verkündigung erhält, ist das durchaus sinnvoll. In der Westkirche wird seine Tauftätigkeit stärker betont. Deshalb wird er oft mit dem Taufbecken in Verbindung gebracht.

Nach der Liturgiereform werden die hochgelegenen Kanzeln nur noch selten benutzt. Der Ort der Verkündigung ist in die Nähe des Altares gerückt. Der Altar selbst ist kein Ort der Schriftlesung und der Predigt. Er ist Tisch für die Mahlfeier. In seiner Nähe befindet sich ein Ambo, ein Lesepult. Dort lesen die Lektoren Abschnitte aus der Bibel, dort legen Priester und Diakone die Heilige Schrift aus. Die Trennung und räumliche Nähe von Ambo und Altar weisen auf die beiden Teile der Eucharistiefeier hin, auf den Wortgottesdienst und die Mahlfeier.

Die Bezeichnung Ambo für das Lesepult bezieht sich auf die Funktion, nicht auf die Form.

Abb. 156   Pietà aus St. Pantaleon, Köln

Abb. 157   Immerwährende Hilfe aus der Kirche S. Alfonso, Rom

Abb. 158   Kerzenbänke vor der Schmuckmadonna im Nordquerhaus des Kölner Doms

Abb. 159 Madonna mit Blumenschmuck im Mai, Bamberger Dom

Abb. 160 Kanzel in der St. Severinus-Kirche, Wenden

Abb. 161 Restaurierter Ambo aus dem 5./6. Jahrhundert, Vorhof der Hagia Sophia, Istanbul

Das lateinische Verb „ambulare" bedeutet gehen, wandeln, schreiten. Von zwei Seiten kann man über eine etwa ein bis zwei Meter hohe Treppe hochsteigen (Abb. 161). Aus frühchristlichen Kirchen des 6. Jahrhunderts sind Ambonen oder Teile von ihnen erhalten, z. B. im archäologischen Museum in Istanbul. – Der Ambo hat seinen Platz im abgegrenzten Chorraum wie in S. Maria in Cosmedin in Rom. Er kann auch in die Chorschranken eingebaut sein oder frei im Langhaus stehen. Wenn zwei Ambonen vorhanden sind, werden von dem einen Abschnitte aus den Evangelien gelesen und von dem anderen Teile aus der Briefliteratur. Deshalb spricht man auch von einer Evangelien- und einer Epistelseite. Die Evangelienseite ist vom Altar aus gesehen die rechte Seite.

Eine reformierte Kirche erkennt man schnell an der Positionierung der Kanzel. Sie ist Mittelpunkt der Kirche und nicht der Altar. Für Calvin war die Veкündigung des Wortes das Entscheidende. Die Kanzel kann vor dem Altar stehen oder erhöht hinter ihm. Wenn die Sitzgelegenheiten dann noch halbkreisförmig auf die Kanzel ausgerichtet sind, wäre das die ideale Ordnung einer reformierten Kirche.

LETTNER

Der Lettner hat mit dem soeben besprochenen Stichwort Kanzel bzw. Ambo einiges gemeinsam. Das Lehnwort Lettner ist aus dem Lateinischen abgeleitet (legere = lesen). Vom Lettner aus wurden früher Texte aus der Hl. Schrift gelesen. Das war jedoch nicht die einzige Funktion. Zum Vorlesen hätte ein kleines Pult für die Ablage des Buches gereicht. Ein Lettner zieht sich quer durch die Kirche und erreicht eine Höhe von mehreren Metern. Über seitlich angebrachte Treppen kann man hochsteigen. Man ist überrascht, oben eine große rechteckige Fläche vorzufinden. Seine Funktion muss vielfältig sein.

Auf dem Lettner kann ein Chor Platz finden. Man kann religiöse Spiele aufführen. Prozessionen können über den Lettner ziehen.

Der Lettner bildet eine Schranke zwischen Mittelschiff und Chor. In Dom-, Stifts- und Ordenskirchen trennt er den Klerus von der Gemeinde. Das ist m. E. seine Hauptfunktion. Im Nachhinein wurde der Vorlesedienst mit dem Lettner verbunden. Ja, man war zu dieser Koppelung gezwungen, denn das Lesepult im Chor hinter dem Lettner wäre kaum zu sehen gewesen und den Lektor hätte man nur schwer verstehen können. Meines Erachtens würde die Bezeichnung Abschrankung den primären Zweck des Lettners besser treffen.

In Köln kann man zwei gut erhaltene Lettner sehen, einen spätgotischen in der ehemaligen Klosterkirche St. Pantaleon (Abb. 87) und einen Renaissancelettner in der Kirche St. Maria im Kapitol (Abb. 136). Beide sind mit Statuetten und Dekor versehen. Man kann an ihnen wie in einem Lehrbuch ablesen, was spätgotische Architektur ist und wie sich Renaissancekunst davon abhebt. – Lettner gibt es seit dem 12. Jahrhundert. Der erste in Deutschland wurde in Naumburg errichtet. Nach dem Konzil von Trient, 1545 bis 1563, verschwanden die Lettner wieder aus den Kirchen, weil man die räumliche Trennung zwischen Klerus und Volk wieder rückgängig machen wollte.

TAUFBECKEN UND TAUFSPENDUNG

Zu den Ausstattungsstücken in Pfarrkirchen gehört ein Taufbecken. Es steht entweder in der Nähe des Eingangs, in einer Seitenkapelle oder im Chorraum. Viele hochwertige

Stücke aus der Zeit der Romanik und Gotik sind erhalten. Bevorzugte Materialien sind Stein und Bronze.

DAS BAPTISTERIUM ALS EINZIGER ORT DER TAUFSPENDUNG

Ein Taufbecken hätte man in frühchristlichen Kirchen vergebens gesucht. Der Bischof war der verantwortliche Seelsorger einer Stadt. Ihm oblag es, Menschen durch die Taufe in die Kirche einzugliedern. Zu diesen Zweck wurde direkt neben der Kathedrale ein eigenes Gebäude errichtet, das Baptisterium (baptizare = taufen). In vielen italienischen Städten sind kostbar ausgestattete Baptisterien aus dem Mittelalter erhalten. Und sie werden noch benutzt, z. B. in Florenz, Padua, Parma, Pisa, Ravenna und Cremona. Die älteste Taufkapelle steht neben der Laterankirche in Rom (Abb. 7). Sie stammt aus konstantinischer Zeit. Der Innenraum hat verschiedene Änderungen erfahren.
Warum sind gerade in Italien so viele Taufkirchen erhalten? Es hängt mit der Anzahl der Städte zusammen. In Deutschland gab es im ersten Jahrtausend weit weniger Städte als in Italien, deshalb auch weniger Kathedralen und Taufkirchen. Städte wie Mainz, Trier, Xanten und Köln sind römische Gründungen. Neben jeder Kathedrale in diesen Städten gab es natürlich auch eine Taufkapelle. Aber insgesamt gilt: weniger Städte, d. h. weniger Bischöfe, weniger Kathedralen und weniger Baptisterien.

WARUM ES IN RAVENNA ZWEI BAPTISTERIEN GIBT

Oben wurde gesagt, dass es über lange Zeit in jeder Stadt nur ein einziges Baptisterium gab. Eine Ausnahme bildet die oberitalienische Stadt Ravenna, wo es zwei gibt, das Baptisterium des Neon, auch Baptisterium der Orthodoxen genannt, und das der Arianer. Neon ist der Name des Bischofs, der es im 6. Jahrhundert neben seiner Kathedrale erbauen ließ (Abb. 6). Orthodox nannten sich die Christen im Mittelalter – längst bevor dieser Name von der griechisch-orthodoxen Kirche reklamiert wurde – im Gegensatz zu den Anhängern von Irrlehrern. Einer der frühen und einflussreichen Abweichler von der wahren Lehre war der Priester Arius in Alexandrien. Er predigte dort im 4. Jahrhundert und verbreitete über Christus Ansichten, die mit der apostolischen Überlieferung nicht übereinstimmten. Nach seiner theologischen Überzeugung war Jesus ein Gott zweiter Klasse. Es habe eine Zeit gegeben, in der es den Sohn nicht gab. Nicht vor aller Zeit, sondern in der Zeit sei er vom Vater geschaffen worden. Der Sohn sei mit dem Vater nicht wesensgleich, sondern sei ihm untergeordnet. Seine Verkündigung konnte er mit Texten aus dem Neuen Testament belegen. An dieser Stelle sei die Bemerkung erlaubt, dass die sogenannten Irrlehrer keine böswilligen Leute sind, die aus oberflächlichem theologischem Wissen Unruhe stiften oder die Kirche spalten wollen. Im Gegenteil! Die meisten gehören zu den klugen und mutigen Köpfen. Von den einen werden sie Irrlehrer oder Ketzer genannt und leider auch so behandelt, für andere sind sie die großen Reformer und wahren Lehrer des Evangeliums. Arius wollte die Einheit und Einzigkeit Gottes vor einem Abgleiten in die Mehrgötterei bewahren. Diese von vielen Christen bereitwillig akzeptierte Lehre wird „Arianismus" genannt. Auf dem ersten Konzil in Nicäa im Jahr 325 wurde sie verurteilt, aber nicht aus der Welt geschafft. In Ravenna war der Boden für die neue Lehre besonders günstig, weil König Theodorich, der im

5. und 6. Jahrhundert in Ravenna residierte und dort auch seine letzte Ruhe fand (Abb. 4), der arianischen Lehre anhing und damit auch seine Untertanen, die Ostgoten. Die Arianer hatten eigene Kirchen und einen arianischen Bischof. Wenn im Klerus nun eine eigene arianische Hierarchie existierte – neben der Hierarchie der Orthodoxen –, dann musste diese Kirche auch eine eigene Taufkapelle haben. Heute noch kann man dieses Baptisterium mit einem schönen Deckenmosaik in der „Via dei Ariani" besuchen. Es steht neben der früheren arianischen Bischofskirche S. Giovanni Evangelista.

Die Taufkapellen in Florenz (Abb. 162), Ravenna (Abb. 163) und in vielen anderen genannten Städten sind nicht nur groß, sondern auch kostbar ausgestattet. Das Baptisterium in Florenz ist an der Kuppel und im oberen Teil der Wände lückenlos mit Mosaiken geschmückt. Im Zentrum thront der von einer Aureole umgebene Christus (Abb. 162). In Ravenna schreiten Petrus und Paulus und hinter ihnen die übrigen Apostel auf den leeren Thron zu (Abb. 163). Mit verhüllten Händen bringen sie Christus Kronen dar. Der leere Thron ist ein Symbol für den unsichtbar gegenwärtigen und wiederkehrenden Christus. Der Thron steht für ihn bereit. – Die Pracht der Baptisterien ist nur zu verstehen, wenn man wenigstens ein Grundwissen von der Bedeutung der Taufe und von der Praxis der Taufspendung in der frühen Kirche hat. Diese spannenden Vorgänge sollen auf den folgenden Seiten in Kürze vermittelt werden.

Groß sind die Taufkapellen, weil man viele Jahrhunderte hindurch nur an wenigen Tagen im Jahr eine große Anzahl von Erwachsenen getauft hat. Der bevorzugte Tauftermin war die Osternacht. Kostbar ausgestaltet sind sie, weil das Sakrament der Taufe einen überragenden Stellenwert hat.

Das wichtigste Element bei der Taufspendung ist Wasser. Anfangs stiegen die Täuflinge in einen Fluss, später in ein Wasserbecken und tauchten dreimal unter. Man nennt eine solche Form „Immersionstaufe" (lateinisch „immergere" = eintauchen, untertauchen). Die Baptisten praktizieren sie noch in dieser Weise. Auch in der Ostkirche werden Kinder durch dreimaliges Untertauchen getauft. In den Kirchen des Westens lässt man aus einer Kanne oder aus der Hand Wasser über den Kopf des Täuflings fließen. Diese Art der Taufspendung heißt „Asperionstaufe" (lateinisch „aspergere" = bespritzen, überschütten). „In der Frühzeit war die Taufe nach den Formulierungen der Quellen ein Tauchbad im Freien, ein Untertauchen mit dem ganzen Körper (Immersions- oder Submersionstaufe). Die Didache erwähnt als letzte der aufgeführten Möglichkeiten erstmals die Infusions- oder Perfusionstaufe, das Übergießen mit Wasser. Seit dem 3./4. Jahrhundert (vielleicht auch schon im 2. Jahrhundert) scheint diese Form der Taufe üblich geworden zu sein."[14] Im 6. Jahrhundert hatten sich kreuzförmige Becken durchgesetzt (Abb. 164 und 14). Ausschlaggebend für die neue Form waren Aussagen im Römerbrief wie: „Wisst ihr denn nicht, dass wir alle, die wir auf Christus Jesus getauft wurden, auf seinen Tod getauft worden sind?" (Röm 6,3). Die Taufe auf den Tod am Kreuz wird nun durch die Kreuzform optisch vorgeführt und vom Täufling sinnlich erfahrbar, wenn er die Stufen hinabgeht und er an tiefster Stelle, im Kreuzungsbereich der beiden Achsen, halb im Wasser steht. Dreimal wird er von oben herab mit Wasser übergossen. – In den Ländern des Vorderen Orients und Nordafrikas sind auffallend viele Taufbecken in Kreuzform erhalten. Sie waren geschützt in die Erdoberfläche eingegraben und als Spolien ungeeignet. Die Räume, in deren Mitte sich diese Becken befanden, also die Taufkapellen, sind leider nicht erhalten, weil Teile von ihnen für andere Zwecke gut genutzt werden konnten.

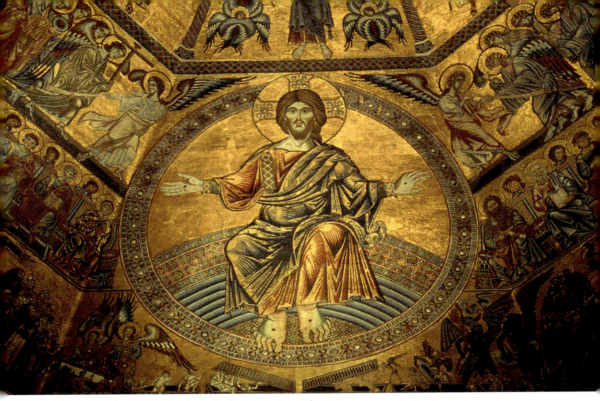

Abb. 162   Christus in der Aureole, Baptisterium, Florenz

Abb. 163   Die Apostel – huldigend und in Bewegung auf den Leeren Thron zu, Baptisterium des Neon, Ravenna

Abb. 164 Baptisterium aus Apollonia, Libyen

Abb. 165 Therme in Leptis Magna, Libyen

Anregend und vorbildhaft für die Baptisterien waren die öffentlichen Thermen und die Badeanlagen in den Villen reicher Römer. Ein schönes Anschauungsmaterial verschiedener Becken bietet noch die Thermenanlage der Villa auf der Piazza Armerina auf Sizilien oder die Thermen in Leptis Magna (Abb. 165). Dieses antike Wasserbecken hätte man ohne Veränderung als Baptisterium nutzen können. Das Wasser in den Badeanlagen und in den Baptisterien war natürlich kein abgestandenes, sondern fließendes, „lebendiges" Wasser. Über Aquädukte wurde es aus den Bergen oft über eine Entfernung von fünfzig Kilometern und mehr bis zu den Thermen geleitet. Während der Taufzeremonie gab es einen ununterbrochenen Zufluss frischen Wassers. Wenn kein lebendiges Wasser zur Verfügung stand, konnte man auch Zisternenwasser benutzen.

DIE VORBEREITUNG AUF DIE TAUFE

Jesus hat zwar den Aposteln den Auftrag zum Taufen gegeben (Mt 28,19f.), aber keine Anweisungen, wie im Einzelnen die Taufe vollzogen werden sollte. Heute werden in unseren Breiten in der Mehrzahl Kleinkinder getauft, wenn auch die Zahl der Erwachsenentaufen seit Jahren zunimmt. Die Taufe des Kindes wird im Pfarrbüro angemeldet. Ein paar Wochen später folgt – meist in der Wohnung der Eltern – ein vorbereitendes Gespräch des Priesters mit Eltern und Paten. An einem verabredeten Sonntag wird das Kind getauft. In manchen Gemeinden gibt es einen bestimmten Taufsonntag, an dem dann meist mehrere Kinder das Sakrament der Taufe empfangen.

Jahrhundertelang war das alles völlig anders geregelt. Die Taufbewerber mussten sich förmlich anmelden und wurden in eine Liste eingetragen. Ein Christ kam bei der Anmeldung mit und bürgte für den ernsthaften Wunsch seines Bekannten, Christ zu werden. Er hatte auch die Aufgabe, den geistlichen Weg des Katechumenen bis zur Taufe und danach zu begleiten. Das ist der Ursprung des späteren Patenamtes.

Bei der Anmeldung wurde der Bewerber nach seinen Motiven befragt. Er musste Auskunft geben über seine Lebensverhältnisse. Manche Berufe waren mit dem Leben eines Christen nicht zu vereinbaren. Ein Zuhälter, Schauspieler oder Gladiator musste entweder seinen Beruf aufgeben, oder er wurde abgewiesen. Schauspieler hatten es deshalb schwer, als Taufbewerber angenommen zu werden, weil sie Texte aus Göttermythen rezitieren oder – bei Lustspielen – obszöne Texte vortragen mussten. Ein Sklave brauchte die Einwilligung seines Herrn. Er musste ihm auch nach der Taufe dienen. Hohe Staatsbeamte wurden abgelehnt, weil sie Staatsopfer vollziehen mussten. Die Alternative war, auf das Amt zu verzichten. Bildhauer und Maler durften keine Götterbilder mehr anfertigen; auch das bedeutet, Aufgabe des Berufes.

Der Kirchenhistoriker Norbert Brox schreibt: „Die Alte Kirche taufte nicht möglichst rasch und möglichst viel, sondern stellte Bedingungen an die Taufbewerber, die in einer eigens eingerichteten Vorbereitungszeit erfüllt werden mussten. Die ernsthaft Taufwilligen wurden in einem eigenen Stand zusammengefasst und hießen Katechumenen (= Unterrichtete oder Schüler). Das griechische Wort „Katechumenat" wurde nur für die Unterrichtung im christlichen Glauben vor der Taufe benutzt. Als Erstes wurden die Interessenten über die Lehre und das Leben der Kirche unterrichtet, und zwar von Lehrern, später von Klerikern. Seit Ende des 2. Jahrhunderts kennen wir das Katechumenat im Westen, etwas später im Osten. Die Katechumenen wurden bereits verbindlich in die Pflicht genommen: Sie unterstanden der Lehre, der Ethik und der Disziplin der Kirche und hatten auch schon eine Art der Zugehörigkeit, indem sie teilweise am Gemeindeleben bzw. auch an Teilen der Wortliturgie teilnahmen. Sie wurden in dieser Zeit auf ihre Bewährung hin beobachtet."[15] Die Taufbewerber wurden also zum Gottesdienst am Sonntag eingeladen. Sie durften und sollten während des Wortgottesdienstes anwesend sein. Nachdem sie die Lesungen aus der Bibel und die Predigt gehört hatten, mussten sie die Kirche verlassen. In orthodoxen Gottesdiensten hat sich bis heute der Ruf an dieser Stelle erhalten: „Die Katechumenen sollen jetzt die Kirche verlassen!"

„Der Katechumenat war eine Form des Christseins vor der Taufe. Bereits die Katechumenen hatten Lehre und Disziplin der Gemeinde zu beachten und waren wie die Getauften zu einem christlichen Lebenswandel ohne Abstriche verpflichtet."[16]

„Bis zum Beginn des 3. Jahrhunderts hat der Taufritus bereits eine Ausfaltung erfahren, die alle wesentlichen Elemente auch für die Zukunft enthielt."[17] Der Ritus wird von mehreren frühchristlichen Theologen beschrieben wie Hippolyt (um 200, Rom), Tertullian (um 200 in Nordafrika) und Kyrill von Jerusalem (4. Jh.).

Die Vorbereitungszeit dauerte zwei, drei Jahre oder auch länger. Eine einheitliche Regelung für alle gab es nicht. Als das Christentum im 4. Jahrhundert frei und später sogar Staatsreligion wurde, drängten sich die Menschen scharenweise hin zu dieser neuen Religion. Nicht alle aber waren willens, ihren bisherigen Lebenswandel aufzugeben. Andere zweifelten, ihr Leben dauerhaft nach den hohen sittlichen Anforderungen ausrichten zu können. Da sie aber als Katechumenen am Wortgottesdienst teilnehmen durften und mussten, fühlten sie sich auch dadurch schon zugehörig und schoben die Taufe vor sich her, manchmal bis zur Sterbestunde. Dieses oft jahrzehntelange Verharren im Stand der Katechumenen war aber keine Vorbereitung mehr auf den Empfang der Taufe. Das, was im 2. und 3. Jahrhundert Durchgangsphase war, wurde zum Dauerzustand. Norbert Brox merkt dazu kritisch an: „Diese Form des Katechumenats war keine Taufvorbereitung mehr. Darum kam es jetzt dazu, dass die Fastenzeit vor Ostern die direkte Vorbereitungsphase für diejenigen Katechumenen wurde, die sich aus der Menge tatsächlich zur Taufe meldeten."[18] An die Stelle der jahrelangen Vorbereitungszeit trat nun eine Art Intensivkurs in den Wochen der vorösterlichen Bußzeit. „Zum Inhalt der Lehre gehörte die gesamte Bibel (als Heilsgeschichte), außerdem die Auslegung des Glaubensbekenntnisses (Symbolum). Das Symbolum wurde den Taufbewerbern erst gegen Ende der Fastenzeit, sozusagen als das innere ‚Heiligtum' von Glaube und Bekehrung, im Wortlaut feierlich mitgeteilt (traditio symboli); sie kannten es bis dahin offiziell noch nicht. Jeder Bewerber musste es dem Bischof am Tag vor der Taufe aufsagen können (redditio symboli). Während der gesamten Zeit gab es Einführungen, Steigerungen und Höhepunkte, bis der Tauftag schließlich kam."[19] Außenstehenden gegenüber musste man Stillschweigen über das Credo und das Vaterunser bewahren. Sie hätten den Inhalt ohne Erklärung nicht verstehen können. Beide Texte unterlagen der Arkandisziplin (= Geheimhaltung).

Nach der mehrjährigen Vorbereitungszeit von zwei oder drei Jahren oder nach einem noch längeren Verharren im Katechumenat wurden eine Woche vor Ostern diejenigen ausgesondert, die sich in der Osternacht taufen lassen wollten. Es waren die „electi", die Ausgewählten. Für sie begann nun eine Woche mit vielen Segnungen, besonderen Belehrungen, mit Fasten und Dämonenaustreibungen. In dieser Woche trat der Bischof zum ersten Mal in direkten Kontakt mit den Taufbewerbern. Er vollzog den letzten Exorzismus. Die Menschen in der Antike fühlten sich von Dämonen bedroht. Sie waren allgegenwärtig. Als geistige Wesen mussten sie mit entsprechenden Mitteln vertrieben werden, um Platz zu schaffen für den Heiligen Geist. Die Katechumenen wurden angehaucht, der Bischof legte ihnen die Hände auf und bezeichnete sie auf der Stirn mit dem Zeichen des Kreuzes.

In der Osternacht, und zwar am frühen Morgen, betraten die Katechumenen endlich das Baptisterium. Sie legten ihre Kleider ab. Das geschah wegen des bevorstehenden Hinabsteigens in das Taufbad und aus Gründen, die mit den bösen Geistern zu tun hatten. Man stellte sich ganz real vor, dass sich die Dämonen in Kleidern und Kleiderfalten verstecken könnten. Auch die Haare der Frauen waren mögliche Verstecke. Deshalb lösten sie die Haare auf und legten jeden Schmuck ab. Das Ablegen der Kleider sollte auch ein Zeichen für das Ablegen des „alten Menschen" sein, um Christus gleich zu werden, der nackt ans Kreuz geschlagen wurde. Dann schworen sie – nach Westen gewendet – den bösen Geistern ab. Der Westen galt als Ort der Dämonen. Dort ist das Reich der Finsternis, weil die Sonne im Westen untergeht. Es heißt in den Anweisungen, die Katechumenen sollten mit ausgestreckter Hand den Dämonen laut eine Absage erteilen, so, als wären sie anwesend. Danach durften sie den Taufraum betreten. Der Körper des Täuflings wurde mit Olivenöl gesalbt. Diesen Ritus mit apotropäischer Funktion hatte man aus dem antiken Sportsleben der Ringkämpfer übernommen. So wie der Sportler beim Ringkampf in der Palästra an dem geölten Körper des Gegners abglitt, so sollen auch die Dämonen in Zukunft keinen Griff und keinen Halt an den Getauften finden. Dann stieg der Täufling, vom Westen kommend, mit dem Blick gegen Osten gerichtet, in das Taufbecken hinab. Der Bischof fragte nach dem Glauben an Gottvater, an den Sohn und an den Heiligen Geist. Der Täufling antwortete jeweils mit „Ich glaube". Nach jeder Antwort wurde er untergetaucht oder mit Wasser übergossen. Mit dem Blick nach Osten, wo die Sonne aufgeht, stieg der Getaufte über mehrere Stufen aus dem Becken heraus.

Es folgen nun noch einige Riten nach der Taufe. In einem Nebenraum wurden die Getauften wieder gesalbt. Im Unterschied zur Salbung vor der Taufe (= praebaptismale) wird diese postbaptismale (= nach der Taufe) Salbung genannt. Sie ist Zeichen für die Übereignung an Christus. Der Name Christ hängt mit dieser Salbung zusammen. Der Christ ist ein Gesalbter. „Die Taufhandlung endete mit der Handauflegung und Stirnsalbung als Geistmitteilung durch den Bischof."[20] Im Taufbad geschieht Sündenvergebung, in der Stirnsalbung Geistmitteilung. Diese Salbung hat sich später als Firmsakrament verselbständigt und aus dem Taufritus gelöst. Zum Abschluss wurden die Neophyten (= Neugetaufte) mit einem weißen Gewand bekleidet. Es ist ein Zeichen für die Sündenvergebung und neue Schöpfung durch die Taufe. Die Ältesten, die den Thron Gottes umstehen, sind in der Apokalypse auch in weiße Kleider gehüllt. In den Zeiten, in denen es keine Verfolgungen mehr gab – das ist auch die Zeit der Errichtung großer Baptisterien –, trugen die Neugetauften ihr weißes Gewand eine Woche lang bis einschließlich zum Sonntag nach Ostern. Dieser Sonntag heißt auch heute noch Weißer Sonntag. In Prozessionsform zogen die Neugetauften dann in die benachbarte Kathedrale ein. Dann feierten sie zum ersten Mal die Eucharistie in der ganzen Länge mit und nahmen am eucharistischen Mahl teil.

In vielen frühchristlichen und mittelalterlichen Kirchen Roms ist hinter dem Altar ein

Lämmerfries gemalt oder in Mosaik gelegt. Der auf Abbildung 166 ist in Stein gehauen und stammt aus der theodosianischen Vorgängerkirche der heutigen Hagia Sophia in Istanbul. Beispielhaft für die Kirchen in Rom sei auf SS. Cosmas und Damian am Forum Romanum verwiesen. Von jeder Seite schreiten sechs Lämmer auf das Lamm im Zentrum des Frieses zu. Das Lamm in der Mitte ist eine symbolische Darstellung von Christus. In den zwölf übrigen Lämmern nur eine Anspielung auf die Apostel zu sehen ist auf jeden Fall zu vorschnell, m. E. sogar falsch. Oft ist an jeder äußeren Ecke des Frieses eine Stadt mit einem prächtigen Tor dargestellt: Jerusalem und – auf der anderen Seite – Bethlehem. Diese Städte stehen für die beiden Gruppen, aus denen sich die frühchristlichen Gemeinden zusammensetzten, aus Christen, die aus dem Judentum stammten, und anderen aus dem Heidentum. Bethlehem wurde als Symbol für die Heidenchristen gewählt, weil die Weisen aus dem Morgenland, also Heiden, dort den neugeborenen König aufsuchten. Die Lämmer stehen also für die Gemeinschaft der Kirche, die sich aus den genannten Gruppen konstituiert. Die Zahl Zwölf ist eine Aussage für die Größe und Fülle. Erst jetzt kann man in einem zweiten Schritt in der Zwölfzahl eine Anspielung auf die zwölf Stämme Israels und auf die zwölf Apostel sehen. Das Vorhandensein der beiden Städte erfordert aber als Erstes die hier vorgeschlagene Deutung. Keiner von den Aposteln hatte seine Vergangenheit im Heidentum. Alle waren Juden, deshalb kann keiner repräsentiert sein durch die Lämmer, die aus Bethlehem kommen. – Wer sich aber mit Sicherheit mit den Lämmern identifizieren konnte, das waren die Getauften. Diejenigen aus dem Judentum reihten sich mental ein in die Reihe der Lämmer, die aus dem Stadttor Jerusalems kamen, und die Menschen aus dem Griechentum, die Heidenchristen, sahen sich auf der anderen Seite. Diese Identifizierung wurde durch Predigten nahegelegt. Es sind Texte erhalten, die beschreiben, wie die Getauften in ihren weißen Gewändern vom Baptisterium in die Kathedrale ziehen und dass dieser Zug einer glänzend weißen Herde von Schafen gleicht.

Wegen der Verbindung von Taufe und Eucharistiefeier gibt es die schon erwähnte räumliche Nähe von Baptisterium und Kathedrale. – In den offiziellen Gebeten der Gottesdienste am Osterfest und an den Sonntagen nach Ostern ist auch heute noch wiederholt die Rede von der Schar der Neugetauften. Die Gemeinde bittet für sie, damit sie ein Leben entsprechend ihrer Taufgnade führen können.

In Jerusalem und in Mailand wurden die den Ritus erklärenden Predigten erst in der Woche nach Ostern gehalten. Sie sind größtenteils erhalten. Ambrosius (gest. 397), Bischof von Mailand, begründet, warum die Erklärungen erst nach der Taufe erfolgen. Man muss die verschiedenen Stufen der Taufspendung am eigenen Leib erfahren haben, erst dann kann der Getaufte die Erklärungen und Deutungen verstehen.

Beim Studium der Quellentexte über die Taufspendung muss man bedenken, dass jede Quelle nur die Praxis in einer bestimmten Region widerspiegelt. In Antiochien und Alexandrien und Mailand gab es unterschiedliche Formen im Ritus. Bei aller Unterschiedlichkeit in der Form muss der Empfang der Taufe mit der langen Vorbereitungszeit, den vielen Segnungen und Exorzismen, mit dem Betreten des Baptisteriums, dem Hinabsteigen in das Taufbad und der anschließenden Eucharistiefeier ein alle Sinne ansprechendes, unvergessliches Erlebnis gewesen sein.

Nach diesen liturgiegeschichtlichen Erläuterungen werden einige Aspekte der Architektur und Ausstattung von Baptisterien verständlich, z. B. die Vorliebe für Zentralbauten. Für die Taufspendung ist ein Wasserbecken erforderlich. Es ist der Mittelpunkt und wird am besten durch einen Zentralbau akzentuiert.

Was die Ausstattung angeht: Es wurde schon angemerkt, dass eine biblische Szene nicht wahllos an jedem Ort einer Kirche angebracht werden kann. Man muss die Funktion eines Ortes oder Gebäudeteiles berücksichtigen. In den Taufkirchen wird oft die gesamte Heilsgeschichte ausgebreitet. Die Welt des Glaubens, um dessen Durchdringung sich die Katechumenen während der Vorbereitungszeit mit Herz und Verstand bemüht haben, wird vor ihnen sichtbar entfaltet (Abb. 162 und 163). Die Szenenabfolge beginnt mit der Schöpfungsgeschichte und schließt mit der Wiederkunft Christi am Ende der Zeiten. Beim Anblick des Siebentagewerkes geht der Blick nicht nur zurück in die biblische Vergangenheit. Die Katechumenen sind durch die Taufe selbst eine neue Schöpfung geworden, von der es in der Liturgie heißt, sie sei größer als die Schöpfung am Anfang der Welt. Schönheit und Fülle der Bilder in Mosaik oder Wandmalerei sollen die Katechumenen überwältigen. Das Baptisterium mit seinem Bildprogramm führt den Neugetauften die Welt vor Augen, in der sie nun Bürgerrecht haben.

KINDERTAUFE

Zur Kindertaufe schreibt Norbert Brox: „Bis Ende des 2. Jahrhunderts ist die Erwachsenentaufe wohl der Regelfall gewesen (obwohl sich Kindertaufen im 1. und 2. Jahrhundert nicht ausschließen lassen). Aber die Kindertaufe nahm aus theologischen und kirchlichen Gründen zu, wenn sie auch umstritten blieb. Noch im 4. Jahrhundert haben längst nicht alle christlichen Eltern ihre Kinder zur Taufe gebracht. Erst im 5. und 6. Jahrhundert setzte sich die Säuglingstaufe allgemein durch."[21]

Der hohe Stellenwert der Taufe schwächte sich allmählich ab. Alle Erwachsenen ließen sich taufen. Die Kindertaufe wurde allgemein üblich. Theologisch befürchtete man ein ewiges Ausgeschlossensein vom Paradies, falls ein Mensch ohne Taufe sterben würde. Deshalb wollte man kein Risiko eingehen und taufte sicherheitshalber schon die Neugeborenen. Der Kirchenvater Augustinus lehrte, dass alle Nachkommen Adams durch Vererbung an dessen Sünde teilhaben und von der Schuld gereinigt werden müssen. Das geschehe durch die Taufe. Bei der hohen Kindersterblichkeit und bei diesen neuen theologischen Akzenten war es nur logisch, Kinder bald nach der Geburt, spätestens am dritten Tag nach der Entbindung, zu taufen. Die Kindertaufe war zur Regel geworden. Nur ein kleiner Kreis war bei der Taufe anwesend: Pastor, Küster, zwei Paten, die Hebamme und das Taufkind. Manchmal war auch der Vater anwesend.

Seit der Liturgiereform vor einem halben Jahrhundert hat eine Rückbesinnung auf die Quellen stattgefunden. Auch die theologische Begründung der Taufe ist nicht mehr die des heiligen Augustinus. Die Taufe wird an Sonntagen gespendet. Man wartet einige Monate, damit auch die Mutter bei der Taufe anwesend sein kann. Alles wird in Ruhe vorbereitet. Eine stattliche Anzahl von Verwandten, Freunden und Bekannten nimmt an der Tauffeier teil.

Abb. 166   Lämmerfries vor der Hagia Sophia, Istanbul

Abb. 167   Weihwasserbecken in St. Peter, Rom

MASSENTAUFEN

In Gesellschaften, die nach Stämmen gegliedert sind, entscheidet nicht der Einzelne, sondern der Stammesführer. Er und sein Beratergremium bestimmen über Wohl und Wehe der Gemeinschaft. Der Stamm folgt dem Stammesführer. Niemand kann aus dem Stammesverbund ausscheren. Der Stamm folgt dem Anführer auch dann, wenn er sich taufen lässt. Der König der Merowinger, Chlodwig, wurde im Jahr 498 in Reims in Frankreich getauft. Selbstverständlich empfingen danach auch seine Untergebenen die Taufe. Niemand musste sie zwingen. Man folgte dem Stammesführer; das war ungeschriebenes Gesetz. Man nennt das eine „gentile Religiosität".

Ein anderes Beispiel einer gentilen Religiosität: König Harald von Dänemark ließ sich im Jahr 960 taufen. Im Anschluss daran gab es selbstverständlich Massentaufen.

Eine solche Praxis ist für moderne Menschen, die in steigender Zahl als Singles leben und als solche ihr Leben individuell ohne große Einschränkungen von außen gestalten können, völlig unverständlich. Verständlich! Aber das Leben in einem germanischen Stamm war anders.

Im Jahr 1555 wurde auf dem Reichstag in Augsburg der „Augsburger Religionsfriede" beschlossen. Er besagt, dass der Landesherr die Religion der in seinem Territorium lebenden Menschen bestimmen kann. Moderne Menschen mit dem Recht auf Religionsfreiheit können auf eine solche Praxis nur mit Kopfschütteln reagieren. Auch die Christen in den ersten Jahrhunderten hätten ähnlich reagiert.

Im frühen Christentum stand die Taufspendung am Ende eines langen Bekehrungs- und Vorbereitungsprozesses. Bei den mittelalterlichen Massentaufen in den germanischen Gebieten nördlich der Alpen war das völlig anders. Menschen wurden in großer Zahl getauft und erst danach in das Christentum eingeführt. Man kann sich vorstellen, dass es Jahrzehnte und länger dauerte, bis der christliche Glaube verinnerlicht war. Deshalb unterschied man im Mittelalter zwischen „Christiani", „Fideles" und „Christifideles", Christen, Gläubige und Christgläubige. Alle Getauften waren Christen. Aber nicht alle waren deshalb schon Glaubende. Gläubig war nur ein Teil der Christen. Besonders in der ersten Phase der Massentaufen wird man nicht davon sprechen können, die Getauften seien nun gläubige Christen geworden. Das war bei den Germanen nicht anders als bei den Ureinwohnern Südamerikas. Sie hingen im Herzen weiter dem Glauben ihrer Väter an. Christ zu werden ist ein lebenslanger Prozess. – Massentaufen sind von Zwangstaufen zu unterscheiden.

ZWANGSTAUFEN

Von Zwangstaufe spricht man, wenn jemand unter Androhung oder Anwendung psychischer oder physischer Gewalt zur Taufe gezwungen wird. Das Wort ist ein Widerspruch in sich wie Ehrenmord oder Heiliger Krieg. Leider hat es Zwangstaufen gegeben, z. B. in der Kreuzfahrerzeit. Juden wurden vor die Alternative gestellt: Taufe oder Tod. Viele haben den Tod vorgezogen. Auch bei der Eroberung Südamerikas gab es Zwangstaufen.

WEIHWASSERBECKEN

Von der Taufe ist der Bogen zu den Weihwasserbecken in den katholischen Kirchen leicht zu schlagen. Sie befinden sich immer innen direkt rechts und links neben den Eingängen. Manchmal steht auch ein Ständer mit eingelassener Schüssel frei im Eingangsbereich. Wegen der gewaltigen Dimensionen des Petersdomes ist das Weihwasserbecken dort entsprechend groß geraten (Abb. 167).

Katholische Christen berühren nach dem Betreten der Kirchen und vor dem Verlassen das Wasser und bekreuzigen sich. Das geweihte Wasser soll den Christen an die Taufe erinnern. Mit dem Kreuzzeichen stellt er sich unter den Schutz des dreifaltigen Gottes. Er bekreuzigt sich „im Namen des Vaters und des Sohnes und des Heiligen Geistes".

Niemand ist verpflichtet, Weihwasser zu nehmen. Aber eine sinnvolle Geste ist es schon.

Der Ursprung für die Weihwasserbecken liegt in den Wasserbrunnen, die es früher – und auch heute noch gelegentlich – in den Vorhöfen der Kirchen im mediterranen Raum gab. Das Atrium vor der Kirche S. Clemente in Rom bietet noch ein gutes Beispiel. Besonders die Pilger, aber wohl auch die regelmäßigen Kirchbesucher, kamen oft müde und durstig und voller Schweiß in den Vorhof und waren dankbar, einen Brunnen zu finden. In den nördlichen kalten Ländern mit viel Regen besteht kein Bedürfnis nach Reinigung und Erfrischung in einem unüberdachten Hof vor der Kirche. Statt der Reinigungsbrunnen wurden Weihwasserbecken in den Kirchen angebracht. Mit diesem Tausch änderte sich natürlich auch die Funktion.

Eine Reinigung in der oben beschriebenen Weise vor dem Gottesdienst war nicht nur bei den Christen üblich. Besonders ausgeprägt ist sie bei Muslimen. Sie waschen sich vor dem Betreten der Moschee die Hände bis zum Ellebogen, spülen Mund und Nase aus, fahren mit den nassen Händen über die Haare bis in den Nacken und waschen zum Schluss die Füße. Auch Hindus praktizieren eine – wenn auch nicht so intensive – Waschung, bevor sie den Tempel betreten.

BEICHTSTUHL UND BEICHTZIMMER

An den Seitenwänden katholischer Kirchen stehen hölzerne Beichtstühle. Sie sind dreiteilig. In der Mitte sitzt hinter einem Vorhang der Priester. Manchmal betritt er den Beichtstuhl nicht durch eine Tür, sondern durch eine meterhohe auf- und zuklappbare Brüstung (Abb. 168). Die Beichtenden knien rechts oder links und bekennen ihre Sünden. In Italien sind Touristen manchmal irritiert, wenn sie auf jeder Seite ein Beichtkind sehen. Sie sprechen natürlich nicht gleichzeitig. Der Priester kann rechts und links ein Kläppchen vor das Sprechgitter schieben, sodass in Wirklichkeit nur ein Einzelner spricht.

In manchen Kirchen wie z. B. in S. Antonio in Padua oder in Fatima oder in Santiago de Compostela stehen Dutzende von Beichtstühlen. Das Vorhandensein vieler Beichtstühle lässt auf eine Wallfahrtskirche schließen. Pilger möchten anlässlich einer Wallfahrt auch die Vergebung Gottes im Bußsakrament erfahren.

Wenn ein Christ aus dem 3. oder 11. oder 13. Jahrhundert in eine unserer Kirchen kommen würde und Beichtstühle sähe, würde er fragen, was das für hölzerne Schränke seien und wozu sie dienten.

Das Wort „Beichtstuhl" stammt aus einer Zeit, in der es noch keine Beichtstühle in der heutigen Form gab. Im Chorraum wurde ein Stuhl für den Priester hingestellt. Der Beichtende kniete vor ihm und bekannte seine Sünden. Das Konzil von Trient (1545-1563) bestimmte, es müsse zwischen Priester und Beichtkind eine Art Gitter angebracht werden, vermutlich deshalb, um Annäherungen von dieser oder jener Seite zu verhindern. Den dreiteiligen Beichtstuhl gibt es in allen Kirchen seit dem 17. Jahrhundert, vereinzelt schon vorher. Heute sieht man auch in romanischen und gotischen Kirchen Beichtstühle. Diese stammen meist aus dem 19. Jahrhundert. Die ersten Beichtstühle in den Barockkirchen sind in die schwingenden Formen harmonisch eingebunden, oft mit Statuen versehen und als solche Kunstwerke im Gesamtkunstwerk Kirche.

Seit Jahren kann man in manchen Kirchen auch ein Beichtzimmer nutzen. Der Raum ist erleuchtet. Priester und Beichtender sitzen an einem Tisch und sind so der dunklen Flüsterzone enthoben. Manche bevorzugen diese Gesprächssituation. Man kann dort mit einem Priester sprechen, auch ohne das Bußsakrament zu empfangen.

Die Frage nach der Häufigkeit des Empfanges des Bußsakramentes wurde im Lauf der Kirchengeschichte verschieden beantwortet. In der Alten Kirche, also in den ersten Jahrhunderten, vertraten einige Theologen die Meinung, ein Getaufter, der sich durch eine schwere Sünde außerhalb der kirchlichen Gemeinschaft begeben hatte, dürfe nicht wieder aufgenommen werden. Andere erinnerten an die Barmherzigkeit und Vergebungsbereitschaft Gottes. Die Frage wurde aktuell und drängend, als in den Verfolgungen des 3. Jahrhunderts viele Christen abgefallen waren und später um Wiederaufnahme in die Kirche baten.

Kaiser Decius (249-251) leitete die bis dahin schwerste Christenverfolgung ein. Er wollte das Reich stabilisieren und alle im Reich auf ihre Loyalität gegenüber den alten Göttern und gegenüber Kaiser und Staat prüfen. Dieser Test musste für die Christen verhängnisvoll werden. Sie galten ohnehin als unzuverlässige Staatsbürger, als Sonderlinge und als Typen, denen – wie der römische Historiker Tacitus (55-120) in seinen Annalen schreibt – jede Schändlichkeit zuzutrauen sei. Jeder im Reich musste ein Weihrauchopfer vor den Götterstatuen darbringen und sich das Opfer bescheinigen lassen. Mit diesem Papier, „libellus" genannt, konnte er nach Hause gehen. Ein Beleg blieb im Stadtarchiv. Dreiundvierzig solcher Libelli sind im trockenen Wüstensand Ägyptens gefunden worden. Wer nicht opferte, wurde verbannt, gefoltert oder getötet. Viele blieben standhaft und erlitten den Märtyrertod. Manche opferten und trennten sich so von der Gemeinde. „Lapsus" nannte man den Abfall. Die Abgefallenen waren die Lapsi (= die Gefallenen). Andere bestachen die Beamten und erhielten einen Libellus, ohne geopfert zu haben. Wieder andere schickten einen Sklaven, der für den Christen das Opfer darbrachte. Kaiser Decius starb bereits 251. Damit fand die Verfolgung ein vorläufiges Ende. Einige der Abgefallenen wollten wieder von der christlichen Gemeinde aufgenommen werden. Als Lapsi galten auch diejenigen, die sich beim Opfer vertreten ließen oder durch Bestechung einen Libellus erhalten hatten.

Wie sollte man mit ihnen umgehen? Einige der Überlebenden vertraten eine rigorose Meinung und zeigten kein Interesse an den Lapsi. Sie distanzierten sich von ihnen, weil sie ihren Glauben verraten hatten. Andere argumentierten, dass Gott den reumütigen Sündern vergibt. Jesus habe Sünder nicht weggeschickt, sondern mit ihnen gegessen. Die mildere Richtung setzte sich schließlich durch. Einmal nach der Taufe sollte der Sünder die Gelegenheit zur Wiederaufnahme in die kirchliche Gemeinschaft erhalten.

Abb. 168 Beichtstuhl und Kreuzwegbilder in St. Severinus, Wenden bei Olpe

Abb. 169 Rokoko-Orgel im Käppele in Würzburg

Auf vielen Sarkophagen aus dem 5. und 6. Jahrhundert steht zwischen Passionsszenen ein Hahn. Das ist ein deutlicher Hinweis auf Petrus, der Jesus nachts, bevor der Hahn dreimal gekräht hatte, vor einer Magd verleugnete. Später weinte er über seinen feigen Verrat. Jesus verzieh ihm und wählte ihn trotzdem oder vielleicht deswegen als Schlüsselfigur aus. Die Abgefallenen und – nach Ende der Christenverfolgungen – die öffentlichen schweren Sünder (Mord, Ehebruch, Götzendienst) legten vor der Gemeinde ein öffentliches Geständnis ab – ihre Taten waren ohnehin bekannt – und wurden dann formell aus der Gemeinde ausgeschlossen, exkommuniziert. Über Jahre und Jahrzehnte blieben sie im Büßerstand. Wie die Katechumenen durften sie sonntags nur am Wortgottesdienst teilnehmen. Sie hatten Bußübungen zu erfüllen wie fasten, beten und wallfahren. Am Ende ihrer Bußzeit erfolgte die Rekonziliation (= Wiederaufnahme) in die Gemeinde, meist am Gründonnerstag. Ab dem 5. Jahrhundert etwa galten die Wochen vor Ostern als die eigentliche Bußzeit. Sie begann am Aschermittwoch mit dem Empfang des Aschenkreuzes.

Neben dieser öffentlichen Bußdisziplin für schwere und der Gemeinde bekannte Sünden setzte sich seit dem 7. Jahrhundert auch die private Beichte durch, anfangs nur für leichtere Vergehen. Diese Privatbuße war eine Ohrenbeichte, eine Angelegenheit zwischen Sünder und Priester unter Ausschluss der Öffentlichkeit. So wird die Beichte auch heute noch vollzogen. Sie wurde eingeführt von iro-schottischen Mönchen, die auf dem Festland missionierten. Die Mönche brachten auch Bußbücher mit, in denen die unterschiedlichen Bußen für bestimmte Sünden aufgelistet waren.

Wie oben ausgeführt, wurde im Hoch- und Spätmittelalter die Eucharistie mehr verehrt und angeschaut als empfangen. Das vierte Laterankonzil 1215 verlangte deshalb von den Gläubigen, wenigstens einmal im Jahr die Kommunion zu empfangen und vorher zu beichten. Die häufige Beichte und das Bekenntnis auch der lässlichen Sünden, von den irischen Mönchen eingeführt, hat sich offensichtlich nicht lange gehalten. Papst Pius X. (1903-1914) setzte das Alter für den Kommunionempfang herab und empfahl den häufigen, möglichst täglichen Empfang der eucharistischen Gaben. Seit Jahrzehnten wird diese Forderung bzw. diese Möglichkeit wahrgenommen. Die Häufigkeit des Empfangs des Bußsakramentes ist dagegen zurückgegangen. An sich entspricht die heutige Praxis, was die Häufigkeit des Empfangs von Buße und Kommunion betrifft, wieder eher den Verhältnissen in der Alten Kirche.

ORGEL

In den frühchristlichen Kirchen gab es keine Orgeln. Niemand wäre auf die Idee gekommen, ein solches Instrument in eine Kirche zu bringen. Schlimme Erinnerungen würden aufsteigen. Wasserorgeln spielten bei Zirkusspielen in den größeren römischen Städten. Unter den Klängen von Wasserorgeln haben im Kolosseum in Rom Christen das Martyrium erlitten. Ein solches Instrument wollte man nicht in einer Kirche hören.

Es dauerte Jahrhunderte, bis die ersten Orgeln in Kirchen geduldet wurden. In der Ostkirche werden bis heute keine Instrumente beim Gottesdienst eingesetzt. Die „vox humana" (= menschliche Stimme) steht rangmäßig über der Instrumentalmusik. Die Ostkirche hat großartige Gesänge für den Gottesdienst geschaffen. Im Westen sangen Mönche Psalmen und Hymnen in kunstvollen Melodien, einzeln und im Chor. Unter dem Namen Gregorianik pflegen besonders die Benediktiner diese Musik. Sie wird mit

Papst Gregor (gest. 604) in Verbindung gebracht, weil er liturgische Reformen in Gang gesetzt hat. An der Herausbildung des Gregorianischen Chorals aber hat er nach Meinung von Kirchenhistorikern trotz des Namens wenig oder keinen Anteil.

Heute ist die Orgel bei einem Kirchbesuch nicht zu übersehen. Der Orgelprospekt mit den glitzernden Metallpfeifen steht normalerweise hinten in der Kirche über der Empore (Abb. 80 und 110). Besonders in der Barockzeit sind Orgeln als wahre Kunstwerke harmonisch in das Gesamtkonzept integriert (Abb. 169). Moderne Orgeln hängen manchmal in schwindelnder Höhe an der Mittelschiffswand wie in der Kathedrale zu Köln (Abb. 126) oder im Bamberger Dom (Abb. 170). Man nennt sie Schwalbennestorgeln. – Häufig stoßen zwischen den vertikal angeordneten Pfeifen horizontal „spanische Trompeten" hervor (Abb. 170). Im 17. Jahrhundert wurden sie erstmals in Spanien eingebaut. Der Klang dieser Horizontalpfeifen ist besonders direkt, natürlich und unvermittelt. – Orgeln in großen Bischofskirchen verfügen manchmal über mehrere Prospekte an verschiedenen Orten in der Kirche. Jedes Orgelwerk hat in der Regel einen eigenen Spieltisch. Von der größten Orgel aus lassen sich alle drei oder vier Orgeln spielen, einzeln oder im Verbund. – Von einem „toten Prospekt" spricht man, wenn die Pfeifen nur Attrappen sind. – In der Renaissance und in der Barockzeit wurden im Chorraum berühmter Kirchen oft zwei Orgelprospekte gegenüberliegend installiert. Man nennt sie Epistelorgel und Evangelienorgel. Die Evangelienorgel befindet sich, vom Kirchenschiff aus gesehen, im linken Chorbereich, also dort, wo beim Gottesdienst das Evangelium verkündetet wird.

Die größte Orgel auf deutschem Boden befindet sich in der Kathedrale in Passau, die zweitgrößte im Paderborner Dom.

Die Orgel ist ein gigantisches Blasinstrument. Man kann auch sagen: sie besteht aus vielen einzelnen Blasinstrumenten. In der Antike wurde der Winddruck, der zum Anblasen in die Pfeifen geleitet wurde, durch unterschiedliche Wasserhöhen reguliert. Im 8. Jahrhundert kam die Windorgel aus Konstantinopel nach Westeuropa. In der Barockzeit erfuhr die Orgel beträchtliche Weiterentwicklungen.

Der Orgelspieler sitzt meist vor zwei oder drei übereinander gestaffelten Tastenreihen. Es können bis zu fünf sein. Da er die Tasten mit der Hand bedient, nennt man eine einzelne Reihe auch Manual (manus = Hand). Der Organist spielt aber nicht nur mit seinen Händen. Er benutzt auch beide Füße. Die „Tasten" für die Füße heißen Pedal (pedes = Füße).

Mit dem Niederdrücken einer einzigen Taste kann der Organist verschiedene Klangfarben produzieren. Dafür stehen ihm Züge und Schalter zur Verfügung. Jeder Zug oder Schalterdruck ergibt eine neue Klangfarbe für ein ganzes Manual. Man spricht von verschiedenen Registern. Man kann mit einer Taste ein einziges Register verbinden oder mehrere oder alle vorhandenen. Es gibt so eine Fülle von Möglichkeiten, die gleiche Tonhöhe in verschiedenen Klangfarben und Lautstärken zu produzieren. Die Tonhöhe kann nicht nur durch direkten Tastendruck, sondern auch durch einen Zug oder Schalterdruck für ein ganzes Manual verändert werden. Es gehört zu den Herausforderungen eines Organisten, ein Musikstück angemessen zu registrieren. Die Komponisten machen in der Partitur meist keine Angaben über die Registrierung.

Orgeln mit zehntausend Pfeifen sind keine Seltenheit. Die kleinsten sind etwa fünf Zentimeter lang. Ihre Tonhöhe entspricht in etwa den Piccoloflöten in einem Orchester. Die größten Pfeifen mit den tiefsten Tönen erreichen eine Länge von elf Metern.

Die Orgel wird zu Recht Königin der Instrumente genannt.

Der eigentliche Kreuzweg, also der Weg, den Jesus mit dem Kreuz vom Ort der Verurteilung bis zum Kalvarienberg gegangen ist, befindet sich bekanntlich in Jerusalem. Pilger, die in den ersten Jahrhunderten dorthin kamen, wollten diesen Weg sehen und ehrfürchtig nachgehen. Heute befindet sich die Via dolorosa, der Schmerzensweg, in der Altstadt. Es gibt wahrscheinlich keinen anderen Weg in der Welt, der täglich von so vielen Pilgern gegangen wird. Die Hinrichtungsstelle Jesu auf dem Kalvarienberg befand sich damals außerhalb der Stadt. Heute ist sie von Wohnhäusern, Geschäften und Klöstern umgeben. Über dem Kalvarienberg, auf dem das Kreuz Christi stand, und über dem benachbarten Heiligen Grab erhebt sich seit konstantinischer Zeit die Grabeskirche, von den orthodoxen Christen Auferstehungskirche genannt, was sicher genauso sinnvoll ist. Über dem Kalvarienberg wölbt sich eine Kuppel. Das vielleicht zehn Meter vom Kalvarienberg entfernt liegende Heilige Grab wird von einer größeren Kuppel überfangen. Beide Kuppeln gehören zu der einen Grabes- bzw. Auferstehungskirche. Wenn mittelalterliche Künstler Jerusalem darstellen wollten, genügte es, inmitten einiger Häuser einen Kuppelbau zu zeigen. Dieser war so bekannt, dass jeder Betrachter sofort wusste, dass es sich bei dieser Stadt um Jerusalem handelte. – Unterwegs, von der Verurteilungsstätte bis zu dieser Kirche, gibt es eine Reihe von kleinen und größeren Kapellen, die an verschiedene Situationen des Leidensweges Christi erinnern.

Pilger, die das Glück hatten, nach Jerusalem zu kommen, erzählten nach ihrer Rückkehr von dem, was sie im Heiligen Land gesehen hatten. Da es nur einer geringen Anzahl von Menschen vergönnt war, die Heiligen Stätten im Orient zu besuchen, begann man im 15. Jahrhundert, in Westeuropa einige Einrichtungen, von denen die Pilger erzählten, nachzubauen. Dazu gehörte auch der Kreuzweg. Man erfuhr von den Wallfahrern, dass die Via dolorosa nach einer anfänglich flachen Wegführung in der zweiten Hälfte zum Kalvarienberg hin ansteigt. Wenn es die Landschaft ermöglichte, versuchte man diese Wegführung im Westen nachzuahmen. Man legte einen Weg an, einen Kreuzweg, der diesem Weg in Jerusalem möglichst ähnlich sein sollte. Es gab Kreuzwege mit zwei Stationen: Haus des Pilatus und Golgotha. Beliebt waren sieben Stationen. Im 17./18. Jahrhundert bildeten sich vierzehn Stationen heraus. So viele gab es auch in Jerusalem, bis heute. In freier Landschaft oder in einem Waldgebiet werden vierzehn kleine Kapellen (Abb. 171) oder massive Bildträger mit Szenen aus der Passionsgeschichte errichtet. Fast alle Themen sind den Passionsberichten des Neuen Testamentes entnommen, andere gehen auf apokryphe Schriften zurück, wie z. B. die Erzählung über das Schweißtuch der hl. Veronika. Fast obligatorisch gehören Kreuzwegstationen zu Wallfahrtsorten. Pilger wollen beten und meditieren.

Außer diesen Kreuzwegen in freier Landschaft gab und gibt es in fast allen katholischen Kirchen an den Innenwänden Bildtafeln, die im Abstand von einigen Metern den Gläubigen dieselben Ereignisse aus der Leidensgeschichte vor Augen stellen (Abb. 168). Besonders in der Fastenzeit vor Ostern gehen katholische Christen von Bild zu Bild und „beten den Kreuzweg". Man verweilt einige Minuten vor jeder Station und meditiert das entsprechende Ereignis aus der Passion. Es gibt in den Gebetbüchern entsprechende biblische Texte und Gebete, die man allein oder in einer Gruppe beten kann. Auch in modernen Kirchen gibt es Kreuzwegstationen. Sie sind von eins bis vierzehn nummeriert und oft auch mit einem kurzen Titel versehen, der das Meditationsthema angibt.

Die einzelnen Stationen tragen folgende Titel:

1. Station: Jesus wird zum Tode verurteilt
2. Station: Jesus nimmt das Kreuz auf seine Schultern
3. Station: Jesus fällt zum ersten Mal unter dem Kreuz
4. Station: Jesus begegnet seiner Mutter
5. Station: Simon von Cyrene hilft Jesus das Kreuz tragen
6. Station: Veronika reicht Jesus das Schweißtuch
7. Station: Jesus fällt zum zweiten Mal unter dem Kreuz
8. Station: Jesus begegnet den weinenden Frauen
9. Station: Jesus fällt zum dritten Mal unter dem Kreuz
10. Station: Jesus wird seiner Kleider beraubt
11. Station: Jesus wird an das Kreuz genagelt
12. Station: Jesus stirbt am Kreuz
13. Station: Jesus wird vom Kreuz abgenommen und in den Schoß
                   seiner heiligen Mutter gelegt
14. Station: Der heilige Leichnam Jesu wird in das Grab gelegt.

Kein Katholik ist verpflichtet, den Kreuzweg zu gehen. Aber es ist auch nicht verboten! Viele Menschen schöpfen Trost und erfahren Stärkung durch die Betrachtung der Passion Christi.

CHORGESTÜHL

Ein Chorgestühl findet man in Stifts- und Klosterkirchen und in Kathedralen, also überall dort, wo eine Gruppe von Priestern zum gemeinsamen Gebet verpflichtet ist. Um sofort einen möglichen Einwand aufzunehmen, der die Kirche St. Andreas in Ochsenfurth betrifft: Dort gibt es seit Jahrhunderten ein Chorgestühl, obwohl diese Kirche nicht zu einer der genannten Gruppen gehört. Die Begründung für dieses Chorgestühl in einer Pfarrkirche ist folgende: Der damalige Fürstbischof von Würzburg hatte seinem Domkapitel die Stadt Ochsenfurt samt Einkünften überlassen. Wenn nun Domkapitulare von Würzburg anlässlich bestimmter Feste in der Stadt waren, beanspruchten sie natürlich ein besonderes Gestühl im Chor, so wie sie es auch von ihrer Bischofskirche in Würzburg her gewohnt waren.

Ein Chorgestühl ist in zwei gegenüberliegende Bereiche geteilt, ähnlich wie das englische Parlament. Das ist sinnvoll, weil die Psalmen antiphonisch gesungen werden, d. h., jede Gruppe singt wechselweise einen Vers. Wie beim Tennisspielen der Ball von der einen Seite auf die andere wechselt, so werfen sich die beiden Gruppen beim Psalmodieren die Verse gegenseitig zu. Die andere Art, Psalmen zu singen, ist die responsorische. Diese wird gern in Laienkreisen gewählt, weil sie weniger anspruchsvoll ist. Ein Vorsänger oder eine Schola singt die Psalmverse, und die Gemeinde antwortet nach einem oder zwei Versen mit einem kurzen Ruf wie „Amen, Halleluja" oder mit einem kurzen Psalmvers. In den frühchristlichen Gemeinden wurde das responsorische Psalmensingen besonders gepflegt, weil man die kurzen Verse auswendig ohne Buch nachsingen konnte.

Stehen ist eine liturgische Grundhaltung. Die Sitzflächen sind während des Stehens hochgeklappt. Da langes Stehen ermüden kann, bietet eine kleine Vorrichtung an der

Abb. 170 Schwalbennestorgel mit
Spanischen Trompeten im Bamberger Dom

Abb. 171 Kreuzwegkapelle in Elben bei
Wenden

Abb. 172 Chorgestühl mit Misericordien im Dominikanerkloster St. Andreas, Köln

Kante der hochgeklappten Sitzfläche eine Entlastung. In der Mitte der Sitzkante ist ein handgroßes Holzbrett angebracht. Diese kleine Fläche wird bei längerem Stehen als Sitzfläche genutzt (Abb. 172). Sie ist zwar nicht so bequem wie ein Stuhl, erleichtert aber das Stehen beträchtlich. Deshalb hat dieses Gebilde auch einen zutreffenden Namen bekommen: Misericordie (= sich erbarmen oder das Erbarmen). Es erbarmt sich des armen Mönches, indem es ihm das Stehen erleichtert. Neben diesem sitzenden Stehen bzw. stehenden Sitzen wird an manchen Stellen des Chorgebetes ein Geradestehen ohne Benutzung der Misericordie verlangt, z. B., wenn sich die Mönche an bestimmten Stellen eines Textes mit dem Oberkörper tief verneigen. Regelmäßig geschieht das nach jedem Psalm bei den Worten „Ehre sei dem Vater und dem Sohn und dem Heiligen Geist".

Die Armlehnen sind relativ breit, damit man die Arme auflegen kann, während man auf der Misericordie sitzt. Auch das Psalmenbuch kann zu schwer werden, wenn man die Arme nicht stützen kann. Armlehnen werden in der Fachsprache mit dem französischen Wort „Accoudoir" (= Armlehne) bezeichnet. „Dorsale" (= Rücken) ist die Bezeichnung für die Rückwand des Chorgestühls.

Die Sitzreihen sind auf beiden Seiten von der ersten bis zur letzten Reihe gestaffelt. Die besseren Plätze sind die in der hinteren Reihe. Von dort hat man einen guten Überblick. Den Novizen steht die vorderste Reihe zur Verfügung. Das Gestühl für den Abt ist in der Regel etwas hervorgehoben. Er befindet sich mindestens auf dem Niveau der höchsten Reihe. Wenn das Chorgestühl rechteckig auch an der Schmalseite geschlossen ist, sitzt der Abt dort in der Mitte der Schmalseite. So hat er die ganze Mönchsgemeinschaft im Blick und kann geradeaus auf den Altar schauen.

Einige Stellen im Chorgestühl bieten dem Schnitzer besondere Möglichkeiten, sein Können zu demonstrieren. Die Wangen am Anfang und Ende einer Reihe werden besonders sorgfältig gestaltet, weil sie von allen gesehen werden. Am Dorsale kann man oft wahre Schmuckstücke an Intarsienarbeiten entdecken. Reliefs oder gar dreidimensionale Schnitzarbeiten haben dort keinen Platz, weil die Fläche als Rückenlehne glatt bleiben muss. Oberhalb der letzten Reihe ist das Gestühl mit Baldachinen und fantasievollem Schnitzwerk abgeschlossen.

Ein besonders geeigneter Ort für fantasievolle Schnitzerei ist die Misericordie. An allen Seiten dieses kleinen massiven Gebildes – bis auf die glatte Sitzfläche – kann sich der Schnitzer auslassen. Es ist ja der Ort, auf dem der Mönch sitzt. Der Fantasie des Schnitzers sind kaum Grenzen gesetzt. Er kann Figuren mit lächerlichen Fratzen dort anbringen und sogar pornografische Szenen andeuten. Heiligendarstellungen oder biblische Szenen sind ausgeschlossen.

In strengen Reformorden wie etwa bei den Zisterziensern ist das Chorgestühl frei von solchen Darstellungen. In einem Brief des einflussreichen Zisterziensers Bernhard von Clairvaux an den Benediktinerabt Suger von St. Denis in Paris lehnt er solche Fratzengebilde energisch ab.

Ein extrem armseliges Chorgestühl steht in der Kirche S. Damiano in Assisi. Dort verrichtete die hl. Klara mit ihren Mitschwestern das Stundengebet. Klara von Assisi war Zeit- und Gesinnungsgenossin des hl. Franz. Wie Franziskus lebte sie mit ihren Mitschwestern in frei gewählter Armut. Ein Beleg für dieses bis an die Grenzen getriebene Armutsideal ist das Chorgestühl dieser Schwestern, die nach ihrer Gründerin Klara Klarissen genannt werden. Die Sitzfläche besteht aus quadratisch geschnittenen Brettern. Sie sind nicht klappbar. Das bedeutet, dass sich die Schwestern, wenn sie stehen, nicht auf eine Misericordie setzen können. Hinter dem Rücken an der Wand sind durchgehend Bretter ohne jeden Schmuck und ohne individuelle Unterteilungen an die Wand genagelt. Mit dem Rücken durfte und konnte man sich nicht anlehnen. Die Distanz zur Wand war zu groß. Armstützen zum Auflegen der Unterarme gibt es nicht. Noch heute ist jeder Besucher beeindruckt von der nicht zu überbietenden Einfachheit dieses sogenannten Chorgestühls.

Mitglieder anderer Ordensgemeinschaften, wie z. B. die Benediktiner, waren durch die Regel ihres Gründers nicht zu einer solch krassen Armut verpflichtet. Benedikt war in allem mehr ein Mann der Mitte. Nichts übertreiben und Extreme meiden! So ist es nicht verwunderlich, wenn man in alten Benediktinerklöstern prächtig geschnitzte Chorgestühle vorfindet. Auch die Augustinerchorherren geizen nicht bei der Ausstattung ihres Gestühls. Die Franziskaner haben später die ursprünglich geforderte Schlichtheit der Ausstattung auch nicht immer beibehalten.

An der Anzahl der Plätze im Chorgestühl kann man in etwa schätzen, wie viele Mönche früher im Kloster lebten.

Chorgestühle sind natürlich auch heute noch in Stifts-, Kloster- und Bischofskirchen erforderlich. Selbstverständlich imitieren sie nicht die Detailformen mittelalterlicher Chorgestühle, sondern sind z. T. einfach und geschmackvoll und entsprechen so unserem ästhetischen Empfinden (Abb. 181).

ANBETUNGSKAPELLEN

Tabernakel, in denen die konsekrierten Oblaten aufbewahrt werden, befinden sich in Pfarrkirchen gewöhnlich axial an der Rückwand des Chores oder axial etwas versetzt oder in der Apsis eines Seitenschiffes. Das ewige Licht weist in der Nähe des Tabernakels auf die Gegenwart des Herrn hin. Bei Barockaltären und neugotischen Altären ist der Tabernakel in den Altar integriert (Abb. 142). Auf Abbildung 142 befindet er sich unter dem Kruzifix. Im Hochmittelalter wurden die konsekrierten Gestalten in eigenen Sakramentshäusern aufbewahrt. Unten, in Reichweite des Priesters, befindet sich der Tabernakel. Darüber erhebt sich ein turmartiger Aufbau von manchmal zehn Metern. Wegen der leichten Zerbrechlichkeit dieser Steinmetzarbeiten stehen sie meist im Schutz eines Pfeilers. Aus der Zeit der Gotik sind etliche Sakramentshäuser erhalten. Meist stehen sie noch „in situ", am ursprünglichen Aufstellungsort.

In Bischofskirchen sucht man einen Tabernakel in der Nähe des Altares vergeblich. Das Allerheiligste wird in einer Kapelle im Seitenschiff oder in der Krypta aufbewahrt. Anbetungskapellen werden sie genannt. Oft befindet sich am Eingang ein Schild mit der Aufschrift „Nur für Beter". In stark frequentierten Kirchen ist dies der einzige Raum, in dem man in Ruhe beten und meditieren kann.

BILDER UND STATUEN

Im Chorbereich steht häufig eine Statue der Gottesmutter oder des Kirchenpatrons. Oft ist auch ein Chorfenster dem Schutzheiligen der Kirche gewidmet.

In mittelalterlichen Kirchen sind Nebenaltäre oft den vierzehn Nothelfern geweiht oder einigen von ihnen, der Heiligen Katharina, Barbara oder Agnes. Sie waren in vielen Nöten einflussreiche Ansprechpartner. Kirchen an Flüssen oder Küsten sind oft dem heiligen Nikolaus geweiht. Dieser Heilige ist u. a. zuständig für die Bewahrung vor Schiffbruch und Errettung aus Seenot. Einen festen Platz in vielen Kirchen hat der hl. Rochus. Er hat ein kurzes Gewand und zeigt auf eine Pestbeule auf seinem Oberschenkel. In Zeiten, in denen die Pest viele Menschen hinwegraffte, wurde der hl. Rochus als Bewahrer vor und Helfer in der Pest besonders verehrt. Auch dem hl. Sebastian hat man sich gern anvertraut. Zwar war er selber nicht an der Pest erkrankt, aber die durch Pfeilschüsse verursachten Wunden an seinem Körper erinnerten an die Symptome von Pestkranken.

Auf die Statue und Bedeutung des Riesen Christophorus im Eingangsbereich besonders von Bischofskirchen wurde bereits im Zusammenhang mit der Besprechung von Flügelaltären hingewiesen.

VOTIVGABEN

In Wallfahrtskirchen hängen an den Wänden einer Kapelle oder am Grab eines Heiligen Metallgegenstände in Form eines Herzens, eines Fußes oder einer Hand (Abb. 173). Die kleinen Gliedmaßen aus Silberblech zeigen an, dass Menschen sich geheilt fühlten. Manchmal hängen Krücken an den Wänden. Die Kranken haben sie buchstäblich an den Nagel gehängt.

Votivgaben sind nicht charakteristisch für das Christentum. In der griechisch-römischen Antike haben die Menschen Hunderte und Tausende den Tempelpriestern übergeben. Wenn es zu viele wurden, hat man sie in der Erde vergraben. Mehrere dieser Gruben wurden mit Inhalt gefunden. Auch städtische Kommunen oder Herrscher wandten sich mit Votivgaben an die Götter. Diese Geschenke fielen natürlich üppiger aus als die kleinen Tongefäße eines normalen Bürgers. Im antiken Wallfahrtsort Delphi in Griechenland wurden die von verschiedenen Städten gespendeten kostbaren Weihegeschenke in besonderen Schatzhäusern aufbewahrt.

KERZEN UND KERZENSTÄNDER

DIE SYMBOLIK DER BRENNENDEN KERZE

Öllampen und Kerzen in einem kirchlichen Raum hatten von Anfang an neben ihrer Funktion, Licht zu spenden, immer schon auch eine symbolische Bedeutung. Jesus hat sich als Licht bezeichnet: „Ich bin das Licht der Welt" (Joh 8,12). Auch seine Jüngerinnen und Jünger sollen Licht sein: „Ihr seid das Licht der Welt" (Mt 5,14). Schon im sogenannten Alten Testament wird Gott mit Licht in Verbindung gebracht. „Der Herr ist mein Licht und mein Heil" (Ps 27,1). Licht ist eine Metapher für Gott.

Wegen der Lichtsymbolik brennen auf dem Altar auch dann Kerzen, wenn es hell in der Kirche ist. Die brennende Kerze ist auf die symbolische Funktion reduziert. Deshalb wird auch bei der Feier der übrigen Sakramente nach Möglichkeit eine Kerze angezündet. Bei der Taufe erhält der Täufling eine Kerze, die ihn durch sein Leben begleiten soll. Bei der Erstkommunion und bei der Trauung wird sie wieder entzündet. Und schließlich verbreitet der Schein der Kerze in der Sterbestunde Trost und Hoffnung.

EWIGES LICHT

Das ewige Licht brennt in katholischen Kirchen in der Nähe des Tabernakels, in dem die konsekrierten Hostien aufbewahrt werden. Es leuchtet ununterbrochen zum Zeichen der Gegenwart des Herrn. Das die Kerze oder das Öl umhüllende Glas ist rot oder hellgelb gefärbt. Das ewige Licht kann als Gefäß neben dem Tabernakel stehen oder an einer Kette hängen.

Die Christen haben das ewige Licht nicht erfunden. Lange bevor es Kirchen gab, brannte es in den Synagogen in der Nähe des Toraschreines, in dem die Schriftrollen aufbewahrt werden. Die Positionierung an dieser Stelle ist gut gewählt, denn „Dein Wort ist meinem Fuß eine Leuchte, ein Licht für meine Pfade" (Ps 119,105).

Das ewige Licht in den Kirchen ist in Deutschland seit dem 12. Jahrhundert nachweisbar. Im Laufe des 13. Jahrhunderts wird es zu einer allgemeinen Gepflogenheit. Erst im Rituale Romanum von 1614 wird es zu einer verbindlichen Vorschrift gemacht.

DIE OSTERKERZE

Eine besondere Bedeutung hat die Osterkerze. Sie fällt schon durch ihre Größe auf und durch die an ihr angebrachten Zeichen. Sie ist etwa ein Meter hoch und hat einen Durchmesser von ca. zehn Zentimetern. Eine besondere Vorschrift für die Maße gibt es nicht. Sie ist auch abhängig von den Dimensionen der Kirche. In einer Kathedrale muss die Osterkerze andere Ausmaße haben als in einer kleinen Dorfkirche.

Wodurch unterscheidet sich eine Osterkerze von einer anderen? Einmal – wie gesagt – durch ihre Größe, dann und besonders durch ihren Schmuck (Abb. 174). Aus rot gefärbtem Wachs ist ungefähr in der Mitte des Schaftes ein Kreuz appliziert. In den durch das Kreuz gebildeten vier rechteckigen Winkeln stehen die Zahlen des betreffenden Jahres, über dem Längsbalken der erste Buchstabe des griechischen Alphabetes „Alpha" und unten ein „Omega". Was aber hat die Osterkerze mit dem griechischen Alphabet und ausgerechnet mit diesen Buchstaben zu tun? In der auf Griechisch geschriebenen Offenbarung des Johannes heißt es: „Ich bin das Alpha und das Omega, spricht der Herr" (Off 1,8).

Die Kerze wird zu Beginn der mehrere Stunden dauernden Liturgie der Osternacht draußen vor der Kirche an einem offenen Feuer angezündet. Vorher drückt der Priester noch an den Enden der Kreuzbalken und in ihrem Schnittpunkt je eine würfelförmige rote Wachsform in den Schaft ein. Sie erinnert an die fünf Wundmale. Dabei werden folgende Worte gesprochen: „Christus, gestern und heute, Anfang und Ende, Alpha und Omega. Sein ist die Zeit und die Ewigkeit. Sein ist die Macht und die Herrlichkeit in alle Ewigkeit. Amen. Durch seine heiligen Wunden, die leuchten in Herrlichkeit, behüte uns und bewahre uns Christus, der Herr. Amen. Christus ist glorreich auferstanden vom Tod. Sein Licht vertreibe das Dunkel der Herzen." Dann wird die angezündete Osterkerze in die dunkle Kirche getragen. Der Diakon oder der Priester singt – es ist eher ein lauter Ruf mit nur einem einzigen Tonwechsel: „Christus das Licht!" Die Gemeinde antwortet: „Dank sei Gott." Zweimal wird dieser Ruf jeweils in erhöhter Tonlage wiederholt, wobei sich die Prozession mit der Osterkerze immer weiter dem Chor nähert. Nach dem dritten Ruf verbreitet sich das Licht von der Osterkerze zu den vielen kleinen Kerzen in den Händen der Gläubigen. Jedem wird bewusst, dass auch er das Licht Christi in sich trägt. In seiner alltäglichen Welt soll er es zum Leuchten bringen. Dann wird aus der Liturgiefeier eine Diakonie im Alltag. Liturgie und Diakonie sind die beiden Seiten einer Münze.

Warum wird dieser Ritus so ausführlich geschildert? Weil die Osterkerze das ganze Jahr hindurch im Chor der Kirche oder neben dem Taufbecken steht. Sie gehört zur Ausstattung und ist zugleich mehr als ein Ausstattungsstück. Jeder Besucher sollte zumindest eine Ahnung von der Bedeutung dieser Kerze und von ihrem Einzug in die Kirche haben. Nur in der Osternacht wird dann ein Hymnus auf die Osterkerze, d. h. auf den auferstandenen Christus gesungen.

Das erste Wort, das erklingt, lautet im Lateinischen „Exsúltet" (= „Es möge frohlocken" oder „Frohlockt" oder „Es juble"). Das Eröffnungswort hat dem Lobgesang den Namen gegeben. Der Text wurde vor dem Aufkommen der Buchform auf eine Rolle geschrieben, aber nicht wie sonst üblich in Blöcken nebeneinander gesetzt. In diesem Fall müsste man die Rolle mit zwei Händen festhalten und weiterdrehen, um den benachbarten Schriftblock lesen zu können. Auf Exsúltet-Rollen wird der Text zeilenweise quer auf die Schmalseite der Rolle geschrieben. Während des Vortrags lässt man die Rolle dann langsam über das Lesepult zur Gemeinde hin abrollen. Im Text sind Zeichen angebracht, die dem Sänger angeben, wann er die Stimme heben oder senken soll. Die Zeichen sind Vorläufer für das heute gebräuchliche Notensystem. Das meiste blieb aber der Improvisationskunst des Sängers überlassen.

Die Gläubigen, die mit brennenden Kerzen in den Händen in der Nähe des Pultes standen, hörten nicht nur besonders gut, sie konnten auch sehen, was auf der Exsúltet-Rolle geschrieben und gemalt war. Zwischen dem Text leuchteten farbige Bilder, die sich auf die jeweilige Textpassage bezogen. Für den Vortragenden standen sie auf dem Kopf. Die Malerei war also von vornherein für die Gemeinde konzipiert.

Der Text des Exsúltet ist von einer solch theologischen Dichte und poetischen Schönheit, dass man ihn nicht vorenthalten sollte. Ein Verfasser ist nicht bekannt. Vermutlich ist der Lobgesang in der heutigen Form eine Redaktion aus dem siebten Jahrhundert. Er ist ein Meisterwerk antiker Kunstprosa:

> „In Wahrheit ist es würdig und recht, den verborgenen Gott, den allmächtigen Vater, mit aller Glut des Herzens zu rühmen und seinen eingeborenen Sohn, unseren Herrn Jesus Christus, mit jubelnder Stimme zu preisen. Er hat für uns beim ewigen Vater Adams Schuld bezahlt und den Schuldbrief ausgelöscht mit seinem Blut, das er aus Liebe vergossen hat. Gekommen ist das heilige Osterfest, an dem das wahre Lamm geschlachtet ward, dessen Blut die Türen der Gläubigen heiligt und das Volk bewahrt vor Tod und Verderben.
> Dies ist die Nacht, die unsere Väter, die Söhne Israels, aus Ägypten befreit und auf trockenem Pfad durch die Fluten des Roten Meeres geführt hat.
> Dies ist die Nacht, in der die leuchtende Säule das Dunkel der Sünde vertrieben hat.
> Dies ist die Nacht, die auf der ganzen Erde alle, die an Christus glauben, scheidet von den Lastern der Welt, dem Elend der Sünde entreißt, ins Reich der Gnade heimführt und einfügt in die heilige Kirche.
> Dies ist die selige Nacht, in der Christus die Ketten des Todes zerbrach und aus der Tiefe als Sieger emporstieg. Wahrhaftig, umsonst wären wir geboren, hätte uns nicht der Erlöser gerettet.

*Abb. 173 Devotionalienwand in der Wall-
fahrtskirche Tschenstochau, Polen*

Abb. 174 Osterkerze

*Abb. 175 Menora aus der
Bischofskirche in Essen*

Unfassbare Liebe des Vaters: Um den Knecht zu erlösen, gabst du den Sohn dahin! O wahrhaft heilbringende Sünde des Adam, du wurdest uns zum Segen, da Christi Tod dich vernichtet hat. O glückliche Schuld, welch großen Erlöser hast du gefunden!

O wahrhaft selige Nacht, dir allein war es vergönnt, die Stunde zu kennen, in der Christus erstand von den Toten. Dies ist die Nacht, von der geschrieben steht: ‚Die Nacht wird hell wie der Tag, wie strahlendes Licht wird die Nacht mich umgeben.' Der Glanz dieser heiligen Nacht nimmt den Frevel hinweg, reinigt von Schuld, gibt den Sündern die Unschuld, den Trauernden Freude: Weit vertreibt sie den Hass, sie einigt die Herzen und beugt die Gewalten.

In dieser gesegneten Nacht, heiliger Vater, nimm an das Abendopfer unseres Lobes, nimm diese Kerze entgegen als unsere festliche Gabe! Aus dem köstlichen Wachs der Bienen bereitet, wird sie dir dargebracht von deiner heiligen Kirche durch die Hand ihrer Diener. So ist nun das Lob dieser kostbaren Kerze erklungen, die entzündet wurde am lodernden Feuer zum Ruhm des Höchsten.

Wenn auch ihr Licht sich in die Runde verteilt hat, so verlor es doch nichts von der Kraft seines Glanzes. Denn die Flamme wird genährt vom schmelzenden Wachs, das der Fleiß der Bienen für diese Kerze bereitet hat.

O wahrhaft selige Nacht, die Himmel und Erde versöhnt, die Gott und Menschen verbindet!

Darum bitten wir dich, o Herr: Geweiht zum Ruhm deines Namens, leuchte die Kerze fort, um in dieser Nacht das Dunkel zu vertreiben. Nimm sie an als lieblich duftendes Opfer, vermähle ihr Licht mit den Lichtern am Himmel. Sie leuchte, bis der Morgenstern erscheint, jener wahre Morgenstern, der in Ewigkeit nicht untergeht: dein Sohn, unser Herr Jesus Christus, der von den Toten erstand, der den Menschen erstrahlt im österlichen Licht: der mit dir lebt und herrscht in Ewigkeit."

Aus dem bisher Gesagten ergibt sich logisch, dass man die Osterkerze nicht auf irgendeinen Leuchter stellt. Er muss verschiedene Bedingungen erfüllen. Die erste ist rein praktischer Natur. Hoch muss er sein, damit alle die brennende Kerze sehen können. Wegen der liturgischen Bedeutung darf er künstlerisch gestaltet sein. Alte Kloster- und Bischofskirchen besitzen gelegentlich noch wertvolle Leuchter. Einer von ihnen steht in der Basilika St. Paul vor den Mauern in Rom. Er hat reichen ornamentalen und figürlichen Schmuck. Kreuzigung, Auferstehung und Himmelfahrt sind dargestellt. Auch in den Kirchen S. Clemente und in S. Lorenzo in Rom kann man kostbare Osterleuchter sehen. Viele andere sind als Beutegut verschwunden.

RADLEUCHTER

Radleuchter mit einem Durchmesser von mehreren Metern waren in der karolingischen und ottonischen Zeit, d. h. vom 9. bis zum 11. Jahrhundert, sehr beliebt. Einige aus dieser Zeit sind erhalten, z. B. in den Bischofskirchen von Aachen, Essen und Hildesheim. Zwischen den Kerzenhaltern sind kleine Stadttore aus Metall angebracht. Das weite Rund des Leuchters erinnert so an eine Stadtmauer, nämlich an die des Himmlischen Jerusalem. Radleuchter hängen sinnvollerweise im Chorraum über dem Altar. Unter dem Leuchter, der für das Himmlische Jerusalem steht, wird am Altar unter Zeichen die himmlische Liturgie gefeiert. Dieser Gedanke wird besonders in den Ostkirchen betont. – Zum andern haben die Gläubigen beim Anblick des Leuchters das Ziel ihrer Pilgerschaft vor Augen: das Himmlische Jerusalem.

DIE MENORA IN DER KIRCHE

Das hebräische Wort „Menora" bedeutet Leuchter. Der wichtigste und bekannteste stand im Tempel zu Jerusalem. Wenn man damals von Menora sprach, war dieser vergoldete Leuchter im Tempel gemeint. Im Jahre 70 n. Chr. wurde er bei der Eroberung der Stadt durch die Römer als wertvolles Beutestück mit nach Rom genommen. In einem Durchgangsrelief des Titusbogens auf dem Forum Romanum ist er im Relief abgebildet. Eine Nachbildung des Originals steht seit einigen Jahren oberhalb des Platzes vor der Westmauer des Tempelberges in Jerusalem. Neben dem Davidstern ist die Menora Symbol des Judentums.

In mehreren Kirchen stehen Nachbildungen der Menora, z. B eine aus jüngerer Zeit in St. Pantaleon in Köln (Abb. 111). Die Essener Bischofskirche besitzt die älteste erhaltene Menora aus der Zeit um 1000 n. Christus (Abb. 175). Die Äbtissin Mathilde ließ sie nach der Beschreibung im Buch Exodus (25,31-38) anfertigen. Deshalb kann man davon ausgehen, dass dieses Schmuckstück ein realistisches Bild vom tatsächlichen Aussehen des originalen Leuchters vermittelt. Diese Vermutung wird durch den Leuchter am Titusbogen bekräftigt. Der Bildhauer in Rom hatte das Original vor sich. Wenn nun beide Nachbildungen, die unabhängig voneinander angefertigt wurden, sich formell gleichen, darf man folgern, dass beide nahe am Original sind.

Der Symbolgehalt des Leuchters ist vielschichtig. Die Form erinnert an den Lebensbaum. Das Licht verweist auf Gott. Christen werden an Jesus denken. Die sieben Leuchterarme können in christlicher Zeit als Hinweis auf die sieben Gaben des Heiligen Geistes gedeutet werden, die wie Feuerflammen herabkamen. – Viele Kirchenbesucher fragen beim Anblick des Leuchters irritiert: Was soll ein jüdischer Gegenstand in einer Kirche?

Nach der unglücklich verlaufenen Geschichte zwischen Judentum und Christentum ist die Frage verständlich. Aber nach dem, was die Alttestamentler in den letzten Jahrzehnten an neuen Erkenntnissen vermittelt haben, und nach dem, was das Zweite Vatikanische Konzil und die letzten Päpste erklärt haben, müsste eigentlich in jeder Kirche eine Menora stehen. Nur andeutungsweise soll auf einige Fakten hingewiesen werden: Jesus ist von einer jüdischen Frau geboren und hat nach den Weisungen der jüdischen Religion gelebt. Dadurch und deshalb ist er Jude. Und er ist Jude geblieben! Seine heilige Schrift, die er oft zitiert, sind die Bücher, die wir Altes Testament nennen. Im Sterben zitierte er einen Psalm. Jesus wollte nie eine christliche Religion gründen. Er wollte in der Tradition der Propheten neue Akzente im jüdischen Glauben setzen. Die Apostelgeschichte spricht von einem neuen Weg (Apg. 22,4;24,22). Gott hat seinen Bund mit Israel nie aufgekündigt. Es gibt keinen neuen Bund, der den ersten abgelöst hat. Der neue Bund ist immer der erneuerte erste und einzige Bund. „Der Gedanke an ein einziges Gottesvolk ist wieder möglich geworden, seit die Kirche auf dem Zweiten Vatikanischen Konzil die sogenannte ‚Substitutionstheorie' verabschiedet hat, wodurch die Kirche als Volk Gottes Israel ersetzt habe, das neue und wahre Israel das alte und verworfene", schreibt der Neutestamentler Rudolf Pesch.[22] Im Römerbrief führt Paulus aus, dass die aus dem Heidentum kommenden Christen wie Zweige von einem wilden

Ölbaum in den edlen Ölbaum eingepfropft wurden, damit sie Anteil erhalten an der Kraft der Wurzel. Und weiter wörtlich: „Nicht du trägst die Wurzel, sondern die Wurzel trägt dich" (Röm 11,18). Wenn sich Christen einer Glaubensgemeinschaft nahe und verbunden fühlen sollten, dann sind es die Juden. Als Papst Johannes Paul II. am 13. April 1986 die Synagoge in Rom besuchte, sprach er von den Juden als den „älteren Brüdern" der Christen.

Das immer noch nicht verstummte Gerede von den Juden als Gottesmörder diente oft als Rechtfertigung für Verfolgungen und wird heute noch als Grund für verbale Verleumdungen benutzt. Als ob irgendjemand zu Lebzeiten Jesu hätte wissen können, dass er der eingeborene Sohn des Vaters ist! – Und steckt hinter der Behauptung, die Juden seien ja schon immer verfolgt worden, vielleicht auch ein Verdrängungsmechanismus für eigenes Tun oder Unterlassen? – Und schließlich: Welche Bedeutung haben die Bücher des Alten Testamentes, also die Heiligen Schriften in der Hand Jesu, für die Christen? Die Kirche hat sie immer in Ehren gehalten und sonntags aus ihnen gelesen. Aber die meisten Christen ordnen sie auch heute immer noch den Schriften des Neuen Testamentes unter. In Wirklichkeit bilden Altes und Neues Testament die eine Offenbarung Gottes. Es gibt keinen rachsüchtigen und grausamen Gott im Alten Testament und einen anderen Gott im Neuen Testament. Ein frühchristlicher Irrlehrer namens Markion vertrat im 2. Jahrhundert solche Meinungen. Er wollte die Bibel reinigen und nur noch Texte stehen lassen, die von der Liebe Gottes handeln. Die Kirche ist auf diesen Vorschlag nicht hereingefallen. Aber markianische Tendenzen hat es in der Kirche immer wieder gegeben, bis in die Gegenwart. Wenn man beobachtet, wie Alttestamentler solche gewaltbesetzten Texte erklären, wird man zurückhaltender mit seinen Urteilen. – Fazit dieser Überlegungen, ausgelöst durch den Anblick einer Menora in einer Kirche: Wenn es im interreligiösen Gespräch zwischen Muslimen und Christen manchmal Berge von Vorurteilen und von Unwissenheit abzubauen gilt, im Gespräch mit Juden geht es um den Abbau von ganzen Gebirgszügen. Die ersten Baggerarbeiten müssen von Christen geleistet werden!

ORDENSARCHITEKTUR

Ordenskirchen sind Kirchen, die für und meist auch von den Mitgliedern eines bestimmten Ordens errichtet wurden. Der Begriff macht keine Angaben über die Architektur, sondern über die Funktion. Eine Ordenskirche kann romanisch sein oder barock; sie kann bescheiden oder üppig ausgestattet sein. Wenn der Allgemeinbegriff Ordenskirche spezifiziert wird und man z. B. von einer Benediktinerkirche, einer Zisterzienser- oder von einer Jesuitenkirche spricht, kann man schon ahnen, wie die betreffende Kirche aussehen wird; vorausgesetzt, man weiß einiges über die Spiritualität der verschiedenen Orden. Deshalb werden zunächst die Ordensgründer und die Ordensregeln vorgestellt, bevor Konkretes über die jeweilige Ordensarchitektur gesagt wird. In der zeitlichen Reihenfolge müssen die Benediktiner als Erste genannt werden. Über Jahrhunderte haben sie das Abendland auch durch ihre Architektur geprägt. – Am Anfang des klösterlichen Lebens stand das Eremitentum. Kirchbau war für die Einsiedler kein Thema. Sie hatten andere Sorgen und Ziele. Im Anhang wird unter der Überschrift „Die Formierung der ersten Orden aus dem Eremitentum" das Leben der Einsiedler näher beleuchtet. Es ist sinnvoll, zuerst diesen Exkurs zu lesen.

BENEDIKT VON NURSIA UND DIE BENEDIKTINERKLÖSTER

BETEN UND ARBEITEN

Benedikt (ca. 480-547) entstammte einer angesehenen italienischen Familie in Nursia. Er begann ein Studium der Rechtswissenschaft. Immer mehr wurde ihm bewusst, dass dies nicht sein Weg sein könne. Er fühlte sich zum Einsiedlerleben berufen. Höhlen, in denen er leben konnte, fand er in Mittelitalien in Fülle. Andere Einsiedler in der Umgebung suchten oft Rat bei ihm. Da er die Regel des hl. Pachomius aus Ägypten kannte, versuchte er, ähnlich wie Pachomius es getan hatte, für die Eremiten um ihn herum den Tagesablauf zu strukturieren. Benedikt übernahm die Regel nicht unkritisch, sondern änderte sie, wo er das für sinnvoll hielt. Einsiedler, die nun mönchisch zusammenleben wollten, sollten seiner Meinung nach nicht nur beten und meditieren, sondern auch arbeiten. Das Sowohl-als-auch ist für die Regel charakteristisch. Beten und arbeiten sollen die Mönche. Was aber sollten sie tun? Auch die Mönche im Osten, die nach der Regel des Pachomius lebten, mussten arbeiten. Sie stellten Gebrauchsgegenstände her wie Holzteller und Keramik. In den benachbarten Siedlungen wurden solche Dinge verkauft. Diese auch von vielen Zufälligkeiten abhängige Produktion und der Kontakt mit der Zivilbevölkerung bargen auch Risiken in sich. Benedikt hielt weder das Betteln noch den Verkauf von selbst hergestellten Produkten für sinnvoll. Man machte sich irgendwie wieder abhängig von der Welt, die man verlassen hatte. Nach der Vorstellung von Benedikt sollte jeder Mönch nach seinen Fähigkeiten für den Unterhalt des Klosters mitverantwortlich sein. Man wollte autark leben und unabhängig sein vom Verkauf und von den mildtätigen Gaben frommer Stifter. Zu leicht hätten die Spender die Mönche für eigene Zwecke instrumentalisieren können. Die Unabhängigkeit von der Welt außerhalb der Klostermauern setzt Landbesitz voraus. Auf eigenem Grund und Boden konnten sie Teiche und Weinberge anlegen, Vieh halten und Getreide ernten. Man brauchte Vorratskammern. Schuster, Schreiner, Schmiede und Bäcker benötigten ihre eigenen Arbeitsräume. Ein Benediktinerkloster glich Jahrhunderte hindurch einem Dorf. Wo aber fand man Land? Manchmal in den Städten. Da die Mönche Ruhe und Einsamkeit suchten, war ihnen Grundbesitz außerhalb der Städte lieber. Für viele weltliche Herren war es Ehrensache, den Mönchen Land zur Verfügung zu stellen, sicher nicht ohne Hoffnung auf Vergeltung im Jenseits.

Das Konzept des hl. Benedikt von einem Kloster macht verständlich, warum es abgelegen und warum es ein Dorf im Kleinen ist.

Nach der Regel sollen die Mönche einen Gast empfangen, als wäre er Christus selbst. Übernachtungsmöglichkeiten für Gäste stehen in jedem Kloster der Benediktiner zur Verfügung. – Die würdige Feier des Gottesdienstes steht an erster Stelle. Ihm ist nichts vorzuziehen. Feierlich soll er gestaltet werden. Deshalb kann man davon ausgehen, dass man in jedem Kloster eine große Kirche vorfindet.

Träger des Bildungswesens

Auf Wissenschaft und Studium legt Benedikt großen Wert. Antike Texte wurden studiert und abgeschrieben. Der Adel schickte die Kinder zu den Benediktinern in die Schule. Bischöfe vertrauten den Mönchen die Ausbildung des Klerus an. Vor der Errichtung von Universitäten unterhielten Bischöfe Kathedralschulen. Die Lehrer waren meist Benediktiner. Fürsten und Kaiser riefen Benediktiner an ihre Höfe, denn diese wussten, wie man Urkunden verfasst und Reden entwirft.

Die Cluniazensische Reform

Es blieb nicht aus, dass die Benediktiner Schenkungen erhielten in Form von Sachwerten oder als Ländereien. Manche Klöster wurden extrem reich. Die riesigen Flächen an Land konnten die Mönche allein nicht bewirtschaften. Manchmal lagen die Ländereien weit entfernt vom Kloster. Sie wurden an Bauern verpachtet, die dafür Abgaben entrichten mussten. Wenn eine religiöse Gemeinschaft zu reich wird, melden sich bald auch kritische Gegenstimmen, die an das ursprüngliche Armutsideal erinnern. Das wichtigste Reformkloster, welches wieder nach der reinen Regel des hl. Benedikt leben wollte, war eine Neugründung im burgundischen Cluny im Jahr 910. In Cluny sollten nicht nur die eigenen Mönche auf die strikte Befolgung der Regel verpflichtet werden. Von dort aus sollte der gesamte Benediktinerorden, ja die Gesamtkirche an Haupt und Gliedern reformiert werden. Wenn man unter einem solchen Vorzeichen antritt, zurück zu den Quellen sozusagen, dann gibt es starken Zulauf von ideal gesinnten jungen Leuten. Und Cluny wuchs und erhielt Schenkungen. Abt Hugo III. (1049-1109) vergrößerte die Klosterkirche, in der Tag und Nacht Gottesdienste gefeiert wurden, auf eine Länge von einhundertachtzig Metern. Cluny verstand sich als neues Rom und berufen, die Christenheit wieder zu den Quellen zurückzuführen.

Viele Klöster in Europa sahen in Cluny das große Vorbild. An sich ist jedes Benediktinerkloster selbstständig. Man tritt in ein bestimmtes Kloster ein und bleibt dort bis zu seinem Tod. Der Abt wird von der Mönchsgemeinschaft gewählt. In den Klöstern, die sich Cluny anschlossen, hatte der Abt von Cluny ein Mitspracherecht bei der Wahl. Das bedeutete ein Zuwachs an Macht. Mehrere Äbte des Klosters von Cluny gehörten zu den gebildetsten und einflussreichsten Persönlichkeiten des Mittelalters.

In der Französischen Revolution wurde die Kirche zerstört. Die bis heute erhaltenen Reste geben noch eine Vorstellung von der ursprünglichen Monumentalität der Anlage.

BESTANDTEILE EINES BENEDIKTINERKLOSTERS

DIE KIRCHE

Das wichtigste Gebäude innerhalb eines Benediktinerklosters ist die Kirche. Hier wird die Eucharistie gefeiert, und hier verrichten die Mönche mehrmals am Tag das Stundengebet. Benediktinerkirchen sind meist mehrtürmig und reich ausgestattet.

Es wurde schon gesagt, dass die würdige Feier der Gottesdienste die wichtigste Aufgabe der Mönche ist. Es ist immer wieder beeindruckend, das Stundengebet oder eine Eucharistiefeier in einem Benediktinerkloster mitzuerleben.

NAME UND FUNKTION DES KREUZGANGES

Unter einem Kreuzgang versteht man einen quadratisch angelegten Hof innerhalb des Klostergeländes, der an allen Seiten von einem überdeckten Gang umgeben ist (Abb. 108 und 137). Zum Hof hin ist er offen. Alle wichtigen Räume kann man vom Kreuzgang aus schnell erreichen: Kirche, Kapitelsaal und Speiseraum. Man kann sagen: Alle Wege führen zum Kreuzgang und alle Wege gehen vom Kreuzgang aus.

Kreuzgänge begeistern in der oft zierlichen Architektur der Arkaden zum Hof hin auch heute noch die Besucher. Zum Glück sind viele aus dem Mittelalter erhalten. Besonders wertvolle befinden sich in Monreale auf Sizilien oder neben St. Paul vor den Mauern und im Laterankomplex.

Der Name „Kreuzgang" besagt nicht, dass in der Mitte des Hofes ein Kreuz gestanden hat. Dort gab es einen Brunnen. Oft plätschert heute dort noch Wasser. Der Name erinnert vielmehr an Prozessionen mit einem Kreuz. Man „ging" mit einem Vortragekreuz durch die Gänge und weiter in die Kirche. An der Spitze „ging" das Kreuz, daher der Name „Kreuzgang".

Wenn sich die Mönche im Kreuzgang aufhalten, werden sie weit entfernt zwar immer noch von Klostermauern umgeben, aber zugleich bewegen sie sich in einem Bereich freier Natur. Sie spüren Wind und Regen und sehen die Wolken am Himmel. Sie hören, wie das Wasser plätschert. Sie freuen sich an der Pracht der Blumen und riechen den Duft von Kräutern. – Man kann die Natur zwar auch erleben, wenn man in der Landwirtschaft arbeitet oder von einem Gebäude in ein anderes wechselt. Der Kreuzgang steht allen zur Verfügung und ist leicht erreichbar. Er liegt immer an der Südseite, damit die Mönche lange von der Sonne profitieren.

HERKUNFT DES KREUZGANGES

Abschließend die Frage: Wo haben Kreuzgänge ihre architektonischen Wurzeln? Woher stammt das Konzept? M. E. braucht man nicht lange nach direkten Vorbildern zu suchen. Man fand sie in Italien in allen Städten, und zwar sowohl im normalen Wohnhaus als auch in den Villen der Aristokratie. Das einfache Wohnhaus der Römer war ein Atriumhaus. Um einen Innenhof herum reihen sich an den vier Seiten Wohn- und Wirtschaftsräume. Der Hof im Zentrum liegt zwar nicht ganz offen unter freiem Himmel, aber immerhin lässt das an den vier Seiten umlaufende Pultdach in der Mitte eine quadratische Öffnung offen von mehreren Metern Seitenlänge, das „compluvium". Durch diese Öffnung fiel das Regenwasser nach unten in ein auf dem Boden angebrachtes viereckiges Becken, „impluvium" genannt. So hat man auch sogleich eine Erklärung für den Brunnen im Hof des Kreuzganges. Da man im Kloster wie eine Familie wohnte, lag es nahe, sich an einem solchen Atriumhaus, dem Haus einer Großfamilie, zu orientieren.

Ein weiteres Vorbild für den Kreuzgang war das römische Peristylhaus. In Pompeji und Umgebung sind Dutzende dieser aristokratischen Villen erhalten. Das „Peristyl" ist ein Gebäude, ähnlich einem Kreuzgang, hinter dem Atriumhaus. Es ist um einen Garten herum angelegt. An drei oder an allen vier Seiten stehen Säulen. Eine solche Säulenanordnung nennt man „Peristyl" (= Säulen herum). Von den Säulengängen kann man in verschiedene Räume gelangen. Eine solche Anlage bietet ein direktes Vorbild für Kreuzgänge. Wäre der Gebäudekomplex ein Kloster, würde man hier, ohne zu zögern, von einem Kreuzgang sprechen. Damit dürfte mein Vorschlag, den Kreuzgang vom römischen Atriumhaus und vom vornehmen Peristylhaus abzuleiten, ausreichend begründet sein.

KAPITELSAAL

Dieser Raum ist nach der Kirche der zweitwichtigste. Auf den Steinbänken an den Wänden sitzen die Mönche, um kapitelweise die Regel zu hören; daher der Name Kapitelsaal. Das gemeinsame Lesen und Hören war notwendig, weil nicht jeder Mönch ein handgeschriebenes Buch mit der Ordensregel besaß. Im Kapitelsaal wurden auch Dinge besprochen, an der die gesamte Klostergemeinschaft Interesse hatte. Der Abt oder Prior verteilte dort die anstehenden täglichen Arbeiten. Es wurden auch in aller Öffentlichkeit disziplinarische Maßnahmen gegen Mönche verhängt, die sich einer Verfehlung schuldig gemacht hatten.

Der Kapitelsaal hat einen festen Ort in der Klosteranlage. Er liegt an der östlichen Seite des Kreuzganges. Die quadratische oder leicht rechteckige Form des Kapitelsaales erleichtert die Kommunikation. Deshalb wird nach Möglichkeit auch auf Pfeiler und Säulen verzichtet.

REFEKTORIUM

Der Speiseraum, das Refektorium, ist ebenfalls vom Kreuzgang aus mit einem Schritt zu erreichen. Die großen Wände in den Refektorien bieten sich für Malerei an. Ein beliebtes Thema in Refektorien ist das Abendmahl. Das Mahl der Mönche wird überboten vom eucharistischen Mahl und dieses vom Hochzeitsmahl im Himmel. Andererseits soll die Gemeinschaft stiftende Kraft der Eucharistie in den täglichen Mahlzeiten der Mönche fortwirken. Ghirlandaio (1483-1561) malte ein Abendmahl im Speiseraum des Klosters Ognissanti in Florenz und im Kloster San Marco. Im Speisaal von Santa Croce hinterließ der Giotto-Schüler Taddeo Gaddi ein monumentales Abendmahl.

SKRIPTORIUM

Die meisten Benediktinerklöster hatten eine Schreibstube, ein „scriptorium" (scribere = schreiben). Man benötigte Bücher für die Feier der Liturgie. Man brauchte Bücher zum Studieren. Das Studium hatte einen hohen Stellenwert. Fast tausend Jahre kamen die Benediktiner ohne Buchdruck aus. Jedes Buch wurde in mühsamer Arbeit mit der Hand geschrieben. Skriptorien wurden im Winter etwas gewärmt, damit die Finger der Schreiber beweglich blieben. Schreibstuben lagen im Süden der Klosteranlage, um möglichst lange vom Licht der Sonne zu profitieren. – Unter dem Kapitel „Codices und Rollen im Vergleich" werden weitere Einzelheiten der Buchherstellung und des Schreibens erläutert.

DORMITORIUM

Mönche schlafen heute in ihrem Zimmer bzw. in ihrer Zelle. Im frühen Mittelalter gab es große Schlafsäle. Das Mönchsgewand wurde nachts nicht ausgezogen. Den Luxus eines eigenen Nachtgewandes leistete man sich nicht. Von einer besonderen Ausstattung der Schlafsäle kann man nicht reden.

INFIRMARIE

Die Infirmarie ist das Krankenzimmer. Die Sorge um die Kranken ist eine genuin christliche Aufgabe. Kranke Mönche haben im Kloster einen Sonderstatus. Heute werden sie ärztlich betreut. Im Mittelalter besorgten das Brüder, die sich auskannten in den Wirkungen der verschiedenen Heilpflanzen, die im Klostergarten wuchsen. Der Aderlass gehörte zur Therapie bei vielen Erkrankungen. Eine entsprechende Diät wurde verabreicht. Die Brüder sorgten für eine angemessene Zimmertemperatur. Krankenzimmer und Schreibstuben waren die einzigen Räume, die geheizt wurden.

FRIEDHOF

Zu jedem Kloster gehört ein Friedhof. Er liegt im Norden der Anlage. Im Zisterzienserkloster zu Fontenay schließt der Klosterfriedhof direkt an die Kirche an. Durch einen bescheidenen Durchgang gelangt man von der Kirche direkt auf den Friedhof. Weil die verstorbenen Mönche durch diese Öffnung zu ihrer letzten Ruhestätte getragen wurden, nennt man sie auch Totenpforte. An Schlichtheit sind Klosterfriedhöfe nicht zu überbieten. Name, Geburtsjahr und Todesjahr sind in einfachen Lettern vermerkt, manchmal nur der Name.

ZISTERZIENSERKLÖSTER

ZISTERZIENSER ALS REFORMBENEDIKTINER

Ohne die Benediktiner gäbe es keine Zisterzienser. Der Benediktinermönch und Abt namens Robert aus dem Kloster Molesme bei Dijon in Burgund verließ 1098 mit einundzwanzig anderen Mönchen seinen Konvent. Diese Gruppe wollte keinen neuen Orden gründen. Sie waren Benediktiner und wollten es bleiben. Ihr Bestreben war, in der Einsamkeit von Cîteaux in Burgund streng nach der Regel des hl. Benedikt zu leben. Nach diesem einsam gelegenen Ort wurde später die immer mehr eigenes Profil entwickelnde Gemeinschaft „Zisterzienser" genannt. Eigentlich waren sie immer noch die Benediktinermönche von Cîteaux. Aber sie setzten eigene strenge Akzente in der Befolgung und Auslegung der Regel des hl. Benedikt, sodass die Unterschiede zwischen dieser Reformgruppe und ihrem Herkunftsorden immer deutlicher wurden. Viele junge Männer in Burgund wollten leben wie diese Mönche in Cîteaux. Wegen des starken Zulaufs kam es zu neuen Klostergründungen. Eine Neugründung nennt man Filiation (filia = Tochter). Cîteaux gründete achtundzwanzig neue Klöster, eine für moderne Menschen fast unvorstellbar hohe Anzahl. Die ersten vier Tochtergründungen (Filiationen) waren – in der zeitlichen Reihenfolge: La Ferte, Pontigny, Clairvaux und Morimond. Man nennt sie auch Primarabteien, die ersten. Sie haben ein besonderes Ansehen und auch besondere Rechte. Auch von diesen Klöstern gingen wiederum Tochtergründungen aus. Für die Mönche in Cîteaux waren es Enkelklöster. Europa wurde von einem Netz von Zisterzienserklöstern überzogen. Im 17. Jahrhundert zählte man 742 Abteien.

Das Filiationssystem unterscheidet sich von den Neugründungen der Benediktiner. Benediktinerklöster besitzen eine starke Selbstständigkeit, sie sind relativ autonom.

Der Abt von Cîteaux dagegen visitierte die Tochterklöster einmal im Jahr. Visitieren heißt in diesem Fall nicht nur einen Besuch abstatten, sondern kontrollieren. Er selbst wurde von den Äbten der vier Primarabteien kontrolliert. Der Abt des Mutterklosters hatte das Recht und die Pflicht, die Tochtergründung einmal im Jahr zu visitieren.

Einmal im Jahr versammeln sich die Äbte aller Zisterzienserklöster in Cîteaux zum Generalkapitel, um Angelegenheiten zu besprechen, die den gesamten Orden betreffen.

Bernhard von Clairvaux

Einen hohen Ansehenszuwachs erhielt die benediktinische Reformgruppe, als ein junger Mann aus dem Adel namens Bernhard eintrat. 1090 wurde er geboren. Mit zweiundzwanzig Jahren trat er mit vier leiblichen Brüdern und weiteren Verwandten und Freunden dem neuen Orden in Cîteaux bei. Einige Jahre später gründete er auf Anweisung des Abtes von Cîteaux das Kloster Clairvaux, dessen Abt er wurde und bis zu seinem Tode 1153 blieb. Deshalb heißt er auch Bernhard von Clairvaux. Beim Tode Bernhards lebten in Clairvaux siebenhundert Mönche, wiederum eine für heutige Verhältnisse unvorstellbar große Zahl. Hunderte von Zisterzienserklöstern wurden in Europa gegründet. Der junge und überzeugende Bernhard muss auf andere junge Männer einen unwiderstehlichen Eindruck gemacht haben. Er war hochgebildet und deshalb Berater von Päpsten und Königen. Mit allen wichtigen Persönlichkeiten in Staat und Kirche pflegte er einen regen Briefkontakt. Seine literarische Hinterlassenschaft umfasst mehrere Bände. 1145 wurde ein Zisterzienser und Schüler Bernhards Papst: Eugen III. Bernhard saß an den Schalthebeln der Macht. Als hervorragender Redner rief er im Auftrag seines päpstlichen Freundes und Schülers Eugen III. in Vézelay zum zweiten Kreuzzug auf. Auch im Speyerer Dom hielt er eine flammende Predigt für diesen Kreuzzug. Nach der Meinung vieler Historiker ist Bernhard die bedeutendste und einflussreichste Persönlichkeit des 12. Jahrhunderts. Die Zeit von 1200 bis 1250 wird auch das „Bernhardinische Zeitalter" genannt.

Da es hier um die Architektur der Zisterzienserklöster geht, sollen diese Anmerkungen zum Zisterzienserorden und zur Bedeutung des hl. Bernhard genügen. Die Stichworte Einsamkeit, strenge Regelauslegung und Einfachheit lassen schon ahnen, wie sich und worin sich ein Zisterzienserkloster architektonisch von einem Benediktinerkloster unterscheidet.

DIE ZISTERZIENSERARCHITEKTUR

Wenn man sich einem Kloster der Benediktiner nähert, sieht man von Weitem schon Türme. Vor den Hauptgottesdiensten kann man ein mehrstimmiges Glockengeläut hören. Das ist bei Zisterzienserklöstern anders. Auf dem Kirchendach befindet sich ein kleines Türmchen (Abb. 44). Hier muss man schon in zwei Verkleinerungsformen sprechen. Man nennt es auch Dachreiter. Es ist schmal und bietet nur Platz für eine kleine Glocke. Ihr Geläut reicht aus, um die Mönche zum gemeinsamen Gebet in die Kirche zu rufen. Das Maximalgewicht der Glocke ist in den Satzungen festgelegt. – Die Kirche in Pontigny könnte von der Größe her eine Kathedrale sein (Abb. 176). Sie stammt aus der Gründerzeit des Ordens. Die Größe ist in diesem Fall keine Demonstration von Macht. Sie war erforderlich wegen des ungeheuren Zulaufs, den der Zisterzienserorden hatte. Wäre diese Kirche eine Benediktinerkirche oder eine Kathedrale, hätte sie mit Sicherheit einen mächtigen Turm bekommen.

Zisterzienserkirchen sind schlicht. Das beweist auch die Fassade der Klosterkirche in Fontenay (Abb. 177). Sie ist keine Schmuckfassade. Sie hat einen Eingang – das Wort Portal wäre zu hoch gegriffen – und einige Öffnungen für den Lichteinfall. Die Dreizahl der Giebelfenster als trinitarischer Hinweis ist kein typisches Merkmal der Zisterzienserarchitektur. Man findet sie auch bei St. Pantaleon in Köln (Abb. 40) und bei noch älteren Kirchen.

Die Schlichtheit der Architektur setzt sich auch in den Fenstern fort. Sie sind weder mehrfach abgestuft noch profiliert, sondern wie aus der Mauer geschnitten. Farbige Gläser sind nicht erwünscht. Durch die weißen Fenster fällt viel Licht ein. Deswegen sind Zisterzienserkirchen hell. Das wird noch gesteigert durch den einfachen weißen Putz an den Wänden. Bunte Glaswände werden abgelehnt. Sie sind zu kostenintensiv. Das Geld soll man den Armen zukommen lassen. Bunte Fenster seien auch für die Mönche nicht segensreich. Sie können sich in der Betrachtung verlieren und so beim Chorgebet abgelenkt werden.

Die Gewölberippen in gotischen Zisterzienserkirchen werden nicht als Dienste bis auf den Boden hinabgeleitet. Sie sind abgekragt, d. h., sie werden schon in der oberen Wandzone in das Mauerwerk hineingeleitet, mit dem sie dann verschmelzen.

Der Chorbereich hat im Idealfall einen geraden Abschluss. Die Apsis ist halbkreisförmig oder rechteckig. Rechts und links daneben sind weitere Apsiden in Kreissegmentform oder rechteckförmig aufgereiht. Auf einen üppigen Umgangschor mit Radialkapellen, wie man ihn in gotischen Bischofskirchen und in vielen Pfarrkirchen oft antrifft, wird verzichtet.

Kapitellschmuck wird weder in Kirchen noch in Kreuzgängen geduldet. In einem Brief an den Abt Wilhelm von Cluny beschwert sich Bernhard über den dort betriebenen Luxus

Abb. 176   Zisterzienserkirche in Pontigny, Burgund

Abb. 177   Fassade der Zisterzienserkirche in Fontenay, Burgund

der Architektur, der liturgischen Geräte und der Prunkhandschriften. Er tadelt ausdrücklich die Fratzen an den Kapitellen und im Chorgestühl. Ein Kapitellschmuck wie auf Abbildung 178 aus dem Kreuzgang der Benediktiner in Monreale auf Sizilien wäre für den hl. Bernhard ein Greuel. In Bischofskirchen, in dem sich das einfache Volk des Bistums versammle, könne man Malerei und Skulpturen als Belehrung für das einfache Volk erlauben, aber nicht in Klöstern. „Freilich, Bischöfe gehen von einer anderen Voraussetzung aus als Mönche: Wir wissen ja, dass jene den Weisen wie den Unklugen verpflichtet sind und dass sie darum die Andacht des fleischlich gesinnten Volkes mit augenfälligem Schmuck wecken, denn mit geistigem könnten sie es nicht. Wir aber sind schon vom Volk ausgezogen, wir haben für Christus alles Kostbare und Blendende der Welt verlassen, wir haben, um Christus zu gewinnen, alles für Unrat gehalten (Phil 3,8), was schön glänzt, was durch Wohllaut schmeichelt, was lieblich duftet, süß schmeckt und sich angenehm berühren lässt, kurz, alle Ergötzlichkeiten des Körpers."[23] Solche Bemerkungen waren sicher auch gegen das Kloster St. Denis in Paris gerichtet, welches der mächtige Abt Suger überaus kostbar ausgestattet hatte. In Klöstern lässt Bernhard auch nicht die Fabelwesen gelten, die er sich genau angeschaut hatte, wie die folgende beschreibende Aufzählung zeigt.

„Aber wozu dienen in den Klöstern, vor den Augen der lesenden Brüder, jene lächerlichen Missgeburten, eine auf wunderliche Art entstellte Schönheit und schöne Scheußlichkeit? Was bezwecken dort die unflätigen Affen, die wilden Löwen? Was die widernatürlichen Zentauren, die halbmenschlichen Wesen, die gefleckten Tiger? Was sollen die kämpfenden Krieger, die Jäger mit ihrem Horn? Hier kann man unter einem Kopf viele Leiber sehen, dort wieder auf einem Körper viele Köpfe. Auf der einen Seite bemerkt man an einem Vierfüßler den Schwanz einer Schlange, auf der anderen an einem Fisch den Kopf eines Vierfüßlers. Dort gibt es ein Tier zu sehen, vorne ein Pferd, die hintere Hälfte eine Ziege, hier wieder ein Hornvieh, das hinten als Pferd erscheint. Mit einem Wort, es zeigt sich überall eine so große und so seltsame Vielfalt verschiedener Gestalten, dass einem mehr die Lust ankommt, in den Marmorbildern statt in den Codices zu lesen, dass man eher den ganzen Tag damit verbringen möchte, diese Dinge eins nach dem anderen zu bewundern, statt über das Gesetz Gottes zu meditieren. Bei Gott, wenn man sich schon nicht dieser Albernheiten schämt, warum tut es einem nicht wenigstens um die Kosten leid?"[24] Auch mit dem Benediktinerabt Suger von St. Denis bei Paris, der einen Neubau seiner Kirche ausführen und kostbar schmücken ließ mit Reliefs, bunten Glasfenstern und teuren Reliquiaren führte der hl. Bernhard einen erhaltenen Briefwechsel in ähnlicher Angelegenheit und verurteilte den Prunk.

Die Forderung nach Schlichtheit gilt auch für liturgische Geräte und Gewänder. Alles soll mit dem Armutsideal der Mönche zu vereinbaren sein. Von der Patene soll nur die obere Seite vergoldet sein, weil nur dort die konsekrierte Hostie während der Messfeier liegt.

Auch einer Handschrift sieht man an, wenn sie in der Schreibstube eines Zisterzienserklosters hergestellt wurde. Prunkeinbände wird man vergeblich suchen. Die Initialen sind weniger aufwendig gestaltet. Malerei zwischen den Texten wird als überflüssig und störend betrachtet.

Da die Zisterzienser mehrmals nachts in der Kirche zum Gebet zusammenkamen, lag ihr gemeinsamer Schlafsaal unmittelbar neben dem Kirchenschiff. Im Kloster Fontenay sind noch die wenigen Treppenstufen erhalten, die man vom Schlafsaal zur Kirche hinabsteigt (Abb. 179). Der Schlafsaal selbst war einfach (Abb. 180). Man konnte auf dem

Abb. 178 Kapitellschmuck im Kreuzgang von Monreale, Sizilien

Abb. 179
Treppe zwischen Kirche
und Dormitorium im
Zisterzienserkloster
in Fontenay, Burgund

Abb. 1
Heutige Kirche (
Trappisten im ehemalig
Zisterzienserklos
in Citea

Abb. 180   Dormitorium des Zisterzienserklosters in Fontenay, Burgund

Boden liegen und hatte ein Dach über dem Kopf. Das genügte. Eine Heizung gab es natürlich nicht. Ein solcher Luxus hätte gegen die Ordensregel verstoßen.

Man kann sich vorstellen, dass ein solches Ideal auf Dauer nicht durchzuhalten war. Die Mönche lebten einfach, brauchten sich also für ihren Unterhalt keine Sorge zu machen. Sie erhielten Schenkungen von Reichen, die damit für sich Jenseitsfürsorge betrieben. Es gab im Kloster Überschüsse. Wohin damit? Vielleicht könnte man einen schöneren Fußboden in der Kirche legen oder wenigstens ein kleines Fenster farbig gestalten, wie man das rundherum in den Pfarrkirchen und Kathedralen und in den Benediktinerklöstern zu tun pflegte. So geschah es. Es sind allerdings mehrere Beschlüsse des Generalkapitels überliefert, in denen bestimmte Klöster aufgefordert werden, z. B. einen zu kostbaren Fußboden aus der Kirche wieder herauszunehmen.

Die Zisterzienser bauten ihre Klöster selbst. Das war möglich, weil sie Laien aufnahmen. Konversen wurden sie genannt. Sie versprachen Armut, Keuschheit und Gehorsam. Von diesem Versprechen konnten sie unter besonderen Umständen entbunden werden. Die Priestermönche legten Gelübde ab. Ein Gelübde hat eine andere Qualität als ein Versprechen. Von ihm zu befreien, ist ungleich schwerer. – Die Ordenskleidung der Priestermönche ist weiß. Die Konversen tragen ein bräunliches Habit. Sie waren zuständig für die Bewirtschaftung der Felder, die oft weit entfernt vom Kloster lagen. Deshalb waren sie nicht verpflichtet, am Chorgebet teilzunehmen. Sonntags, wenn die Arbeit ruhte, wurden sie erwartet. Konversen arbeiteten auch in den Klosterwerkstätten, in der Schmiede oder in der Schreinerei. Es bildeten sich Spezialistengruppen für verschiedene Tätigkeiten heraus. Von ihrer Kenntnis im Bausektor, und im Weinanbau profitierte die gesamte Bauernschaft außerhalb der Klöster.

Natürlich arbeiteten auch die Priestermönche. Sie verrichteten Arbeiten im Kloster oder in Klosternähe. Schwere körperliche Arbeit wurde ihnen nicht auferlegt, weil die Teilnahme am Stundengebet in der Kirche zu ihren wichtigen Aufgaben gehörte.

Zwischen Konversen und Priestermönchen gab es im klösterlichen Alltag eine scharfe Trennung. Die Ersteren kamen meist aus dem Bauernstand und aus Handwerkerkreisen. Die Mönche waren Adlige, wie der hl. Bernhard selbst. In dem in Deutschland am besten erhaltenen Zisterzienserkloster in Maulbronn existieren noch zwei Speiseräume, einer für die Priestermönche und der andere für die Konversen. Diese beiden Gruppen hatten auch verschiedene Schlafsäle. Auch in der Kirche waren sie getrennt. Für die Konversen war der hintere Teil der Kirche bestimmt. Den Kreuzgang durften sie nicht betreten. – Moderne Besucher empfinden eine solche Differenzierung verständlicherweise als wenig christlich und brüderlich. Wenn man sich aber die Aufgaben der Laienbrüder vorstellt, wird manches verständlich. Der Konverse kam vom Feld in seiner Arbeitskleidung. Vielleicht hatte er kurz vorher Mist auf den Feldern verteilt oder Fische aus den Teichen geholt. Er kam, stärkte sich und ging wieder an die Arbeit. Die Priestermönche und die Brüder, die keine Handarbeit verrichteten, kamen im sauberen Habit zum Chorgebet in die Kirche oder in den Speisesaal oder eilten aus ihrer Zelle in die Kirche. Für beide wäre es vermutlich peinlich gewesen, nebeneinanderzusitzen und gemeinsam zu speisen oder im Chor im selben Gestühl zu beten. Lesen und schreiben waren für die Konversen Fremdworte. In der Bibliothek waren sie natürlich nie zu sehen. Beide Gruppen waren aufeinander angewiesen, hatten aber weitgehend getrennte Lebensräume. Die Trennung aus praktischen, arbeitsteiligen Gründen kann allerdings auch eine mentale Herabstufung der Personen zur Folge haben.

Bislang sind die Gebetszeiten der Mönche noch nicht genauer zur Sprache gekommen. Sieben Gebetszeiten sind über den Tag, die beginnende Nacht und den frühen Morgen verteilt. „Siebenmal singe ich dein Lob", heißt es in Psalm 119,164. Die Gebetszeiten heißen nach dem lateinischen Wort „hora" (= Stunde) auch Horen oder Stundengebet. Die Mönche in Cîteaux hatten im Oktober 2008 folgende Gebetszeiten: um 4 Uhr morgens Vigil (= Nachtwache), um 7 Uhr die Laudes (= Lob), danach Eucharistiefeier, um 9.30 Uhr Terz (Gebet zur dritten Stunde, beginnend mit 6 Uhr als die erste Stunde des neuen Tages), 12.30 Uhr die Sext (12 Uhr ist die sechste Stunde), 14.30 Uhr Non (neunte Stunde), 18 Uhr Vesper (= beginnender Abend) und 20.15 Uhr Complet (Ende, Abrundung des Tages). Elemente der Horen sind Psalmen, Hymnen, Lesungen aus der Hl. Schrift und Gebete.

Auch viele Laien hielten sich an kurze Gebetszeiten während des Tages. Aus dem Mittelalter sind reich illustrierte Stundenbücher erhalten, die wegen ihrer Kostbarkeit für Angehörige des Hochadels bestimmt waren.

In Cîteaux leben heute Zisterzienser der strengen Observanz, die auch Trappisten genannt werden. Sie betreiben eine große Landwirtschaft. Die Klosterkirche ist modern und entspricht der zisterziensischen Gründerzeit. Sie ist lichtdurchflutet (Abb. 181). Im Vordergrund steht der Altar, rechts und links das einfache Chorgestühl. An der Stirnwand sehen die Mönche das Christuszeichen, die griechischen Anfangsbuchstaben für Christus, X und P. Oben sieht man drei rechteckige Aussparungen für den Lichteinfall. Es ist eine moderne und gelungene Lösung. In Fontenay trifft man auf die Dreizahl der Fenster im Chor, im Dormitorium und in der Fassade. In Fontenay und in Cîteaux ist das mittlere Fenster jeweils das größte. Es wurde bereits gesagt, dass die Dreizahl ein Hinweis auf die Trinität ist. – Der hl. Bernhard hätte Freude an dieser Kirche.

DIE TRAPPISTEN ALS REFORMZISTERZIENSER

Innerhalb des Zisterzienserklosters in Trappe in der Normandie versuchten Mönche im 17. Jahrhundert, sich intensiver an der Lebensweise der Mönche zur Zeit des hl. Bernhard zu orientieren. Es war eine Reformbewegung, die bald auch in anderen Klöstern Anhänger fand. So wie reformwillige Benediktiner die Keimzelle des späteren Zisterzienserordens bildeten, so entstand der Trappistenorden aus einer Gruppe von Zisterziensern, denen das derzeitige Leben im Kloster zu bequem war. Leben wie die Mönche zur Zeit des hl. Bernhards, das war ihr Ideal. Diese strengen Mönche nannte man nach dem Standort ihres Klosters Trappisten. Auch die Zisterzienser haben bekanntlich ihren Namen nach dem Ort der ersten Niederlassung in Cîteaux erhalten. Schwierigkeiten bekamen die Mönche während der Französischen Revolution. Ihre Klöster wurden aufgelöst, die Mönche vertrieben. Dadurch wurde ihre Lebensweise in vielen Gegenden bekannt. Nach den Stürmen der Revolution entstanden neue Klostergründungen. Die Mönche verstanden sich nicht als Mitglieder eines neuen Ordens, sondern als besonders streng lebende Zisterzienser. Spannungen zu den übrigen Zisterziensern blieben nicht aus. Im Jahr 1892 trennten sich die beiden Richtungen. Die Trappisten nannten sich Zisterzienser der strengen Observanz oder offiziell in lateinischer Sprache: „Ordo Cisterciensis strictioris observantiae", abgekürzt OCSO. Die übrigen Zisterzienser, die nach der alten, nicht reformierten Regel leben, sind die „Zisterzienser der allgemeinen Observanz" oder: OCIST = „Ordo Cisterciensis, Zisterzienser der communen Observanz".

Obwohl die Trappisten rechtlich einen selbstständigen Orden bilden, verstehen sich beide Richtungen der einen zisterziensischen Familie zugehörig.

BETTELORDENSKIRCHEN

Zu den Bettelorden zählen Franziskaner und Dominikaner. Der Name „Bettelorden" weist auf die anfangs geübte Praxis der Mönche hin, das Essen zu erbetteln. Im Unterschied zu den bestehenden Orden der Benediktiner und Zisterzienser durfte auch das Kloster keinen Besitz haben. Die Menschen gaben gern. Sie waren überzeugt, dass jede gute Tat im Jenseits vergolten würde. Und sie wussten, dass in den Klöstern für die Wohltäter gebetet wird.

Wenn buddhistische Mönche im fernen Orient in den Familien ihr Essen abholen, bedanken sie sich nicht. Der Geber verneigt sich und sagt Danke. Er bedankt sich dafür, dass ihm Gelegenheit geboten wird, Gutes zu tun. So ähnlich haben wohl auch die Menschen im Mittelalter gedacht.

Das Architekturverständnis der beiden neuen Orden ergibt sich wiederum logisch aus der Ordensregel.

DER HL. FRANZ UND DER FRANZISKANERORDEN

Franziskus gehört zu den populärsten, bekanntesten und beliebtesten Heiligen der Kirche. 1181 oder 1182 wurde er geboren. Bereits im Jahr 1226 starb er. Sein Vater war als Textilkaufmann oft in Frankreich. Der kleine Giovanni (= Johannes) erhielt deshalb den Spitznamen Francesco (= der Franzose). Sein Vater gehörte zu den Reichen der Stadt. Der Sohn ging zum Vergnügen seiner Freunde großzügig mit Geld um. Sein gewiss nicht langweiliger Lebenswandel änderte sich, als er während einer kriegerischen Auseinandersetzung seiner Heimatstadt Assisi mit der benachbarten Stadt Perugia dort in Kriegsgefangenschaft geriet. Ein Jahr hatte er Zeit, über sein bisheriges Leben nachzudenken. Später wird Ignatius von Loyola unter ähnlichen Umständen seinen bisherigen Weg infrage stellen und ändern.

Franziskus kam immer mehr zu der Überzeugung, dass materieller Reichtum kein Garant für ein glückliches Leben ist. Er hatte es selbst erfahren. Deshalb beginnt er ein Leben in totaler Armut. Ein einfacher brauner Umhang genügt ihm als Kleidung. Es war der Arbeitsrock der Bauern auf dem Feld. Mit einem Strick gürtet er das Gewand um den Leib. Auf einen teuren Gürtel verzichtet er, weil dieser als Statussymbol gedeutet werden konnte. Aus der Kleidung des Bauern entwickelte sich später der braune Habit der Franziskaner mit der weißen Kordel. Franziskus ist darauf bedacht, auf keinen Fall den Anschein zu erwecken, er wolle einen neuen Orden gründen. In diesem Fall wäre die kirchliche Obrigkeit sofort hellhörig geworden, und er hätte ein schnelles Verbot riskiert. Es gab im 13. Jahrhundert nachweislich nicht nur den Mann aus Assisi, der die Kirche reformieren wollte.

Die freiwillige Wende von einem Leben im Überfluss in die Armut konfrontierte viele Zeitgenossen mit der Frage nach dem Verhältnis zu den materiellen Gütern. Franz wollte auch andere für seinen Lebensstil begeistern. Deshalb versuchte er, die Predigterlaubnis zu bekommen. Predigen wollten auch schon andere vor ihm. Der kirchlichen

Obrigkeit war die Laienpredigt aber ein Dorn im Auge. Ein wichtiges Argument gegen die Laienpredigt war die mangelnde theologische Ausbildung. Zu leicht konnte man einzelne Verse aus dem Zusammenhang der Bibel herauslösen, falsch interpretieren und so Unheil anrichten. Aber, so konnte man gegenargumentieren, diese Gefahr bestand auch bei Pfarrern. Sie verfügten über eine recht bescheidene theologische Ausbildung, besonders in ländlichen Gebieten. Immerhin – so versuchte man diesen Einwand zu entkräften – konnten sie als Kleriker von den Bischöfen kontrolliert und korrigiert werden.

Wenn Menschen predigen dürfen, die allen Reichtum über Bord geworfen haben und davon überzeugt sind, dass die ganze Kirche apostolisch leben müsse, dann fürchteten die höheren Prälaten zu Recht, dass sie selbst ins Schussfeld der Kritik geraten würden. Unter „apostolisch" leben verstand man im Mittelalter zuerst: arm leben und alles teilen nach dem vermeintlichen Vorbild der Christen in der Urgemeinde von Jerusalem. Die Angst vor öffentlicher Kritik war sicher auch ein Grund, die Laienpredigt strikt zu verbieten.

Franziskus und die anderen jungen Männer, die sich ihm anschlossen, verzichteten auf jeden Besitz. Wie sah ihr Alltag aus? Nur betteln? Ein solches Leben ist nicht mit der Bibel zu rechtfertigen. Es gab Menschen, um die sich niemand kümmerte, sogenannte Randexistenzen. Dazu gehörten die Aussätzigen. Die minderen Brüder, wie sie sich selbst nannten, nahmen sich ihrer an und fühlten sich so in der direkten Nachfolge Jesu. Franziskus erkannte in den Aussätzigen, die vor den Toren der Stadt vegetierten, den „Christus leprosus", den an Lepra erkrankten Christus. Mit dieser Deutung hat er den Bibeltext (Mt 25,35-46) verstanden. Jesus identifiziert sich selbst mit den Armen, Ausgestoßenen und Kranken.

Anfangs müssen die minderen Brüder auf die Zeitgenossen den Eindruck vagabundierender Spinner mit religiösem Outfit gemacht haben. Von einer gegliederten Ordensgemeinschaft konnte noch nicht die Rede sein. Es fehlte die päpstliche Anerkennung. Zwar stand der Bischof von Assisi der Gruppe positiv gegenüber. Aber wie wird in Rom der hochgebildete, dialektisch denkende und im Kirchenrecht geschulte Papst Innozenz III. reagieren? Im Jahr 1210 billigte dieser Papst mündlich die Lebensform der Männer aus Assisi. Die Entscheidung war klug. Eine mündliche Zusage kann man eher widerrufen als ein schriftliches Dokument, falls sich die neue Lebensform nicht bewähren sollte. Die Tatsache, dass die Gruppe nicht abgewiesen wurde, ist wohl nicht nur den Prälaten in der Umgebung des Papstes zu verdanken, die sich für Franziskus einsetzten, sondern mehr dem neuen Denken dieses Papstes. Er konnte Argumente für und gegen eine Zulassung sehr wohl abwägen. Diese dialektische Methode hatte der Papst an der besten juristischen Fakultät des Mittelalters, an der Universität in Bologna, kennengelernt. Unter Papst Honorius wurde 1223 die neue Lebensform durch eine päpstliche Bulle schließlich auch schriftlich bestätigt.

Eine Frau aus dem Adel von Assisi namens Klara schloss sich der Bewegung an. Sie traf sich oft mit Franz. Sie gründete den weiblichen Zweig der nach ihr benannten Klarissen. Über die Einfachheit des Chorgestühls im Haus dieser Frauen wurde oben bereits berichtet.

Franz starb relativ früh. In den letzten Jahren war er schwer krank. Aus dieser Zeit, nicht aus einer Phase des körperlich-seelischen Wohlbefindens, stammt der Sonnengesang. Mit der Sonne und mit dem Mond, mit Sturm und Feuer und mit vielen anderen Elementen preist der Todgeweihte den Schöpfer. Er sieht sich als Teil der Schöpfung, deshalb preist er Gott nicht für die Schöpfung, sondern mit der Schöpfung.

Die Stigmata, d. h. die Wundmale an Händen, Füßen und an der Brust, mit denen der Heilige in der Bildenden Kunst immer dargestellt wird, zeigen seine Nähe zum leidenden Christus, dem er besonders in den letzten Jahren seines Lebens immer ähnlicher geworden ist. Manchmal begegnet einem ein Relief oder Bild mit zwei gekreuzten Unterarmen. An den Händen sind Wundmale zu sehen. Ein Unterarm ist nackt, an dem anderen ist der Saum eines braunen Ärmels angedeutet. Das ist der Unterarm des hl. Franziskus; der andere gehört zu Christus. Deutlicher kann man den Anspruch auf eine Christusähnlichkeit nicht ausdrücken. – Bereits zwei Jahre nach seinem Tod wurde Franziskus heiliggesprochen. Sein Grab befindet sich in Assisi.

Vieles könnte noch über den hl. Franz und seine auch heute noch in vielen Ländern der Erde verbreitete Ordensgemeinschaft gesagt werden. Aber um die Architektur des „Ordens der minderen Brüder" zu verstehen, lateinisch „Ordo fratrum minorum", abgekürzt OFM, reichen die bisher gemachten Angaben. Um einige Charakteristika der franziskanischen Architektur zusammenzufassen:

– Franziskanerklöster findet man in den Städten und nicht in der Einsamkeit.
– Franziskanerklöster sind schlicht in Architektur und Ausstattung.
– Wegen der Verpflichtung zum gemeinsamen Chorgebet gibt es in Franziskanerkirchen ein Chorgestühl.
– Besonders in Italien sind Franziskanerkirchen als Orte großer Volkspredigten oft als riesige Hallenkirchen erbaut.

Zur Franziskanerarchitektur – soweit man von einer solchen sprechen kann – ist noch zu sagen, dass die Klosterkirche in Assisi mit dem Grab des hl. Franz aus dem Rahmen fällt. Sie ist überaus kostbar ausgestattet. Die besten italienischen Maler des 13. und 14. Jahrhunderts haben dort gearbeitet. Noch heute kann man in der Ober- und Unterkirche ihre Werke bewundern. Es ist verständlich, dass es unter den für die Gestaltung der Grablege damals verantwortlichen Brüdern heftige Auseinandersetzungen gegeben hat.

Der Orden konnte das von Franz gelebte Armutsideal auf Dauer nicht durchhalten. Wie im Benediktiner- und Zisterzienserorden gab es Reformbewegungen. Im 13. Jahrhundert entstanden die Konventualen, die auf einer Befolgung der Regel nach seinem genauen Wortlaut bestanden ohne Rücksicht auf veränderte Verhältnisse. Im 14. Jahrhundert spaltet sich eine Gruppe ab, die man Observanten nennt (observare = beobachten). Auch sie wollten die Regel ihres Ordensgründers genau befolgen. Im 16. Jahrhundert gingen aus den Observanten die Kapuziner hervor.

Auch in der Architektur und Ausstattung wurde das ursprüngliche Armutsideal nicht generell befolgt. Die großen Städte in Italien boten den Franziskanern gern Grundstücke zur Errichtung eines Klosters an. Es gab auch Sponsoren. Einzelne Adelsgeschlechter statteten Kapellen aus und versuchten, Grabplätze innerhalb der Kirche zu bekommen. So wurden manche Franziskanerkirchen zu Zentren der Kunst, z. B. S. Croce in Florenz oder die Frarikirche in Venedig.

Der offizielle Name lautet „Ordo fratrum praedicatorum" (= Orden der predigenden Brüder oder Orden der Brüder, die predigen), abgekürzt OP. An dieser Selbstbezeichnung erkennt man die wichtigste Aufgabe der neuen Gemeinschaft: die Verkündigung. Man kann auch schon ahnen, wo sich die Dominikaner ansiedeln: in den Städten. Wo sonst, wenn man den Menschen das Wort Gottes nahebringen möchte!

Geboren wurde der Ordensgründer Dominikus um 1170 in Spanien. Als Priester trat er einem reformierten Chorherrenstift bei. In Südfrankreich lernte er die häretischen Albigenser und Waldenser kennen. Der Name Waldenser leitet sich von ihrem Gründer Petrus Waldes ab. Dieser reiche Kaufmann aus Lyon löste sich um 1200 von seinem Reichtum und begann ein Leben in Armut. Viele schlossen sich ihm an. Zu zweit zogen die Anhänger durch das Land und warben für ein Leben in Armut. Sie übten Kritik am reichen Leben vieler Kleriker. Dogmatisch gerieten sie immer mehr in einen Gegensatz zur Lehre der Kirche. Nachdem der Papst ihnen das Predigen verboten hatte, griffen sie ihn und viele Lehren und Praktiken der Kirche scharf an. Sie verwarfen die Kindertaufe, die Heiligenverehrung und das Fürbittgebet. – Die Albigenser sind nach der Stadt Albi in Südfrankreich benannt. Auch sie gerieten wegen ihrer theologischen Auffassungen in Konflikt mit der Kirche. Sie vertraten ein dualistisches Weltbild, das vom Kampf gegensätzlicher Kräfte bestimmt ist: Es gibt ein gutes und böses Prinzip, Geist und Materie, Altes und Neues Testament. Fleischgenuss und Sexualität wurden verteufelt. Die Sakramente der Kirche wurden abgelehnt, weil sie in ihrer äußeren Form zu stark mit der materiellen Welt verbunden waren: mit Wasser, Brot und Öl. Die Bewegung war straff organisiert. Es gab Bischöfe. Die katholische Kirche war für sie eine satanische Gegenkirche. – Waldenser und Albigenser werden auch unter dem Namen Katharer (= die Reinen) geführt, obwohl dieser Begriff noch weitere Gruppen umfasst. Von Katharern ist das Wort Ketzer abgeleitet. Diesen Gruppen wollte Dominikus mit einigen Gleichgesinnten die wahre Lehre entgegensetzen. Der schon erwähnte Papst Innozenz III. schickte ihn und seinen Bischof Diego als Verkünder der wahren Lehre nach Südfrankreich. Dort hatten die genannten häretischen Gruppen großen Zulauf. Diego und Dominikus fochten mit der Kraft des Wortes gegen die Irrlehrer. Andere Priester schlossen sich ihnen an. Die Gruppe wuchs und lebte nach der Regel des hl. Augustinus. Auf dieser Grundlage basierte das Leben des Dominikus, bereits seit er Mitglied eines solchen Chorherrenstiftes war. Insofern war es für Papst Honorius III. später problemlos, das Leben dieser nach den Grundsätzen einer bewährten Regel lebenden Priester zu approbieren. Auch was die Predigterlaubnis betrifft, gab es keine Probleme. Dominikus war Kleriker und hatte die Pflicht zu predigen.

Auf den Dienst, gegen christliche Irrlehrer mit Argumenten vorzugehen und Menschen vor einem Überlaufen zu bewahren bzw. sie zurückzuholen, mussten sich die Mitglieder des neuen Ordens vorbereiten.

Das geschah an erster Stelle durch eine profunde theologische Ausbildung. Ein lebenslanges Studium ist selbstverständlich. Der Orden hat große Theologen hervorgebracht: den hl. Albert von Köln, ein Universalgenie seiner Zeit, und dessen Schüler Thomas von Aquin, der im Mittelalter die größte theologische Autorität war.

Genauso wichtig wie eine solide theologische Ausbildung ist für die Dominikaner eine zweite Forderung: die nach einem einfachen persönlichen und institutionellen Lebensstil. Für Dominikus war es ausgeschlossen, aus einer Position persönlichen oder klösterlichen Reichtums glaubwürdig und erfolgreich zu argumentieren. Der Reichtum der Kirche und ihrer Amtsträger und das üppige Leben vieler Mönche wurden von innerkirchlichen Reformern immer wieder angeprangert. Dieser berechtigten Kritik sollte durch ein Leben in Armut der Boden entzogen werden.

Ein Dominikaner ist nicht zeitlebens an ein bestimmtes Kloster gebunden wie Benediktiner oder Zisterzienser, d. h., er unterliegt nicht der „stabilitas loci". Er tritt nicht in ein Kloster ein, sondern in einen Orden, in einen Personalverbund. Der Obere entscheidet, wo und wie er eingesetzt wird.

Da die Dominikaner Erfahrungen im Umgang mit Irrlehrern hatten, wurde ihnen im 13. Jahrhundert von Rom die Inquisition übertragen. Die gelehrten Priestermönche mussten nun europaweit Ketzer aufspüren und sie zum Geständnis oder zum Widerruf bringen. Wenn nötig, wurde auch gefoltert und hingerichtet, zwar nicht von den Dominikanern selbst, aber vom sogenannten weltlichen Arm.

Der einzelne Priestermönch leistet keine handwerkliche Arbeit. Dafür stehen Laienbrüder zur Verfügung. Die Priester sollen sich dem Studium und der Predigt widmen.

Was die Architektur der Klöster angeht, soll auch bei den Dominikanern alles schlicht und einfach sein. Ideal ist ein Raum, in dem der Prediger alle Zuhörer im Blick hat und er selber von allen gesehen und gehört werden kann. Diese Anforderungen erfüllt am ehesten der weite Raum einer Hallenkirche. Die basilikale Struktur einer Kirche mit einem oder mehreren Seitenschiffen und vielleicht noch mit einem Querhaus ist nicht nur finanziell anspruchsvoller als eine Halle, sondern auch als Predigtkirche weniger geeignet. Als Versammlungsraum differenziert eine Basilika die Hörer zu sehr in verschiedene Gruppen. Untergruppen entstehen im rechten und linken Flügel des Querhauses und in den Seitenschiffen. Die Hauptgruppe befindet sich im Mittelschiff. Von der Kanzel, die immer im Mittelschiff angebracht war, kann der Prediger nie die gesamte Zuhörerschaft im Blick haben. Diese Einschränkung gibt es bei einer Hallenkirche nicht. In den Zuhörern entsteht ein stärkeres Gefühl der Zusammengehörigkeit. Sie sitzen im gleichen Raum. Alle sind gleichberechtigte Hörer des Wortes Gottes. – Die Dominikanerkirche in Colmar im Elsass ist als schlichte Hallenkirche eine typische Dominikanerkirche.

Dominikus gründete auch einen weiblichen Orden. Die Keimzelle bildeten Frauen, die aus den Ketzerkreisen zurückgeholt wurden. Sie brauchten einen besonderen Schutz. Diese Frauengruppen lebten anfangs nach der Regel des hl. Augustinus, später nach der Ordensregel des heiligen Dominikus.

Der Ordensgründer starb 1221 in Bologna. Sein Grab befindet sich dort in der Kirche S. Domenico. Der Sarkophag des Heiligen ist schlicht. Der junge Michelangelo hat mitgewirkt und einen Kerzen tragenden Engel beigesteuert.

Dominikaner und Dominikanerklöster gibt es auch heute noch. Die Ordensleute sind hauptsächlich in der theologischen Wissenschaft tätig und an verschiedenen Orten der Verkündigung: an Universitäten, Schulen und für besondere Einsätze in der Pfarrseelsorge.

Geleitet wird der Orden vom Ordensmeister, der seinen Sitz neben S. Sabina auf dem Aventin in Rom hat. Auch die oberste Leitung der Benediktiner befindet sich auf dem Aventin. Der Abtprimas hat seinen Sitz bei S. Anselmo. Für beide Ordensgemeinschaften war die Nähe zur Zentrale der Gesamtkirche wichtig.

Abschließend eine Zusammenfassung der wesentlichen Gemeinsamkeiten beider Ordensgemeinschaften:

ARMUT

Arm leben wollten auch die Mitglieder früherer Orden. Die Armut gehört zu den Gelübden, die ein Mönch ablegt. Aber das Kloster konnte reich sein. Manche Benediktinerklöster verfügten über einen unvorstellbar großen Landbesitz. Franziskaner und Dominikaner haben ein anderes Konzept. Auch das Kloster soll arm sein. Wie aber und wovon sollen die Mönche dann leben? Entweder müssen andere Leute ihnen Lebensmittel ins Kloster bringen, oder die Mönche holen das Essen in den Familien ab. Da die erste Lösung zu bequem war, entschied man sich für die zweite. Franziskaner und Dominikaner sind Bettelorden. Man muss genauer sagen: Sie waren Bettelorden. Schon bald nach dem Tod der Ordensstifter erhielten die Klöster Schenkungen. Betteln war nicht mehr nötig.

EINFACHHEIT DER ARCHITEKTUR

Die Vermeidung von Architekturschmuck ist eine logische Folgerung aus der Armut der Mönche und des Klosters. Doppelturmfassaden oder überhaupt mächtige Türme passen nicht zum Grundgesetz der Armut. Eingestellte Säulen in den Fenstern oder schmückende Friese an der Innen- oder Außenarchitektur gelten als verschwenderisch. Kostbare Glasmalereien wären ein Verrat an der gelobten Armut. Ausnahmen von dieser selbst auferlegten Schlichtheit sind Kirchen an besonderen Orten und mit finanzkräftigen Sponsoren wie die Grablege des hl. Franziskus in Assisi oder die von reichen Familien ausgestatteten Kirchen S. Croce in Florenz und die Frarikirche in Venedig.

KLÖSTER INNERHALB DER STADTMAUERN

Benediktiner und Zisterzienser bauten ihre Klöster möglichst außerhalb der Städte. Besonders die Zisterzienser suchten die Einsamkeit in den Wäldern. Die neuen Orden suchten die Nähe zu den Menschen. Die Dominikaner sollten die Gläubigen durch Predigt im Glauben festigen und gegen Irrlehrer immun machen. Die Franziskaner wollten zeigen, was es heißt, arm zu leben. Deshalb errichteten sie ihre Klöster innerhalb der Stadtmauern. Da sie von Menschen umgeben waren und für deren Seelenheil Sorge trugen, konnten sie davon ausgehen, dass man ihnen das zum irdischen Leben Notwendige zukommen ließ.

IGNATIUS UND DIE JESUITENKIRCHEN

Mit dem Jesuitenorden tritt eine Ordensgemeinschaft in die Geschichte, die eine spezifische Antwort auf die neue Situation nach der Reformation gibt. Gründer ist der Baske Ignatius von Loyola, geboren 1556. Er stammte aus dem Adel, erlitt im Krieg eine schwere Verwundung. Das führte zu einer Infragestellung seines bisherigen Lebens. Ähnliches widerfuhr bekanntlich auch dem hl. Franziskus. Ignatius studierte in Paris und schloss sich dort mit einer Handvoll ähnlich gesinnter junger Männer zusammen. Die Gruppe plante ein gemeinsames Leben. Ignatius kam nach Venedig, wurde zum Priester geweiht und nahm seinen Wohnsitz schließlich bis zu seinem Lebensende in Rom. Er wählte Rom, weil sich die neue Gruppe direkt dem Papst und seiner Beauftragung unterstellen wollte. Das verlangte räumliche Nähe.

Der neue Orden wurde bald kirchlich anerkannt. Er nennt sich „Societas Jesu" (= Gesellschaft Jesu), abgekürzt SJ. Er unterschied sich in mancherlei Hinsicht von früheren Gemeinschaften. Ignatius schrieb kein Chorgebet vor. Er verzichtete auf eine eigene Ordenstracht. Seine Mitstreiter waren Priester. Sie trugen die normale Priesterkleidung, d. h. – zumindest in den südlichen Ländern – einen schwarzen Talar. Man kann Jesuiten in etwa mit den mittelalterlichen Chorherren vergleichen, die ebenfalls in priesterlicher Gemeinschaft lebten. Neu sind die Unterstellung direkt unter den Papst und der Gehorsam ihm gegenüber. Die Gemeinschaft ist zentral organisiert. Der Generalobere an der Spitze hat seinen Sitz in Rom.

Jugendarbeit und Jugendbildung gehören zu den zentralen Aufgaben. In vielen Städten gibt es noch heute Gymnasien, die von den Jesuiten geleitet und getragen werden. Zu den Gründungsmitgliedern gehört der hl. Franz Xaver, der als Missionar bis nach China kam. Besonders in den Gründerjahren sah der Orden in der Missionsarbeit eine seiner wichtigsten Aufgaben.

Kann man in der Architektur von einem eigenen Jesuitenstil sprechen? Die Frage wird von Fachleuten unterschiedlich beantwortet. Normalerweise verbindet man mit einer Jesuitenkirche die Vorstellung von einer prächtigen Barockkirche. Das ist zweifellos richtig. Diese Kirchen haben eine differenzierte Außengliederung und eine überwältigende Innenausstattung. Der Orden breitete sich im 17. und 18. Jahrhundert aus. Das ist die Zeit des Barock. Nicht nur die Jesuiten bauten damals in diesem Stil. In ganz Europa wurden sakrale und profane Bauten in diesem neuen Zeitgeschmack errichtet. Viele ältere Kirchen wurden barockisiert. Dieser Stil kam dem Wollen des neuen Ordens sehr gelegen. Die katholische Kirche hatte auf dem Konzil von Trient (1545-1563) eine Erneuerung und Reformation aus eigenen Kräften beschlossen. Man sprach früher gern von „Gegenreformation". Heute bevorzugt man den angemesseneren Begriff „Katholische Reformation". Dem weitgehend auf die Bibel konzentrierten Gottesdienst und der nüchternen Kirchenausstattung der reformatorischen Kirchen wollte man gezielt die Schönheit der alle Sinne ansprechenden katholischen Liturgie und einen künstlerisch überwältigenden Innenraum gegenüberstellen. Diese beiden Gründe sind m. E. ursächlich für die Barockarchitektur der Jesuitenkirchen. Es war die Zeit, in der man so und nicht anders baute, und der neue Stil kam der Intention der Kirche und des Jesuitenordens sehr entgegen. Unter den vielen Barockkirchen in Rom sind zwei prominente Jesuitenkirchen: Il Gesu mit der überaus kostbar gestalteten Grablege des Ordensgründers und einer überwältigenden Deckengestaltung im Stil des Barock, geschaffen vom Ordensmitglied Andrea Pozzo (1642-1709). Die zweite ist S. Ignazio mit dem Grab des hl. Aloysius aus dem Adelsgeschlecht der Gonzaga in Mantua, der auf den Thron zugunsten seines jüngeren Bruders verzichtete und sich stattdessen dem neuen Orden der Jesuiten in Rom anschloss. Infolge der Pflege von Pestkranken starb er bereits im Alter von 23 Jahren. Die illusionistische Deckenmalerei mit einer Scheinkuppel auf flacher Decke ist in S. Ignazio auf die Spitze getrieben (Abb. 141).

OBJEKTE FÜR DIE FEIER DER LITURGIE

Die meisten Bistümer in Europa wurden im Mittelalter errichtet. Sie haben somit eine lange Geschichte hinter sich. Unter den Kathedralkirchen gibt es einige, die in besonderer Nähe zum Kaiserhaus standen. In Aachen huldigten die Fürsten dem von ihnen gewählten König. Es gab Neugründungen von Bistümern und Bischofskirchen, die nach damaligem Recht vom Kaiser veranlasst wurden. Die jungen Bistümer erhielten Geschenke in Form von liturgischen Büchern und Geräten. Andere Bischofskirchen wie Köln waren im Besitz von hochrangigen Reliquien. Pilger ließen wertvolle Votivgaben an solchen Orten. Die Bischöfe trugen Ringe und Brustkreuze. Sie besaßen liturgische Gewänder aus kostbaren Stoffen mit Stickereien und Applikationen. Für die Gottesdienste benötigte man vergoldete Gefäße und handgeschriebene Bücher. So sammelten sich im Lauf der Jahrhunderte Kunstwerke an, die heute in kirchlichen Museen der Öffentlichkeit gezeigt werden. Manche Bischöfe benutzen diese Kostbarkeiten an besonderen Festtagen in den Liturgiefeiern. Für diesen Zweck wurden sie ja auch schließlich geschaffen.

Die folgenden Ausführungen befassen sich mit den Objekten, die zur Liturgiefeier gehören. Nach der Lektüre wird man beim Gang durch ein kirchliches Museum mehr entdecken und vieles leichter zuordnen können. Auch für die Interpretation mittelalterlicher Bilder sind die folgenden Erläuterungen hilfreich. Wenn man nicht weiß, was eine Mitra ist oder eine Dalmatik oder ein Corporale, wird man wegen ikonografischer Unkenntnis bei der Erläuterung mancher Bilder schon Schwierigkeiten bekommen.

LITURGISCHE GERÄTE

LITURGISCHE GERÄTE FÜR DIE MESSFEIER

MESSKELCH

Der Kelch für den Wein ist ein unverzichtbares liturgisches Gerät bei der Messfeier (Abb. 182). Er hat drei Teile: Fuß, Schaft mit Knauf und die Cuppa (Schale). Moderne Kelche bestehen oft nur aus Fuß und Cuppa. Manchmal werden auch Becher benutzt. Etwa seit dem 8./9. Jahrhundert sind nur Kelche, und zwar aus Edelmetall, zugelassen. Flächen für künstlerische Gestaltung bieten Fuß, Schaft mit Knauf und der untere Bereich der Cuppa. Da aus dem Kelch getrunken wird, ist der obere Rand immer glatt und unverziert.

Manchmal wird gefragt: Wem gehören eigentlich die Kelche? Sind sie Eigentum des Priesters? Oder der Gemeinde?

In unseren Breiten ist es üblich, dass ein Diakon zur Priesterweihe von seinen Verwandten einen Kelch geschenkt bekommt. Er kann ihn in einer Werkstatt für sakrale Kunst, die es meist in jeder Bischofsstadt gibt, nach seinen Vorstellungen in Auftrag geben. Der Kelch wird vor Gebrauch vom Bischof geweiht. Im Testament wird geregelt, welcher Gemeinde der Kelch überlassen werden soll. Auf diese Weise wächst der Bestand

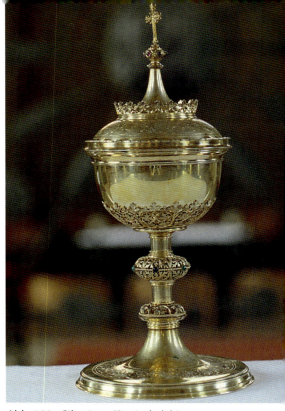

Abb. 182 Messkelch

Abb. 183 Ciborium (Speisekelch)

Abb. 184 Wein- und Wasserkännchen, Palla vor einer Brotschale, Kelch mit Purifikatorium (Kelchtuch) und Patene auf einem Corporale und Kelchvelum vorn rechts

an liturgischen Geräten in Kloster- und Bischofskirchen, aber auch in ganz normalen Gemeinden oft beträchtlich.

In jedem Dommuseum werden Kelche aus verschiedenen Jahrhunderten in Glasvitrinen gezeigt. Romanische Kelche sind einfach und klein. Kelche aus dem 14. und 15. Jahrhundert sind höher und mit gotischen Formen im Miniaturformat versehen, z. B. mit Türmchen und Fialen.

CIBORIUM

Ein Ciborium ist ein Kelch, in dem die während der Messfeier konsekrierten, aber nicht konsumierten Hostien aufbewahrt werden (Cibus = Speise). Hostien sollen auch immer für Kranke bereitgehalten werden. Katholische Christen glauben, dass Christus auch nach Beendigung des Gottesdienstes in den konsekrierten Gaben präsent ist. Deshalb werden diese Oblaten aufbewahrt und verehrt.

Messkelch und Ciborium sind nicht dasselbe. Aus dem Messkelch wird getrunken. Das Ciborium ist kein Trinkgefäß. Deshalb kann die Schale bis zum Rand plastisch verziert sein. Das Ciborium hat einen abnehmbaren Deckel (Abb. 183), der die Hostien vor Verunreinigung durch Staub schützt. Die Cuppa an einem Ciborium ist breiter und höher als an einem Messkelch, da es als Vorratsgefäß oft Hunderte kleiner Hostien aufnehmen muss.

PATENE

Die Patene gehört zum Messkelch. Sie ist ein kleiner vergoldeter Teller mit einer Vertiefung für die große Hostie. In Abbildung 184 liegt die Patene auf dem Kelchtuch.

PALLA

Die Palla ist ein quadratförmiger Deckel von etwa 15 bis 20 Zentimeter Seitenlänge und mit Leinen bezogen. Man bekommt sie normalerweise als Laie nicht zu Gesicht, weil sie vom Kelchvelum bedeckt ist. In Abbildung 184 ist die Palla der besseren Sichtbarkeit wegen schräg vor die Opferschale gestellt.

KELCHVELUM

Dieses ebenfalls quadratische und meist mit einem Kreuz verzierte Tuch wird über die Palla gelegt. Es ist eine ästhetisch schöne Abdeckung für Kelch und Patene in den Farben des Kirchenjahres. Zur Anschauung ist ein grünes Velum auf dem Altar ausgebreitet (Abb. 184). – Wenn der Kelch in der traditionellen Weise zu Beginn des Gottesdienstes auf dem Altar steht, sieht man nur das farbige Kelchvelum. Würde man von oben nach unten alles abdecken, was zu Beginn der Gabenbereitung geschieht, kämen folgende Dinge zum Vorschein: Palla, Patene und Kelchtuch.

CORPORALE

Das Corporale ist ein quadratisches weißes Leinentuch in der Größe von ca. 30 x 30 Zentimetern. Es wird in der Mitte des Altares ausgebreitet (Abb. 185). Auf das Corporale werden Kelch und die Schale mit den Oblaten gestellt. Man möchte auf jeden Fall sicherstellen, dass beide Gefäße, die später die konsekrierten Gestalten aufnehmen, auf einer sauberen Unterlage stehen. – Das Corporale soll besonders erwähnt werden, weil in der Kathedrale von Orvieto in Umbrien ein mittelalterliches Corporale als kostbare Reliquie verehrt wird. Es wird erzählt, dass ein böhmischer Priester an der wirklichen Gegenwart Christi in den konsekrierten Gestalten zweifelte. Als er im 13. Jahrhundert auf einer Pilgerfahrt nach Rom in Bolsena die Messe feierte, seien Blutstropfen aus der konsekrierten Hostie auf das weiße Corporale getropft. Schnell verbreitete sich die Nachricht von diesem Blutwunder. Das vermeintliche Tuch kann man heute in einer Kapelle des linken Seitenschiffes der Cathedrale von Orvieto sehen. Es ist in einem Reliquiar aus Glas ausgebreitet. Insgesamt hat das Corporale sein leuchtendes Weiß verloren. An einigen Stellen sieht man dunkelbraune Flecken.

Diese Geschichte vom blutbefleckten Corporale wird von Raffael (gest. 1520) an einer Wand der sogenannten Stanzen des Vatikans dargestellt. Er malt den Augenblick nach der Wandlung. Der Priester ist gerade dabei, die Hostie zu erheben oder sie wieder auf das Corporale zu legen. Das kleine Tuch ist wie eine Seite im Buch gehoben, damit der Betrachter auch die roten Flecken darauf sehen kann. Papst Julius II. ist in Anbetung versunken, obwohl er kein Zeuge des Blutwunders war. Die Haltung des Papstes zeigt vorbildhaft den Glauben der Kirche an die Realpräsenz Christi in der Hostie.

Eine solche Erzählung wie diese von der „Messe von Bolsena" hat die Funktion, den Glauben an die wirkliche Gegenwart Christi in der Eucharistie fast dokumentarisch zu begründen und zu festigen. Christen glauben jedoch nicht wegen der „Messe von Bolsena" an die Realpräsenz Christi, sondern weil Jesus gesagt hat: „ Nehmt und esst; das ist mein Leib" (Mt 26,26).

Kritisch betrachtet kann kein Blut aus der Hostie tropfen. Wäre es so, dann wären die Christen tatsächlich Kannibalen. Christus lebt mit seinem verklärten Leib in der Herrlichkeit seines Vaters. In dieser, unser Denken übersteigenden Lebens- und Wirkweise ist er während der Eucharistiefeier präsent. Wenn die „Messe von Bolsena" daran erinnert und darauf hinweist, kann man diese Erzählung auch heute noch mit Respekt hören.

Um Verwechslungen zu vermeiden, sei daran erinnert, dass es neben dieser „Messe von Bolsena" die noch öfter dargestellte „Gregorsmesse" gibt. Auch diese Legende aus dem hohen Mittelalter soll den Glauben an die Realpräsenz Christi stärken. Man erzählte, dass dem Papst Gregor im 6. Jahrhundert Christus als Schmerzensmann während der Messe auf dem Altar erschienen sei. In der Kunst des Mittelalters ist die „Gregorsmesse" oft dargestellt. Man seht Christus als Auferstandenen in menschlicher Gestalt auf dem Altar stehen. Er ist umgeben von Leidenswerkzeugen. Vor dem Altar kniet Papst Gregor, umgeben von Kardinälen.

KELCHTUCH

Das Kelchtuch ist nicht identisch mit dem Corporale. Es ist ein einfaches weißes Tuch, mit dem der Kelch nach der Kommunion abgetrocknet wird. Deshalb hat es auch den Namen „Purifikatorium" (purificare = reinigen). In der Abbildung 184 liegt das Kelchtuch auf der Cuppa des Kelches.

Abb. 185 Kelch auf Corporale

Abb. 186 Prozession mit Vortragekreuz

Abb. 187
Vortragekreuz
aus der Schatzkammer
des Essener Münsters

Während des Gottesdienstes, zu Beginn der Gabenbereitung, bringen die Messdiener(innen) Wein und Wasser in kleinen Kännchen aus Glas oder Metall zum Altar (Abb. 184). Wenn die Gefäße in einer Pontifikalmesse vom Bischof benutzt werden, kann man davon ausgehen, dass es kleine Kunstwerke sind. In vielen Diözesanmuseen werden solche Kannen aus vergangenen Jahrhunderten gezeigt.

Der Priester schüttet Wein und ein paar Tropfen Wasser in den Kelch. Diese Mischung ist eine Sitte, die bis in die Antike zurückreicht. Damals wurde dem Wein nicht nur warmes Wasser zugefügt, sondern auch noch weitere Zutaten wie Honig, Zimt, Teeblätter und dergleichen.

In den ersten Jahrhunderten brachten die Christen Naturalien zur Unterstützung der Armen mit zum Gottesdienst. Nach dem Wortgottesdienst wurden sie in der Nähe des Altares auf einem eigenen Tisch niedergelegt. Brot und Wein für die Eucharistiefeier wurden auf dem Altar deponiert. Diesen Teil der Eucharistiefeier nennt man Gabenbereitung. Vor der Liturgiereform sprach man von Opferung. Der Ausdruck bezieht sich auf das Opfer der Gläubigen, was in der Gabe von Naturalien bestand oder in einem Geld-„Opfer". Der Ausdruck ist für diesen Teil der Messfeier nicht so passend wie die neue Bezeichnung Gabenbereitung. Da der Priester früher einige Gaben mit seinen Händen annahm, wusch er sich anschließend die Hände. Dieser Ritus hat sich erhalten und sollte aus hygienischen Gründen auch beibehalten werden.

Um die Qualität des Messweins ranken sich wilde Gerüchte. Wie ist er tatsächlich beschaffen? Und: Wo kann man Messwein beziehen? Die einzige Anforderung, die ein Messwein erfüllen muss: Er darf keine Zusätze enthalten. Er muss naturrein sein. In vielen Städten gibt es vereidigte Weinhändler, die für die Naturreinheit garantieren. Auf dem Etikett steht neben den üblichen Angaben noch das Wort „Messwein". Ansonsten sind es normale Weine zu den üblichen Preisen. Der Pfarrer wählt die Weine aus nach den Kriterien trocken oder mild, nach rot oder weiß. Es gibt nichts Mysteriöses am Messwein. Erst während der Eucharistiefeier erhält er eine neue Qualität.

VORTRAGEKREUZ

Wer je an einem feierlichen Pontifikalgottesdienst teilgenommen hat, wird sich an den großen Einzug (= Introitus) mit Ministranten, Diakon und Assistenzpriestern erinnern. An der Spitze geht der Kreuzträger. Da es immer ein Kreuz mit Corpus ist, wäre die Bezeichnung Vortragekruzifix treffender als Vortragekreuz (Abb. 186). Allen, die hinter dem Kreuz hergehen, soll bewusst werden, dass christliches Leben Nachfolge des Herrn ist.

Ein Vortragekreuz wird auch bei sonntäglichen Gottesdiensten in Pfarrkirchen mitgeführt. Auch bei kirchlichen Prozessionen wird es vorangetragen und beim Gang von der Friedhofskapelle zum Grab.

Aus der karolingischen und ottonischen Zeit sind Vortragekreuze von unschätzbarem Wert erhalten. Das Lotharkreuz in Aachen ist mit einer antiken Gemme geschmückt. Nach der Gemme haben solche Prunkkreuze ihren Namen: Gemmenkreuz (= crux gemmata). In der römischen Antike hatte der Begriff Gemme einen größeren Bedeutungsumfang. Es war ein Oberbegriff für alle Arten von Edelsteinen. Deshalb nennt man bis heute ein Kreuz mit Edelsteinen und Edelmetallen Gemmenkreuz. Im Essener Domschatz werden mehrere aus der Zeit der sächsischen Könige aufbewahrt (Abb. 187).

Eine Gemme ist ein künstlerisch bearbeiteter wertvoller Stein. Vor der Behandlung wird er längere Zeit in eine Honig- oder Zuckerlösung gelegt. Dadurch erhalten die verschiedenen Farbschichten im Inneren des Steins eine besondere Leuchtkraft. Es gibt zwei Arten der Bearbeitung. Eine Figur kann reliefartig aus der Oberfläche hervortreten. In diesem Fall spricht man von einer „Kamee". Wenn sich der Steinschneider in die Tiefe vorarbeitet, entsteht ein „Intaglio". Beide Techniken waren in der Antike bekannt. Für die Menschen nördlich der Alpen waren antike Gemmen Importstücke von außergewöhnlichem Wert. Verständlich, dass man sie im kirchlichen Ambiente wiederverwertete.

Gemmenkreuzen begegnet man oft in der frühchristlichen Kunst, gemalt und mosaiziert, z. B. in den Kirchen S. Apollinare in Classe in Ravenna, in S. Pudenziana und in S. Giovanni in Laterano in Rom. Sie sind deshalb so zahlreich erhalten, weil es vor dem 6. Jahrhundert noch kein Kreuz mit einem Corpus gab.

Weihrauch und Weihrauchfass

Das lateinische Wort „incensum" bedeutet „Weihrauch". Weihrauch ist ein Harz. Wenn es auf glühende Kohlen gelegt wird, steigen kleine Wolken auf. Sie verbreiten Duft. Bewusst wurde das Adjektiv wohlriechend vermieden, denn nicht jeder verträgt diesen Duft. Von manchen wird der Weihrauch auch von vornherein als typisch katholisch abgelehnt.

Weihrauch ist seit jeher eine teure Importware. Die Anbaugebiete liegen in Indien, Äthiopien, Somalia, Eritrea, im Jemen und in Südarabien. Die im heutigen Emirat Oman und im südöstlichen Jemen wachsenden Bäume liefern den besten Weihrauch. Die arabische Halbinsel wurde von den Römern Arabia felix (= glückliches Arabien) genannt, weil es dort den begehrten Weihrauch gab.

Weihrauch ist nichts anderes als der getrocknete Saft von Weihrauchbäumen. Sie werden in Plantagen angebaut und sind im Durchschnitt fünf Meter hoch. Im Frühjahr werden Äste und Stämme an mehreren Stellen abgeschabt und eingeschnitten. Der weiße Saft erhärtet an der Luft zu Harz. Einige Wochen danach beginnt die Prozedur von Neuem: abschaben und einritzen. Diese zweite Ernte ist von besserer Qualität. Das knetbare Harz an den Schnittstellen lässt sich zu Klumpen formen und zu würfelförmigen Stücken zerkleinern. Je heller die Farbe, desto besser die Qualität. Ein Baum liefert pro Jahr zwischen fünf und zehn Kilogramm Harz. Nach drei ertragsreichen Jahren gewährt man dem Baum eine Erholungspause von drei Jahren.

In vielen Religionen wird Weihrauch verwendet. Die Griechen und Römer verehrten ihre Götter nicht nur durch Tieropfer, sondern auch mit wohlriechenden Weihrauchopfern. Auf vielen Reliefs mit Opferszenen sind Thymiaterien (= Weihrauchständer) abgebildet. – Auch aus den Mysterienkulten ist Weihrauch nicht wegzudenken. – Im Tempel von Jerusalem wurden Weihrauchopfer dargebracht. In den biblischen Schriften werden Weihrauchopfer mehrfach erwähnt. – Auch im profanen Bereich schätzte man den angenehmen und leicht betörenden Duft. Kaiserliche Villen hatten einen hohen Bedarf an diesem exotischen Produkt. – Karawanen beförderten den Stoff von Südarabien über eine Route, die den Namen Weihrauchstraße trug, bis zu den Häfen am Mittel-

meer, von wo er dann tonnenweise nach Rom und in andere Mittelmeerstädte transportiert wurde.

Unter den Gaben der Weisen für das Jesuskind in Bethlehem wird neben Gold und Myrrhe auch Weihrauch genannt (Mt 2,11). Wenn er in einem Atemzug mit Gold erwähnt
wird, muss er enstprechend kostbar sein. – Myrrhe wird aus dem Harz eines kleinwüch-
sigen Baumes gewonnen. Daraus werden wohlriechende Öle für Lebende und Tote hergestellt. Verstorbene wurden damit eingerieben. Die Erwähnung, dass die Weisen auch
Myrrhe mitbringen, kann als unaufdringlicher Passionshinweis gedeutet werden. – Myrrhe in flüssiger Form wird noch heute in der Liturgie der Orthodoxen Kirche bei vielen
individuellen Segnungen und bei der Sakramentenspendung verwendet.

Die drei Gaben sagen etwas aus über die Schenkenden und den Beschenkten. Es sind
königliche Gaben. Sie fallen nicht in die Kategorie einfacher Mitbringsel. Matthäus charakterisiert das Kind indirekt als König und als Gott, wenn es solche Gaben erhält.

Im christlichen Kult ist Weihrauch erst ab dem 4. Jahrhundert nachweisbar, also in der
nachkonstantinischen Ära. Anfangs gab es eine gewisse Zurückhaltung, weil Weihrauch
intensiv in heidnischen Kulten verwendet wurde. Im 4. Jahrhundert verblasste die Erinnerung daran. Bischöfe erlangten – bereits unter Konstantin – den Status von hohen
Reichsbeamten. Sie durften in Zivilsachen Recht sprechen. Es war selbstverständlich,
den Bischöfen als den neuen Staatsbeamten Leuchter und Weihrauch als Statussymbo-
le voranzutragen. So gelangte der Weihrauch in die Liturgie.

Welche Argumente waren überhaupt ausschlaggebend für die Verwendung von Weihrauch im profanen und sakralen Bereich?

Ein erster praktischer Grund: Weihrauch riecht gut. Götter riechen Weihrauch gern,
andernfalls würde man ihnen kein Weihrauchopfer darbringen. Damit verbunden ist
eine weitere Eigenschaft: Er vermag unangenehme Düfte zu überdecken.

Besonders in Wallfahrtskirchen, in denen Menschen zusammenkamen, die oft Monate
unterwegs waren, schätzte man den Duft des Weihrauchs. Das größte Weihrauchfass
besitzt die Kathedrale von Santiago de Compostela in Spanien. Im Mittelalter gehörte
diese Kirche mit den vermeintlichen Reliquien des hl. Apostels Jakobus neben Jerusalem und Rom zu den wichtigsten Wallfahrtsorten der Christenheit. Pilger kamen aus
allen Ländern Europas. Monate waren sie unterwegs. Bevor sie in die Stadt eingelassen
wurden, mussten sie sich in einem Fluss reinigen. Vor dem Betreten der Kathedrale
wurden ihre alten Kleider verbrannt. Jeder erhielt ein neues Gewand. Ganz sauber und
geruchsfrei waren die Pilger vermutlich immer noch nicht. Wenn sich aber die Weihrauchwolken im Kirchenraum ausbreiteten, hatte kein anderer Duft eine Chance, wahrgenommen zu werden.

Heute noch wird das große Weihrauchfass in Santiago an bestimmten Tagen in der
Woche zur Freude der Besucher in Bewegung gesetzt. Das Fass hängt an einer Kette vor
dem Chor. Ein eingespieltes Team von Männern bringt es in Bewegung. Wie eine Schiff-
schaukel schwingt es im Querhaus immer höher bis fast unter die Decke und hinterlässt
dabei eine dichte, angenehm riechende Wolke. Nach mehreren Minuten des Pendelns
schwingt das Fass langsam aus. Wenn die seitlichen Schwingungen des Fasses in Reichweite eines Zugreifens sind, springen Männer auf ein Kommando hoch und bringen es
zum Stehen. Eine Spezialistenarbeit! Im Mittelalter war das bis unter die Decke schwin-
gende Weihrauchfass für die Pilger ein Erlebnis wie auch heute noch. Man erzählte
davon zu Hause. Den wenigsten war vermutlich bewusst, dass diese Aktion in erster

Linie eine Attacke gegen den Geruch war, der den Pilgern immer noch anhaftete. Auch bei Bestattungen wird Weihrauch verwendet. Er neutralisiert unangenehme Düfte, die aus dem Sarg kommen können.

Man sprach in der Antike und im Mittelalter dem Weihrauch des Weiteren die Kraft zu, böse Geister abzuwehren. Vielen ist noch der Satz vertraut, der Teufel fürchte nichts so sehr wie Weihwasser und Weihrauch. Böse Geister lieben wohl mehr den fauligen Gestank und trübe Gewässer. Geweihtes Wasser und der wohlriechende Weihrauch zwingen die bösen Geister zur Flucht. Diese Elemente haben eine „apotropäische" Funktion, d. h., sie wehren Dämonen ab.

Ein vierter Grund für die Verwendung von Weihrauch wird in einem Psalm ausgedrückt: „Wie ein Rauchopfer steige mein Gebet vor dir auf" (Ps 141,2).

Weniger bekannt dürfte die Bedeutung des Weihrauchs in der Medizin sein. In Indien wird er seit Jahrtausenden therapeutisch eingesetzt. Die zerkleinerten Stücke können als Salbe aufgetragen werden, z. B. bei Geschwüren, Drüsenschwellungen oder Knochenbrüchen. Man kann Weihrauch auch in Tablettenform verabreichen. Im Wasser gelöst kann er getrunken werden. Bei Entzündungen im Mundraum und bei Magen- und Darmkrankheiten wird Weihrauch genommen. In jüngster Zeit kann man auch in Deutschland Weihrauchpräparate mit ärztlicher Verordnung erhalten. Die Universitäten in München und Tübingen leisten Pionierarbeit mit ihren Untersuchungen zum gezielten therapeutischen Einsatz von Weihrauch. An welchen Stellen und mit welcher Begründung wird Weihrauch heute in der katholischen Liturgie benutzt?

Zu Beginn einer feierlichen Eucharistiefeier wird der Altar beräuchert. Der Altar ist Symbol für Christus. Ihm gilt die Ehre.

Eine zweite Inzensierung (= Beräucherung) findet zur Gabenbereitung statt. Brot und Wein werden beräuchert. Diesem Ritus wird eine apotropäische Wirkung zugesprochen. Brot und Wein sind vorgesehen, Leib und Blut Christi zu werden. Alles Schädliche und Dämonenhafte soll vertrieben und ferngehalten werden. Die kreisende Bewegung mit dem Weihrauchfass bedeutet eine Ausgrenzung der Gaben aus dem profanen Bereich. Zugleich begleiten die aufsteigenden Weihrauchwolken die Bitte des Priesters um Annahme der für die Konsekration bereiteten Gaben. – Unmittelbar danach werden der Priester, seine Assistenz und die Gemeinde inzensiert. Die Gemeinde erhebt sich für diese Ehrerweisung. Alle genannten Personen gehören zum Volk Gottes; sie sind Volk Gottes. Seit der Taufe tragen sie göttliches Leben in sich. Dieser Würde gilt der Weihrauch, nicht irgendwelchen persönlichen Leistungen. In der Theologie der Ostkirche wird die – mit Vorbehalt kann man sagen – „Vergöttlichung" des Menschen noch stärker betont als in der westlichen Theologie. Deshalb wird die Gemeinde während einer ostkirchlichen Liturgiefeier mehrmals durch Weihrauch geehrt.

Abschließend soll ein normales, beim Gottesdienst benutztes Weihrauchfass vorgestellt werden (Abb. 188). Es ist eigentlich ein Set aus mehreren Stücken. Das Wichtigste ist das Weihrauchfass selbst. Es hat die Form einer Kugel. Die obere Hälfte lässt sich an einer Kette hochziehen. Dann lässt sich Weihrauch auf die glühende Kohle in der unteren Hälfte auflegen. An der unteren Hälfte, am eigentlichen Fass, sind drei Ketten befestigt, sodass man das Fass schwenken kann. Zum Set gehört noch ein längliches Gefäß mit Weihrauchkörnern. Wegen seiner Form hat es den Namen Schiffchen. Es ist mit einer zur Hälfte aufklappbaren Metallabdeckung geschlossen. Den Weihrauch entnimmt man dem Schiffchen mit einem kleinen Löffel, der auf den Körnern liegt.

Abb. 188
Messdienerinnen mit Weihrauchfass
und Schiffchen

Abb. 189
Geburt Christi
von Hugo van der Goes

Warum diese genaue Beschreibung eines für den Gottesdienst im Grunde nicht notwendigen Gerätes? Dieses kleine technische Wunderwerk wird benutzt, und zwar gar nicht so selten. Deshalb sollte man es kennen und auch über die verschiedenen Bedeutungen der aufsteigenden Weihrauchwolken informiert sein. Auch aus kunsthistorischem Interesse ist dieses Wissen von Vorteil. Auf Bildern mit dem Thema der Entschlafung der Gottesmutter ist dieses Gerät immer zu sehen. Petrus geht mit dem Rauchfass um die Bahre herum und beräuchert den Leichnam der Gottesmutter. Auf Bildern mit der Anbetung der Weisen wird dem Jesuskind Weihrauch geschenkt. Manchmal steht das Rauchfass auf dem Boden. Auf dem Genter Altar schwenken Engel Weihrauchfässer. Auf der Geburtsdarstellung von Hugo van der Goes (Abb. 189) hat der Engel vorn links im Bildfeld ein Weihrauchfass in den Händen. Giotto hat in seinem Bild der Entschlafung der Gottesmutter einen geradezu humorvollen und selten dargestellten Augenblick gewählt (Abb. 190). Der zweite Engel am Fußende im weißen Gewand, von dem nur ein Teil des Oberkörpers zu sehen ist, richtet mit aufgeblasenem Mund den Atem auf ein nur angeschnittenes Weihrauchfass. Offensichtlich will er die Glut anfachen. Wahrnehmen und erklären kann man die Aktion des Engels nur, wenn man ein Weihrauchfass und dessen Handhabung kennt.

Weihwasserbehälter und Weihwasserwedel

Auch diese beiden Objekte gehören zum liturgischen Gerät. In einem kleinen Eimer, „Situla" genannt, wird bei Umgängen in der Kirche und bei Prozessionen geweihtes Wasser mitgeführt. Mit einem „Aspergil" (aspergere = besprengen) wird die Gemeinde besprengt. Oft steht ein Besprengungsritus am Anfang eines Sonntagsgottesdienstes. Auch bei der Segnung von Feld und Flur, von Tieren oder Sachen benötigt man Situla und Aspergil.

Liturgische Geräte für Andachten und Prozessionen

Monstranz

Die Monstranz (monstrare = zeigen) ist ein Gefäß zur Aufnahme der konsekrierten Hostie hinter einem runden Fensterchen (Abb. 191). Sie hat einen breiten rundlichen Fuß, einen Schaft zum Greifen und oben das kostbare Gebilde, welches um das Zentrum herumgearbeitet ist. Wenn Menschen glauben, dass in der konsekrierten Hostie Christus selbst in seiner verklärten Gestalt verborgen ist, dann wundert es nicht, dass man alles aufbietet, um einen möglichst würdigen Rahmen zu schaffen. Es gibt Monstranzen von schier unschätzbarem Wert; eine steht in Prag (Loreto). Sie ist mit Tausenden von Diamanten besetzt.

Monstranzen gibt es erst mit dem Aufkommen von Fronleichnamsprozessionen. Die konsekrierte Hostie wird dabei durch die Stadt getragen und verehrt. Die erste Fronleichnamsprozession ist in Lüttich nachweisbar. In Köln zog man 1277 zum ersten Mal mit der Monstranz durch die Straßen. Bis heute ist sie fester Bestandteil im Leben katholischer Gemeinden. An der Spitze einer solchen Prozession geht der Kreuzträger. Zur Ehre des Königs Christus wird Weihrauch mitgeführt.

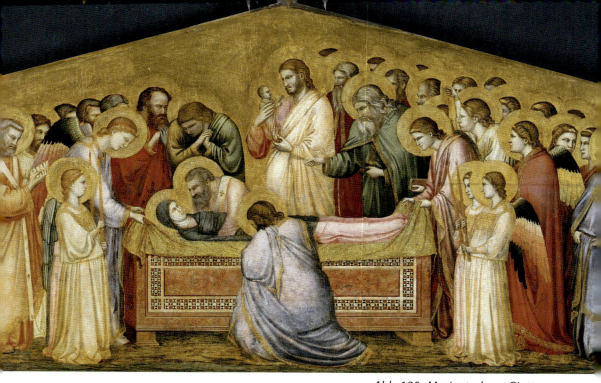

Die Custodie ist ein vergoldetes zylindrisches Gefäß von etwa zehn Zentimetern Höhe mit einem Türchen an der Vorderseite. Sie hat den einzigen Zweck, eine große konsekrierte Hostie aufzunehmen. „Custodire" heißt beschützen. Wie in einer Monstranz befindet sich auf dem Boden der Custodie eine Schiene für die „Lunula" (= Möndchen), in der die Hostie steht. Im Tabernakel hat sie einen sicheren Aufbewahrungsort. Für theophorische Prozessionenen (= Prozessionen mit der Monstranz) z. B. am Fronleichnamstag wird die konsekrierte Hostie entnommen. Mindestens einmal im Jahr wird sie erneuert. Die Gläubigen erhalten sie in kleinen Stücken beim Empfang der Kommunion.

OSTENSORIEN

Es gibt Reliquiare, die man mit einer Monstranz verwechseln kann. Sie haben ein ähnliches Format und auch einen Glasbehälter in der Mitte. In diesem befindet sich aber keine Lunula zur Aufnahme der konsekrierten Hostie. Die Lunula ist ein untrügliches Kennzeichen einer Monstranz.

LITURGISCHE GEWÄNDER

Dass sich die Christen bereits in der apostolischen und frühen nachapostolischen Zeit in besserer Kleidung zum Brotbrechen versammelten, ist m. E. eher unwahrscheinlich. Man feierte das Herrenmahl am Abend des ersten Wochentages, am Tag nach dem Sabbat. Dieser Tag war ein normaler Werktag, d. h. auch für die Christen ein Arbeitstag. Wer schwere Handarbeit leisten musste, hat sicher die Arbeitskleidung gewechselt. Erst als Kaiser Konstantin im Jahr 321 den Sonntag zum arbeitsfreien Tag erklärt hatte, erschienen die Mitglieder der neuen Religion zu ihrer wichtigsten gottesdienstlichen Feier wohl auch in besserer Kleidung.
Was kann man unter einer „besseren" Kleidung verstehen? War es die Kleidung der griechischen und römischen Bürger, die sie an Festtagen trugen? Diese bestand aus einem langen Untergewand und einem Obergewand. Kaiser Augustus legte Wert darauf, dass die römischen Bürger an Festtagen, von denen es im römischen Kalender eine Menge gab, über der Tunika die Toga anlegten. Die Toga ist halbkreisförmig geschnitten und hat an der geraden Seite eine Länge von ca. fünf Metern. Man benötigte einen Assistenten, der einem die Toga umlegte und drapierte. Deswegen wurde sie allmählich durch ein einfacheres Obergewand ersetzt. In dieser modernisierten Kleidung kamen wohl auch die Christen zum Gottesdienst, sowohl die Vorsteher als auch die übrigen Gemeindemitglieder. Als sich später die Kleidung der Männer änderte, hielten die Gemeindeleiter an der traditionellen Tracht fest, zumindest für den Gottesdienst. Mit anderen Worten: Die liturgischen Gewänder, die heute getragen werden, sind im Prinzip noch die Feiertagsgewänder, die früher von den Männern getragen wurden.
In der römischen Festtagskleidung gab es bei grundsätzlicher Ähnlichkeit auch gewisse Unterschiede. Zwar trug jeder Bürger ein Unter- und Obergewand. Aber bei einigen sah man Purpurstreifen an der Tunika. Diese konnten schmal oder auch etwas breiter sein.

Darin drückte sich der soziale Status aus. Ob jemand Mitglied des Senats oder des Ritterstandes war, konnte man an solchen Details erkennen.

Ähnlich verrät die unterschiedliche liturgische Kleidung, zu welchem kirchlichen Stand jemand gehört.

Wenn auf einem Bild jemand eine Dalmatik trägt, ist er Diakon. Das ist schon ein erster Schritt auf dem Weg zur Identifizierung einer Person. Entdeckt man auch noch Steine, kann es kein anderer als der Diakon Stephanus sein, der zu Tode gesteinigt wurde. – Die Mitra weist eine Figur als Bischof oder Abt aus. Sollte ein bestimmter Bischof gemeint sein, steht sein Name entweder im Heiligenschein oder er wird durch Attribute gekennzeichnet. Goldkugeln gehören zum hl. Nikolaus. Als Kind soll er einen Klumpen Gold in ein Tuch gewickelt haben und nachts heimlich in das Zimmer einer armen Familie in der Nachbarschaft geworfen haben. Noch zweimal wiederholte er diese Aktion. Sollte der hl. Nikolaus ohne Mitra dargestellt sein, aber mit Goldkugeln, wird eine Unterscheidung zwischen Stephanus und Nikolaus schwieriger. Goldkugeln und Steine kann man auf alten Bildern nicht immer exakt unterscheiden. Es hilft nur ein Blick auf die Kleidung weiter. Eine Dalmatik würde für die Identifizierung als Stephanus sprechen. Es gibt berühmte Altäre, auf denen nahezu alle liturgischen Gewänder zu sehen sind, z. B. auf der Mitteltafel des Genter Altares (1425-1432) oder auf dem Altar mit der Geburt Christi (Abb. 189) von Hugo van der Goes (gest. 1482). Ein Grundwissen über liturgische Gewänder ist für die Interpretation vieler mittelalterlicher Bilder unverzichtbar.

DIAKONENGEWÄNDER

Diakone werden bereits im Neuen Testament erwähnt. Sie waren in den frühen Christengemeinden hauptsächlich im caritativen Bereich tätig. Der Diakon gehört zum Klerus. Man wird Diakon durch eine eigene sakramentale Weihe. Jeder Priester hat auch die Diakonenweihe erhalten.

Seit dem Vaticanum II gibt es in den katholischen Gemeinden wieder vielerorts Ständige Diakone. Es sind verheiratete oder unverheiratete Männer, die vom Bischof geweiht wurden und Diakone bleiben, daher der Name „Ständige" Diakone. Wie in der Ostkirche darf ein unverheirateter Diakon nicht heiraten. Die Eheschließung muss der Diakonenweihe vorausgehen. Diakone taufen, trauen, beerdigen, verkünden das Evangelium beim Gottesdienst, sind in der Bildungsarbeit tätig und engagieren sich – je nach Neigung und Begabung – in vielen anderen Bereichen des gemeindlichen Lebens.

Im liturgischen Dienst trägt der Diakon bei feierlichen Anlässen ein besonderes Gewand, die Dalmatik. Daran kann man ihn sofort erkennen. Vorher legt er, wie die Priester und Bischöfe, Schultertuch und Albe an. Heutzutage übt er seinen Dienst meist in der Mantelalbe aus. Darüber trägt er die Querstola.

SCHULTERTUCH

Das Schultertuch bekommt ein gewöhnlicher Kirchenbesucher nicht zu sehen, weil es als Erstes angelegt und so von anderen Textilien überdeckt ist. Es ist ein quadratisches oder querrechteckiges Tuch mit der Seitenlänge von etwa einem halben Meter (Abb. 112). Es bedeckt Nacken und Schultern und heißt deshalb „Humerale" oder Schultertuch (humerus = Schulter). Es hat auch den Namen „Superhumerale" (super = auf oder höher). Amicare heißt auf Deutsch umhüllen. Deshalb heißt das Humerale auch „Amikt". Vier Namen für ein so kleines Tuch: Schultertuch, Humerale, Superhumerale und Amikt!

Über die Herkunft des Amiktes gibt es verschiedene Meinungen. Joseph Braun, einer der kundigsten Forscher auf diesem Gebiet, schreibt zu Recht, dass sich der Amikt aus der damaligen Alltagskleidung ableitet. Im Römischen Reich trugen Alt und Jung ein Halstuch, wie Braun schreibt. Auf der Trajanssäule in Rom sieht man auch Soldaten mit einem unter dem Kinn geknoteten Schultertuch. Auch Kaiser Trajan selbst ist auf dieser seiner Ehrensäule mehrmals mit einem Halstuch dargestellt.

Wie kommt dieses profane Kleidungsstück in die liturgische Gewandung? Sollen die Gewänder gegen Schweiß geschützt werden? Soll aus Anstandsgründen der nackte Hals bedeckt werden? Ist das Tuch ein Kälteschutz? Braun weist alle diese Begründungen zurück. Für die Gewänder des Papstes und seiner Assistenten lässt er in etwa das Argument gelten, die kostbaren Gewänder sollten vor Schweiß geschützt werden. Das Schutertuch gehört, so Braun, in der Antike zur hochvornehmen profanen Festtagskleidung. Das Schultertuch wird im liturgischen Kontext erst im 8. Jahrhundert erwähnt. In dieser Zeit war aus der ursprünglich profanen päpstlichen Kleidung schon eine liturgische Festtagskleidung geworden und dazu gehörte automatisch ein Schultertuch. Schließlich wurde der Amikt von allen Klerikern umgelegt.

Die oben erwähnten praktischen Gründe, die für das Tragen des Halstuches angeführt wurden, sind mit Sicherheit verantwortlich dafür, dass das Humerale Bestandteil des päpstlichen Ornates und schließlich Teil der Gewandung für Diakone und Priester wurde.

ALBE

Die Albe ist eine Fortentwicklung der römischen Tunika. Sie ist, wie das Wort sagt, weiß (albus = weiß). Wie ein langes weißes Hemd reicht sie bis auf den Boden. Die Heiligen im Himmel tragen weiße Gewänder. „Danach sah ich: eine große Schar aus allen Nationen und Stämmen, Völkern und Sprachen; niemand konnte sie zählen. Sie standen in weißen Gewändern vor dem Thron und vor dem Lamm und trugen Palmzweige in den Händen" (Offb 7,9). Die Getauften legen ein weißes Gewand an. Sie haben das Bürgerrecht im Himmel erhalten und sind entsprechend gekleidet.

Auf dem Mosaik an der linken Apsiswand in S. Vitale in Ravenna stehen Bischof Maximianus und einige Diakone in liturgischen Gewändern. Dunkle vertikal verlaufende Streifen zieren die Alben der Diakone. Ähnliche Streifen in unterschiedlicher Breite trugen auch römische Beamte als besondere Rangabzeichen.

CINGULUM

Die Albe ist ein weites Gewand und muss deshalb gegürtet werden. So praktizierte man es auch in der griechischen und römischen Antike. Den Gurt nennt man cingulum (Abb. 112). Es kann ein Strick oder ein schmales Stoffband sein. Beim Gehen und Arbeiten musste das Untergewand gegürtet werden. Jesus empfiehlt seinen Jüngern, wachsam zu bleiben und das Untergewand gegürtet zu lassen. „Legt euren Gürtel nicht ab und lasst eure Lampen brennen! Seid wie Menschen, die auf die Rückkehr ihres Herrn war-

ten, der auf einer Hochzeit ist, und die ihm öffnen, sobald er kommt und anklopft"
(Lk 12,35).

STOLA

Die Stola ist ein etwa zehn Zentimeter breiter und zwei bis drei Meter langer Stoffstreifen (Abb. 112). Es gibt sie in allen liturgischen Farben. Bei der Messfeier wird sie von
Priester und Bischof über der Albe unter dem Messgewand getragen. Die Gemeinde
bekommt sie deshalb nicht zu Gesicht. Bei anderen gottesdienstlichen Handlungen wie
bei der Taufe und Beerdigung hängt sie sichtbar über dem Rochett. Der Diakon legt sie
wie eine Schärpe auf die linke Schulter. Mit den Enden des Cingulums wird die Stola
befestigt, falls sie über der Albe getragen wird.
Die Stola ist kein aus dem Alltagsgebrauch abgeleitetes Kleidungsstück wie die anderen
oben besprochenen liturgischen Gewänder. Sie ist Amtszeichen, eine Insignie des emp-
fangenen Weihegrades. Der Träger wird durch sie als Kleriker ausgewiesen und vom
Laien unterschieden.
In der Abbildung 112 liegt auf dem roten Messgewand eine Stola, links ein weißes
Schultertuch und rechts ein Cingulum.

DALMATIK

Das liturgische Obergewand des Diakons ist die Dalmatik (Abb. 192). Es gleicht einem
Messgewand. Ursprünglich reichte es bis auf die Knöchel. Später wurde sie enger und
kürzer. Damit die Dalmatik unabhängig vom Körperumfang von jedem Diakon getragen
werden konnte, schlitzte man das Gewand an den Seiten auf. Auch die zur Dalmatik
gehörenden ursprünglich geschlossenen Ärmel wurden ab dem 15. Jahrhundert im
unteren Bereich der Länge nach aufgeschlitzt und mit Bändern zusammengehalten.
Wenn man auf Bildern einen jungen Mann in einem liturgischen Gewand sieht, das an
den Seiten aufgeschlitzt und mit offenen Ärmeln versehen ist, kann man mit Sicherheit
sagen: Hier ist ein Diakon dargestellt. Wenn die Figur zusätzlich einen Palmzweig in
Händen trägt, kann man folgern, dass dieser Diakon ein Märtyrer ist. Die bekanntesten
und in der Kunst oft dargestellten Diakone sind Stephanus und Laurentius. Beide sind
Märtyrer. Der hl. Laurentius erlitt auf einem glühenden Rost den Märtyrertod. Deshalb
steht an seiner Seite als Attribut ein Eisenrost. Oder er liegt bereits nackt auf dem glühenden Rost. Stephanus wurde gesteinigt. Auf frühmittelalterlicher Malerei fliegen
Steine auf seinen Kopf zu, manche haben ihn schon getroffen. Oder es liegen Steine auf
einem Buch in seiner Hand. An den Steinen kann man Stephanus sicher identifizieren. –
Auf dem Bild „Die Weihe des hl. Stephanus zum Diakon" von Vittore Carpaccio (gest.
1526) kann man sieben Diakone sehen (Abb. 193). Einer steht hinter der Treppe und
schaut auf den Betrachter. Die Hauptperson kniet oben vor einem Bischof. Es ist Stephanus, der gerade zum Diakon geweiht wird. In der Apostelgeschichte (Apg 6,3) heißt
es, dass die Jünger auf Vorschlag der zwölf Apostel sieben Männer aus ihrem Kreis
wählten, die sich besonders um die tägliche Versorgung der Witwen mit Nahrungsmit-
teln kümmern sollen. Die Namen der Gewählten werden genannt (Apg 6,5): „… Stephanus, einen Mann, erfüllt vom Glauben und vom Heiligen Geist, ferner Philippus und
Prochorus, Nikanor und Timon, Parmenas und Nikolaus, einen Proselyten aus Antiochia.

Abb. 192
Dalmatik aus dem Schottenkloster in Wien

Abb. 193
Weihe des Stephanus zum Diakon
von Carpaccio, Gemäldegalerie,
Staatliche Museen zu Berlin

Sie ließen sie vor die Apostel hintreten, und diese beteten und legten ihnen die Hände auf." Genau dieser Text liegt dem Bild zugrunde. Stephanus wird als Einziger näher charakterisiert, weil er als erster der Jünger den Märtyrertod erleidet. Carpaccio hat die liturgische Kleidung eines Diakons gut gekannt. Das Gewand ist realistisch wiedergegeben. Dem Künstler war bekannt, dass der Diakon die Stola auf der linken Schulter trägt und die beiden Enden an der rechten Körperseite gebunden sind. Man sieht ein oder zwei Enden der Stola im rechten Hüftbereich. Bei der Weihe durch die Apostel haben die Diakone eine solche Gewandung natürlich nicht getragen. Der Maler zeigt sie so, wie er sie zu seiner Zeit bei der Messfeier gesehen hat. Genau so sind Diakone auch heute noch gekleidet. – Auf Verkündigungsbildern trägt auch der Erzengel Gabriel oft eine Dalmatik.

Im rechten Seitenschiff der Kathedrale von Spoleto in Umbrien hat Pinturicchio (gest. 1513) einen Diakon scheinbar ohne Attribute an die Wand gemalt. Man sieht tatsächlich weder ein Rost noch Steine. Das aber hätte der Auftraggeber nie durchgehen lassen. Attribute sind oft genial versteckt, aber immer noch derart, dass man sie bei genauem Hinschauen finden kann. In diesem Fall hängen an der linken Vorderseite des Gewandes in Brusthöhe zwei Kordeln herab, die sich in der Mitte verdicken zur Form eines Tischtennisballes. Sie gehören als Schmuck zur Dalmatik. Allerdings sind sie in diesem Fall so gestaltet, dass man in diesem realistischen Schmuck zugleich an Steine erinnert werden kann. „Disguised symbolism", „verborgener Symbolismus", nennt der Kunsthistoriker Erwin Panofsky (1892-1968) dieses Phänomen, welches er beim Studium der frühen niederländischen Malerei des 15. Jahrhunderts entdeckt und oft nachgewiesen hat. In den realistisch gemalten Objekten ist zugleich ein tieferer Sinn verborgen.

SUPERPELLICEUM

Kleriker tragen dieses weiße, knielange Gewand über dem schwarzen Talar, der bis auf die Schuhe reicht, bei liturgischen Feiern wie bei der Taufspendung, bei Beerdigungen oder Prozessionen. Es wird auch Chorhemd oder Chorrock genannt. Übersetzt heißt dieses lateinische Wort: „über dem Pelz". Im Winter behielten die Kleriker die Pelzkleidung an. Der weiße Chorrock wurde über dem Pelz getragen. Deshalb mussten die Ärmel breit geschnitten sein, was bis heute der Fall ist. Hervorgegangen ist das Superpelliceum aus der Albe. – Allgemein wird das Superpelliceum auch Rochett genannt. Diese Gleichsetzung ist nicht ganz richtig, denn das Rochett ist ein auszeichnendes, meist bischöfliches Gewand mit engen Ärmeln.

PRIESTERGEWÄNDER

Der Priester trägt als liturgische Kleidung wie der Diakon Schultertuch, Albe und Stola. Darüber hinaus noch folgende:

KASEL

Kasel ist ein Synonym für Messgewand (casa = Haus). Die Verkleinerungsform „casula" ist ein Häuschen, eine kleine Hütte. Ein Messgewand als Hütte oder Häuschen? Die

Kasel hatte ursprünglich eine Glocken- bzw. eine Kegelform. In dem nach oben enger werdenden Umhang gab es nur eine Öffnung zum Durchstecken des Kopfes. Der Träger ist dann ganz vom Gewand umgeben, wie ein Mensch von einer Hütte oder von einem Haus umschlossen ist.

Die Kasel findet man wiederum zuerst als Alltagskleidung. Die umständlich zu tragende Toga der römischen Bürger wurde ab dem dritten Jahrhundert mehr und mehr durch einen leichteren Umhang ersetzt. Dieser wurde auch beim Gottesdienst getragen. Man hielt an der Form fest, auch als sich die Form der Kasel im Alltag änderte.

Wenn der Priester eine Kasel über den Kopf zog, war er ganz von Stoff eingehüllt. Wenn er beim Gottesdienst die Hände betätigen musste, hatte er zwei Möglichkeiten. Entweder er raffte das Gewand seitwärts hoch oder vorn. In jedem Fall lagen Faltenberge von Stoff auf seinen Armen. Das seitliche Hochraffen dieses ehemaligen Mehrzweckumhanges erübrigt sich, wenn man den Stoff an den Seiten abschneidet. Die Falten stauen sich nun nicht mehr in den Armbeugen. Die Kasel nähert sich in der Form einem Überwurf. Sie besteht nun aus zwei hochrechteckigen Teilen, die über Brust und Rücken herabhängen. Das Rechteck ist auf der Vorderseite und auf dem Rücken in der Mitte leicht nach innen geschwungen wie ein Violinkörper. Die Kasel hat die Form einer Bassgeige angenommen, wie sie auch genannt wird. Vorder- und Rückseite wurden bestickt, oft mit Silber- und Goldfäden. In vielen Museen kann man wertvolle alte Kaseln dieser Art sehen. Die kostbarsten stammen aus der Barockzeit.

Die beschriebenen Kaseln in Bassgeigenform werden heute wieder getragen. Es gibt auch moderne Schöpfungen aus ungewohnten Materialien und mit zeitgenössischer künstlerischer Gestaltung.

PLUVIALE

Das Pluviale ist ein liturgisches Gewand für Priester und Bischöfe. Die anderen Bezeichnungen für das Pluviale lassen schon auf die Verwendung schließen: Cappa, Chor-, Rauch- und Vespermantel. Es handelt sich um einen bis auf den Boden reichenden Mantel. Auf dem Rücken ist ein schildartiges Zierstück appliziert. Vorn wird er mit einer Schließe auf der Brust zusammengehalten. So können die Hände frei hantieren. Pluviale bedeutet Regenmantel. Damit ist die Herkunft dieses später für liturgische Zwecke stilisierten Gewandes geklärt.

Der Chormantel wird benutzt bei Andachten, bei der feierlichen Vesper und bei Prozessionen. Bei solchen Anlässen wird Weihrauch verwendet. So erklärt sich der Name Rauchmantel. Der Priester muss über eine gewisse Hand- und Armfreiheit verfügen, um Weihrauch auf die glühende Kohle legen zu können. Außerdem umschreitet er inzensierend den Altar. Bei theophorischen Prozessionen tragen Bischof oder Priester die Monstranz. Auch das erfordert eine freie Beweglichkeit der Arme. Das Pluviale ist für die genannten Handlungen ein ideales Gewand.

Die Monstranz wird normalerweise nicht mit bloßen Händen angefasst. Ein Velum, d. h. ein breiter Stoff in Form eines überdimensionierten Schals, wird dem Priester über den Rücken gelegt. Vorn kann er wie der Chormantel mit einer Schließe geschlossen werden. Weit hängen die Stoffenden rechts und links über die Brust herab. Innen befinden sich an den Rändern handbreite Streifen, die der Priester wie Handschuhe überzieht und so die Monstranz anfasst. In vielen Kathedralmuseen werden kostbare Chormäntel und Velen gezeigt. Wenn man die Funktion dieser Exponate kennt, wird man an ihnen nicht uninteressiert vorbeigehen.

Auf dem oben schon erwähnten Bild der Geburt Christi von Hugo van der Goes (gest. 1482) stattet der Maler die Personen mit fast allen hier besprochenen Paramenten aus (Abb. 189). Im Vordergrund sieht man zwei Engel in weißen Alben, die in der Hüfte von einem Cingulum zusammengehalten werden. Der Engel vorn rechts am Bildrand trägt eine Dalmatik, wie man an dem Seitenschlitz erkennt. Der Engel links neben ihm ist in ein Pluviale gehüllt. Würde er aufstehen, reichte dieses Gewand noch bis zu den Fußknöcheln. Man sucht aber vergebens nach einem Messgewand. Warum trägt es niemand? Dieses priesterliche Gewand kommt allein dem Kind auf dem Boden zu. Er ist der Hohepriester. Man muss so interpretieren, weil ähnliche Aussagen auch auf anderen niederländischen Bildern des 15. Jahrhunderts gemacht werden. Auf dem Altarbild von Dieric Bouts ist im Kronleuchter keine Kerze (Abb. 149). Das wahre Licht Christus, das Licht der Welt, sitzt am Tisch. Auf anderen Bildern mit Christusdarstellungen sieht man zwar eine Kerze, aber sie brennt nicht.

PONTIFIKALGEWÄNDER UND -INSIGNIEN

Alle Gewänder, die ein Priester bei der Messfeier anlegt, trägt auch der Bischof. Wenn Kleidung auch etwas aussagt über den sozialen Rang einer Person, dann wird der Bischof als Leiter und oberster Priester seines Bistums noch spezifische Paramente tragen. Und ein Erzbischof als Leiter einer Kirchenprovinz, dem mindestens ein Suffraganbistum zugeordnet ist, wird durch ein weiteres Element als solcher gekennzeichnet. Um damit zu beginnen: Es ist das Pallium.

PALLIUM

Wer nie von einem Pallium gehört hat, wird es auch nicht registrieren, obwohl es bei einer öffentlichen Messfeier des Erzbischofs über dem Messgewand getragen wird. Es ist ein wenige Zentimeter breiter annähernd kreisförmiger Wollstreifen, der über den Kopf gezogen wird. An Brust- und Rückenseite sind zwei Streifen angesetzt. Es ist aus der Wolle von Lämmern gewebt und mit schwarzen Seidenkreuzen geschmückt.

Das Pallium wird vom Papst allen Erzbischöfen seines Patriarchates als Ausdruck der besonderen Verbundenheit mit ihnen und als Zeichen ihrer Teilhabe an der obersten Hirtenaufgabe verliehen. „Weide meine Schafe", sagt Jesus zu Petrus (Joh 21,17). Das Pallium aus Lammwolle ist ein Symbol für die Herde Gottes. Es erinnert den Erzbischof an seine verantwortungsvolle Hirtenaufgabe. Schwache Lämmer und verlorene Schafe muss er gelegentlich auf seinen Schultern tragen. Wenn der Hirt ein verloren gegangenes Schaf gefunden hat, „nimmt er es voll Freude auf seine Schultern" (Lk 15,5). Wie sinnvoll, dass ein Pallium dort liegt, wo man ein junges Lamm oder ein ausgewachsenes Schaf tragen würde! – Innerhalb von drei Monaten nach seiner Weihe bzw. nach seiner Ernennung – falls er schon Bischof war – muss der Erzbischof oder sein Bevollmächtigter das Pallium abholen.

Bis vor einem Jahr wurden die Pallien in einem silbernen Behälter unter dem Papstaltar im Petersdom aufbewahrt. Jeder konnte ihn dort sehen. Viele Pilger waren der Meinung, es handele sich um einen Reliquienbehälter; und weil er an einem solch prominenten Ort stehe, würde er vermutlich die Knochen des heiligen Petrus beinhalten. Um diesem Missverständnis zuvorzukommen, hat er auf Anweisung des Papstes einen neuen Platz in der Reliquienkammer hinter der Pietàkapelle gefunden. Nur am Vorabend von Peter und Paul wird er für das Fest wieder unter dem Papstaltar aufgestellt. Während des Festgottesdienstes werden die Pallien vom Papst gesegnet.

Die Wolle für die Pallien wird nicht so nebenher in einem Geschäft gekauft. Am Fest der hl. Agnes (agnus = Lamm) führt das Domkapitel vom Lateran während des Hauptgottesdienstes zwei Lämmer zum Altar, wo sie gesegnet werden. Anschließend werden sie den Benediktinerinnen von Santa Cecilia übergeben. Die Wolle dieser Lämmer ist für die Herstellung der Pallien bestimmt. Es wird deutlich: Dieses kleine Pallium ist voll von Symbolik.

Das Wort Pallium hat eine breite Bedeutung im Sinn von Tuch, Mantel, Schleier, Decke. Es bezeichnete ursprünglich den Mantel der Philosophen, der wie ein breiter Schal um den Hals gelegt wurde. In der Spätantike war das Pallium Rangzeichen. Der Kaiser verlieh es für die Verrichtung bestimmter hoheitlicher Aufgaben. Diese Bedeutung hat das Pallium auch heute noch. Anstelle des Kaisers verleiht der Papst dieses Rangabzeichen.

Seit dem 6. Jahrhundert ist das Pallium im kirchlichen Umfeld nachweisbar. Elfenbeintafeln, Mosaikdarstellungen und Wandgemälde aus dieser Zeit belegen es. Anfangs hatten sie die Form einer Stola, wurden aber – im Unterschied zur Stola – immer über dem Messgewand getragen. So sieht man in S. Vitale in Ravenna an der linken Chorwand u. a. ein Mosaik aus dem 6. Jahrhundert mit Erzbischof Maximian. Das über dem Messgewand streifenförmig herabhängende Pallium weist ihn als Erzbischof aus. In der romanischen Unterkirche von S. Clemente in Rom ist in einem Wandgemälde „Papst" Clemens bei der Messfeier dargestellt. Unübersehbar liegt das Pallium auf seinem Messgewand. Der jetzige Papst Benedikt XVI. trägt das Pallium in dieser frühen Form.

MITRA

An der Mitra, der liturgischen Kopfbedeckung des Bischofs, kann man ihn am ehesten erkennen. Die Mitra ist ein allgemeines Attribut. Zur namentlichen Identifizierung bedarf es eines individuellen Attributes. Bischof Liborius wird kenntlich gemacht durch kleine, steinartige Gebilde. Es sind Grieß und Nierensteine. Hatte jemand Nierensteine, wurde der Heilige angerufen. Hätte der Bischof drei Goldkugeln in seiner Nähe, würde man ihn an diesem individuellen Attribut unzweifelhaft als Nikolaus identifizieren. Oft steht der Name des Heiligen am Podest oder im Nimbus. Dann gibt es keinen Zweifel an der Identifizierung.

Das Wort Mitra ist griechisch. Es wurde ohne Änderung von der lateinischen Sprache übernommen. Aus dem Lateinischen gelangte es ins Deutsche. Es ist ein Alltagswort und kann mehreres bedeuten: Mütze, Binde, Schleier.

Nach dem heutigen Sprachgebrauch ist eine Mitra die liturgische Kopfbedeckung der Bischöfe und Äbte. Sie besteht aus zwei nach oben spitz zulaufenden und zusammenklappbaren Hälften. Nach hinten fallen zwei „infulae" (= Zierstreifen) von der Mitra über die Schulter. Die frühen Mitren aus dem 11. Jahrhundert waren einfache, spitz zulaufende rundherum geschlossene Mützen aus weichem Stoff. Solche kegelförmigen Mitren trug auch der Papst als Bischof von Rom. Auf zeitgenössischen Werken oder auf Bildern der Renaissance kann man solche Mitren finden, wenn ein Papst aus jener Zeit gemeint ist. Gegen 1100 ändert sich die Form. Die Kopfbedeckung verliert die Kegelgestalt und wird zu einer runden Kappe in der Form einer russischen Pelzmütze. Vom 12. Jahrhundert an hat die Mitra die heutige Form. Anfangs war sie etwas niedriger und gedrungener. Ab dem 14. Jahrhundert wurde sie höher gearbeitet. So bot sie mehr Fläche für künstlerische Bearbeitung. Unter den in Vitrinen ausgestellten Mitren gibt es unbezahlbare Kostbarkeiten.

Auch in den ostkirchlichen Riten tragen die Bischöfe Mitren. Die ursprüngliche Form einer Rundkappe wurde beibehalten und zu einer Krone weiterentwickelt.

Kostbare Mitren mit Goldplättchen, Edelsteinbesatz und Stickereien wurden in der Barockzeit geschaffen. Man nennt sie „Mitra pretiosa" (= kostbare, wertvolle Mitra). Es gibt auch einfache (= lateinisch „simplex") Ausführungen aus weißer Seide und aus Leinen mit wenig Stickerei. Die „Mitra simplex" ist heute üblich. Eine „Mitra Auriphrygiata" (= eine „goldene Mitra" entweder aus einem durchgehend goldfarbenen Stoff oder aus weißer Seide mit eingestickten Gold- und Silberfäden) wird seit dem Zweiten Vaticanum nicht mehr getragen.

Die Mitra ist die offizielle liturgische Kopfbedeckung der Äbte, Bischöfe, Kardinäle und des Papstes. Segnungen, Taufspendungen und Salbungen vollzieht der Bischof mit der Mitra. Auch bei einem feierlichen Gottesdienst zieht er mit der Mitra ein.

PONTIFIKALSTRÜMPFE UND PONTIFIKALSCHUHE

Hin und wieder entdeckt man in einem Diözesanmuseum liturgische Strümpfe und Schuhe, z. B. in Bamberg. Sie wurden in Bischofsgräbern gefunden. Pontifikalstrümpfe wurden früher dem Bischof vor feierlichen Gottesdiensten angezogen. Sie sind – vermutlich der besseren Handhabung wegen – aus festem Stoff hergestellt und gleichen Stiefeln. Ponitifikalstrümpfe gehören der Vergangenheit an.

Bis zum Zweiten Vatikanischen Konzil trugen manche Bischöfe bei der Messfeier Pontifikalschuhe. In der Antike ließen Schuhe wie die Gewandung einen Rückschluss auf den sozialen Rang zu. Einen Senator konnte man auch an seinem Schuhwerk erkennen, ebenfalls einen Ritter. Die Schuhe des Kaisers waren natürlich besonders auffallend und unverwechselbar. Länge und Farbe der Bänder und die Anzahl der Knoten waren für die Schuhe der verschiedenen Stände vorgeschrieben. Kaiser Konstantin erlaubte dem römischen Klerus, senatorische Schuhe zu tragen. Fast alle bischöflichen Insignien und Vorrechte gehen auf die Zeit Konstantins zurück, der den Bischöfen senatorische Privilegien gewährte. Über den Senatoren standen nur noch die beiden Konsuln und der Kaiser. Im 10. Jahrhundert entwickelte sich dieses Vorrecht zu einem besonderen Privileg der Bischöfe. Der Papst trägt bei offiziellen Anlässen heute noch rote Schuhe.

BISCHOFSRING UND BISCHOFSSTAB

Der Bischofsring wird auch Pontifikal- oder Pastoralring genannt. Da er früher wohl als Siegelring benutzt wurde, wird er schon von Augustinus im 4. Jahrhundert erwähnt. Allgemein verbreitet ist er seit dem 9. Jahrhundert. Bei der Bischofsweihe wird der Ring überreicht. Er ist ein Zeichen der Treue, der Verbundenheit und der Liebe des Bischofs zu seinem Bistum.

Der Bischofsstab weist den Bischof aus als Hirten seines Bistums.

PONTIFIKALHANDSCHUHE

Pontifikalhandschuhe werden in Museen manchmal mit dem Etikett „Chirotecae" (= Handschuhe) versehen. Wie die liturgische Fußbekleidung werden auch sie nur bei einem Pontifikalamt getragen. Vor der Händewaschung nach der Gabenbereitung werden sie abgelegt und erst am Ende der Messe wieder angezogen. In den liturgischen Büchern werden sie erst ab dem 10. Jahrhundert erwähnt, erstmals in Frankreich. Daraus schließen manche Liturgiewissenschaftler, dass die Kälte in den nördlichen Ländern Ursache für den Gebrauch der Handschuhe gewesen sein könnte. Diese Begründung ist m. E. wenig überzeugend. Warum haben die Bischöfe tausend Jahre gewartet? Und: Warum ziehen im warmen Rom die Päpste Handschuhe an? Eine andere Begründung zielt auf den Schutz des Bischofsstabes ab. Das kostbare Material des Bischofsstabes solle vor Ausdünstungen der Haut geschützt werden. Der eigentliche Grund ist nach Braun die soziale Aufwertung. Vornehme im Reich trugen Handschuhe. Dieses Privileg sollte auch den Bischöfen zugestanden werden, im profanen und im liturgischen Bereich. Im Gottesdienst hatten die Handschuhe zusätzlich eine praktische Funktion. Bei der Gabenbereitung wurden die Opfergaben und die Hände des Bischofs vor Verunreinigung geschützt.
Pontifikalhandschuhe tragen Schmuck. Vermutlich begann die Entwicklung mit einem kleinen gestickten Kreuz auf der Handrückenseite. Eine weitere Ausgestaltung ist dadurch vorprogrammiert.
Außer von Bischöfen der Piusbruderschaft werden Pontifikalhandschuhe heute selten getragen.

PEKTORALE

Das Pektorale ist ein Brustkreuz (pectus = Brust). Der Längsbalken hat eine Länge zwischen zehn und zwanzig Zentimetern. Es ist liturgischer Bestandteil der Pontifikalkleidung und soll unter der Kasel getragen werden. Es hängt an einer grün-weißen Halsschnur oder an einer Metallkette. Außerhalb der Liturgie hat es seinen Platz über der Soutane oder über der Weste. – In vielen kirchlichen Museen sind Brustkreuze verstorbener Bischöfe ausgestellt.

RATIONALE

Das Rationale wird nur bei der Messfeier getragen. Es ist ein querrechteckiges, mittelalterliches Textil mit einer Öffnung, sodass man es über den Kopf ziehen kann. Wie ein breiter Kragen liegt es als Schmuck auf Schulter und Brust. Es wird über das Messgewand gelegt. Über ihm liegt das schmalere, streifenartige Pallium.
Das Rationale wurde vom 9. Jahrhundert an vielen Bischöfen verliehen. Vermutlich war es aber schon früher bei den fränkischen Bischöfen in Gebrauch. Heute besitzen als einzige in der katholischen Kirche nur noch die Bischöfe von Paderborn, Eichstätt, Krakau und Nancy ein Rationale.

LITURGISCHE FARBEN

Unter liturgischen Farben versteht man alle Farben, die für die Liturgiefeier an bestimmten Tagen und Festzeiten des Jahreskreises für die Paramente vorgeschrieben sind.

Es gibt im römischen Ritus sechs: Weiß, Rot, Grün, Violett, Rosa und Schwarz. Rosa ist eine Art aufgehelltes Violett und wird nur am dritten Adventssonntag und am vierten Fastensonntag getragen. Das erste Wort der Liturgiefeier am dritten Adventssonntag lautet „Gaudete" (= Freut euch!). Grund der Freude ist das baldige Kommen des Herrn. Am vierten Fastensonntag „Laetare" (= Freue dich!) wird die Stadt Jerusalem angesprochen. Frieden wird ihr angesagt. – Die beiden Sonntage nehmen schon durch diese Eingangsworte eine Sonderstellung in den Bußzeiten ein. Das wird auch visuell deutlich gemacht durch den Wechsel der liturgischen Farbe: Rosa statt Violett!

Schwarz als Ausdruck der Trauer ist die Farbe bei Begräbnisriten. In letzter Zeit werden bei solchen Anlässen aufgrund einer veränderten theologischen Sicht auch violette Gewänder getragen oder – immer häufiger – weiße. Weiß ist die Farbe des Auferstandenen.

Rot erinnert an vergossenes Blut. An Festtagen der Märtyrer sind die Paramente rot; natürlich auch am Karfreitag. Am Pfingstfest kam der Heilige Geist wie in Feuerzungen auf die Apostel herab (Apg 2,3). Deshalb sind die Gewänder an diesem Tag rot. Auch Palmsonntag und am Fest Kreuzerhöhung ist Rot die Tagesfarbe.

Grün ist eine Art Grundfarbe im Jahreskreis, die immer wieder erscheint, wenn keine andere vorgeschrieben ist.

Der liturgische Farbenkanon hat sich allmählich entwickelt. Die Kostenfrage war entscheidend für die Differenzierung. Durch Kochen der Textilien im unterschiedlich stark verdünnten Sekret der Purpurschnecke und eine verschieden lange Einwirkung des Lichtes lassen sich grüne, violette, rosa, braune oder rote Farbtöne erzielen. Bischöfe tragen auf frühchristlichen Mosaiken regelmäßig ein Übergewand aus dunklen und teuren Purpurtönen. Weiß ist ungefärbt und deshalb preiswert. Erst nachdem verschiedenfarbige liturgische Gewänder in Gebrauch waren, setzte eine symbolische Deutung ein. Wegen der unterschiedlichen emotionalen Inhalte, die in verschiedenen Kulturkreisen mit einer bestimmten Farbe verknüpft sind, konnten über lange Zeit keine allgemein verbindlichen Vorschriften erlassen werden. Weiß ist nicht in allen Kulturen die Farbe der Auferstehung und des Lebens. In unseren Breiten kann Schwarz Trauer und Freude ausdrücken. Farben müssen dem jeweiligen kulturellen Verständnis entsprechen. Papst Innozenz III. legte um 1200 zum ersten Mal eine Art Farbenkanon vor. Fachleute wie Braun sind der Ansicht, dass dieser Farbenkanon noch nicht sofort bindende Vorschrift für die Gesamtkirche haben konnte, sondern nur darüber informierte, welche Farben in Rom im Laufe des Kirchenjahres gebräuchlich waren. Sicher war dem Papst bewusst, dass eine solche Auflistung auch Imitation zur Folge hatte. Im Laufe der Zeit wurde dieser römische Farbenkanon von der ganzen Kirche übernommen. Endgültig vorgeschrieben wurden die liturgischen Farben einheitlich für die Gesamtkirche erst im 19. Jahrhundert. – Kritisch darf man fragen, ob man die Regelung der liturgischen Farben – zumindest außerhalb Europas – nicht besser den nationalen Bischofskonferenzen überlässt, die mit der emotionalen Aussagekraft der Farben besser vertraut sind.

Von der priesterlichen Gewandung unterliegen Stola, Messgewand und Chormantel dem Wechsel der Farben. Von den bischöflichen Paramenten sind zusätzlich Pontifikal- handschuhe und Pontifikalschuhe betroffen. Da Bischöfe nach dem Zweiten Vatikani- schen Konzil keine besonderen Schuhe und Handschuhe anziehen, ist der Farbwechsel bei den bischöflichen Insignien weggefallen. Die Mitra war und ist immer weiß. Bi- schofsstab, Ring und Pektorale unterlagen nie den Vorschriften eines Farbenkanons.

HANDSCHRIFTEN

PAPYRUSROLLEN

In der Antike schrieb man auf ein Material, das aus dem Mark der Papyruspflanze ge- wonnen wurde. Das Wort Papier leitet sich von Papyrus ab. Es wird immer noch be- nutzt, auch wenn schon längst nicht mehr auf Papyrus geschrieben wird. Das Mark wird streifenförmig geschnitten, rechtwinklig neben- und übereinander gelegt, geglättet und gepresst. Man konnte fertige Blätter aneinanderkleben. So erhielt man einen mehrere Meter langen „Rotulus" (= Rolle). An jedem Ende befand sich ein Stab. Dreht man beide in dieselbe Richtung, lässt sich die Rolle auf- und abwickeln. – Im Israelmuseum in Jeru- salem wird eine Papyrusrolle aufbewahrt, auf dem der gesamte Text des Propheten Jesaja steht. Sie wurde 1947 zusammen mit anderen Rollen und Gegenständen in einer Höhle in Qumran am Toten Meer gefunden. Sie hat eine Länge von 7,34 Metern und ist 24,5-27 Zentimeter hoch. Papyrus ist wasseranfällig. In trockener Umgebung aber hält es sich schier unbegrenzt. Der Text aus Qumran ist ungefähr zweitausend Jahre alt und damit die älteste Abschrift des Prophetenbuches.

CODICES UND ROLLEN IM VERGLEICH

Ein Codex hat mehrere Vorteile gegenüber einem Rotulus. Man kann eine Textstelle schnell und ohne großen Aufwand durch Blättern finden. Eine Rolle muss man mit zwei Händen drehen, bis man an die gesuchte Stelle kommt. Würde man den Text statt in Kolumnen über die ganze Länge der Rolle schreiben, müsste man sie nach jeder Zeile wieder ganz zurückdrehen, um an den Anfang der nächsten Zeile zu gelangen. Eine andere Möglichkeit wäre, die Rolle aufzuwickeln und an einer Wand zu befestigen. Der Leser müsste dann aber bei einer durchgehenden Schreibweise für jede Zeile einmal an der ganzen Länge entlanggehen. Die sinnvollste Art ist die Anordnung der Worte in Blockform. Diese Textanordnung in Kolumnen hat man später in den Codices, den handgeschriebenen Büchern, beibehalten. Dort steht entweder eine Kolumne allein in der Mitte einer Seite, oder es werden mehrere nebeneinandergesetzt.
Ein Codex ist haltbarer, was gleich näher erläutert wird. Auf den Blättern eines Codex kann man unproblematischer schreiben und malen, weil die Oberfläche spiegelglatt ist. Die Blätter eines Codex werden beidseitig beschrieben. Dadurch kann man viel mehr Text unterbringen als auf einer Rolle. Wenn auch die Rückseite eines Rotulus beschrie- ben wird – Opisthographie genannt – ist der Text auf der Vorderseite nicht mehr wich- tig. Die Rolle wird zweitverwertet.
Rollen werden aufrecht stehend in einem Korb (= lateinisch „capsa") aufbewahrt. Wie

aber erfährt man, welcher Text sich in einer zugeschnürten Rolle befindet? An der Rolle hängt ein kleiner Zettel mit einem Hinweis auf den Inhalt. – Rollen wie Codices können aus Papyrus oder aus Pergament hergestellt werden.

Die Möglichkeit, eine Rolle durch Annähen oder Ankleben eines weiteren Stückes zu verlängern, kann dann von Vorteil sein, wenn von vornherein feststeht, dass der Text von Zeit zu Zeit ergänzt werden muss. Das kann bei Verzeichnissen über den Grundbesitz eines Klosters erforderlich sein, weil diese durch Verkauf oder Zukauf oder durch Schenkungen ständigen Schwankungen unterliegen. – Wichtig waren im Mittelalter Totenverzeichnisse der Mönche. Die Namen der Verstorbenen konnten über Jahrzehnte eingetragen werden, indem man die Rolle durch Anstücken verlängerte. Man reichte sie auch an andere Klöster weiter, mit denen man in Gebetsgemeinschaft stand. Die Namen der Verstorbenen des letzten Jahres wurden dem Kloster auf einem Stück Papyrus mitgeteilt. Dieses Fragment konnte an die vorhandene Rolle angestückt werden. Das war handlicher als eine neue Rolle oder gar ein neues Buch anzufertigen.

Welcher Zeit lassen sich Rolle und Codex zuordnen? Die generelle Buchform des Mittelalters ist der Codex aus Pergament. Die Buchrolle gehört zur Antike. „Der Übergang vom Notizblock zum Buch in Codexform muss sich ziemlich lang hingezogen haben, etwa vom 1. bis zum 4. Jahrhundert, und in dieser Übergangsphase existierten beide Beschreibstoffe nebeneinander. Man kennt Beispiele für Papyrushefte und Pergamentrollen. Martial (Ende 1. Jahrhundert n. Chr.) berichtet von einem Verleger, der seine Gedichtbände in der handlichen Codexform verkaufte, aber das Ganze scheint wenig Erfolg gehabt zu haben. Erst die Christen setzten den Codex sofort ein und gaben ihm vor der Rolle den Vorzug, denn diese waren zweifach negativ konnotiert: durch die ‚heidnische' antike Literatur und die jüdischen Gesetzesrollen."[25] Dass im 6. Jahrhundert Codices in Gebrauch waren, lässt sich im sogenannten Mausoleum der Galla Placidia nachweisen. Gegenüber der Eingangstür steht auf dem Mosaik mit dem Martyrium des hl. Laurentius ein Bücherschrank mit den vier Evangelien in Buchform. Schriftrollen sieht man in den Händen von Menschen, die vor der Erfindung des Buches gelebt haben. Auf Ikonen hält der Christusknabe auf dem Schoß seiner Mutter einen Rotulus. Der erwachsene Christus im Typ des Pantokrators hat statt einer Rolle das geschlossene oder geöffnete Evangelienbuch in der linken Hand. Das ist anachronistisch, denn zur Zeit Jesu gab es noch keine Codices. Als die Ikonen entstanden, waren schon Bücher in Gebrauch; deshalb hält der Pantokrator keinen inzwischen unmodern gewordenen Rotulus. Für den Christusknaben wäre ein Codex zu monumental. Prophetenstatuen in Portalzonen von Kirchen sind mit einer Schriftrolle ausgestattet. Auf Verkündigungsbildern hält der Erzengel Gabriel einen aufgerollten Rotulus in der Hand mit der Beschriftung „Ave Maria".

Leder und Pergament

Leder ist gegerbte Tierhaut von Schafen, Ziegen oder Kälbern. Pergament wird ebenfalls aus solchen Häuten hergestellt. Sie werden aber nicht gegerbt, sondern in Kalklauge gebeizt, gereinigt und in einem Rahmen unter Spannung getrocknet. Das Wort Pergament leitet sich von der antiken Großstadt Pergamon in der heutigen Türkei ab. Dort soll das Pergament erfunden worden sein, nachdem Ägypten die Ausfuhr von Papyrus verboten hatte. Das ist wohl eher eine Legende. Vermutlich war Pergamon bekannt durch eine besonders gute Qualität in der Pergamentproduktion. Deshalb wurde der Name der Stadt auf den wichtigsten Exportartikel übertragen.

Die Herstellung der einzelnen Blätter eines Codex ist ein langwieriger und teurer Prozess. Für ein Buch mittleren Umfangs mussten Dutzende von Tieren ihr Leben lassen. Nur junge Tiere wurden genommen, weil das Material von alten zu spröde war. Am begehrtesten war die Haut von ungeborenen Tieren. Sie heißt in den Quellen „membrana virginia" (= jungfräuliche Membran). Membran ist die übliche Bezeichnung für Pergament. Die Haut eines Tieres hat nicht überall die gleiche Struktur. Am Unterleib ist sie weicher als am Rücken. Die Innenseite der Haut, die Fleischseite, ist begehrter als die Haarseite. Letztere verlangt einen größeren Arbeitsaufwand, weil die Haare entfernt werden müssen. Die Haut ist an der Haarseite auch etwas dunkler. In einer sorgfältigen und zeitintensiven Behandlung werden die Farben angeglichen, sodass man am fertigen Pergament keine Unterschiede erkennen kann.

Schließlich gelangen die getrockneten Häute – möglichst ohne Beschädigung – zum Schreiber. Bevor er überhaupt mit dem Schreiben beginnen kann, sind einige vorbereitende Arbeiten notwendig. Die endgültige Seitenform wird aus der Haut herausgeschnitten. Manchmal geschieht das auch erst nach der Beschriftung einer Seite. Jedes Blatt muss liniert werden, damit der Text exakt horizontal verläuft. Mit einem Metallgriffel wurden die Linien vorsichtig in die Haut geritzt. Oft kann man sie auf der fertigen Seite noch unter den Zeilen sehen. Viel Überlegung erfordert auch die Aufteilung einer Seite in den Text- und Bildteil. Bücher abschreiben und den Text in eine neue schöne Form bringen ist Schwerstarbeit. Schreibstuben waren gewärmt, damit den Schreibern im Winter die Finger nicht steif wurden. Oft standen sie den ganzen Tag in gebückter Stellung. Die Augen wurden übermäßig strapaziert, weil höchste Konzentration gefordert war. Es sind Handschriften mit weltlichen Texten erhalten, in denen der Schreiber am Ende angefügt hat, wie schwer und strapaziös das Schreiben ist und welche Schmerzen es ihm bereitet hat.

Weil die Herstellung von Pergament so kostenintensiv ist, benutzte man manchmal ältere Codices ein zweites Mal. Der Text wurde abgeschabt und ein neuer darüber geschrieben. Man nennt ein solches zweimal beschriebenes Blatt Palimpsest. Mithilfe moderner Techniken kann man den ersten Text lesbar machen. Für die Wissenschaft sind Palimpseste von eminenter Bedeutung. – Für das Abschaben standen Spezialisten zur Verfügung. Einige gingen aggressiv mit Messer und Bimsstein ans Werk, andere wählten eine schonendere Methode. Sie ließen das Pergament über Nacht in Milch liegen, um es aufzuweichen. Es wurde mit Kreide bestrichen, um dann mit dem Bimsstein die Schriftzeichen vorsichtig zu glätten.

Nach dem Schreiben und nach der Illustration ist der Codex noch nicht fertig. Das Grundelement des Buches ist ein Doppelblatt. In der Fachsprache heißt es Bifolie. Ein Blatt wird in der Mitte gefaltet; so entstehen zwei Blätter. Mehrere dieser Doppelblätter werden zu einer Lage ineinander gelegt. Mehrere Lagen schließlich bilden das – noch nicht fertige – Buch. Es fehlen noch zwei starke Buchdeckel und ein stabiler Buchrücken. Die Deckel werden meist aus Holz gefertigt, mit Leinen überzogen und mit Edelsteine, Emailtafeln und Metallplatten besetzt (Abb. 194). – Besonders zeitaufwendig und kostenintensiv war die Herstellung eines Prachtcodex.

Abb. 194 Maria orans, Emailikone Konstantionopel, 10. Jahrhundert, Venedig, Schatz-kammer S. Marco

Pergament kann man färben. An sich ist die natürliche helle Farbe der Tierhaut ideal für die Beschriftung. Aber wenn ein Buch für das Kaiserhaus bestimmt war, wurden die Pergamentblätter purpurn gefärbt. Man schrieb auf solche Seiten mit Gold- und Silbertinte. Purpur war dem Kaiserhaus in Byzanz vorbehalten, im Mittelalter auch den Kaisern im Westen. Sie schenkten bei besonderen Anlässen einem Bischof oder einem Kloster eine Prachthandschrift. Diese Exemplare wurden dann nicht wie andere liturgische Bücher ständig benutzt. Es waren mehr Vorzeigeobjekte. Man erkannte auch damals schon den unermesslichen Wert eines Prachtcodex.

Aus der karolingischen und ottonischen Zeit sind Dutzende von Prachthandschriften erhalten. Sie werden in staatlichen und kirchlichen Museen aufbewahrt. Wenn eine Faksimileausgabe vorbereitet wird, müssen alle Seiten einer Handschrift gelöst werden. Manchmal werden dann alle Blätter des Originals für einige Wochen in abgedunkelten Vitrinen ausgestellt. Ansonsten sieht man nur zwei Seiten des aufgeschlagenen Buches. Wo wurden Handschriften hergestellt? Die wichtigsten Produktionsstätten waren die Skriptorien der Benediktinerklöster.

Inhalte der Codices: Sakramentar, Lektionar, Evangeliar, Evangelistar, Perikopenbuch, Apokalypse, Psalter

Bücher benötigte man für den Gottesdienst und für die Unterweisung. Man brauchte ein Buch mit den wechselnden Gebeten, die an Sonntagen im Gottesdienst vorgetragen werden. Es heißt Sakramentar. Auch Kanontexte und Präfationen sind in einem Sakramentar enthalten. Kanontexte sind die feststehenden Gebete in der Mitte der Messfeier mit den Wandlungsworten. Präfationen sind hymnenartige Texte, die das Heilswirken Gottes preisen und den Kanon einleiten.

Für die im Gottesdienst vorgetragenen Texte aus der Bibel gibt es eigene Bücher. Lektionar (legere = lesen) ist der Oberbegriff.

In den ersten Jahrhunderten wurden die Texte aus der umfangreichen Heiligen Schrift vorgelesen. Es gab Verzeichnisse, denen man entnehmen konnte, welche Abschnitte vorgesehen waren. Noch im ersten Jahrtausend entstanden Bücher, die nur die Bibeltexte enthielten, die bei der Messfeier vorgetragen wurden. Ein solcher Textabschnitt hat den Namen Perikope. Das griechische Wort „perikopein" heißt ringsrum behauen, abhauen. Um die Perikope herum ist der Text weggelassen, abgehauen. Auch ein Abschnitt aus einem Paulusbrief ist eine Perikope, gehört aber nicht in ein Evangeliar oder Evangelistar. Heute sind der Einfachheit halber die Sonntagslesungen in einem einzigen Buch zusammengefasst, in einem Lektionar oder Perikopenbuch.

Ein Evangeliar enthält die vier Evangelien. Werden nur Teile aus den vier Evangelien aufgeschrieben, z. B. die Texte, die sonntags bei der Messe vorgelesen werden, spricht man von einem Evangelistar. Das Evangelistar fällt unter den Oberbegriff Lektionar oder Perikopenbuch. Jedes Evangelistar ist ein Lektionar, aber nicht jedes Lektionar ist ein Evangelistar!

Eine Apokalypse enthält den Text des letzten Buches des Neuen Testamentes, der Geheimen Offenbarung des hl. Johannes. Apokalypsen befassen sich mit den letzten Dingen vor dem Ende der Welt. Da man in der Frühzeit des Christentums und auch im

Mittelalter das Weltende für die nahe Zukunft erwartete, war dieser Text sehr gefragt und gehört deshalb zu den biblischen Büchern, die am häufigsten abgeschrieben wurden.

Für den Gottesdienst und besonders für das Stundengebet benötigte man Bücher mit den einhundertfünfzig Psalmen, ein Psalterium bzw. einen Psalter. Psalmen sind Lieder. Im alten Israel wurden sie mit Instrumentalbegleitung gesungen. Auch im Stundengebet werden sie meist gesungen. Aus keinem anderen alttestamentlichen Buch zitiert das Neue Testament so oft wie aus dem Psalter, weil der Name Messias dort so oft erwähnt wird. Das aus dem Hebräischen abgeleitete Wort Messias heißt im Griechischen Christus und im Deutschen Gesalbter. Die Könige Israels waren gesalbt und wurden deshalb Messias oder Christus genannt. Wenn dieses Wort fiel, ging der Blick der Psalmisten sehnsüchtig in die Zukunft. Man wartet auf einen idealen Christus. Die Christen glauben, dieser ideale Gesalbte sei in der Person Jesu gekommen. Wenn sich die Menschen, die an Jesus glauben, Christen nennen, also Gesalbte, beziehen sie sich auf die mehrfachen Salbungen in der Taufe.

Es gibt auch Handschriften, die den gesamten Bibeltext enthalten. Das sind schlicht und einfach Bibeln.

Mittelalterliche Handschriften, besonders Evangeliare und Evangelistare, sind Kunstwerke von höchster Qualität in Bezug auf Textgestaltung, Bildausstattung und Bucheinband. Besonders prächtig und fantasievoll ist die Seite gestaltet, auf der ein neues Evangelium beginnt. Man nennt sie Incipitseite (lateinisch „incipere" = beginnen). Der erste Buchstabe, die „Initiale" (initium = Anfang, Beginn), eines folgenden langen Evangelientextes ist besonders schön gestaltet. Er kann die ganze Fläche einer Pergamentseite einnehmen.

Auch der Anfang eines Kapitels ist besonders hervorgehoben. Im Vergleich mit der antiken Schreibpraxis war das eine Neuerung. In der Antike setzte man die Buchstaben ohne Zwischenräume und ohne besondere Hervorhebungen nebeneinander. Auch Trennungsregeln kannte man nicht. „Scriptio continua" (= kontinuierliche Schrift) wird diese Art zu schreiben genannt. Ursprünglich sollte die Initiale das Finden und Lesen eines Textes erleichtern. Mit der Zeit wurde sie aber derart kunstvoll bearbeitet, dass man den Buchstaben nur mit Mühe identifizieren kann. Die iro-schottischen Mönche waren im 12. Jahrhundert besondere Meister der Initialgestaltung.

In manchen Handschriften gibt es „Dedikationsbilder" (= Widmungsbilder). Sie zeigen z. B. den Kaiser, der einem Bischof ein Buch überreicht, oder einen Abt, der ein Buch der Jungfrau Maria widmet.

HEILIGENVEREHRUNG UND RELIQUIARE

Bevor über Reliquiare gesprochen wird, sollte geklärt werden, was und wer eigentlich ein Heiliger ist, wie man heilig wird und warum Heilige in der katholischen Kirche eine solche Bedeutung haben.

HEILIGENVEREHRUNG

DER BEGRIFF „HEILIGE(R)"

Der Mensch wird heil (= heilig) durch die Zuwendung Gottes. In der Taufe erhält er Anteil an der Heiligkeit Gottes. Diese ist grundsätzlich ein Geschenk. Daraus ergibt sich die Forderung nach einem entsprechenden Lebenswandel. Der Mensch muss sich nicht abmühen und quälen, um endlich nach vielen Bußübungen einen gnädigen Gott zu bekommen. Ein solcher Weg wäre Selbsterlösung. Der Christ handelt dem Evangelium gemäß, weil er schon längst und unverdient einen gnädigen Gott gefunden hat. Theologen sprechen von einem Paulinischen Imperativ. Paulus betont an vielen Stellen seiner Briefe an die Christengemeinden diese Reihenfolge: Am Anfang steht die Zuwendung Gottes. Sie ist frei und unverdient. Daraus ergibt sich der Imperativ zu einem sittlichen Handeln. Es geht nicht um ein „Damit", sondern um ein „Weil".
Nicht nur Martin Luther, sondern die Mehrheit des mittelalterlichen Christenvolkes war eher der Meinung, man müsse sich das Heil durch immer mehr und immer strengere aszetische Leistungen verdienen. Bei der Lektüre des Römerbriefes fiel es dem Reformator wie Schuppen von den Augen, und es wurde ihm zur Gewissheit, dass Gott selbst der zuerst Gebende und der Mensch der Antwortende ist.
Menschen werden durch die Taufe heilig. Wenn sie als Christen leben, sind und bleiben sie in der Heiligkeit, auch im Tod. Das heißt: Sie gelangen in die offene Gemeinschaft mit Gott, sie kommen ins Paradies, in den Himmel. Von einigen Menschen erklärt die Kirche nach intensiven Nachforschungen, dass sie mit Sicherheit im Himmel sind. Eine solche Heiligsprechung besagt nicht, dass die Kirche jemanden in den Himmel schickt. An sich könnte die Kirche von vielen Getauften offiziell erklären, dass sie im Himmel sind. Tatsächlich aber werden Personen heiliggesprochen oder – wie der Fachausdruck heißt – kanonisiert, hinter denen Menschen stehen, die ein besonderes Interesse an der Kanonisierung haben. Das kann eine Ordensgemeinschaft sein, die ihren Ordensgründer gern als Heiligen verehren möchte. Manchmal ist das Leben eines Menschen für eine bestimmte Zeit besonders vorbildhaft. Auch das wäre ein Motiv für die Kanonisierung. Der Ortsbischof bringt das Kanonisierungsverfahren in Gang. Wenn die erste Stufe des Seligsprechungsprozesses auf dem Weg zur Kanonisierung in Rom positiv abgeschlossen ist, kann der Betreffende schon in diesem Bistum als Heiliger verehrt werden. Durch die mit unterschiedlich zeitlichem Abstand erfolgende Heiligsprechung wird er „zur Ehre der Altäre" erhoben und in der ganzen Kirche als Heiliger verehrt.
Ursprünglich wurden nur Märtyrer kanonisiert. Wer für seinen Glauben stirbt, wer den Glauben auch im Martyrium nicht aufgibt, der ist im Himmel. Ein solcher Mensch hat

Vorbildcharakter. Man muss ihn in guter Erinnerung behalten. – Als es nach Konstantin keine Christenverfolgungen mehr gab, wurden Menschen aus allen Schichten, sofern sie durch ein besonders christliches Leben auffielen, heiliggesprochen. Meist waren sie schon zu Lebzeiten im Volk hoch angesehen. Der Erste, der heiliggesprochen wurde, ohne das Martyrium erlitten zu haben, war Bischof Martin von Tours (316/17-397). Bei ihm war die Nächstenliebe das ausreichende Kriterium für die Heiligsprechung.

Die Gräber von Verstorbenen wurden immer schon in Ehren gehalten, besonders die Gräber berühmter Personen. Auf dem Forum Romanum verehrten die Römer die legendären Gräber von Romulus und Remus. Die Griechen errichteten Monumente über den Gräbern von Heroen. Über dem Grab Muhammads in Medina steht eine prächtige Moschee. Konstantin ließ in Jerusalem über dem Grab Jesu eine monumentale Rotunde errichten. Als es nach den Verfolgungswellen möglich war, Kirchen in großer Anzahl ohne Behinderung zu bauen, waren die Gräber der Märtyrer dafür bevorzugte Orte. Man suchte die Nähe der Heiligen auch nach ihrem Tod. Die Peterskirche am Vatikanischen Hügel, St. Paul vor den Mauern oder die Kirche der hl. Agnes in der heutigen Via Nomentana sind Grabkirchen.

Einen folgenschweren Schritt tat Ambrosius (339-397), Bischof von Mailand, als er die Gebeine der heiligen Gervasius und Protasius vom Friedhof in seine Bischofskirche überführen ließ (lateinisch „translatio" = Überführung). Die Kirche kommt nicht zu den Märtyrern, sondern die Märtyrer kommen in die Kirche. Später entwickelte sich aus der ersten Translation die Vorschrift, dass jeder Altar, an dem die Eucharistie gefeiert wird, Reliquien enthalten müsse. In der Mensa ist eine etwa zwei bis drei Zentimeter dicke quadratische Platte eingelassen, in der sich ein Bleikästchen mit Reliquien befindet. Es heißt Sepulcrum (= Grab). – Diese Vorschrift ist nicht mehr bindend. Ein Sepulcrum wird empfohlen, aber eine Kirche kann heute vom Bischof geweiht werden, auch wenn sich im Altar keine Reliquien befinden.

Man glaubte, der Heilige sei auch dann mit seiner Fürsprache und seinem Schutz präsent, wenn nur ein winziger Teil seines Körpers vorhanden sei. Man war überzeugt, dass der Heilige im Himmel war und gleichzeitig eine Verbindung herstellte zwischen Himmel und Erde. Diese wirkmächtige Präsenz äußerte sich besonders in Wundern am Grab oder in der Nähe von Reliquien.

Die Bedeutung der Heiligen im Mittelalter

Die Bedeutung von Reliquien für die Menschen früherer Zeiten kann gar nicht hoch genug eingeschätzt werden. Mit dem Besitz von Reliquien hatte man nun den Heiligen wirksam in der Nähe. Noch heute werden in vielen Städten Umzüge mit Reliquien veranstaltet. Die Feierlichkeiten zu Ehren der Heiligen werden an ihrem Todestag begangen, an ihrem Geburtstag für den Himmel. Auch den Namenstag feiert ein Katholik – falls überhaupt noch – am Todestag des Heiligen, dessen Namen er trägt.

Der Besitz von Reliquien war im Mittelalter für eine Stadt auch ein wirtschaftlicher Faktor. Die Pilger strömten. Sie mussten versorgt werden. Alle Berufsgruppen profitierten von den Pilgern: Metzger, Bäcker, Köche, Wirte, Bedienstete, Ärzte. Bauern mussten Getreide, Gemüse und Tiere in die Stadt bringen. Die Schuhmacher hatten mehr zu tun. Man brauchte Übernachtungsmöglichkeiten. Andenken wurden gekauft. – Die Stadt Vézelay blühte auf, als die Gebeine der hl. Maria von Magdala dorthin überführt wurden, und es ging wirtschaftlich bergab, als sich später die Kunde verbreitete, die echten Gebeine seien nicht in Vézelay, sondern in einer anderen Stadt. – Als die vermeintlichen Reliquien der Heiligen Drei Könige 1164 unter dem Kanzler Rainhard von Dassel aus der Kirche S. Eustorgio in Mailand nach Köln transferiert wurden, machten sich sofort Pilger auf den Weg. Die Stadt wurde zu einem in ganz Europa bekannten Wallfahrtsort. Noch bedeutender war die Verehrung des hl. Jakobus in Santiago de Compostela. Pilgerströme aus allen Ländern Europas machten sich auf den Weg in die im Nordwesten Spaniens gelegene Stadt. Bis heute hat dieser Wallfahrtsort seine Anziehungskraft bewahrt. Die mittelalterlichen Pilger erhofften sich Vergebung der Sünden und den besonderen Schutz des Heiligen. Außerdem waren mit dem Besuch der Wallfahrsorte Ablässe verbunden. Nach Rom pilgerte man nicht, zumindest nicht in erster Linie, der Kunstwerke wegen. Ziel waren die Gräber der Apostel Petrus und Paulus.

Heiligenverehrung heute

Heute haben Reliquien und deren Verehrung in der katholischen Kirche nicht mehr den hohen Stellenwert wie in früheren Zeiten. Die Akzente haben sich verschoben. Nicht Sündenvergebung und die Gewinnung von Ablässen sind primäre Ziele. Schutz, Hilfe und Fürbitte der Heiligen werden noch erhofft. Davon zeugen die vielen Briefe und Votivgaben. Heute wird die Vorbildfunktion des Heiligen stark betont. Wenn jemand nach Assisi fährt, möchte er wichtige Stationen aus dem Leben des hl. Franziskus kennenlernen. Der Pilger wird fragen oder er wird sich erinnern, warum der Heilige auf sein reiches Erbe verzichtete und freiwillig ein Leben in Armut führte. Die Frage nach Besitz und Reichtum stellt sich in Assisi jedem Pilger. Der Heilige war betroffen durch Worte Jesu über Armut und Reichtum. In seine Fußstapfen wollte er treten. Eine echte Reliquien- und Heiligenverehrung führt unausweichlich zu Christus. Heiligenverehrung hat Brückenfunktion. Sie bleibt nicht beim Heiligen stehen. Pilger fühlen sich bestärkt und ermutigt, angesichts einer so großen und bunten Zahl von Heiligen sich selber auf den Weg der Nachfolge Jesu zu begeben.

Profanierte Heiligenverehrung

Eine Art profanierter Reliquienverehrung gibt es auch in unseren Tagen. Warum tauschen Fußballspieler nach Länderspielen ihre Trikots mit dem Gegenspieler aus? Warum pilgerten in der Stalinära unzählige Menschen zum Leninmausoleum auf dem Roten Platz in Moskau? Was nehmen Menschen – auch und besonders junge Leute – an Strapazen auf sich, um einen Blick oder ein Autogramm eines Stars zu erhaschen? Was alles hängt an den Wänden in Zimmern von Jugendlichen!

EINTEILUNGSMÖGLICHKEITEN DER RELIQUIARE

NACH DER FORMALEN GESTALTUNG

REDENDE RELIQUIARE

Der Fachausdruck „redendes Reliquiar" bezieht sich auf die Form. Wenn etwas über den Inhalt mitgeteilt wird, ist es ein redendes Reliquiar. Ein aus Edelmetallen gefertigter Fuß sagt: „In mir ist ein Fuß oder der Teil eines Fußes." Fuß-, Arm- und Kopfreliquiare sind die bekanntesten „redenden Reliquiare".

STUMME RELIQUIARE

Wenn es „redende Reliquiare" gibt, dann sollte man auch von „stummen" sprechen können. Dieser Begriff wird selten oder gar nicht benutzt. Er bietet sich aber an. Man kann ihn benutzen für alle Gefäße, deren Form nichts über den Inhalt verrät. Ein zylindrisches, mit einem Deckel verschlossenes Gefäß (= Pyxis) kann Schmuck enthalten, Hostien oder Reliquien. Soweit möglich, wurden die Reliquiare so gestaltet, dass die Form schon Auskunft über den Inhalt gab.

STAUROTHEKEN

Eine Zwischenstellung nimmt die Staurothek (= Kreuzbehälter) ein, dessen Inhalt ein Stück(chen) Holz vom Kreuz Christi ist. Wie würde ein redendes Reliquiar mit diesem Inhalt aussehen? Es müsste ein Kreuz sein, in dessen Schnittpunkt man, vielleicht in einen Bergkristall gefasst, den Holzsplitter sehen könnte. Ohne die sichtbare Reliquie könnte niemand wissen, ob sich überhaupt etwas im Kreuz befindet, denn dieses wichtigste Zeichen des Glaubens ist allgegenwärtig, in den meisten Fällen ohne Kreuzsplitter. Größere Holzteile vom Kreuz Christi werden gern in einem rechteckigen Reliquienbehälter aufbewahrt, einer Staurothek. Auf der Vorderseite ist auf jeden Fall ein Kreuz dargestellt, also ein Hinweis auf den Inhalt. Das bloße Vorhandensein eines Kreuzes ist aber noch kein sicherer Hinweis auf den Inhalt. Insofern ist die Staurothek kein eindeutig redendes Reliquiar.

Staurotheken werden in mehreren Dommuseen gezeigt. Eines der schönsten und wertvollsten in Rechteckform besitzt das Dommuseum von Limburg. Während des vierten Kreuzzuges wurde es im Jahr 1204 mit vielen anderen Kostbarkeiten in Konstantinopel entwendet und gelangte auf Umwegen schließlich nach Limburg.

NACH DER NÄHE ZUM URSPRUNG

PRIMÄRRELIQUIEN

Primärreliquien sind Teile vom Körper. Die Spannweite reicht von einem winzigen Knochensplitter bis zum Leichnam eines Heiligen. – Im Mittelalter stellte man die Frage: Kann es auch von Jesus Primärreliquien geben? Weil Jesus auferstanden ist, wurde diese Frage verneint. Aber während der Kreuzigung floss Blut. Dieses wurde – so erzählte man – nach der Kreuzabnahme von den Anhängern Jesu abgetupft. Blutampullen mit blutgetränkten Stoffstreifen werden z. B. in Belgien (Brügge), in Italien (Mantua) und in Süddeutschland (Weingarten und Wurzach) verehrt. An bestimmten Tagen gibt es große Umzüge mit den Reliquien. Wenn moderne Zeitgenossen auch zu Recht an der Echtheit zweifeln, so erinnern Blutampullen doch unmittelbar an die Passion Jesu. Mit diesem kritischen Blick kann man auch heute noch eine solche Reliquie zumindest dulden und – wie ich meine – in Ehren halten.

SEKUNDÄRRELIQUIEN

Sekundärreliquien beziehen sich auf alle Sachen, mit denen der Heilige in Kontakt stand. Das kann z. B. ein Kleidungsstück sein oder ein Rosenkranz oder eine Sandale. Sekundärreliquien, die mit Jesus in Berührung standen, waren besonders wertvoll. Die Leidenswerkzeuge wie Dornenkrone, Nägel, Schwamm, Lanze wurden im Zusammenhang mit dem Wunsch nach Reliquienbesitz aufgefunden und verehrt. Helena, die Mutter Kaiser Konstantins, soll auf dem Kalvarienberg das Kreuz Christi identifiziert haben, indem sie die dort liegenden Kreuze mit Kranken in Berührung brachte. Durch den Kontakt mit dem Kreuz Christi seien einige geheilt geworden. Dem französischen König Ludwig IX. (1226-1270), dem Heiligen, wurden in Verhandlungen einige Leidenswerkzeuge zugesprochen, u. a. die Dornenkrone Christi. Als sich die Prozession mit den Reliquien Paris näherte, ging ihr der König barfüßig entgegen. Eine tiefe Ehrfurcht vor Reliquien kommt in dieser Geste zum Ausdruck. Das heute noch viel bewunderte Juwel gotischer Baukunst, die Sainte-Chapelle in Paris, wurde eigens als Aufbewahrungskapelle für diese Reliquien gebaut. Auch die Überführung der Gebeine der Heiligen Drei Könige nach Köln initiierte und beschleunigte den Bau des neuen gotischen Domes. Die deutschen Könige hatten ein ureigenes Interesse an den Reliquien und am Neubau der Kathedrale. Sie fühlten sich in der Nachfolge der Weisen aus dem Morgenland, die deshalb bald zu Königen hochstilisiert wurden.

BERÜHRUNGSRELIQUIEN

Berührungsreliquien sind neutrale Gegenstände, die durch den Kontakt mit einer Primär- oder Sekundärreliquie selber zu Reliquien geworden sind. Viele Kreuzreliquien sind Berührungsreliquien, d. h., ein Stück Holz hat das hl. Kreuz oder den Kalvarienberg berührt und hat dadurch deren Segenskraft übernommen. Auch heute kann man an Wallfahrtsorten sehen, wie Pilger kleine Gebetszettel oder Rosenkränze an das Gnadenbild oder an die Wand eines heiligen Grabes halten und so die Kraft und den Segen mit nach Hause nehmen möchten. In der Grabeskirche zu Jerusalem liegt einige Meter hinter dem Eingang eine Steinplatte auf dem Boden. Nach der Tradition sollen die heiligen Frauen Jesus auf diesen Stein gelegt und einbalsamiert haben; deshalb heißt er Salbungsstein. Ständig knien dort Frauen. Viele gießen Öl aus und streichen es über die Steinplatte. Sie wiederholen das, was die Frauen in biblischer Zeit gemacht haben. Andere legen ihre religiösen Souvenirs – Kerzen, Rosenkränze, Bilder – auf den Stein. Solche Gesten sind menschlich und nicht nur im christlichen Kontext beheimatet.
Zu den Berührungsreliquien gehören die Pilgerampullen im Dom von Monza in Norditalien. Sie stammen aus dem 6. Jahrhundert. Es sind metallene Gefäße in der Größe und

Form einer Taschenuhr und mit Reliefs verziert. Das macht sie aus ikonografischen Gründen so wertvoll. Man kann sehen, wie bestimmte Themen in jener Zeit dargestellt wurden. Flüssigkeiten wie geweihtes Wasser oder Jordanwasser und heilige Öle konnten in den Ampullen gut transportiert werden. Einer neutralen Flüssigkeit die Qualität einer Berührungsreliquie zu verleihen, ist allerdings nicht so einfach. Zwar kann man das gefüllte Gefäß für einen Moment mit einer echten Reliquie in Kontakt bringen. Aber berührt wird nur das Gefäß und nicht der Inhalt. Man fand eine andere Möglichkeit. In einen Sarkophag wurden zwei Löcher gebohrt. Durch das obere wurde Öl eingeschüttet. Es floss über die Reliquien des Heiligen und wurde unten als heiliges Öl, als Berührungsreliquie, in einer Ampulle aufgefangen.

Der Reliquienkult wurde im Mittelalter – nach heutiger Sicht – stark übertrieben. Reformatoren wie Martin Luther haben Missbräuche gegeißelt. Der Kirchenhistoriker Arnold Angenendt schreibt: „Wie schon die Verehrung der Heiligen immer wieder auch Kritik herausforderte, so mehr noch die der Reliquien; allzu leicht konnten sie sich magisch verdinglichen, das Christenvolk zu falscher Heilssicherheit verführen und obendrein einer finanziellen Ausbeutung Vorschub leisten"[26]

Nach dem verwendeten Material

Oft erhalten Reliquiare ihren Namen nach dem verwendeten Material. Man spricht von Elfenbein-, Email- oder Glasreliquiaren.

Elfenbeinreliquiare

Pyxiden sind meist aus Elfenbein gearbeitet. Es sind runde Gefäße mit einem Deckel von etwa zehn Zentimetern Durchmesser. Das entspricht dem Querschnitt eines Elfenbeinzahnes. Manchmal sind sie aus mehreren Teilen zusammengefügt. Die Rundung des Elfenbeinzahnes bietet sich als Material für die Herstellung von Pyxiden direkt an. Die Außenfläche kann ornamental und figürlich bearbeitet sein. Die Themen richten sich nach der Verwendung des Gefäßes.

Wegen der durch den Zahn des Elefanten vorgegebenen Größe gehört eine Arbeit mit Elfenbein zur Kleinkunst. Größere Flächen kann man durch Zusammenfügen mehrerer Platten erreichen. Ein prominentes Beispiel dafür ist die Cathedra des Bischofs Maximian in Ravenna aus dem 6. Jahrhundert. Sie ist innen und außen mit Dutzende kleine Elfenbeintafeln geschmückt. Manchmal benötigt man für eine biblische Szene zwei Elfenbeinstücke. Diese können so eng aneinandergefügt werden, dass man die Fuge nicht wahrnimmt. Auf mittelalterliche Bucheinbände wurden gern Elfenbeintafeln appliziert. Erstaunlich, welche Fülle an Figuren und Ornamentik auf kleinstem Raum dargestellt werden kann!

Elfenbein wurde bereits in den alten Hochkulturen wie z. B. in Ägypten verarbeitet. Im antiken Rom war es üblich, dass die Konsuln anlässlich ihres Amtsantritts Diptychen an Freunde verschenkten. Konsulardiptychen werden sie genannt. Wie der Name sagt, handelt es sich um zwei hochrechteckige Tafeln, meist aus Elfenbein. Durch Scharniere werden sie zusammengehalten. So sind sie wie ein Buch aufklappbar. Die Innenseiten sind etwas ausgetieft für die Aufnahme der Wachsschicht. Mit einem spitzen Griffel lassen sich mühelos Worte auf die Wachsflächen schreiben. Das Diptychon war ein kostbares Notizbuch. Mit einem breiten Gegenstand konnte man das beschriebene Wachs wieder glätten und so Raum für neue Aufzeichnungen schaffen. Im zusammengeklappten Zustand waren die Wachsseiten geschützt. An den Schnitzereien der Außenseiten konnte sich der Besitzer erfreuen.

Auch im liturgischen Bereich wurden solche Wachstafeln benutzt. Auf ihnen standen die Namen wichtiger Ortskirchen, mit denen man Glaubensgemeinschaft hatte, z. B. Antiochia, Alexandria, Rom und Konstantinopel. Im Gottesdienst wurden sie vorgelesen. Wandte sich eine Kirche einem Irrlehrer zu, wurde sie aus den Diptychen gestrichen, wie eine feststehende Redewendung lautete. Die Glaubensgemeinschaft war nicht mehr gegeben. Solche Diptychen sind der Ursprung der Buchherstellung. Wenn man statt der zwei Tafeln ein anderes, dünneres Material zur Verfügung hätte und binden würde, wäre das die Geburtsstunde des ersten Buches.

Aus den Stoßzähnen des Elefanten wurden nicht nur Diptychen, sondern auch Reliefs und Statuetten hergestellt. Viele Marienfiguren und kleinere Kruzifixe aus diesem Material sind erhalten. An sich ist die Elfenbeinkunst seit der Antike nie ausgestorben. Glanzvolle Zeiten erlebte sie im Mittelalter. „Die Elfenbeinschnitzerei verlor mit dem 16. Jahrhundert ihren Rang als eine der kostbaren Kunstarten und sank zur Bedeutungslosigkeit ab.“[27]

Wenn Elfenbein nicht zur Verfügung stand, benutzte man ähnliches Material wie Rinder- und Pferdeknochen oder die Zähne von Walrössern und Nilpferden. Auch diese Materialien fallen unter den Begriff Elfenbeinkunst. Sie sind von minderer Qualität und wurden im Mittelalter eher für die Darstellung profaner Themen benutzt. Dem Kaiserhaus oder einflussreichen Bischöfen und Äbten hat man Werke aus solchen Materialien sicher nicht angeboten.

In vielen Museen werden liturgische Kämme aufbewahrt. Es sind Doppelkämme und fast immer aus Elfenbein gearbeitet. Der Elfenbeinsteg zwischen den beiden unterschiedlich starken Zinkenreihen bietet eine willkommene Fläche für Reliefdarstellungen. Solche Kämme wurden tatsächlich benutzt. Wenn der Bischof die liturgischen Gewänder übergestreift hatte, blieb das meist nicht ohne Auswirkung auf seine Frisur.

EMAILRELIQUIARE

Reliquiare ohne Emailarbeiten sind selten. Email leuchtet, ist in allen Farben herstellbar, kann auf kleinster Fläche angebracht werden, ist widerstandfähig und nicht zu kostspielig. Wenn dieses Material überwiegend verwendet wird, kann man von einem Emailreliquiar sprechen. Die beiden Methoden der Emailherstellung werden unter dem Kapitel Emailtechnik besprochen.

GLASRELIQUIARE

Im 13. Jahrhundert und später wollten die Gläubigen die Reliquien sehen. In der Mitte eines metallenen Reliquiars befindet sich oft ein Glaszylinder mit Reliquien. Ostensorien (ostendere = zeigen, sehen lassen) werden sie genannt. Die Monstranz, in deren Mitte sich die konsekrierte Hostie hinter Glas befindet, fällt auch unter diesen Obergegriff. Sie ist ein Ostensorium. Um sie abzusetzen von den Reliquien-Ostensorien, ist für sie das Wort Monstranz (monstrare = zeigen) vorbehalten.

TOREUTISCHE TECHNIKEN BEI DER HERSTELLUNG VON RELIQUIAREN

TOREUTISCHE VERFAHREN

Das griechische Wort „Toreutikä" bezeichnet ein bohrendes, gravierendes Instrument und auch die Technik, die ein solches Werkzeug zu leisten vermag. Unter Toreutik versteht man heute in einem weiten Sinn die Kunst von der Verarbeitung von Edelmetallen. Einen großen Reliquienschrein herzustellen war im Mittelalter die höchste Herausforderung für die Goldschmiede. Der größte aller erhaltenen ist der Dreikönigsschrein im Kölner Dom. Er musste Platz für drei Heilige bieten! Der bedeutendste Goldschmied des Mittelalters, der Meister von Verdun, hat daran maßgeblich mitgearbeitet. Alles, was die Toreutik zu leisten vermag, ist oft an einem einzigen Schrein zu sehen. Da einige Techniken auch an kleineren Reliquiaren zur Anwendung kommen, sollen die wichtigsten erläutert werden. Man sieht mehr, wenn man mit einigen Verfahren vertraut ist.

GRAVIEREN

Das französische „graver" bedeutet graben. Bei dem allgemein üblichen Flachgravieren oder Stechen werden mit einem Stichel aus der Oberfläche des Metalls feine Furchen ausgehoben bzw. ausgestochen. Da sich diese Technik fast aufdrängt, ist sie auch schon im 3. Jahrtausend vor Christus nachweisbar. Die Bildgravierungen auf den Rückseiten etruskischer Handspiegel aus dem 5. Jahrhundert vor Christus sind von höchster Feinheit und Eleganz.

TREIBEN

Figuren an Schreinen sind häufig getrieben. Man könnte sie auch gießen. Aber ein Vollguss verlangt viel teures Material und macht den Schrein zu schwer. Figuren nach der Methode der verlorenen Form (= Wachsausschmelzverfahren) zu gießen verlangt einen zeitaufwendigen Arbeitsprozess. Die Technik, kleine Figuren aus Goldblech von innen nach außen zu treiben, bietet sich an. Mit einem Treibhammer wird das flach auf einer etwas nachgebenden Unterlage liegende Silberblech durch dicht nebeneinandergesetzte Schläge nach außen getrieben. Das geschieht an allen Stellen, die in den Raum vortreten sollen, z. B. Augenbrauen oder das Kinn. Das Metall wird während der Treibarbeit öfter erhitzt. So bleibt es gut formbar. Bereits in der Antike war die Treibarbeit bekannt. Man kann auch eine fertige Figur mit Goldblech beschlagen. „Antreiben" wird diese Technik genannt. Ein Beispiel hierfür ist die mit Goldblech angetriebene Essener Madonna.

PUNZIEREN

Zu den in der Goldschmiedekunst verwendeten Techniken gehört auch das Punzieren. Das aus dem Italienischen kommende Wort bedeutet Prägestempel. Es ist ein meist viereckiger Stahlstift, der wie ein Stempel Ornamente oder Figuren enthält. Mit einem einzigen Hammerschlag wird er auf das Metall geschlagen und hinterlässt dort vertieft oder erhöht – je nach Anbringung des Musters auf dem Stahlstift – den Abdruck. Es entsteht eine Serie von gleichen Mustern auf dem Blech. Besonders Ränder lassen sich auf diese Weise in kurzer Zeit präzise bearbeiten.

GRANULIEREN

Granulieren ist eine weitere gebräuchliche Technik der Goldschmiede. „Granulum" heißt Körnchen. Bei dieser wiederum schon in der Antike bekannten Technik werden im Feuer vergoldete kleine Kugeln in verschiedenen Mustern auf die Fläche gelötet.

NIELLIEREN

Niellieren ist eine Technik der Metallverzierung. In mancherlei Hinsicht ist sie mit der Emailtechnik des Grubenschmelzes vergleichbar. In beiden Fällen werden Teile der Metalloberfläche ausgehoben, mit einem Farbpulver gefüllt und eingeschmolzen. Bei der Niellotechnik ist es eine Mixtur aus Silber, Blei, Kupfer und Schwefel. Mit einer Bindemasse wird diese Mischung in eine eingravierte Zeichnung oder auch in breitere Vertiefungen eingedrückt und geschmolzen. Oft werden auf diese Weise vorher ausgehöhlte Buchstaben auf Reliquiaren, Kelchen und Tragaltären bearbeitet. Im Unterschied zum farbigen Email ist das Niello dunkel. Die Oberfläche schließt glatt mit der übrigen Fläche ab. – Das Niellieren war bereits den Ägyptern bekannt.

TAUSCHIEREN

Bei dieser Technik benötigt man kein Pulver, um die Gruben zu füllen wie beim Emaillieren und Niellieren, sondern in die eingravierte Linie wird ein Metalldraht gehämmert. Dabei ergeben sich reizende Farbkontraste, wenn ein Silberdraht in eine Goldfläche eingeschlagen wird oder ein Kupferdraht in eine Eisenplatte. Mit dieser Technik lassen sich metallene Gegenstände mit Ornamenten und Buchstaben schmücken. Das gelingt allerdings nur, wenn das weichere Material in eine härtere Metallunterlage gehämmert wird. Im umgekehrten Fall würde der Grund zerstört. – Möchte man breitere Streifen tauschieren, wird man die Vertiefung nach unten schwalbenschwanzförmig verbreitern. Ein Herausfallen ist dann unmöglich, ein gewaltsames Herausheben zumindest erschwert. Die tauschierten Bereiche werden zum Schluss geglättet, sodass sie eine Ebene mit der umgebenden Metallgrundfläche bilden. – Man kann das einzuschlagende Metall auch so reichlich bemessen, dass nach dem Einhämmern ein Teil noch reliefartig übersteht. Auch das hat seine eigenen Reize. „Relieftauschierung" wird diese Spielart des Tauschierens genannt. – Das Tauschieren war besonders beliebt in der Renaissance. Waffen wurden gern in dieser Weise bearbeitet.

ZISELIEREN

Das Wort ist vom französischen „ciseau" abgeleitet und heißt Meißel. Der Meißel ist das wichtigste Werkzeug beim Ziselieren. Besonders Bronzegüsse verlangen eine nachträgliche Behandlung, um Feinheiten auszuarbeiten wie Haarsträhnen, Adern, Mund-

und Augenpartien. Eine solche Kaltarbeit konnte arbeitsintensiver als die Herstellung des Gusses sein. Das Ziselieren von Bronzewerken wird auch Gussziselieren genannt. Das Treibziselieren bezieht sich auf die Arbeit an getriebenen Objekten.

EMAILTECHNIKEN

Es gibt kaum Schreine, Tragaltäre und Reliquiare ohne diese Technik. Emaillieren ist eine Art von Mosaizieren mit Pulver. Glaspulver wird auf die Unterlage aufgetragen und mehrmals geschmolzen. Das Problem besteht darin, das Zerfließen des durch Erhitzung geschmolzenen Pulvers zu verhindern. Mit zwei Methoden lässt sich diese Schwierigkeit beheben. Bei der Technik des Grubenschmelzes wird die Unterlage aus Bronze, Kupfer, Silber oder Gold an einigen Stellen mit Stichel und Meißel vertieft. Diese Senken bzw. Gruben werden danach mit Pulver gefüllt, deshalb der Name Grubenschmelz. Das flüssige Email bleibt innerhalb der Grube. Nach einer anderen Methode lötet man feine Drähte auf das Metall, z. B. in Form von Kreisen. Die so entstandenen Zellen werden mit Emailpulver gefüllt. Zellenschmelz heißt diese Technik. In der Literatur wird die zuerst genannte Technik auch „email champleve" genannt, der Zellenschmelz „email cloisonne". Das französische „cloison" bedeutet Scheidewand oder Zelle.
In der Antike wurde hauptsächlich in der Technik des Zellenschmelzes gearbeitet. Im christlichen Byzanz wurde sie perfekt beherrscht. Viele Kelche und Reliquiare mit dieser Technik sind erhalten, z. B. das Kreuzreliquiar im Limburger Domschatz oder die goldene Tafel, die „pala d'oro", im Chor der Markuskirche in Venedig oder der in Abbildung 194 dargestellte Buchdeckel.
Im Westen war die Stadt Limoges in Frankreich das bedeutendste Zentrum der Emailherstellung in der Technik des Grubenschmelzes. Das Clunymuseum in Paris verfügt über einen großen Bestand von Emailarbeiten aus dieser Stadt. Wenn man sie vergleicht, kann man eine Entwicklung feststellen. In einer zweiten Stufe werden die Motive im vergoldeten Kupfer herausgearbeitet und von Grubenemail umgeben. Man kann z. B. die Umrisslinien des Jesuskindes in das Metall eingravieren, ebenfalls die Augenpartien und andere Gesichtszüge, während die Madonna in der traditionellen Weise des Grubenschmelzes erscheint. Ein weiterer Schritt führt dahin, dass alle Figuren im Edelmetall bearbeitet werden und die gesamte Fläche um sie herum in der Technik des Grubenschmelzes.
Man kann Gruben- und Zellenschmelz mit bloßem Auge unterscheiden. Grubenschmelz ist meist großflächiger und lässt neben dem farbigen Email noch viel vom metallenen Untergrund erkennen. Beim Zellenschmelz kann man die Farben in winzig kleinen Zellen sauber nebeneinandersetzen. Die umhüllenden Drähte verhindern ein Auslaufen der Emailmasse. Die Falten in den Figuren werden beim Zellenschmelz ebenfalls durch aufgelötete Drähte gebildet. Sie laufen inmitten der Farbfläche aus oder werden bis zum Saum des Gewandes durchgezogen. Will man Muster im Stoff anbringen, werden dort Zellen in Form des gewünschten Musters aufgelötet und mit verschiedenenfarbigem Emailpulver gefüllt. In der Abbildung 194 steht die Gottesmutter in der Orantenhaltung. Die Technik des Zellenschmelzes erkennt man besonders an den sauber nebeneinandergesetzten Farben am Schemel und an der präzisen Ausarbeitung der Augenpartien.

Die Kirche als Abbild des Himmlischen Jerusalem?

Man kann oft lesen und hören, die Kirche sei ein Abbild des Himmlischen Jerusalem. Das sagt sich leicht. Um diesen Ausdruck kompetent benutzen zu können, muss man zunächst wissen, was das irdische oder alte Jerusalem ist und was diese Stadt für Juden bedeutet. Die Stadt Jerusalem wurde nach Auskunft der Bibel von König David um 1000 v. Chr. erobert. Wie viele Alttestamentler heute vermuten, gelangte sie durch Verhandlungen in den Besitz Davids. Es lag auf keinem Gebiet der zwölf Stämme, war also Niemandsland bzw. Feindesland. Keiner der Stämme konnte einen Anspruch auf diese Jebusiterstadt anmelden. Deswegen heißt sie auch „die Stadt Davids". Sie ist sein persönliches Eigentum. Es gibt eine zweite Stadt, die in der Bibel „Stadt Davids" genannt wird, nämlich Bethlehem. „So zog auch Josef von der Stadt Nazaret in Galiläa hinauf nach Judäa in die Stadt Davids, die Bethlehem heißt; denn er war aus dem Haus und Geschlecht Davids" (Lk 2,4). Bethlehem ist der Geburtsort Davids, deshalb erhielt sie später den Beinamen „Stadt Davids". Bethlehem war aber nie Eigentum des Königs wie eben Jerusalem. David macht sie zu seiner Residenzstadt. Das Wanderheiligtum, die Bundeslade, lässt er dort aufstellen. Sein Sohn Salomo baut einen Tempel, wie die Bibel berichtet. Vermutlich existierte bereits vor David ein Tempel in der Jebusiterstadt. Davon gehen die Historiker heute aus. Salomo hat den Tempel erweitert und ausgeschmückt. Später hat man mit viel Sympathie für Salomo aus der Erweiterung einen Neubau gemacht. Er wird bis heute der erste Tempel genannt. Die Bundeslade erhält hier einen würdigen Aufstellungsort. Die große Katastrophe ereignet sich 587 v. Chr. mit der Zerstörung von Stadt und Tempel durch Nebukadnezzar, den König des Neubabylonischen Reiches. Die jüdische Oberschicht wird in das Zweistromland deportiert samt König Zedekia, der vorher geblendet und in Ketten gelegt wird. Das Babylonische Exil beginnt. Psalm 137 drückt die Gefühle der Verbannten aus: „An den Strömen von Babel, da saßen wir und weinten, wenn wir an Zion dachten. Wir hängten unsere Harfen an die Weiden in jenem Land. Dort verlangten von uns die Zwingherren Lieder, unsere Peiniger forderten Jubel: ‚Singt uns Lieder vom Zion!' Wie könnten wir singen die Lieder des Herrn, fern, auf fremder Erde? Wenn ich dich je vergesse, Jerusalem, dann soll mir die rechte Hand verdorren. Die Zunge soll mir am Gaumen kleben, wenn ich an dich nicht mehr denke, wenn ich Jerusalem nicht zu meiner höchsten Freude erhebe ..." Man merkt, dass Jerusalem in der Erinnerung schon idealisiert wird. Der Psalm endet mit einem Wunsch nach Vergeltung. Das Talionsprinzip soll zur Anwendung kommen. Was die Babylonier den Juden angetan haben, das wünscht der Psalmendichter auch den Babyloniern, nicht mehr, aber auch nicht weniger.
Nachdem der Perserkönig Kyros die Babylonier besiegt hatte, befahl er den Aufbau des Tempels in Jerusalem. Es ist das Jahr 538. Schleppend kommt der Wiederaufbau voran. Bis heute wird dieser Bau der zweite Tempel genannt. Um die Zeitenwende vergrößerte und verschönerte König Herodes die Anlage und schuf eine Art Weltwunder. Den heiligen Bezirk erweiterte er derart, dass es in der gesamten Antike keine Anlage in dieser Größe gab. Im Jahr 70 n. Chr. ließ der römische Kaiser Titus Tempel und Stadt in Flammen aufgehen. Wiederholt kam es zu Aufständen gegen die römische Besatzung. Kaiser

Hadrian (117-138) verwies nach einem erneuten Aufstand die Juden aus der Stadt, verbot ihnen das Betreten und änderte den Namen der Stadt in Aelia Capitolina.

Es dürfte deutlich geworden sein: Jerusalem war nicht irgendeine Stadt. Sie war Residenz des Königs. In ihren Mauern stand der Tempel. Er war der Ort der besonderen Gegenwart Gottes. Über Jahrhunderte hindurch war Jerusalem Ziel von drei Wallfahrten im Jahr. Die Stadt wird in den Psalmen besungen und idealisiert. Aber es ist nicht zu leugnen, dass es hinter ihren Mauern auch Kriminalität gab. So regte sich die Sehnsucht nach einem Jerusalem, in dem es wirklich Geborgenheit und Wohlergehen für alle Menschen gibt. Ein solches Jerusalem kann aber nur eine Neuschöpfung Gottes sein. Man träumt von einem neuen Jerusalem. Für den späteren Kirchbau sind besonders die Visionen bestimmend, die im letzten Buch des Neuen Testamentes stehen, in der Offenbarung des Johannes:

„Dann sah ich einen neuen Himmel und eine neue Erde; denn der erste Himmel und die erste Erde sind vergangen, auch das Meer ist nicht mehr. Ich sah die heilige Stadt, das neue Jerusalem, von Gott her aus dem Himmel herabkommen; sie war bereit wie eine Braut, die sich für ihren Mann geschmückt hat. Da hörte ich eine Stimme vom Thron her rufen: Seht, die Wohnung Gottes unter den Menschen! Er wird in ihrer Mitte wohnen, und sie werden sein Volk sein; und er, Gott, wird bei ihnen sein. Er wird alle Tränen von ihren Augen abwischen: Der Tod wird nicht mehr sein, keine Trauer, keine Klage, keine Mühsal. Denn was früher ist, ist vergangen" (Offb 21,1-4).

Im selben Kapitel stehen einige Verse später Worte, die für die Baukunst noch entscheidender sind, weil sie Maßangaben und konkrete Beschreibungen enthalten: „Und es kam einer von den sieben Engeln, die die sieben Schalen mit den sieben letzten Plagen getragen hatten. Er sagte zu mir: Komm, ich will dir die Braut zeigen, die Frau des Lammes. Da entrückte er mich in der Verzückung auf einen großen, hohen Berg und zeigte mir die heilige Stadt Jerusalem, wie sie von Gott her aus dem Himmel herabkam, erfüllt von der Herrlichkeit Gottes. Sie glänzte wie ein kostbarer Edelstein, wie ein kristallklarer Jaspis. Die Stadt hat eine große und hohe Mauer mit zwölf Toren und zwölf Engeln darauf. Auf die Tore sind Namen geschrieben: die Namen der zwölf Stämme der Söhne Israels. Im Osten hat die Stadt drei Tore und im Norden drei Tore und im Süden drei Tore und im Westen drei Tore. Die Mauer der Stadt hat zwölf Grundsteine; auf ihnen stehen die zwölf Namen der zwölf Apostel des Lammes.

Und der Engel, der zu mir sprach, hatte einen goldenen Messstab, mit dem die Stadt, die Tore und ihre Mauer gemessen wurden. Die Stadt war viereckig angelegt und ebenso lang wie breit. Er maß die Stadt mit dem Messstab; ihre Länge, Breite und Höhe sind gleich: zwölftausend Stadien. Und er maß ihre Mauer; sie ist hundertvierundvierzig Ellen hoch nach Menschenmaß, das der Engel benutzt hatte. Ihre Mauer ist aus Jaspis gebaut, und die Stadt ist aus reinem Gold, wie aus reinem Glas. Die Grundsteine der Stadtmauer sind mit edlen Steinen aller Art geschmückt; der erste Grundstein ist ein Jaspis, der zweite ein Saphir, der dritte ein Chalcedon, der vierte ein Smaragd, der fünfte ein Sardonyx, der sechste ein Sardion, der siebte ein Chrysolith, der achte ein Beryll, der neunte ein Topas, der zehnte ein Chrysopras, der elfte ein Hyazinth, der zwölfte ein Amethyst. Die zwölf Tore sind zwölf Perlen; jedes der Tore besteht aus einer einzigen Perle. Die Straße der Stadt ist aus reinem Gold, wie aus klarem Glas.

Einen Tempel sah ich nicht in der Stadt. Denn der Herr, ihr Gott, der Herrscher über die ganze Schöpfung, ist ihr Tempel, er und das Lamm. Die Stadt braucht weder Sonne noch Mond, die ihr leuchten. Denn die Herrlichkeit Gottes erleuchtet sie und ihre Leuchte ist das Lamm. Die Völker werden in diesem Licht einhergehen und die Könige der Erde werden ihre Pracht in die Stadt bringen. Ihre Tore werden den ganzen Tag nicht geschlossen – Nacht wird es dort nicht mehr geben. Und man wird die Pracht und die Kostbarkeiten der Völker in die Stadt bringen. Aber nichts Unreines wird hineinkommen, keiner, der Gräuel verübt und lügt. Nur die, die im Lebensbuch des Lammes eingetragen sind, werden eingelassen" (Offb 21). Man muss zunächst zur Kenntnis nehmen, dass hier eine ideale Stadt beschrieben wird, eben das Himmlische Jerusalem und keine Kirche. Ein Zweites: Diese Stadt kann man nicht nachbauen. Sie ist ja kein Menschenwerk. Sie kommt von Gott aus dem Himmel und senkt sich auf die Erde. Das Himmlische Jerusalem ist eine Neuschöpfung Gottes. So wie man von einigen Ikonen sagt, sie seien nicht von Menschenhand geschaffen (= Acheiropoieton), so könnte man auch das Himmlische Jerusalem ein „Acheiropoieton" nennen.

Einen Tempel gibt es nicht in dieser Stadt, weil Gott selbst der Tempel ist. Die Stadt ist würfelförmig. Die Straßen sind aus purem Gold. Noch einmal: Eine solche Stadt kann man nicht bauen. Würde man sie nachbauen können, wäre sie nicht mehr die Stadt Gottes, die aus dem Himmel als Himmlisches Jerusalem herabkommt. Sie wäre Menschenwerk und damit unvollkommen. Das muss deutlich gesagt werden, weil immer wieder leichtfertig und vorschnell von der Kirche als Abbild des Himmlischen Jerusalem gesprochen wird. Wenn eine Stadt oder eine Kirche so hingestellt wird, muss zunächst auf die Unmöglichkeit einer 1:1-Abbildung hingewiesen werden. Die Unähnlichkeiten sind größer als die Ähnlichkeiten. Zwischen dem Himmlischen Jerusalem und seiner Abbildung in der Architektur gibt es nur eine hauchdünne Analogie.

Trotzdem hat die biblische Beschreibung des Himmlischen Jerusalem für die Anlage vieler Städte und Kirchen Wirkung gezeigt. Einige Aspekte aus Kapitel 21 der Offenbarung lassen sich umsetzen. In Goslar bauten die Bürger eine Stadtmauer mit zwölf Toren. Die Anspielung auf das Himmlische Jerusalem ist unübersehbar. Die Kaiserstadt erhebt den Anspruch, eine gottgewollte, ideale Stadt zu sein, eben schon – fast – das Himmlische Jerusalem.

Auch im Kirchbau hat man versucht, einiges aus der Schilderung der Offenbarung wörtlich umzusetzen. Auf den Strebepfeilern der Kathedrale in Reims stehen zwölf Engel (Abb. 65). Im Himmlischen Jerusalem haben sie ihren Platz zwar auf den Stadttoren. In beiden Fällen haben sie eine Schutzfunktion. – In den gotischen Kirchen leuchten die Glaswände. Man sieht weder Sonne noch Mond. Genau das wird in der biblischen Schilderung vom Himmlischen Jerusalem gesagt. Das Licht scheint aus den farbigen Glaswänden mystisch in das Innere. – Edelsteine schmücken die Mauer des Himmlischen Jerusalem. Auch in die Grundsteine und vor allem in die Säulenkapitelle vieler mittelalterlicher Kirchen sind Edelsteine eingelassen. Von der Abteikirche des Abts Suger in St. Denis in Paris ist das bekannt, ebenfalls von der Michaelskirche des Bischofs Bernward in Hildesheim. – Eine deutliche Anspielung an das Himmlische Jerusalem sind auch die großen Radleuchter aus der ottonischen und nachottonischen Zeit. Inschriften auf diesen Lichtkronen belegen es.

Noch einmal: Einzelne Elemente vom Himmlischen Jerusalem hat man in der Architektur und Ausstattung mittelalterlicher Kirchen oft übernommen. Aber es gibt keine Stadt und keine Kirche, von der man sagen könnte: Hier ist das Himmlische Jerusalem, so sieht es aus!

„Geordnet nach Zahl, Mass und Gewicht"

Über diese Stichworte sind schon Bücher geschrieben worden. Hier genügen einige Andeutungen, um für die Bedeutung von Zahlen und Zahlenverhältnissen in der mittelalterlichen Architektur etwas sensibilisiert zu werden.

Zählen und Messen sind Bedingungen und Grundvoraussetzungen für jede Art von Architektur. Zählen und Messen bedeuten Ordnung. Gott selbst hat sich bei der Schöpfung der Zahl bedient. Im biblischen Buch der Weisheit heißt es: „Du aber hast alles nach Maß, Zahl und Gewicht geordnet" (11,20b). Neben der rein mathematischen Größe enthalten viele Zahlen auch eine symbolische Bedeutung.

Zahlen und Zahlensymbolik

Im christlichen Kontext erinnert die Zahl Drei an den dreifaltigen Gott. Die Dreizahl der Fenster in der Fassade oder im Chor einer Kirche muss so verstanden werden, auch wenn dem modernen Menschen diese Assoziation fremd geworden ist. – Die Zahl Vier ist mit irdischen Wirklichkeiten verbunden. Es gibt vier Jahreszeiten, vier Temperamente, vier Himmels- bzw. Erdrichtungen. – Auch Multiplikationen haben einen Symbolwert. Die Zwölf besteht aus der Multiplikation von Vier mal Drei, ist also eine Zahl, die Göttliches und Irdisches beinhaltet. Zwölf ist eine Zahl der Fülle. Es gibt die zwölf Stämme Israels, zwölf Apostel. Nach der Brotteilung bleiben noch zwölf mit Brot gefüllte Körbe übrig. Die Geheime Offenbarung spricht von einhundertvierundvierzigtausend Geretteten (Offb 14,3). Auch hier ist die Multiplikation wichtig. 12 x 12 x 1000 ergibt diese Zahl. Gemeint sind nicht Hundertvierundvierzigtausend im nummerischen Sinn. Es ist die Fülle von Geretteten gemeint, die in der Zahl Zwölf schon zum Ausdruck kommt. Zwölf multipliziert mit sich selbst und dann noch mit Tausend, das bedeutet jene unzählbare Schar von Auserwählten, von denen in Kapitel 7,9 der Geheimen Offenbarung die Rede ist: „Danach sah ich: eine große Schar aus allen Nationen und Stämmen, Völkern und Sprachen; niemand konnte sie zählen. Sie standen in weißen Gewändern vor dem Thron und vor dem Lamm und trugen Palmzweige in den Händen."

Nicht nur Zahlen und Zahlensymbolik erschließen einen größeren Bedeutungsumfang, sondern auch geometrische Formen. Mittelalterliche Kirchtürme sind unten meist quadratisch und gehen am Helmansatz in ein Achteck oder in ein Kreisrund über. An den Türmen von St. Pantaleon in Köln kann man drei verschiedene Formen von unten nach oben wahrnehmen: Quadrat, Achteck und Kreis (Abb. 40). Das Quadrat mit vier Ecken ist wegen der Vierzahl mehr mit irdischen Konnotationen befrachtet. Der Kreis als die vollendetste Form ohne Anfang und ohne Ende kommt am ehesten der göttlichen Sphäre oben zu. Eine Umkehrung der Formen wäre nach mittelalterlichem Denken unmöglich. Taufbecken stehen meist auf einem quadratischen Fuß. Darüber steht eine achteckige Stütze, die ein kreisrundes Becken trägt. Auch hier die Reihenfolge: erdverbunden das Viereck, darüber die dem Kreis sich annähernde Form des Oktogons und oben das Rund. Um das Jahr 1000 wurde an romanischen Kirchen ein Konstruktionsprinzip entwickelt, welches ohne die Kenntnis von Zahlen und geometrischen Formen nicht realisiert werden konnte:

DAS „GEBUNDENE SYSTEM"

Wenn Langhaus und Querhaus die gleiche Breite haben, bilden sie im Überschnei-
dungsbereich vor dem Chor ein Quadrat. Dieses Vierungsquadrat wird als Modul genommen für Mittelschiff und Querschiff. Jedes Joch hat dieselbe quadratische Fläche
wie das Vierungsquadrat. In den Seitenschiffen entsprechen je zwei Joche der Länge
des Vierungsquadrates. Die Seitenschiffe sind so an das Maß des Vierungsquadrates
gebunden. Auch die Höhenmaße wurden gebunden: Das Mittelschiff erhielt die doppel-
te Höhe eines Vierungsquadrates, die Seitenschiffe die Höhe eines Quadrats. Gurt-
und Scheidbögen können nun genau halbkreisförmig gestaltet werden. – Statt vom
gebundenen System kann man auch von einem „Quadratischen Schematismus" sprechen.

ARITHMETIK UND GEOMETRIE, FÄCHER DER „ARTES LIBERALES"

Der Umgang mit Zahlen und geometrischen Formen gehörte bereits in der Antike – im
Mittelalter übernommen – zu den Ausbildungsfächern. Arithmetik und Geometrie wa-
ren Bestandteile der „artes liberales", die jeder studieren musste, bevor er mit einem
Spezialstudium der Theologie, Medizin oder der Rechtswissenschaft begann. Der Ent-
wurf eines Tempels verlangte die Vertrautheit mit Zahlen und Zahlenverhältnissen. Der
Grundriss des Pantheons in Rom beträgt 43,20 Meter, die Höhe ebenfalls 43,20 Meter.
Vom Boden bis zum Kuppelansatz sind es 21,60 Meter und vom Kuppelansatz bis zum
Scheitel wiederum 21,60 Meter. Die Errichtung einer archaischen Tempelfassade mit
Säulenabständen, Säulendurchmessern, Anbringung eines dorischen Frieses verlangte
einen souveränen Umgang mit Zahlen. Die Symbolik dagegen hatte in der antiken Ar-
chitektur vermutlich einen geringeren Stellenwert.

Überlegungen zum Kirchbau der Gegenwart

Es gibt nicht nur den einen zeitgenössischen Kirchbau

Die Frage nach der Zielgruppe, für die eine Kirche gebaut werden soll, steht am Anfang der Überlegungen. Ist eine Krankenhauskapelle geplant? Oder eine Pfarrkirche? Eine Kirche in einem Touristenzentrum? Oder eine Kapelle in einem Trappistenkloster? Unerlässlich ist die Auseinandersetzung mit dem Liturgieverständnis der Gegenwart. Ist eine Eucharistiefeier auch dann sinnvoll, wenn sie der Priester allein ohne Gemeinde feiert? Dann müsste man wieder viele Altäre in den Kirchen errichten. – Ist die Eucharistie in erster Linie eine Anbetungsstunde? Dann sollte die Gemeinde reihenweise hintereinanderknien und mit dem Priester in die gleiche Richtung zum Altar schauen. – Sollen kleinere Gruppen die Möglichkeit haben, Eucharistie mehr als Tisch- und Mahlgemeinschaft zu feiern? Dann müsste neben dem Hauptraum für den Sonntagsgottesdienst auch ein kleinerer Raum mit einer anderen Anordnung und Form von Sitzgelegenheiten zur Verfügung stehen.

1. Die Auswahl von Architekten und Bildenden Künstlern muss sich an der Kompetenz orientieren und nicht am Taufbuch.

2. Die Kosten für einen Kirchbau müssen vertretbar sein.

3. Solange noch Menschen an Hunger sterben, dürfen die Ausgaben für den Bau und die Ausstattung einer Kirche nicht uferlos sein, auch wenn genügend Geld vorhanden ist.

4. Nichtssagende Ausstattungsstücke gehören nicht in die Kirche.

5. Nicht alles, was man im Nachlass eines Pfarrers findet oder was fromme Christen spenden, darf einen Platz in der Kirche finden. Die Kirche ist kein Fundbüro.

6. Der gegenstandslosen Kunst sollte mehr Beachtung geschenkt werden.

Grundsätzlich ist der christliche Glaube zwar gegenständlich und personenbezogen. Aber der dreifaltige, ewige, anfanglose Gott, ohne dessen Willen kein Spatz auf die Erde fällt und der die Kopfhaare der Menschen gezählt hat (Mt 10,29f.), übersteigt unser Denken und Begreifen. Für dieses Plus gibt es keine angemessenen Worte in unserer Sprache. Die negative Theologie, der man sich bereits auf dem Konzil von Chalcedon 451 bediente, kann hier gute Anregungen geben, indem sie das Unerklärbare stehen lässt und einseitige Konkretisierungen ablehnt. In Chalcedon ging es um die Frage, in welchem Verhältnis die menschliche und göttliche Natur in Jesus zueinanderstehen. Sind sie getrennt nebeneinander? Das Konzil sagt: Nein! Dann sind sie vielleicht vermischt? Das Konzil sagt: Nein! Auf die Frage „Wie ist das Verhältnis der beiden Naturen in Jesus?" gibt das Konzil keine erklärende positive Antwort, weil sie in menschlichen

Begriffen nicht zu beantworten ist. Manchmal ist die negativ formulierte Aussage „Nein, so nicht!" eine Formulierung, die der Wahrheit näherkommt als eine plausibel klingende positiv formulierte Aussage. Das Pendant zur negativen Theologie ist m. E. die gegenstandslose Kunst. Sie verzichtet auf Benennbares. Sie benutzt Formen und Farben ohne den Anspruch, alles benennen und begreifen zu können. – Der christliche Glaube ist – wie gesagt – gegenstands- und personbezogen; deshalb darf und muss es gegenständliche Bilder geben. Aber nicht alles lässt sich adäquat in Worte fassen oder in gegenständlicher Kunst vermitteln. Gegenstandslose Kunst ermöglicht Transzendenzerfahrung, deshalb gehört sie in die Kirche! Sie lässt den Betrachter staunen, fragen, zweifeln, schweigen und ahnen. Oberflächliches Geschwätz hat keine Chance.

7. Die Chorgestaltung verdient größte Aufmerksamkeit.

Der Chor mit dem Altar ist das liturgische Zentrum der Kirche. Was sich im Chor befindet, wird von allen gesehen. Besucher und die feiernde Gemeinde haben keine Wahl zwischen Wahrnehmen und Nichtwahrnehmen. An einem Bild im Eingangsbereich der Kirche kann man vorbeigehen, ohne es eines Blickes zu würdigen. Den Chor aber hat die Gemeinde ständig im Blick.

8. Ein Kruzifix im Chor ist vorgeschrieben, kann aber ergänzt werden.

In der Arbeitshilfe Nr. 215 der Deutschen Bischofskonferenz heißt es: „Auf dem Altar oder in seiner Nähe hat sich für das versammelte Volk gut sichtbar ein Kreuz mit dem Bild Christi, des Gekreuzigten, zu befinden. Es empfiehlt sich, dass dieses Kreuz, das den Gläubigen das heilbringende Leiden des Herrn in Erinnerung rufen soll, auch außerhalb der liturgischen Feiern in der Nähe des Altares verbleibt."[28] – Die Passion Jesu ist unaufgebbar mit dem christlichen Glauben verbunden. Deshalb hat ein Kruzifix dort einen berechtigten Platz, wo Tod und Auferstehung sakramental gefeiert werden.
Man wird aber die Frage stellen und diskutieren dürfen: Wird vielleicht in den Chören manchmal die Passion Christi auf Kosten der Auferstehung zu stark akzentuiert? Nach den Bestimmungen in der Arbeitshilfe muss nicht ein monumentales Kruzifix im Chor hängen. Es kann ein Vortragekreuz sein. – Christus hängt heute nicht mehr leidend oder tot am Kreuz. Er ist lebendig, präsent und wirkmächtig in der Gemeinde. Das müsste einen entsprechenden Ausdruck in der Christusdarstellung finden! Ein Blick in die Apsiden frühchristlicher Kirchen zeigt Alternativen.
Mit welchem Christusbild wurden die Menschen des 4., 5. und 6. Jahrhunderts beim Betreten der Kirchen konfrontiert? Etwa in der Kirche SS. Cosmas und Damian am Forum in Rom? Es ist der gerade aus der Herrlichkeit des Himmels in die Gemeinde tretende Christus im Goldornat. – Oder in St. Paul vor den Mauern? Der thronende, segnende, lehrende und richtende Christus sitzt auf dem Thron und schaut auf die Gemeinde. – Der Christus im Vorraum der erzbischöflichen Kapelle in Ravenna ist ein junger Mann im römischen Offiziersgewand (Abb. 195). Die Eintretenden nehmen ihn wahr als Sieger über die bösen Mächte, die er in Gestalt von gefährlichen Tieren unter den Füßen hat. – In San Vitale sitzt ein jugendlicher Christus im kaiserlichen Purpur auf der Sphaira (Abb. 196). – Die Hauptikone in orthodoxen Kirchen ist die des Pantokrators. Rechts neben der königlichen Pforte und in der Kuppel hat sie ihren Ort. Der lebende,

Abb. 195
Christus militans,
jugendlicher Christus in der Kleidung
eines römischen Offiziers,
Erzbischöfliche Kapelle, Ravenna

Abb. 196
Christus als junger Herrscher
auf der Sphaira
in S. Vitale, Ravenna

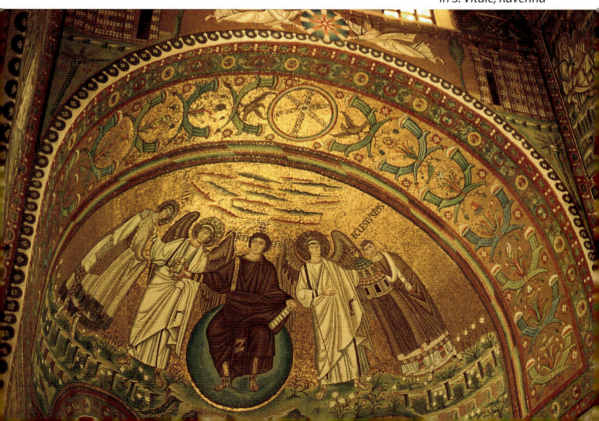

lehrende und segnende Christus schaut den Besucher an. – In vielen frühchristlichen Kirchen und Taufkirchen steht das Symbol des leeren Thrones an zentraler Stelle, etwa in der Laterankirche oder im Baptisterium des Neon in Ravenna (Abb. 163). Christus ist nicht als Person präsent, aber sein Thron weist auf seine unsichtbare Gegenwart hin und darauf, dass er einmal wiederkommt, um sich dann als Richter und Retter auf dem Thron niederzulassen.

Es hat ja bekanntlich etwa sieben Jahrhunderte gedauert bis zu den ersten Darstellungen eines am Kreuz hängenden toten Christus. Die Holztür aus dem 5. Jahrhundert von S. Sabina auf dem Aventin in Rom zeigt zwar Christus mit den Wundmalen. Aber er steht vor einer Stadtmauer und hängt nicht am Kreuz. – Im 6. Jahrhundert erscheint in S. Apollinare in Classe in Ravenna das Brustbild des lebenden Christus im Schnittpunkt der beiden Kreuzarme eines gewaltigen Gemmenkreuzes mit kosmischen Dimensionen (Abb. 197). Auch hier kann man noch nicht von einer Kreuzigungsszene sprechen. Man sieht nur den Kopf und den Brustansatz mit dem Purpurgewand. Die Augen sind weit geöffnet. Diese Darstellung ist der Anfang eines Weges. Am Ende ist die ganze Gestalt Jesu mit dem Kreuz verbunden. – Lange Zeit wurde er wie vor dem Kreuz schwebend mit offenen Augen und goldener Krone dargestellt. Die Passion ist ein Durchgangsstadium, das sollte deutlich gemacht werden. Im Baptisterium von Florenz thront Christus in einer Mosaikdarstellung des 13. Jahrhunderts (Abb. 162) wie in San Vitale in Ravenna auf der Sphaira, bekleidet mit einem die Göttlichkeit andeutenden Goldgewand. An Händen und Füßen sind unaufdringlich die Wundmale angedeutet. Im Nimbus von Christus ist immer das Kreuz sichtbar. Dadurch wird auf die hinter ihm liegende Passion hingewiesen. Mit diesem gekreuzigten, aber auferstandenen und seitdem in der Herrlichkeit des Himmels und in der Gemeinde wirksamen Christus werden die Katechumenen in der Taufe verbunden.

Es sollte deutlich werden: In den Apsiden der frühen Kirchen begegnen die Gläubigen dem lebendigen Christus, der die Spuren der Kreuzigung an sich trägt, in der Liturgie heilswirksam gegenwärtig ist und eines Tages in Herrlichkeit wiederkommen wird. – Welche Darstellungen vor diesem Hintergrund heute im Chor sinnvoll sind, darüber müsste weiter nachgedacht und diskutiert werden. Auf jeden Fall sollte man sich m. E. mehr an den Darstellungen in den frühchristlichen Kirchen orientieren, diese nicht kopieren, aber zur Findung zeitgenössischer Christusdarstellungen nicht aus dem Auge verlieren.

Die Brüder von Taizé in Burgund haben den Chor ihrer Kirche mit kaum bemerkbaren, unaufdringlichen Anspielungen an zentrale Glaubensinhalte originell gestaltet. Transzendenz wird erfahrbar. Von oben ergießt sich hinter dem Altar vor einem goldähnlichen Hintergrund ein nach unten breiter werdender roter Dreistrahl (Abb. 198). Der Ausgangspunkt ist nicht sichtbar, weil er durch eine horizontale Fläche oben verdeckt ist. Jedenfalls kommen die Strahlenflächen aus einer Quelle in der Höhe, die man nur ahnen, aber nicht einsehen kann. Die Strahlen müssen einen gemeinsamen Ursprung haben, ergießen sich aber in drei Fächerungen nach unten. Der trinitarische Anklang ist ziemlich deutlich. Niemand kann Gott selbst sehen. Deshalb ist der Ausgangspunkt verborgen. Gleichzeitig ziehen die Strahlen den Betrachter auch nach oben. Abwärts- und Aufgangsbewegung halten sich die Waage. Die kleineren schmalen und nach oben spitz zulaufenden roten Dreiecksformen rechts und links ermöglichen und unterstützen den Richtungsimpuls nach oben. Gleichzeitig erinnern sie an Segel und damit an ein

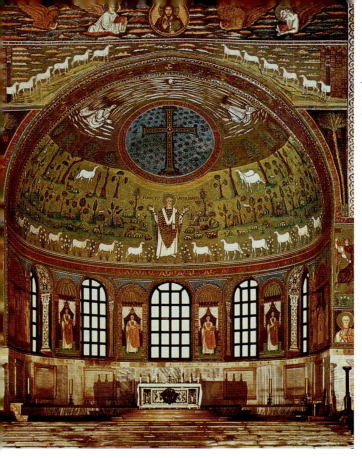

Abb. 197
Chor von S. Apollinare in Classe,
Ravenna

Abb. 198
Chorgestaltung in Taizé,
Burgund

Schiff. Das Schiff ist ein vertrautes Bild für die Kirche, die unterwegs ist und einen Hafen ansteuert.

9. Liturgische Orte in der Kirche

Der Altar ist der wichtigste unter ihnen. „Der Altar, auf dem das Kreuzesopfer unter sakramentalem Zeichen gegenwärtig gesetzt wird, ist auch der Tisch des Herrn, an dem das Volk Gottes zusammengerufen wird, um in der Messe daran teilzuhaben. Er ist schließlich Mittelpunkt der Danksagung, die in der Eucharistie vollzogen wird." – Die verschiedenen genannten Aspekte des Herrenmahles – Kreuzesopfer, Tischgemeinschaft, Danksagung – kommen auch in den unterschiedlichen Formen der Altäre zum Ausdruck. Wenn er aus einem kompakten Steinblock gearbeitet ist, wird dadurch der Opfercharakter betont. In einer Zeit, in der andere theologische Akzente gesetzt werden, wird vielleicht die Tischform bevorzugt. Das bedeutet nicht Leugnung der anderen Aspekte des eucharistischen Gottesdienstes. Blumenbank oder Kerzenständer sollte er aber auf keinen Fall sein. „Der Blumenschmuck sei immer maßvoll; er soll eher um den Altar herum als auf ihm angeordnet werden. In der österlichen Bußzeit ist es verboten, den Altar mit Blumen zu schmücken. Ausgenommen sind jedoch der Sonntag Laetare (4. Fastensonntag), Hochfeste und Feste." Kerzenleuchter können auf dem Altar stehen oder um ihn herum.
Das Lektorenpult bzw. der Ambo als Ort der Wortverkündigung ist der zweitwichtigste Ort. Das Pult sollte nicht hinten im Chor stehen, sondern im vorderen Bereich, damit sich die Gemeinde angesprochen fühlt. – Ein wichtiger Ort ist der des Leiters der Eucharistiefeier. Sein Sitz steht entweder axial hinter dem Altar oder seitwärts von ihm. Sein Sitz soll weder ein einfacher Stuhl noch ein Thron sein. – Die Spendung der Taufe verlangt einen sinnvollen und würdigen Ort. Der Eingangsbereich bietet sich an. Dadurch wird deutlich, dass die Taufe Eingangssakrament und Voraussetzung für den Empfang aller anderen Sakramente ist. Auch in der Nähe des Chores könnte ein Taufort eingerichtet werden. Die Verbindung von Taufe und Eucharistie wird dadurch betont. Im Chor selbst ist ein Taufbecken deplatziert. Es würde diesen Bereich überladen, und es käme zu einer Überlappung der Orte. Außerdem würde es eine Mixtur aus Taufort und Raum für die Messfeier geben. Ideal für die Taufspendung ist ein eigener Raum im Eingangsbereich.

10. Eine Kirche muss zum Verweilen und zum erkundenden Umhergehen einladen.

Die Architektur kann den Besucher beeindrucken. Einzelne Ausstattungsstücke können faszinieren. Der Blumenschmuck kann staunende Blicke im Positiven und Negativen auf sich ziehen. Die Sauberkeit darf nichts zu wünschen übrig lassen. Kircheingänge und Kirchwände sind keine Litfasssäulen. Nicht jedes zugeschickte Papier muss in der Kirche aufgehängt werden. Plakate mit abgelaufenem Datum wirken frustrierend.

11. Neben dem großen Kirchraum muss es einen Raum für die Feier von Gottesdiensten im kleinen Kreis geben.

Die Sitzanordnung kann in kleinen Räumen geradlinig oder besser halb- oder dreiviertelkreisförmig sein. Die geschwungene Anordnung der Bänke ergibt eine völlig andere

Atmosphäre. Sie ist dem Wesen der Eucharistiefeier nach heutigem Verständnis angemessener als die Aufstellung der Bänke hintereinander, wo jeder – außer denen in der ersten Bank – die Schwestern und Brüder von hinten sieht. In den Psalmen heißt es oft, Gott möge uns das Antlitz und nicht den Rücken zuwenden. Deshalb sollten sich auch die Menschen als Geschöpfe und Bilder Gottes das Gesicht und nicht den Rücken zuwenden. – Bei Werktagsgottesdiensten verteilen sich oft zehn oder zwanzig Menschen in einer großen Kirche. Wer würde zehn Gäste zum Gespräch und zum Essen in eine große Stadthalle einladen und zuschauen, wie sich die Gäste weit voneinander einen Platz suchen? Deshalb ist für die Eucharistiefeier an Werktagen ein kleiner Raum unbedingt erforderlich.

12. Versammlungsräume in der Nähe der Kirche sind notwendig.

Ein Gemeindeleben ist ohne Räumlichkeiten nicht möglich. Das muss nicht näher begründet werden.

13. In jedem Bistum sollte es einige mutige moderne Kirchbauten geben.

Es gibt Museumsbauten, Hotels, Konzerthäuser, Opernhäuser, Botschaftsgebäude, Synagogen, deren Architektur die Menschen neugierig macht und anzieht. Viele reisen nach Bilbao in Spanien des neuen Museums wegen. Diese Museumsarchitektur ist tatsächlich eine Reise wert. – In München wurde im Jahr 2009 das Museum Brandhorst für moderne Kunst eröffnet. Dieser Museumsbau ist wie der in Bilbao in seiner Außen- und Innengestaltung schon ein Kunstwerk. Das Äußere macht neugierig auf den Inhalt. Natürlich wird man auch weiterhin gern in den Louvre gehen oder in das Britische Museum oder in die Alte Pinakothek in München und diese Bauten nicht abreißen, weil sie aus einer früheren Zeit stammen. Aber neue Museen werden nicht mehr in diesem Stil gebaut. Und sie sind anders eingerichtet. – Entsprechend sollen alte Kirchen nicht abgerissen werden, aber neue müssen anders gebaut werden. Die Kirche muss zeigen, dass sie nicht nur Vergangenes wiederholt. Die frohe Botschaft braucht in jeder Zeit ein neues Vokabular, vielleicht auch andere semantische Akzente. Das gilt auch für die Architektur.
Es soll aber nicht verschwiegen werden, dass es weltweit viele Gegenwartskirchbauten gibt, die hervorragend gelungen sind, die Transzendenz und Authentizität ausstrahlen (Abb. 199).

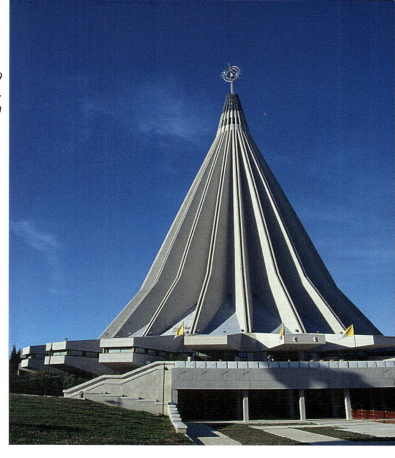

Abb. 199
Santa Maria delle Lacrime,
Syrakus, Sizilien

Abb. 200
Papstwappen

EXKURSE

DAS WAPPEN PAPST BENEDIKTS XVI.

Der jetzige Papst hat in seinem Wappen keine Tiara, sondern eine Mitra (Abb. 200). Dadurch betont er seine Stellung als Bischof von Rom. Als solcher ist er Papst.

Das Wappen eines Papstes erkennt man an den gekreuzten Schlüsseln. „Ich werde dir die Schlüssel des Himmelreiches geben", sagt Jesus zu Petrus (Mt 16,19). Nach katholischer Theologie gilt dieses Wort auch für die Nachfolger des Petrus. Auch im Wappen des derzeitigen Papstes sind die gekreuzten Schlüssel unübersehbar. Das ist aber auch schon das Einzige, was es mit denen seiner Vorgänger gemeinsam hat.

Auffallend ist, dass die Tiara durch die Mitra ersetzt ist. Die Tiara ist die päpstliche Krone, die frühere Päpste bei feierlichen Anlässen trugen, z. B. bei einer Heiligsprechung oder am Tag der „Inthronisation". Die Tiara war am Anfang eine runde, etwas aufragende Kopfbedeckung in der Art eines Baretts. Im 12. Jahrhundert kam eine Krone dazu als Symbol für die Souveränität über den Kirchenstaat. Papst Bonifatius VIII. fügte 1301 eine zweite Krone bzw. einen Kronreif hinzu im Zuge politischer Auseinandersetzungen mit dem König von Frankreich. Er wollte betonen, dass die geistliche Macht über der weltlichen steht. Eine dritte Krone wurde im 14. Jahrhundert zugefügt im Zusammenhang mit der Übersiedlung der Päpste nach Avignon. Die Tiara besteht aus Silber und hat drei goldene Bänder, die für die drei Kronen stehen. Die ursprüngliche politische Bedeutung verlor im Gang der Geschichte ihre Bedeutung. Die goldenen mit Zwischenräumen übereinander horizontal verlaufenden Bänder wurden dann gedeutet als Hinweis auf die drei Gewalten: Weiheamt, Hirtenamt (= Jurisdiktionsamt) und Lehramt. Diese Aufgaben bleiben. Deshalb sind sie auch in der Mitra dezent angedeutet in den drei horizontal durchlaufenden Rechtecken.

Papst Paul VI. war der Letzte, der die Tiara gelegentlich trug. Sie war ein Geschenk seiner Heimatdiözese Mailand. Später legte er sie symbolisch ab und stiftete sie für wohltätige Zwecke. Seitdem hat kein Papst mehr eine Tiara getragen. Auf Bildern und plastischen Darstellungen von Päpsten sind Schlüssel und Tiara Attribute des Apostolischen Stuhls, auch heute noch.

Von „Krönung" oder „Inthronisation" wird in der offiziellen Sprache des Vatikans nicht mehr gesprochen, sondern vom „feierlichen Beginn des Petrusamtes". Der Papst wird Papst nicht durch die „Krönung", sondern durch die Annahme seiner Wahl durch die Kardinäle im Konklave. Deshalb spendete der zum Papst gewählte Kardinal Joseph Ratzinger am 19. April 2005 sofort im Anschluss an die Bekanntgabe seiner Wahl den päpstlichen Segen „urbi et orbi".

Indem der Papst die Mitra in sein Wappen aufnimmt, betont er die Gleichheit mit allen anderen Bischöfen der Welt. Ein Zeichen der Kollegialität mit den übrigen Bischöfen ist auch das Pallium, ein weißes Band aus Wolle mit drei schwarzen Kreuzen. Bereits im 6. Jahrhundert überreichten die Päpste den Erzbischöfen als Zeichen der Verbundenheit das Pallium.

Einem Erzbistum ist zumindest ein Bistum zugeordnet, in manchen Fragen auch untergeordnet. Es wird auch „Suffraganbistum" genannt. Über das Pallium, das sich die Erzbischöfe seit dem 9. Jahrhundert generell und nachweislich in Rom abholen, ist der Papst auch mit den Suffraganbischöfen verbunden.

Zu einem Wappen im weltlichen und kirchlichen Bereich gehört ein Wahlspruch. Der jetzige Papst hatte als Erzbischof und Kardinal den Wahlspruch „Cooperatores veritatis (= „Mitarbeiter der Wahrheit" oder „Mitarbeiter an der Wahrheit"). Das Wort „Mitarbeiter" ist als Plural gemeint. Obwohl die Päpste ein individuelles Motto haben aus der Zeit, bevor sie zum Papst gewählt wurden, setzen sie ihr Motto nicht in das Wappen. Vermutlich wollen sie nicht in Konkurrenz mit den vielen Sprüchen der übrigen Bischöfe treten und das eigene Motto ihnen nicht ständig visuell präsentieren und sie dadurch zu sehr auf die eigenen Glaubensakzente festlegen.

Der Schild auf dem Wappen von Papst Benedikt XVI. ist in seinem Umriss kelchförmig. Das ist schon eine Aussage. An den Seiten oben schwingen Tücher, die an einen Mantel denken lassen. Damit kommt man in die Nähe zum Mönchtum. Verschiedene Orden haben einen Mantel in ihrem Ordenswappen. Die weiteren Elemente hatte der Papst bereits im Wappen, als er noch Erzbischof von München und Freising war, wenn auch in anderer Zuordnung. In der Mitte glänzt eine goldene Jakobsmuschel. Sie steht für die Pilgerschaft der Christen zum ewigen Vaterhaus. Die Muschel erinnert auch – im Zusammenhang mit einer Legende aus dem Leben des hl. Augustinus – an die Unmöglichkeit, das Geheimnis Gottes in Worte zu fassen. Augustinus sah, wie ein Junge in Ostia mit einer Muschel Wasser aus dem Meer in eine Sandgrube schüttete. Ihm wurde schlagartig klar, dass alles Reden über Gott letztlich nur wie ein Schöpfen aus dem Ozean mit der Muschel ist.

Der Mohrenkopf ist ein altes Symbol der Diözese Freising. Der Mohr trägt ein weißes Band um den Hals und eine Krone auf dem Kopf. Es ist also kein Sklave. In der bayerischen Tradition wird er „Freisinger Mohr" genannt. Die Deutung ist vielfältig. Nach einer Version ist der Mohr ein äthiopischer Christ in der römischen Thebaischen Legion gewesen, der als Märtyrer gestorben sei. Der Mohr steht demnach für Glaubenstreue, eine brauchbare Deutung.

Schließlich ist noch ein Bär im Wappen zu sehen. Nach der Tradition begab sich der erste Bischof von Freising, der hl. Korbinian aus Chartres, eines Tages mit seinem Pferd auf die Reise nach Rom. Im Wald wurde sein Pferd von einem Bären angegriffen und getötet. Dem Bischof gelang es, den Bären zu zähmen. Er konnte ihm sogar das Gepäck aufladen, welches er bis nach Rom trug. Deshalb hat auch der Bär im Wappen einen Packsattel auf dem Rücken. Eine Deutung sieht in diesem „Korbinianbär" ein Bild für die Christianisierung heidnischer Völker. Die Legende könnte sich auch auf den Bischof von Freising oder vielleicht auf jeden Bischof beziehen: Durch die Gnade Gottes wird der Bischof befähigt, die Last des Bischofsamtes zu tragen.

DIE FORMIERUNG DER ERSTEN ORDEN AUS DEM EREMITENTUM

DAS EREMITENTUM

Am Anfang der mönchischen Bewegung stand nicht sofort ein fertiges Kloster, in dem Frauen oder Männer nach einer bestimmten Regel lebten. Den Ordensgründungen voraus ging eine Bewegung zunächst im ägyptisch-syrisch-palästinensischen Raum, die mit den Stichworten „Eremitentum" und „Einsiedlertum" bezeichnet werden. Vermutlich begann sie im zweiten Jahrhundert. Im dritten Jahrhundert schon erreichte sie einen zahlenmäßigen Höhepunkt, ohne in den folgenden Jahrhunderten an Attraktivität zu verlieren. Wie ist diese Bewegung zu erklären? Meines Erachtens sind für das Entstehen des Eremitentums besonders wichtig:

DIE ÜBERZEUGUNG VON DER BALDIGEN WIEDERKEHR CHRISTI

Theologen sprechen von der Naherwartung der Parusie. Das griechische Wort „Parusie" bedeutet „Erscheinung". Gemeint ist die Erscheinung des Herrn am Ende der Tage. Den Briefen des Apostels Paulus kann man entnehmen, dass er fest davon überzeugt war, zu seinen Lebzeiten die Wiederkehr des Herrn zu erleben. Diese Gewissheit vermittelte er in seinen Predigten und Briefen auch den Gemeinden. Für die Lebensgestaltung der Christen hat die Naherwartung Folgen. „Während die Menschen sagen: Friede und Sicherheit!, kommt plötzlich das Verderben über sie wie die Wehen über eine schwangere Frau, und es gibt kein Entrinnen. Ihr aber, Brüder, lebt nicht im Finstern, sodass euch der Tag nicht wie ein Dieb überraschen kann. Ihr alle seid Söhne des Lichts und Söhne des Tages. Wir gehören nicht der Nacht und nicht der Finsternis. Darum wollen wir nicht schlafen wie die anderen, sondern wach und nüchtern sein" (1 Thess 5,3-6). Viele Menschen zogen sich aus dem Alltagleben gänzlich zurück und bereiteten sich durch Gebet und Meditation auf den Tag der Wiederkunft Christi vor.

DER RATSCHLAG JESU FÜR EIN LEBEN RADIKALER NACHFOLGE

Es gibt im Evangelium Textstellen, die das aktuelle Leben vieler Menschen infrage stellen und Alternativen anbieten. Matthäus berichtet von einem reichen jungen Mann, der wohl trotz oder wegen seines Reichtums unzufrieden ist. Dieser Mann geht auf Jesus zu und möchte von ihm einen Ratschlag. Die Gebote hat er redlich befolgt, wie er glaubhaft versichert. Darauf sagt ihm Jesus: „Wenn du vollkommen sein willst, geh, verkauf deinen Besitz und gib das Geld den Armen; so wirst du einen bleibenden Schatz im Himmel haben; dann komm und folge mir nach" (Mt 19,21). Eine solche von Jesus vorgeschlagene Alternative hat Menschen in allen Jahrhunderten zum Nachdenken gebracht. Viele sind dadurch zu Aussteigern aus ihrem bisherigen Leben geworden.

Man kann immer wieder das Argument lesen, Christen hätten sich durch Rückzug in die Wüste vor Verfolgung retten wollen. Dagegen sprechen mehrere Gründe. Es gab keine Dauerverfolgung der Christen in den ersten Jahrhunderten. Verfolgungen waren die Ausnahme und zeitlich begrenzt. Das Einsiedlertum blühte auch während der langen Phasen, in denen Ruhe und Frieden herrschte. Außerdem hätte es keine Einsiedler mehr geben dürfen, nachdem die Christen nach 313 ihren Glauben frei ausüben konnten. Aber gerade jetzt entschieden sich viele zu einem radikalen Leben in der Wüste.

Oben war die Rede von einem Rückzug in die Wüste. Gemeint sind einsame, ziemlich menschenleere Landschaften. Man verließ zwar Haus und Familie und zog sich zurück. Aber man blieb in der Nähe menschlicher Siedlungen. Man war weit genug entfernt, um in der Einsamkeit leben zu können, und nahe genug, um sich lebensnotwendige Dinge zu besorgen.

Einsiedler schliefen in Felshöhlen, in Grabhäusern, in Ruinen oder unter freiem Himmel. Es gab auch Kontakte zwischen manchen Einsiedlern. Dadurch wurde der Ehrgeiz geweckt, sich gegenseitig in der Aszese zu übertreffen. Körperliche Hygiene wurde als nebensächlich oder gar als überflüssig angesehen. Die Haare ließ man wachsen. Fingernägel wurden nicht geschnitten. Sonntags traf man sich, falls ein Priester in der Nähe war, zum Gottesdienst, um sich danach wieder in die Einsamkeit zurückzuziehen.

Einer der bekanntesten Einsiedler ist „Symeon Stylites", Symeon, der „Säulensteher". Er lebte im 6. Jahrhundert in Syrien, wurde Diakon und Priester. Viele Menschen aus allen sozialen Schichten pilgerten zu ihm und erbaten Rat und Segen. Noch heute stehen beeindruckende Reste einer großen Kirche in Syrien. Sie wurde um die Säule herumgebaut, auf der er sich jahrelang aufhielt.

Eine Lebensform in solcher Isolation kann auch zu einem menschenunwürdigen Vegetieren führen. Deshalb kam es auch hin und wieder zur Bildung kleiner Einsiedlergruppen, die sich zu einem bescheidenen gemeinsamen Essen trafen oder zu einem gemeinsamen Morgenlob. Dazu bedarf es gegenseitiger Absprachen. Einer dieser Einsiedler, der mehr Würde in das Einsiedlerleben gebracht hat, ist Pachomius aus Ägypten.

DIE ANFÄNGE DES KLOSTERLEBENS UNTER PACHOMIUS, HIERONYMUS UND AUGUSTINUS

PACHOMIUS

Pachomius (287-347) hatte selber das Einsiedlerleben in seinen Chancen und Gefahren durchlebt. Was ihm nach diesen Erfahrungen als Ideal vorschwebte, war ein Leben nach dem Vorbild der Urgemeinde. Von ihr heißt es: „Die Gemeinde der Gläubigen war ein Herz und eine Seele. Keiner nannte etwas von dem, was er hatte, sein Eigentum, sondern sie hatten alles gemeinsam. Mit großer Kraft legten die Apostel Zeugnis ab von der Auferstehung Jesu, des Herrn, und reiche Gnade ruhte auf ihnen allen. Es gab auch keinen unter ihnen, der Not litt. Denn alle, die Grundstücke oder Häuser besaßen, verkauften ihren Besitz, brachten den Erlös und legten ihn den Aposteln zu Füßen. Jedem wurde davon so viel zugeteilt, wie er nötig hatte" (Apg 4,32-35). Auf diesen Text berufen sich auch Jahrhunderte nach Pachomius fast alle Reformer im Mittelalter. Dem Luxus der Kirche und den unerträglichen sozialen Unterschieden innerhalb der Kirche setzen die Reformer immer wieder diese Situation in der Urgemeinde in Jerusalem entgegen. Meist wird verschwiegen, was ein paar Verse weiter berichtet wird, nämlich dass ein reicher Mann mit Namen Hananias nach Rücksprache mit seiner Frau einen Teil des Geldes von einem verkauften Grundstück für sich behielt. Und der idealisierende Blick in die Vergangenheit übersieht, dass die Urkirche keineswegs eine homogene Gemeinschaft war. Es gab ausgesprochen reiche Christen, die auch ohne Vorwurf genannt werden, wie die Purpurhändlerin Lydia aus Thyatira (Apg 16,14). Auch in theologischen Fragen gab es Differenzen und Auseinandersetzungen. In den Paulusbriefen spiegelt sich das bunte Leben dieser Gemeinden wider.

Jedenfalls sollten die Einsiedler nach der Intention des Pachomius so leben wie die Christen in der idealisierten Gemeinde in Jerusalem, und das heißt für ihn: brüderlich zusammenleben und einen gemeinsamen Besitz haben, sodass für jeden in gleicher Weise gesorgt ist. Das brüderliche Zusammenleben führt die Einsiedler aus der Isolierung heraus. Dies ist ein völlig neues Konzept. Aus den vielen verstreut lebenden Einsiedlern bildet sich eine Gemeinschaft von Gleichgesinnten. Aus den Eremiten werden „Koinobiten" („zusammenleben", „zusammenwohnen"). Pachomius sorgte dafür, dass die Einsiedler nun in festen Gebäuden wohnten. Dort gab es Schlafstellen, Speiseräume und eine bescheidene Kirche. Der einzelne Mönch war besitzlos. Das konnte er sein, weil die Gemeinschaft für ihn sorgte. Ein schriftlicher Text, „Regel" genannt, ordnete den Tagesablauf. Es wurde auch eine einheitliche Kleidung vorgeschrieben. Manche begnügten sich vorher mit Lumpen. Andere lebten nackt. – An der Spitze einer Gruppe braucht man einen Leiter. Diesem musste man Gehorsam geloben.

Erst seit Pachomius gibt es Mönche, die nach einer bestimmten Regel in einem Kloster leben. Jetzt kann man von einer Ordensgemeinschaft sprechen, d. h. von einer Gemeinschaft, die nach einer Ordnung (= ordo) lebt. Von diesem Wort stammen die Begriffe „Orden" und „Ordensgemeinschaft". Pachomius gründete in Ägypten mehrere Klöster. Seine Regel wurde auch im Westen bekannt. Der hl. Benedikt kannte sie. Die Kirchenlehrer Hieronymus und Augustinus haben ebenfalls das künftige Ordensleben im Westen stark beeinflusst.

HIERONYMUS

Der hochgelehrte Hieronymus, um 347 geboren, wurde während seines Studiums in Rom getauft. Er lernte das Eremitentum kennen und lebte mehrere Jahre als Einsiedler. Papst Damasus berief den weit gereisten Hieronymus zu seinem Sekretär. Er kannte persönlich die bedeutendsten Theologen in Ost und West. Wegen seiner Nähe zum Papst wird er in der Kunst als Kardinal dargestellt, was er nie war. Der Kardinalshut ist sein Attribut. Nach dem Tod des Papstes zog er sich nach Bethlehem zurück. Bereits in Rom und später auch in Palästina gründete er mehrere klösterliche Gemeinschaften. In Rom gab es unter den Frauen der Aristokratie einen Zug zum beschaulichen christlichen Leben. Man traf sich und ermunterte sich gegenseitig zu einer Lebensgestaltung aus christlichem Geist. Hieronymus war in solchen Zirkeln als gelehrter Bibelkenner gern gesehen. Seine Bibelübersetzung in die lateinische Sprache, der er sich in Bethlehem widmete, wurde so bekannt und verbreitet, dass sie bis heute „Vulgata" genannt wird, die vulgäre, was damals so viel bedeutete wie „die populäre". Bis in das vergangene Jahrhundert war sie die offizielle Übersetzung in der katholischen Kirche. – Aus seiner Zeit im Hl. Land stammt die Legende, dass er einem hinkenden Löwen einen Dornzweig aus der Pfote entfernt habe. Seitdem ist auf Bildern auch der Löwe in seiner Nähe zu sehen. Die Bezeichnung „Hieronymus im Gehäuse", umgeben von Büchern, spielt auf seine Gelehrsamkeit an. Weil er als Einsiedler gelebt hat und auch später ein einfaches Leben führte, sieht man ihn auch oft mit nacktem Oberkörper vor einem Kruzifix meditierend, in der rechten Hand einen Stein, mit dem er sich kasteit. Hieronymus starb 419/420 in Bethlehem. Er gehört zu den Kirchenlehrern der römischen Kirche.

AUGUSTINUS

Auch Augustinus (354-430) gehört zu den Theologen, denen offiziell vom Papst der Name „Kirchenlehrer" verliehen wurde. Für das Zusammenleben von Priestern in einer klosterähnlichen Gemeinschaft ist er von größter Bedeutung. Ohne auf sein bewegtes

Leben an dieser Stelle im Detail einzugehen, soll sofort der Sprung in die Zeit seines Lebens als Bischof in Nordafrika gemacht werden. Im Jahr 396 wurde er Bischof von Hippo. Er lebte in einer „vita communis", in einer Gemeinschaft mit seinen engsten priesterlichen Mitarbeitern. Auch die Kleriker in seinem Bistum drängte er zu einer ähnlichen Lebensgestaltung. Während das Einsiedler- und Mönchswesen zunächst eine Laienbewegung war, verbindet Augustinus priesterliches und mönchisches Leben. Das war ein innovativer Schritt. Augustinus hat auch eine Regel für ein solches Zusammenleben verfasst. Der genaue Wortlaut ist nicht erhalten. Besonders im späteren Mittelalter wurde diese Lebensform für viele Priester, besonders in den Städten, erstrebenswert. „Stiftsherren" nennen sich die Mitglieder solcher priesterlichen Gemeinschaften, die nach der Regel des hl. Augustinus leben. Die „Stiftsdamen" sind das weibliche Pendant. Der Hauptunterschied zu den aszetischen Gemeinschaften besteht darin, dass die Priester persönliches Eigentum besitzen durften, was den Mönchen in einem Kloster des hl. Pachomius nicht gestattet war. – Die Regel des hl. Augustinus ist auch die Grundlage für die Regeln des hl. Franziskus und des hl. Dominikus.

In Frankreich gab der hl. Bischof Martin von Tours (gest. 397) den Einsiedlerkolonien neue Impulse und versuchte, sie in den kirchlichen Dienst einzugliedern.

Die bisherigen Ausführungen zeigen, dass der hl. Benedikt als Stifter des nach ihm benannten Benediktinerordens nicht bei Null beginnen musste. Etwa vom 3. Jahrhundert an gab es auch im Westen Einsiedler und Einsiedlergruppen nach östlichem Vorbild. Benedikt konnte auf bewährte Regeln zurückgreifen und diese nach seinen Vorstellungen ändern und ergänzen.

MANGELNDE EIGNUNG EINES TEMPELS FÜR DEN CHRISTLICHEN GOTTESDIENST

Warum ließen die Christen die Tempel unbeachtet? Wäre es nicht einfacher gewesen, die heidnischen Tempel als Kirchen zu benutzen oder sie als Vorbild für Kirchneubauten zu nehmen?

Gegen die einfache Übernahme und Umfunktionierung von Tempeln sprach die Tatsache, dass sie noch benutzt wurden. Im gesamten Römischen Reich standen im 4. Jahrhundert prächtige Tempel. Kaiser Konstantin hatte den Christen zwar die freie Religionsausübung gestattet. Die heidnischen Kulte wurden aber nicht abgeschafft. Er selbst hatte den Titel eines „Pontifex maximus", eines obersten Brückenbauers oder eher eines obersten Pfadbahners. Als solcher hatte er die Aufsicht über alle Kulte und Priesterkollegien. Später nahm der Papst diesen Titel an. Der Inhalt bezog sich nun auf die christliche Kirche. Unter Kaiser Theodosius (379-395) gab es schrittweise ein Zurückdrängen der heidnischen Kulte durch verschiedene Dekrete. Dieser Prozess endete im Jahr 392 mit einem reichsweit gültigen Gesetz, das alle Formen heidnischer Kulte verbot. Das Christentum war nun die einzig erlaubte Religion. Es war Staatsreligion.

Eine Besitzergreifung von Tempeln durch die Christen war bis zu diesem Zeitpunkt aus juristischen Gründen nicht möglich. Aber auch nach 392 gab es keine allgemeine Umfunktionierung der Tempel in Kirchen. Diese reservierte Haltung hat ihren Grund.

Kultgebäude sollen einen optimalen Ablauf der Riten und Zeremonien ermöglichen. Da sich die religiösen Feiern der Christen von denen der Heiden fundamental unterscheiden, sind die entsprechenden Kultbauten nicht einfach austauschbar. Für die Feier des christlichen Gottesdienstes war der Tempel ungeeignet. Einfacher war später die Übernahme von Kirchen durch die Muslime. Kirchen lassen sich ohne große Veränderungen von Muslimen nutzen. Konstantinopel ist ein Beleg dafür. Nicht nur die Hagia Sophia, auch Hunderte anderer byzantinischer Kirchen wurden in Moscheen umgewandelt. Umgekehrt können Moscheen durch Zufügung eines Altares und durch minimale weitere Veränderungen auch für den christlichen Kult hergerichtet werden. Warum aber war die Übernahme von Tempeln durch die Christen problematischer?

Heidnische Opfer wurden außerhalb des Tempels dargebracht. Neben unblutigen Voropfern wie Weihrauchgaben oder Trankspenden bestand das Hauptopfer in der Schlachtung von Tieren. Geschlachtet wurde in freier Natur, und zwar nicht auf dem Altar, sondern in der Nähe des Altares. Ein lebendiger Stier lässt sich nicht über mehrere Stufen hoch auf einen Altar führen, um dort auf den Betäubungsschlag zu warten. Die Altäre waren Feuerstellen, wo das Fleisch der getöteten Tiere gebraten wurde. Die Gottheit erhielt meist Fett und Knochen. Das genießbare Fleisch wurde von den Menschen verzehrt. Wenn ein Opfertier ganz verbrannt und so alles der Gottheit geopfert wurde, war das ein „Holocaust", ein Ganzopfer. Frauen, Feinde und Sklaven waren von der Opferhandlung ausgeschlossen.

Griechische Tempel stehen auf einem dreistufigen Unterbau, der „Krepis" (Abb. 67 und 70). Der Altar hat seinen Platz im Osten vor der Frontseite, einige Meter von der Krepis entfernt. Griechische Tempel sind geostet, auf die Sonne ausgerichtet. Das Götterbild in der Cella war ebenfalls nach Osten gerichtet. Die Gottheit konnte so bei geöffneter Tür dem Opferritual zuschauen.

Römische Tempel sind Podiumstempel. Sie erheben sich auf einem mehrere Meter hohen Unterbau, dem Podium. Nur an der schmalen Frontseite führen Stufen hinauf zur Vorhalle (= Pronaos). Manchmal sind es zehn und mehr (Abb. 201). Die lange Stufenfolge bietet die Möglichkeit, dort einen Altar aufzustellen. Auf der Abbildung 202 stehen die Reste des Altares wie ein Block im unteren Viertel der Stufenfolge. Rechts ist ein Teil des durchlöcherten Podiums sichtbar. In der Antike waren dort Marmorplatten befestigt. Bei einem griechischen Tempel mit nur drei Stufen ist eine solche Positionierung des Altars nicht möglich. Er steht auf dem Erdboden.

Der christliche Kult ist unblutig. Es werden keine Tiere geschlachtet, und man braucht keinen Altar, auf dem ein Feuer angezündet wird. Schon der Anblick eines Altares vor römischen und griechischen Tempeln muss für die Christen abstoßend gewesen sein. Die Brandopferaltäre hätte man zwar entfernen können. Aber damit waren die Probleme mit dem Innenraum noch nicht gelöst. Er ist unbrauchbar für den christlichen Gottesdienst, wie ein Blick in das Innere zeigt.

Der Tempel ist – bis auf die Tür an der Front – an allen Seiten durchgehend geschlossen. Würde man die Säulen wegnehmen, käme ein rechteckiger Bau ohne Fenster zum Vorschein (Abb. 67). Innen steht eine Götterstatue. Der Tempel ist als Wohnhaus für die Gottheit konzipiert.

Die Christen brauchen keinen Raum für eine Götterstatue. Sie benötigen einen Versammlungsraum für Menschen. Dieses unterschiedliche Konzept spricht gegen die Übernahme eines Tempels für den christlichen Kult.

Die Cella hat keine Fenster. Nur durch die geöffnete Tür fällt Licht ein. Christen brauchen aber Licht für ihren Gottesdienst, aus praktischen und symbolischen Gründen. Es wird vorgelesen, und das Licht ist Symbol für Christus, der nie gesagt hat: „Ich bin die Finsternis", sondern „Ich bin das Licht" (Joh 8,12). Die Lichtfülle muss die Zeitgenossen beeindruckt haben. Darüber gibt es schriftliche Quellen, z. B. von dem christlichen Dichter Prudentius. Ende des 4. Jahrhunderts besuchte er die soeben fertiggestellte Kirche St. Paul vor den Mauern in Rom. Ausdrücklich erwähnt er die Lichtfülle in diesem großen Bau. Früher standen weiße Säulen in dieser Kirche. Nach dem Brand von 1823 wurden sie durch graue Granitsäulen ersetzt. Die Lichtfülle muss vor dem Brand überwältigend gewesen sein. Auch andere Kirchen hatten Dutzende von Fenstern im Obergaden. Das Licht hatte, wie gesagt, neben der praktischen Aufgabe auch oder vielleicht in erster Linie eine symbolische Funktion.

Funktionale und symbolische Defizite sprechen also gegen die Übernahme von Tempeln als Orte und Grundmuster für den christlichen Kult. Emotionale Gründe, wie das Wissen darum, den Gottesdienst in Gebäuden zu feiern, in denen noch kurz vorher heidnische Götter verehrt wurden, waren wohl nicht ausschlaggebend. In der Antike praktizierte man Kultkontinuität, d. h., an heiligen Orten besiegter Völker und in deren Kultgebäuden wurden nun die neuen Götter der Sieger verehrt. In Köln wurde auf den Ruinen des Tempels der Göttertrias Jupiter, Juno und Minerva die romanische Kirche St. Maria im Kapitol errichtet. Die Kathedrale in Chartres erhebt sich über einem älteren Druidenheiligtum. Die Hagia Sophia in Istanbul und viele andere Kirchen in der heutigen Türkei wurden nach der Eroberung durch die Türken im Jahr 1453 in Moscheen umgewandelt. All das sind Beispiele für Kultkontinuität.

Wenn Christen trotz der genannten Schwierigkeiten Tempel für ihren Gottesdienst nutzen wollten, mussten sie den Bau stark verändern. Trotz aller oben erwähnten strukturellen Unterschiede ist doch eine erstaunlich hohe Anzahl von Tempeln in christliche Kirchen umgewandelt worden. Zur Erinnerung: Möglich war das erst nach 392, nachdem in diesem Jahr das Christentum Staatsreligion geworden war. Ein anschauliches Beispiel für eine Umwandlung bietet der Concordiatempel in Agrigent auf Sizilien (Abb. 70). Offensichtlich waren solche Änderungen finanziell weniger aufwendig als ein Neubau. Und der Gedanke, dass die neue Religion die überlegenere ist, wird wohl auch ein Grund für die Übernahme gewesen sein. Wenn die rechteckige Cella Gottesdienstraum werden sollte, mussten Fenster in die Wände gebrochen werden, um Licht zu erhalten. Wenn der Tempel ein „Peripteros" war, also von einer Säulenreihe umgeben, wurden zwischen den Säulen Wände hochgezogen. So entstand ein Seitenschiff zwischen dieser neuen Wand und der Cellamauer. Um von diesem in die Cella zu gelangen und umgekehrt, mussten unten Bögen in die Cellamauer gebrochen werden (Abb. 70). Nun brauchte man nur noch in der neu errichteten Wand zwischen den Säulen Fensteröffnungen anbringen. Dadurch fiel Tageslicht in die aus dem Tempel entstandene Kirche. – Der Concordiatempel zeigt die in christlicher Zeit in die Cellawand gebrochene Arkadenreihe. Gleichzeitig wurden die Interkolumnien, die offenen Stellen zwischen den Säulen, zugemauert. Im Fall des Concordiatempels wurden diese später, als der Tempel nicht mehr als Kirche benutzt wurde, wieder entfernt, um dem Gebäude das ursprüngliche Aussehen zurückzugeben. Die Kathedrale in Syrakus auf Sizilien liefert vielleicht das beste Beispiel für die oben beschriebene Umwandlung eines Tempels in eine Kirche.

Neben dem Prinzip der Kulttradition waren es wohl auch Kostengründe, die ausschlaggebend für den Umbau von Tempeln waren. Allein die Nutzung der vorhandenen Fundamente bedeutete eine spürbare Einsparung an Zeit und Geld. Die tragenden Wände und das Dach konnten ebenfalls genutzt werden.

Die zu Kirchen umfunktionierten Tempel entgingen dem Schicksal der Zerstörung oder der Plünderung. Prominentestes Beispiel ist das Pantheon in Rom. Es war für eine Umwandlung in eine Kirche besonders geeignet. Man brauchte nur die in den Nischen stehenden Statuen herauszunehmen und einen Altar in die bereits vorhandene Apsis zu stellen und schon war der Rundtempel als Kirche benutzbar (Abb. 77). Der Raum bot vielen Menschen Platz. Und er war hell, weil genügend Licht durch die Öffnung im Scheitel der Kuppel einfiel. Es gab keine abgetrennte Cella. Der gesamte Raum war Cella. Im Jahr 608 weihte Papst Bonifatius IV. mit Genehmigung des byzantinischen Kaisers Phokas das heidnische Bauwerk als christliche Kirche. Später wurden die vergoldeten Bronzeziegel vom Dach entfernt und Bronzeverkleidungen aus dem Vorraum weggeschafft. Insgesamt ist das Pantheon aber als Bauwerk dank seiner Verwendung als christliche Kirche – was es heute noch ist – in der Baustruktur erhalten geblieben.

Das früheste Beispiel der Umwandlung eines antiken Gebäudes in eine christliche Kirche ist die Bibliothek im Forum des Kaisers Vespasian. Wohl gemerkt: Hier hat man keinen Tempel umfunktioniert, sondern einen Bibliotheksraum. Heute noch steht dort die frühchristliche Kirche SS. Cosmas und Damian. – Es gibt auch ein Beispiel für die Umgestaltung eines Teiles einer Thermenanlage in eine Kirche. Michelangelo übernahm Wände, Säulen und einen Teil der kreuzgratgewölbten Decke aus den Diokletiansthermen und ließ eine Kirche mit gewaltigen Dimensionen entstehen. Sie trägt den Namen S. Maria degli Angeli und wird heute noch als Kirche genutzt.

Wenn in diesem Kapitel von Umfunktionieren und Umwandlung gesprochen wird, soll nicht verschwiegen werden, dass dabei oft wertvolle Kunstwerke zerstört wurden. Götterstatuen wurden als Erstes vernichtet. Dann auch alle anderen Statuen und Reliefs mit heidnischen Themen. Auch der Parthenontempel in Athen entging bei der Umwandlung in eine christliche Kirche nicht diesem Schicksal. Viele Metopenreliefs wurden bis zur Unkenntlichkeit abgeschlagen. Eines ist relativ gut erhalten, weil die Christen Ähnlichkeiten mit einer Verkündigungsszene hineininterpretierten.

Zusammenfassend kann man sagen: Wo es möglich war, haben Christen antike Tempel baulich verändert, bis sie für die Feier des Gottesdienstes geeignet waren. Insgesamt waren es keine Einzelfälle. Es ist schon erstaunlich, wie viele Tempel rund um das Mittelmeer, besonders in Nordafrika, von den Christen übernommen wurden.

Zum Abschluss dieses Kapitels soll noch einmal betont werden, dass die Christen im 4. Jahrhundert für die Feier ihres Gottesdienstes auf einen weltlichen Bautypus zurückgriffen, auf einen Profanbau und nicht auf ein sakrales Gebäude wie den Tempel. Warum das geschah, wurde ausführlich erörtert.

Bliebe noch die Frage, warum die Christen unter den verschiedenen Typen von Profanbauten gerade die Basilika bevorzugten. Hätte man sich nicht auch an einem Theater orientieren können, an einem Rathaus, Amphitheater oder an Räumen für Mysterienkulte? – Wenn ein römischer Kaiser der Christengemeinde in Thessaloniki bereits gegen Ende des 1. Jahrhunderts einen Gottesdienstraum zur Verfügung gestellt hätte, dann wäre das vermutlich eine Villa gewesen. Hier konnte die kleine Gemeinde das Brotbrechen feiern. Aber im 4. Jahrhundert gab es in den Städten zahlenmäßig große Gemeinden. Und die Feier des Herrenmahles war liturgisch ausdifferenziert. Nun brauchte man große Versammlungsräume. Sie mussten hell sein. Man benötigte Orte für den Bischof und seine Assistenz und für die Gemeinde. Man sollte sich gegenseitig sehen und hören können. Während des Gottesdienstes musste man sich im Raum bewegen und Prozessionen durchführen können. Von allen vorhandenen und oben genannten Bautypen der Profanarchitektur war es die Basilika, die den Anforderungen des christlichen Gottesdienstes optimal entsprach.

DIE BEDEUTUNG VON SPOLIEN IN DER ARCHITEKTUR

Spolien (spoliare = rauben, plündern) sind Architekturteile, die vor der jetzigen Verwendung schon einmal in einem anderen Gebäude bzw. generell in einem anderen Kontext gebraucht wurden. Tatsächlich sind aber die wenigsten Spolien geraubt worden. Im Italienischen werden Spolien treffend „oggetti di riuso" (= Objekte des Wiedergebrauchs oder wiederverwendete Objekte) genannt.

Mit dem Untergang des weströmischen Reiches verfielen viele antike Gebäude. Wer war der neue Besitzer etwa eines Minervatempels? Die Hauptstraßen Cardo und Decumanus, also die Nord-Süd-Straße und die Ost-West-Straße in den Römerstädten, waren von Säulen flankiert. Einige wurden Opfer von Erdbeben und fielen um. Schön geordnet lagen die Trommeln wie große Scheiben hintereinander. In den Kirchen konnte man vieles aus den antiken Städten wieder verwenden, besonders Säulen. Man hat sie notfalls beschnitten und so passend für die Kirchen gemacht. Oder sie wurden verlängert, indem man sie auf eine höhere Basis stellte. Gern wurden auch Kapitelle oder Architekturfragmente mit Reliefdarstellungen wiederverwendet. Besonders in ehemaligen antiken Städten rund um das Mittelmeer konnte man ins Volle greifen. An ästhetischer Harmonie aber haben diese Objekte durch solche Amputationen in den meisten Fällen viel verloren.

Warum verwendet man überhaupt Elemente, die schon einmal benutzt wurden, ein zweites Mal? Aus ökonomischen Gründen und aus ideellen Gründen!

Spolien sind eine Art Secondhandprodukte: preiswert bzw. kostenlos und trotzdem verwertbar. Es gibt sie nicht erst in der christlichen Ära. Auch im antiken Rom gab es schon Zweitverwendungen von Architekturteilen. Am Konstantinsbogen aus dem 4. Jahrhundert neben dem Kolosseum in Rom sind mehrere Reliefbilder in Kreisform (Tondi) angebracht, die vorher den Ehrenbogen Kaiser Hadrians schmückten. Die Köpfe Hadrians wurden umgearbeitet zu Köpfen Konstantins. Dadurch wird unzweifelhaft deutlich, dass man Zeit und Kosten sparen wollte und dass man die alten Reliefs künstlerisch hoch einschätzte. Mit der Veränderung des Kopfes stellt das Relief nun nicht mehr Kaiser Hadrian bei der Eber- und Löwenjagd dar, sondern Kaiser Konstantin. Die Jagd auf gefährliche wilde Tiere soll den Mut und die Kampfkraft des Kaisers anschaulich machen. Die Tugend der Tapferkeit ist eine Zierde, deshalb kann man jeden Kaiser mit der Jagd in Verbindung bringen.

Aber nicht nur aus Kostengründen hat man antike Architekturelemente ein zweites Mal verwendet. Es gab auch ideelle Gründe. Wenn Karl der Große Säulen aus der Kaiserstadt Ravenna mitnahm und in seine Pfalzkapelle in Aachen integrieren ließ, war das sicher in erster Linie der Anspruch: Aachen ist das neue Ravenna! Aachen ist die neue Kaiserstadt! Bestatten ließ sich der Kaiser in einem antiken, nicht christlichen Sarkophag. Sein Kaiserthron in der Aachener Pfalzkapelle ist mehr als schlicht. Er besteht fast ganz aus Spolien, die man bewusst nicht hinter Verkleidungen verstecken wollte. Seiten- und Rückenlehne des Karlsthrones stammen aus der konstantinischen Grabeskirche in Jerusalem. An den Stufen hat man Spuren von vielen Kreuzen gefunden. Vermutlich wurden sie aus Säulen geschnitten, in die vorher Pilger Kreuzchen eingeritzt hatten. Der Thron steht auf vier antiken Pfeilern, ebenfalls Spolien. Der ganze Karlsthron ist aus Spolien zusammengesetzt. Die Herkunft ist noch nicht in jedem Fall nachgewiesen. Man könnte den Thron in Anlehnung an Kompositkapitelle auch als Kompositreliquie bezeichnen. Ein Kompositkapitell setzt sich aus Elementen des jonischen und des korinthischen Kapitells zusammen. Ähnlich ist der Thron in Aachen eine Summe aus mehreren verschiedenen Spolien.

In diesem Zusammenhang ist ein Hinweis auf Architekturzitate fällig. Diese zählt man zwar nicht zu den Spolien, aber sie haben eine ähnliche Funktion. Man transportiert nicht ein originales Stück von dem einen Ort an den anderen, sondern man benutzt eine ähnliche Form und erinnert dadurch an das Original. In der Kirche St. Maria im Kapitol in Köln ist über dem Eingang eine Wandöffnung angebracht mit einem Architrav, der von Arkaden getragen wird. Auf dem Architrav stehen zwei Säulen, die einen Rundbogen tragen. Es ist exakt die Form, die man in der Aachener Karlskirche auf der Höhe des Karlsthrones als großes Rund sehen kann. Der Anspruch des Architekturzitates in Köln ist deutlich: Die Bauherrin, Äbtissin Ida, ist eine Verwandte der ottonischen Kaiser und knüpft bewusst an die karolingische Epoche an. Die Ottonen wollen das Werk Karls des Großen weiterführen! Dem Stamm der Sachsen, den ehemaligen Feinden Karls des Großen, entstammen die neuen Kaiser! Weil drei von ihnen den Namen Otto hatten, spricht man wechselweise von den Ottonen oder von den sächsischen Kaisern. Sie stellen sich mit dem Architekturzitat als legitime und würdige Nachfolger Karls des Großen dar.

Auch die Bischofskirche in Essen zitiert im Emporengeschoss des Eingangsbereiches die besagte Architektur im Aachener Münster. Das Zitat ist ausführlicher als das in Köln, weil es sich in einem Halbrund weit ausbreitet. In Essen war ebenfalls eine Frau aus dem Kaisergeschlecht der Ottonen Äbtissin.

Säulen waren die idealen Spolien. Sie standen zu Hunderten in Thermen, Basiliken, Tempeln und schmückten die Hauptstraßen. Und es gab in den Kirchen dafür einen großen Bedarf.

Die Finanzierung der Kirchen

Privatpersonen

Von der frühchristlichen Basilika S. Sabina auf dem Aventin in Rom (Abb. 8) heißt es in einer Mosaikinschrift im Innern der Kirche, dass der Presbyter Petrus von Illyrien den Bau finanziert habe. Er muss ein reicher Mann gewesen sein. Und es muss den Tatsachen entsprechen, andernfalls hätte man die Inschrift über dem Eingangsportal in der Kirche nicht geduldet. – Fürsten und Kaiser finanzierten oft Klöster und stifteten wertvolle Ausstattungsstücke. Kaiserin Theodora, Gattin Ottos II., hat um 1000 n. Chr. die Kirche St. Pantaleon in Köln großzügig ausgestattet und das Westwerk auf ihre Kosten errichten lassen. Otto der Große hatte ein Interesse an der Errichtung des Domes zu

Abb. 201
Aufgang zum Tempel
des Antoninus Pius
und der Faustina,
Forum Romanum

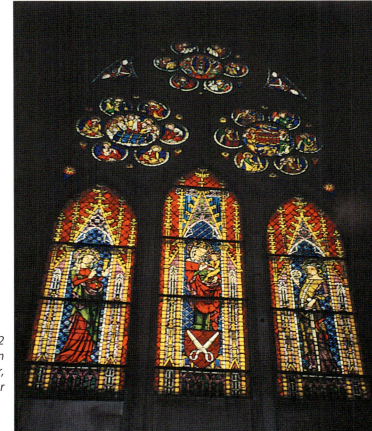

Abb. 202
Schere als Zunftzeichen
im Glasfenster,
Freiburger Münster

Magdeburg. Kaiser Heinrich II. gründete kurz nach der Jahrtausendwende das Bistum Bamberg. Die Bischofskirche erhielt wertvolle Geschenke in Form von liturgischen Geräten und Handschriften. Das Benediktinerkloster Maria Laach wurde vom Pfalzgrafen Heinrich II. gegründet und finanziert. Im Eingangsbereich der Kirche kann man heute noch sein Grab sehen. Selbstverständlich war ein Motiv für seine Freigebigkeit die Überzeugung, dass die Mönche für den Stifter ihres Klosters täglich beten und ihn nach dem Tod beim „Memento mortuorum" (= Gedächtnis der Toten) in ihr Fürbittgebet einschließen. – Aus diesem Grund ließ auch der ranghöchste Magistrat des Kaisers von Konstantinopel, Metochites, um 1300 das Chorakloster in Konstantinopel auf seine Kosten restaurieren und mit einem prächtigen Mosaikenzyklus ausstatten (Abb. 24). Seine Grabkapelle wurde mit bis heute gut erhaltenen Fresken geschmückt. – In Italien, besonders in Florenz, waren es Bankiers, die Kirchen errichten, Klöster restaurieren und Kapellen in den Kirchen ausmalen ließen. Finanziell am intensivsten hat sich die Medici-familie engagiert. Aber auch finanzkräftige Familien wie die Strozzi, Pazzi, Gondi, Bardi, Peruzzi, Baroncelli haben sich als Auftraggeber betätigt. Mehrere Kapellen in den Hauptkirchen S. Croce und S. Maria Novella tragen ihre Namen. Auch Bischöfe haben mitfinanziert und das Domkapitel, natürlich nicht bei jedem Kirchbau, sondern nur dort, wo ein persönliches Interesse vorlag.

ORDENSEIGENE KRÄFTE

Der Zisterzienserorden baute seine Klöster und Kirchen in eigener Regie mit spezialisierten Bautrupps. Es ist bekannt, dass sie auch von anderen Bauherren ausgeliehen wurden.

PRÄSENTATION VON RELIQUIEN

Eine weitere Möglichkeit, Geld für einen Kirchbau aufzubringen, bestand in der Präsentation von Reliquien. Mönche trugen Reliquien durch die Städte, auch durch Städte im Ausland, und hofften, dass die Gläubigen angesichts der Reliquien, für die man eine würdige Kirche bauen wollte, besonders spendefreudig sein würden. Man war überzeugt: Die Gnadenvermittlung der Heiligen ist nicht an Ländergrenzen gebunden. Deshalb vertraute man auf die Hilfe des Heiligen, für dessen Kirche man Geld gespendet hatte, auch wenn sein Leichnam in einem anderen Land seine Ruhestätte gefunden hatte.

STÄDTE UND ZÜNFTE

Die Städte engagierten sich beim Kirchbau besonders dann, wenn eine Stadtkirche als Konkurrenz zur Bischofskirche errichtet wurde. Die Zünfte spendeten und ließen ihre Großzügigkeit auch dokumentieren. In den „Fenstern" des linken Seitenschiffes im Freiburger Münster werden unübersehbar die Attribute der Zünfte präsentiert: Eine Brezel verweist auf die Bäckerzunft, eine Schere ist das Markenzeichen der Schneider (Abb. 202). Jeder soll wissen, wer das Fenster bezahlt hat. Die Zünfte waren nicht nur gut organisiert, sondern manche handelten auch mit Luxusgütern wie Seide und Gold. In Florenz sind viele Werke der Frührenaissance Auftragswerke von Zünften, wie zum Beispiel die Statuen am Or San Michele oder mehrere Kapellenausmalungen in S. Croce.

ABLASSBRIEFE

Im ausgehenden Mittelalter und zu Beginn der Neuzeit wurden bekanntlich Ablassbriefe zur Mitfinanzierung der neuen Peterskirche verkauft. Viele haben diese Praxis so verstanden, als könne durch die Geldspende die Zeit im Fegefeuer abgekürzt und der Himmel gesichert werden.

RESTAURIERUNGEN UND MODERNISIERUNGEN IM MITTELALTER UND IN DER BAROCKZEIT

Eine Restaurierung soll – dem Wortsinn nach – den ursprünglichen Zustand wiederherstellen. Viele Ursachen führen zu Schäden am Bau. In der Moderne sind chemische Schadstoffe hinzugekommen. Ein einfaches Haus kann wenige Jahre nach der Erbauung erste Schäden aufweisen. Um wie viel mehr ein Großbau! Deshalb wird an einer Kathedrale ständig repariert. Am Kölner Dom gibt es bis heute eine eigene Bauhütte mit Dutzenden von Spezialisten, die ständig im Einsatz sind.

Neben der notwendigen Restaurierung gibt es auch Modernisierungen. Man möchte den Bau dem Zeitstil anpassen. Dazu gibt es zwei Möglichkeiten:

1. Man wechselt die Ausstattung, lässt aber den Bau in seinem früheren Zustand bestehen. Keine oder nur minimale Veränderungen werden an der Architektur vorgenommen. Detailveränderungen kann man oft an romanischen Kirchen beobachten. Abbildung 203 zeigt, wie man einer Säule bzw. einem Rundpfeiler in einer romanischen Krypta durch Ummantelung ein barockes Aussehen geben kann.

Beim Besuch von St. Pantaleon in Köln steht man zunächst vor dem gewaltigen Westwerk. Vor dem Betreten der Kirche bemerkt man an der rechten Seite des Langhauses Fenster mit gotischem Maßwerk. Gotische Fenster in einer romanischen Kirche! Das kann nicht sein! Sie müssen später eingesetzt worden sein. Innen beobachtet man an beiden Hochschiffwänden Unstimmigkeiten zwischen den aus dem Putz schwach hervortretenden Lisenen mit der Arkadenreihe. Die Ungereimtheiten erklären sich durch eine im 13. Jahrhundert vorgenommene Modernisierung und Erweiterung. Die Kirche wurde unter der Regierung der Kaiserin Theophanu als Saalkirche gebaut. Im 13. Jahrhundert standen in Frankreich schon prächtige gotische Kathedralen. Wenn man in Köln auch noch gern weiterhin Kirchen im alten romanischen Stil errichtete, fühlte man sich wohl in der ehrwürdige Saalkirche von St. Pantaleon zu eingeengt. Man beschloss die Errichtung von Seitenschiffen. Aus der Saalkirche wurde eine Basilika. Die Hochschiffwände wurden unten derart durchbrochen, dass Arkaden auf Pfeilern stehen blieben. Auf die schon vorhandenen dekorativen Bögen und Lisenen im Putz der Wände konnte man bei der Umgestaltung keine Rücksicht nehmen. Die Fenster in den Außenwänden der angebauten Seitenschiffe gestaltete man nach dem Zeitstil in gotischen Formen, d. h., sie waren breiter und höher, spitzbogig und mit Maßwerk versehen.

Ähnliche Veränderungen wurden an St. Michael in Hildesheim vorgenommen. Man erwartet einen Bau aus der ottonischen Zeit um 1000, also in etwa zeitgleich mit

Abb. 203
Barockisierung einer Säule

Abb. 204
Gotisches Maßwerk
in der Michaels-Kirche,
Hildesheim

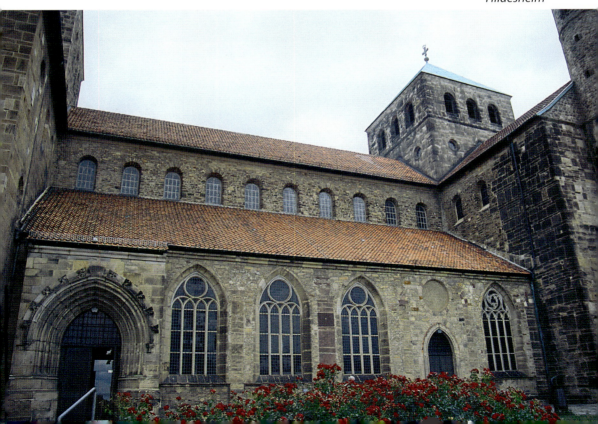

St. Pantaleon. Wenn man sich der Kirche nähert, sieht man als erstes gotische Maß-
werkfenster im Seitenschiff, besonders im Fenster ganz rechts (Abb. 204). Auch hier hat
man einige Jahrhunderte nach der Erbauungszeit zwar keine Seitenschiffe angefügt
– diese waren von Anfang an geplant und ausgeführt –, aber die kleinen romanischen
Fenster wurden durch die damals modernen gotischen ersetzt.

So wie man sich in der Wohnung gelegentlich neue und modernere Möbel anschafft,
kann auch in einer Kirche das bewegliche Mobiliar ausgetauscht werden. Ein gutes
Beispiel für diese Art von Modernisierung ist die Kirche im ehemaligen Zisterzienserkloster im fränkischen Bronnbach. In der Barockzeit erhielt die Kirche Altäre und Beichtstühle, Kirchenbänke und Chorgestühl im neuen Stil. Wenn man heute die Kirche
betritt, sieht man Dutzende von Barockaltären an den Wänden, im Chor und an den
Pfeilern. An den wenigen unverändert frei gebliebenen Wandflächen, besonders an der
Decke, erkennt man noch die ursprüngliche romanische Architektur. Modernisierung
geschah durch einen Austausch der Einrichtung unter Beibehaltung der Architektur.
Diese ist so üppig und flächendeckend, dass man glaubt, in einer Barockkirche zu sein.

Ausstattungsstücke wurden zu jeder Zeit zugefügt und ausgetauscht. Auch in der Gegenwart sieht man in älteren Kirchen gelegentlich – allerdings viel zu selten – Werke
der Gegenwartskunst.

2. Man verändert die gesamte Architektur, sodass der ursprüngliche Stil durch einen
neueren ersetzt wird.

Es gibt Modernisierungen, die nicht nur die Ausstattung oder kleine Eingriffe in das
Mauerwerk betreffen, sondern solche, die der Kirche insgesamt ein neues Aussehen im
Sinn eines neuen Stils geben. Eine romanische Kirche im Stil der Gotik zu verändern ist
aussichtslos und teurer als ein Neubau. Leichter ist es, einen romanischen oder gotischen Sakralbau zu barockisieren. Wie die vielen Beispiele zeigen, ist es für einen Architekten des 17. oder 18. Jahrhunderts keine Schwierigkeit, ein romanisches Kreuzgratgewölbe oder ein gotisches Kreuzrippengewölbe barock zu verändern oder eine neue
Decke unter ein mittelalterliches Gewölbe zu hängen. Die Heilig-Geist-Kirche in München ist eine dreischiffige mittelalterliche Hallenkirche. Diese Grundstruktur ist geblieben. Die Decke wurde verändert, sodass man kein Rippengewölbe mehr sieht. Die Ausstattung ist aus der Zeit des Rokoko. – Die Kirche St. Peter in München ist eine dreischiffige mittelalterliche Basilika. Sie erhielt einen barocken Hochaltar und eine Rokokoausstattung an den Wänden und unter der Decke. Die ehemals rechteckigen Fenster im
Obergaden wurden durch Rundfenster ersetzt, die dem Zeitgeschmack eher entsprachen. – Beim Betreten des Doms zu Freising gelangt man zunächst in eine romanische
Vorhalle. Ein schönes romanisches Säulenportal lädt zum Weitergehen in das Kirchenschiff ein. Dort umfängt den Besucher eine Barockkirche. Wüsste man es nicht aus der
Literatur oder vom Hörensagen, würde auch der Fachmann nicht sofort merken, dass er
sich in einer romanischen Kirche befindet, die in der Barockzeit von den Brüdern Asam
umgestaltet wurde. Erst in der nicht barockisierten Krypta wird dem Besucher deutlich,
dass er sich in einem mittelalterlichen Bau befindet.

Der Dom zu Würzburg ist ein steil aufragender Bau aus der Romanik. In der Barockzeit
wurde er auf Veranlassung des Fürstbischofs im barocken Stil umgestaltet. Nach der
Zerstörung im Zweiten Weltkrieg fand man einen Kompromiss: Der Chor wurde barockisiert, das Langhaus erbaute man im romanischen Stil.

Es ist erstaunlich, wie viele romanische und gotische Kirchen in der Barockzeit in diesem neuen und modernen Stil umgearbeitet wurden. Offensichtlich galten romanische und gotische Bauten im 17. und 18. Jahrhundert als völlig überholt und entsprachen nicht dem Zeitgeschmack.

Auch die Laterankirche in Rom (Abb. 15) wurde in der Barockzeit neu konzipiert. Der Besucher, der mit dem Wissen diese Kirche besucht, Kaiser Konstantin habe sie in der ersten Hälfte des 4. Jahrhunderts erbauen lassen und sie dem Bischof von Rom geschenkt, muss irritiert sein. Er sieht keine frühchristliche Kirche. Die Fassade ist barock. Auf dem Dach stehen barocke Figuren. Innen umfängt ihn eine Barockkirche (Abb. 17). Wo ist die konstantinische Kirche aus dem 4. Jahrhundert? Der Architekt Francesco Borromini (1599-1667) hat sie im 17. Jahrhundert umgestaltet. Der Papst beauftragte ihn, die Kirche zu modernisieren, ohne den konstantinischen Bau zu zerstören. So blieb die fünfschiffige romanische Kirche im Kern erhalten, wirklich im Kern oder als Kern. Der Innenraum wurde mit einer barocken Hülle bedeckt. Je zwei Säulen im Mittelschiff wurden mit Steinmaterial umgeben und zu einem mächtigen Pfeiler mit Figurennische umgestaltet. Die Decke wurde mit einer barocken Kassettendecke unterlegt. Die Seitenwände erhielten barocken Schmuck. Im Prinzip existierte die konstantinische Kirche noch. Sie erhielt im 17. Jahrhundert nur ein neues Kleid. „Haupt und Mutter aller Kirchen des Erdkreises" ist sie auch heute noch.

Versammlungsräume anderer Religionsgemeinschaften

Nachdem so viel über Kirchen geschrieben wurde, sollen abschließend auch die Versammlungsräume anderer Religionsgemeinschaften vorgestellt werden. In Deutschland leben dreieinhalb Millionen Muslime. Moscheen gehören zum Stadtbild, auch in vielen Kleinstädten. Nach unserem Grundgesetz, nach unserem christlichen Selbst- und Fremdenverständnis und besonders nach den Aussagen des Zweiten Vatikanischen Konzils und mehrerer Verlautbarungen der letzten Päpste gilt das Recht der Religionsfreiheit auch für Muslime. Sie haben das Recht, ihren Gottesdienst in entsprechend würdigen Gebäuden zu feiern.

Christen sollten wissen, was eine Moschee ist und was sie nicht sein will. Ohne eine Grundkenntnis wuchert die Fantasie und erzeugt Angst.

Moschee

Man erkennt eine Moschee schon von Weitem am Minarett. „Minarett" heißt „Leuchtturm". So wie sich der Seemann früher am Leuchtturm orientierte, so weiß der Muslim beim Anblick des Minaretts sofort, dass dort eine Moschee steht. Besonders in fremden Städten ist das hilfreich. Insofern hat das Minarett eine ähnliche Funktion wie ein Kirchturm. Die Ähnlichkeit geht noch weiter. Im Kirchturm läuten die Glocken vor und zum Gottesdienst. Lautsprecher am Minarett übertragen den Ruf des Muezzins, der fünfmal am Tag zum Gebet einlädt. Der Ruf in arabischer Sprache beginnt immer mit den Worten: „Allah hu äkber", d. h., „Gott ist größer". Er ist größer als alles, was wir sehen, was wir wissen oder denken können. Dann folgt das kurze Glaubensbekenntnis: „Ich glaube an Gott, dass es außer Gott keinen Gott gibt und dass Mohammed sein Gesandter ist." Morgens früh wird noch ein Zusatz eingeschoben: „Beten ist besser als schlafen."

So wie manche Kirchen nur einen Turm haben, andere eine Doppelturmfassade und manche noch zusätzlich einen Vierungsturm und Türme auf den Querarmen, so ist die Anzahl der Minarette verschieden. In etwa kann man schon sagen: Je mehr, desto berühmter ist die Moschee. Die große Moschee in Mekka hat sieben Minarette und sollte von keiner anderen in dieser Zahl überboten werden. – Die Form der Minarette ist unterschiedlich. In der Türkei laufen sie oben spitz wie eine Rakete zusammen. In anderen Ländern werden rechteckige Minarette bevorzugt.

Zu einer Moschee gehören Waschvorrichtungen. Meist sind sie an den Außenwänden angebracht. Es genügen ein Hocker zum Sitzen und ein Wasserhahn an der Wand. Außerdem gibt es Möglichkeiten zum Duschen, weil vor dem Gebet in bestimmten Fällen eine Ganzkörperreinigung vorgeschrieben ist.

Das wichtigste Kennzeichen einer Moschee befindet sich im Innenraum: das Mihrab. Es ist eine kleine Nische in der Wand, eine Apsidiole. Sie weist nach Mekka (Abb. 205). Die Wand, in der sich das Mihrab befindet, ist die Quiblawand (Quibla = Richtung). Alle Muslime in der Welt beten in diese Richtung. Der Vorbeter steht vor dem Mihrab und die Männer reihenweise hinter ihm. In Hotelzimmern, z. B. in Libyen, findet man manchmal einen Zettel auf den Tisch geklebt, auf dem ein Pfeil zu sehen ist, der auf eine Kuppel zeigt. Das genügt dem Beter. Er weiß, in welche Richtung er sich beim Gebet zu wenden hat. Auch in kleinen Flughafenmoscheen besteht das Mihrab oft nur aus einem Pfeil auf dem Boden oder an der Decke.

In „Freitagsmoscheen", in denen freitags gegen Mittag der Hauptgottesdienst mit Predigt gehalten wird, ist das Mihrab schön gestaltet in Form einer kleinen Apsis. Geometrische Figuren kann man sehen und kalligrafische Koranzitate. Die Teppiche auf dem Boden sind so gemustert, dass der Beter sich auch schon daran orientieren kann. Das Wort „orientieren" muss in diesem Zusammenhang mit Vorsicht benutzt werden. Es heißt ja bekanntlich, sich dem Orient, dem Osten, zuwenden, der aufgehenden Sonne zu. Christliche Kirchen waren in der Vergangenheit meist orientiert, auf die aufgehende Sonne hingeordnet, dem Symbol für Christus. Moscheen sind nur in unseren Breiten orientiert, weil Mekka im Osten liegt. Eine Moschee in Kapstadt ist genordet und eine Moschee in Tokio gewestet. Man müsste eigentlich sagen: Die Moschee ist „mekkaisiert". Jedenfalls ist die Gebetsrichtung für die Muslime im Koran streng vorgeschrieben, auch wenn sie privat beten. Der Prophet selbst soll anfangs in Mekka in Richtung Kaaba gebetet haben. Als er 622 mit seinen Anhängern nach Medina übersiedelte, wurde das Gebet während einiger Jahre in Richtung Jerusalem verrichtet und schließlich in Richtung Mekka.

Moscheen, die man am Freitag für das Hauptgebet aufsuchen kann, müssen eine Kanzel besitzen. Sie heißt Minbar und befindet sich an der Quiblawand, einige Meter rechts neben dem Mihrab (Abb. 205). Von der siebten Stufe dieser Kanzel hält der Imam bzw. der Hodscha am Freitag die Predigt. —

Ansonsten ist die Moschee ein leerer Raum, in dem sich viele Menschen versammeln sollen. Der Gottesdienst ist ein reiner Wortgottesdienst, bestehend aus Gebeten, Koranlesung und – am Freitag – der Predigt. Wenn die Moschee gefüllt ist, reihen sich die Gläubigen im Hof oder neben der Moschee draußen im Freien auf. Wenn gesagt wurde, die Moschee sei ein leerer Raum, soll das nicht heißen, dass er nicht schön ist. Die Teppiche auf dem Boden sorgen für eine wohnliche Stimmung. Man hört kein Geräusch, weil man sich ohne Schuhe auf den Teppichen bewegt. Es gibt bunte Fenster, jedoch ohne figürliche Darstellungen. Mihrab und Minbar sind schön gestaltet. Lampen hängen oft in Form großer Radleuchter über den Betenden. Die Architektur ist nicht vorgeschrieben. Die alten Moscheen hatten meist Flachdächer. In Istanbul war die Hagia Sophia, 532-537 unter Kaiser Justinian errichtet, die große Herausforderung für islamische Architekten. Der große Baumeister Sinan hat sie im 16. Jahrhundert genau studiert. Mehrere Moscheen in Istanbul und besonders die von ihm entworfene Moschee in Edirne sind Zeugnisse von seiner Auseinandersetzung mit der Hagia Sophia.

Muslime können den Gottesdienst in einem leeren Raum feiern oder draußen ohne irgendein Hilfsmittel. Der Imam kann auf den Koran verzichten, weil er die meisten Passagen auswendig kennt. Die „Bewahrer" können sogar den gesamten Text auswendig aufsagen. Die Gebete sind den Gläubigen seit Kindertagen vertraut. Waschen kann man sich zu Hause. Das ist beim christlichen Gottesdienst am Sonntag anders. Die Eucharistie kann man draußen feiern, notfalls auch ohne Bücher, aber nicht ohne Brot und Wein. Die Hochform des christlichen Gottesdienstes ist eine Mahlfeier. Deshalb ist die Ausstattung einer Kirche anders.

Zu einer Moschee gehört mehr als nur ein Gebetsraum. Eine Teestube ist auch heute das Minimum an Sozialeinrichtung. In der Nähe gibt es Einkaufsmöglichkeiten. Die großen Sultansmoscheen in Istanbul und anderswo aus dem 16., 17. und 18. Jahrhundert waren große Sozialkomplexe. Dazu gehörten eine Karawanserei, eine Armenküche, ein Hospital, eine Bibliothek und Bäder.

Auch Frauen besuchen die Moschee. Sie sind aber nicht verpflichtet, am Freitagsgebet teilzunehmen. Wenn sie ihr Gebet zu Hause verrichten, hat es den gleichen Wert wie das der Männer in der Moschee. Frauen haben in der Moschee eigene Bereiche. Die Empore ist ihnen vorbehalten und oft auch kleinere Räume hinten in der Moschee, die durch Holzgitter oder Vorhänge vom Hauptraum abgetrennt sind. Auch in christlichen Kirchen war es noch vor einigen Jahrzehnten üblich, dass die Frauen auf der linken und die Männer auf der rechten Seite Platz nahmen. In Synagogen ist die Empore den Frauen vorbehalten. Beim Beten soll niemand abgelenkt werden.

Abschließend noch die oft gestellte und berechtigte Frage: Warum überlassen Christen ihre ungenutzten Kirchen nicht den Muslimen für ihre Gottesdienste? Die Antwort ist tatsächlich nicht leicht. Wenn sich bislang die Verantwortlichen in den Kirchen gegen eine Abtretung dieser Art aussprechen, dann geschieht das aus Rücksichtnahme auf die religiösen Gefühle der katholischen Gläubigen. Meines Erachtens wird so auch den Scharfmachern im interreligiösen Dialog das Argument entzogen, mit der Übernahme von Kirchen durch die Muslime setze endgültig die Islamisierung des Abendlandes ein, vor der sie schon immer gewarnt hätten. Wenn Christen und Muslime respektvoll und konziliant miteinander umgingen, könnten Christen ohne zu viel Trauer eine Kirche abgeben und Muslime würden sie ohne Siegesgefühle dankbar annehmen. Ist eine Bibliothek, ein Theater oder ein Restaurant in einer ehemaligen Kirche sinnvoller als eine Moschee, in der Menschen auch weiterhin Gott verehren?

Synagoge

Längst bevor Kirchen und Moscheen gebaut wurden, gab es Synagogen. Zusammenkunft oder Versammlung bedeutet dieses aus dem Griechischen kommende Wort. Hebräisch heißt Synagoge „Knesset". So wird auch das israelische Parlament genannt.

*Abb. 205 Mihrab und Mimbar
in der großen Moschee
in Dortmund*

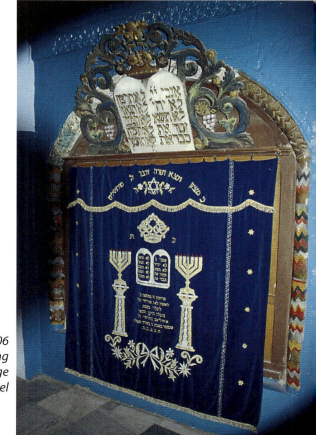

*Abb. 206
Toravorhang
in einer Synagoge
in Safed, Israel*

Diese Namensgleichheit von Parlament und religiöser Versammlung sagt Entscheidendes aus über das, was eine Synagoge ist und nicht ist. Der Begriff Synagoge bezieht sich zunächst auf die Menschen, die sich z. B. an einem Fluss versammeln (Apg 16,13) und dann auch auf das Gebäude, in dem sie zusammenkommen. Wie Kirche ist auch Synagoge ein metonymer Begriff.

Warum gibt es Synagogen und welche Funktion haben sie? Zunächst eine negative Aussage: In Synagogen wurden nie Opfer dargebracht. Dafür gab es den Tempel. Synagogen waren und sind Orte des Gebetes, der Lehre und des Lernens. Man unterscheidet zwei Arten: Beith Knesset (= Haus oder Ort der Versammlung) und Beith Midrasch (= Haus des Lernens). Beith Midrasch ist eine Schule, in der man die Tora studiert und auch betet. Sie ist Synagoge und Schule in einem. Beith Knesset, das Haus des Gottesdienstes, ist das, was man üblicherweise unter Synagoge versteht.

Wie oben ausführlich dargelegt, wurden die blutigen Opfer in der Antike außerhalb des eigentlichen Tempelgebäudes dargebracht. Das Fleisch wurde auf dem Altar in der Nähe des Tempels gebraten. Auch in Jerusalem stand bis zum Jahr 70 n. Chr. ein Tempel mit einem Opferaltar. Nach Meinung vieler Alttestamentler hat David einen Tempel in der von ihm eroberten Jebusiterstadt bereits vorgefunden. Jerusalem war zwar keine große Stadt von Rang und Namen, aber auch kein unbedeutendes Dorf. Dass es in einer solchen Stadt keinen Tempel gegeben haben soll, ist mehr als unwahrscheinlich. Wenn die Bibel berichtet, erst Salomo habe den Tempel gebaut, handelt es sich vermutlich um eine Restaurierung oder einen Umbau. In der Rückschau hat man dem König, der sich nach Auskunft der Bibel auch als Bauherr einen Namen gemacht hat, nicht nur einen Umbau, sondern einen Neubau zugeschrieben. Das heute noch erhaltene riesige Plateau wurde von König Herodes angelegt. Kein anderer antiker Tempel kann damit konkurrieren. Mindestens zehn Fußballplätze ließen sich dort unterbringen. Die sogenannte Klagemauer ist ein Teil der westlichen Umfassungsmauer des Tempelberges. Zweifellos war Herodes der größte Bauherr in der Geschichte Israels.

Dieser von König Salomo im 10. Jahrhundert vor Christus restaurierte erste Tempel wurde 587 v. Chr. von den Neubabyloniern unter König Nebukadnezzar zerstört. Die Oberschicht der Bevölkerung wurde nach Babylonien umgesiedelt. Das Judentum war nun ohne einen residierenden König und ohne Tempel. Im Exil reflektierten die jüdischen Theologen die früheren Zeiten, in denen sie auch ohne Tempel und ohne König waren und dennoch als Juden leben konnten. So wurde die schlimme Zeit der Deportation und die damit beginnende Babylonische Gefangenschaft zu einer Zeit der Besinnung und Neuorientierung. Die nach Babylon Verschleppten wurden von den Babyloniern nicht als Gefangene in Kerkern gehalten, wie das Wort Babylonische Gefangenschaft verstehen kann. Die Babylonier wollten von der Arbeit der Exilierten profitieren. Die Juden lebten zusammen in Dörfern und durften Familien gründen. Sie mussten arbeiten und sicher hier und da Frondienste leisten. Aber es war ihnen offensichtlich nicht verboten, Versammlungen, Synagogen, zu organisieren.

Noch vor Jahrzehnten war eine Mehrheit der Forscher der Meinung, dass es erst seit der Babylonischen Gefangenschaft Synagogen gäbe und dass der Synagogengottesdienst Ersatz sei für die Opfer, die nun im Tempel nicht mehr dargebracht werden konnten. Ganz am Anfang – so kann man der Bibel entnehmen – war das Stadttor Ort der Rechtsprechung und Lehre. Dort saßen die Alten, d. h. die Weisen, und sprachen Recht. Was am öffentlichen und belebten Stadttor an Rechtslehre und Rechtssetzung geschah, wurde allmählich in die Synagoge verlegt, besonders die religiöse Unterweisung. Die Synagoge in Gamla in Israel steht bezeichnenderweise nicht in der Mitte der Siedlung oder auf dem Berg, sondern in der Nähe des Stadttores. Daran kann man erkennen, dass nun in der Synagoge das verhandelt wird, was vorher am Stadttor diskutiert wurde. Synagogen mit den verschiedenen Funktionen der Rechtsprechung, der Lehre und des Gebetes gab es nicht erst seit dem Babylonischen Exil, sondern längst vorher, parallel zum Opferkult im Jerusalemer Tempel.

Die in Babylon in größerer Zahl entstandenen Synagogen existierten dort und in anderen Ländern auch weiter, als der Perserkönig Kyros den Juden in einem Edikt aus dem Jahr 538 die Rückkehr nach Israel erlaubte und anordnete, den dortigen Tempel wieder aufzubauen. Als dieser „zweite" Tempel durch den späteren römischen Kaiser Titus im Jahre 70 n. Chr. zerstört wurde, erlangten die Synagogenwortgottesdienste eine noch größere Bedeutung zur Identitätsfindung und Identitätserhaltung. Synagogen wurden nun, nachdem es keinen Tempel mehr gab, kostbar geschmückt und mit Mosaikfußböden ausgestattet. In der Erinnerung an den zerstörten Tempel wurden nun auch Gegenstände aus dem Tempel und Opfergeräte in Bodenmosaiken und auf Toravorhängen dargestellt: der siebenarmige Leuchter, Geräte für die Darbringung von Rauchopfern, eine Ansicht des Allerheiligsten mit Vorhang. Die Synagoge wird in etwa zum Tempelersatz, was sie am Anfang nicht war. Die frühen Synagogen waren schlicht. Heute orientieren sich in Jerusalem besonders Synagogen der orthodoxen Juden wieder an dieser Schlichtheit. Welchen Aufbau hat eine Synagoge?

Sie ist dreiteilig: Der Besucher kommt zunächst in einen kleinen Vorraum.

In der Synagoge selbst, im Hauptraum, stehen Bankreihen hintereinander oder in Hufeisen- oder Rechteckform. Die Frauen haben ihre Plätze auf der Empore. In liberaleren Gemeinden sitzen Frauen und Männer nebeneinander.

Der dritte Bereich ist in etwa mit dem Chor in Kirchen vergleichbar, obwohl er vom Hauptraum nicht so stark getrennt ist.

Hinter einem Vorhang befindet sich in einer Vertiefung der Wand der Toraschrein mit Schriftrollen (Abb. 206). Diese Wand ist nach Jerusalem hin ausgerichtet. In der Nähe brennt das ewige Licht. Die Christen haben dieses Symbol unter demselben Namen übernommen. Die Torarolle enthält die fünf Bücher Mose. Die meisten Gemeinden besitzen mehrere Torarollen. Sie sind der Stolz jeder Gemeinde. Der Text wird nach wie vor mit der Hand fehlerfrei auf eine Pergamentrolle geschrieben. Häute und Tinte müssen koscher sein, ebenfalls die Fäden, mit denen die einzelnen Blätter zusammengenäht werden. Der Faden muss koscher sein, d. h., er muss aus den Sehnen von Tieren hergestellt sein, die nach jüdischem Gesetz rein sind und die nach jüdischer Vorschrift geschächtet wurden. Die fertige Rolle wird in einen Mantel gehüllt und erhält eine Krone. In dieser königlichen Aufmachung steht sie im Toraschrein.

Vor dem Toraschrein steht die Bima, ein erhöhter Tisch. Sie wird auch Almemor genannt, ein Begriff, der aus dem Arabischen stammt. Dort wird die Schriftrolle zur Vorlesung aus- und eingerollt. Die Oberfläche der Bima fällt zum Vorleser hin schräg ab. Das erleichtert den Umgang mit der Torarolle und das Lesen. Gelesen wird zum Toraschrein hin, und das heißt: in Richtung Jerusalem. Im Verlauf eines Jahres werden alle fünf Bücher Mose gelesen. Am Jahresende hört man nicht mit dem letzten Satz aus dem fünften Buch Mose auf, sondern liest sofort danach den Beginn des ersten Buches, um anzuzeigen, die Lesung geht weiter. Toraschrein und Bima sind wie Brennpunkte in der

Synagoge. Dort werden die heiligen Schriften aufbewahrt, hier werden sie gelesen. Beide Orte sind durch Architektur und Schmuck besonders hervorgehoben.

Ein jüdischer Gottesdienst kann nur stattfinden – auch außerhalb eines Gebäudes – wenn mindestens zehn religionsmündige Juden zusammen sind. Man nennt diese Gruppe „Minjan" (= Zahl). Im religiösen Sinn mündig ist ein Junge mit dreizehn Jahren. Aus diesem Anlass wird ein Fest gefeiert. Es heißt „Bar Mizwa". Der Junge wird „Sohn des Gesetzes" und hat im religiösen Leben nun alle Rechte wie ein Erwachsener, aber auch alle Pflichten. Er ist ein vollwertiges Mitglied der gottesdienstlichen Gemeinde, er kann Minjan sein.

In der Synagoge gibt es täglich drei Gebetszeiten. Die morgendliche dauert etwa dreißig Minuten, mittags sind es fünfzehn und abends zehn Minuten. In größeren Gemeinden werden die Gebetszeiten eingehalten, in kleineren ist es nicht immer möglich, zehn Männer für das Gebet zu finden. Der Hauptgottesdienst wird am Sabbat gefeiert. Der Sabbat beginnt mit dem Sonnenuntergang am Freitag. Im Gottesdienst am Freitagabend wird er wie eine Person begrüßt. Die Versammlung wendet sich an einer bestimmten Stelle der Feier nach Westen und heißt den Sabbat willkommen. Für den Zusammenhalt der Familie und für den Glauben hat die Feier des Sabbats in der Synagoge und im Familienkreis eine nicht zu unterschätzende Bedeutung.

Es soll nicht unerwähnt bleiben, dass im Jahre 1938 alle Synagogen in Deutschland von den Nazis zerstört wurden. Das waren nicht die ersten Barbareien. Schon im Mittelalter wurden Synagogen in Deutschland abgerissen. An ihrer Stelle errichtete man z. T. Kirchen. Heutige Besucher ahnen nicht, auf welchen Fundamenten manche Kirche steht.

Mittlerweile gibt es erfreulicherweise in vielen deutschen Städten wieder prächtige und moderne jüdische Zentren mit einer Synagoge. Beispiele sind Berlin, Mannheim, Offenbach, Duisburg, Dortmund, Bochum, Kassel, Aachen, Dresden, München und viele andere. Dass Christen in Deutschland ihre älteren Geschwister im Glauben wieder in der Nähe haben, ist ein Grund zur Freude.

HINDUTEMPEL UND PAGODEN

Es würde den Rahmen dieses Buches sprengen, nun auch noch die Kultbauten von Hindus und Buddhisten zu beschreiben. Dazu gehörte auch eine Vorstellung der jeweiligen Religion in zumindest groben Zügen. Aber es soll wenigstens erwähnt werden, dass in Hamm in Westfalen der zweitgrößte Hindutempel Europas steht. Und es gibt mehrere Pagoden der Buddhisten in Deutschland.

Keine Generation vor uns hatte die Möglichkeit, hier in Deutschland so hautnah mit den Mitgliedern und Kultbauten anderer Religionen in Kontakt zu kommen. Man ist als einzelner Christ oder in Gruppen dort gern gesehen. Die Pluralität religiöser Gemeinschaften ist eine große Bereicherung.

Glossar

ABHÄNGLING: Schlussstein, der nach unten in den Raum knaufartig verlängert ist; typisch für die Spätgotik

ADAPTATION: Anpassung, oft benutzt für die Fähigkeit des Auges, sich auf bestimmte Lichtverhältnisse einzustellen

ANTEPENDIUM: Die geschmückte Vorderseite des Altares aus Stoff, Edelmetall und anderen Materialien

APOTROPÄISCH: Objekte, denen man Dämonen abwehrende Kräfte zutraute

ARKADE: Bogenstellung von Pfeiler zu Pfeiler oder von Säule zu Säule. Das Wort wird auch als Plural für mehrere Bogenstellungen benutzt

ARCHIVOLTEN: Die wulstförmigen Dreiviertelbögen an Bogenleibungen

ARCHITRAV: Der waagerechte Holz- oder Steinbalken über Pfeilern oder Säulen

ARKANDISZIPLIN: Die Verpflichtung, bestimmte Dinge geheim zu halten. Mitglieder von Mysterienkulten durften über die Rituale nicht sprechen. Christen mussten das Vaterunser und das Credo geheim halten

AQUÄDUKT: Antike Wasserleitung, meist über Arkaden geführt

ASPERGIL: kugelförmiges Gerät aus Metall mit Handgriff zur Besprengung mit Weihwasser

ASTRAGAL: Antikes Schmuckband, auch Architekturschmuck, bestehend aus einer Folge von zwei Scheibchen und einem länglichen Element

AUREOLE: Ein Heiligenschein, der die ganze Person umgibt, Christus und der Gottesmutter vorbehalten

BAPTISTERIUM: Taufkapelle

CAMPANILE: Ein Glockenturm, der nicht mit dem Gebäude verbunden ist. Häufg in Italien

CHORQUADRAT: Ein Gewölbequadrat in der Längsachse hinter der Vierung

DIDACHE: Eine frühchristliche Schrift mit Erklärungen u. a. über Taufe und Eucharistie, wichtige Quelle für die Kenntnis der Übergangszeit von der nachapostolischen zur institutionalisierten Kirche

DIENSTE: In der gotischen Baukunst Rundstäbe an Wänden und Portalen als Träger von Kreuzrippen und Archivolten; auch Bündelpfeiler bestehen aus Diensten

EINHÜFTIGER BOGEN: Die Kämpferpunkte liegen auf unterschiedlicher Höhe

ENTASIS: Die Schwellung an antiken Säulen im unteren Drittel

EXORZISMUS: Dämonenaustreibung

FIALE: Gotische Zierform; ein schlankes Türmchen, auch Helm oder Riese genannt, über einem vier- oder achteckigen, schlanken Unterbau, der auch Leib genannt wird

GESPRENGE: Der filigrane Aufbau oberhalb gotischer Altäre

GESTELZTER BOGEN: Die beiden Bogenschenkel steigen oberhalb der Kapitelle noch eine Strecke an, bevor sie in die Krümmung übergehen

GRIECHISCHES KREUZ: Alle vier Arme des Kreuzes haben die gleiche Länge

GUTTAE: Zierform an dorischen Tempeln; etwas überstehende kreisrunde Gebilde aus Stein, zu sechst in je drei Reihen vorkommend oder einreihig

IKONOSTASE: Bilderwand in orthodoxen Kirchen

IN SITU: Ein Objekt befindet sich noch an dem Ort, für den es geschaffen wurde

JHWH: Gottesname, dem Mose im brennenden Dornbusch geoffenbart. Inhaltlich betont er das Dasein und Handeln Gottes in der Geschichte. Weil der Name oft zu gedankenlos genannt und mit Flüchen und Verwünschungen in Verbindung gebracht wurde, verboten die Schriftgelehrten den Gebrauch dieses Namens. Bei der Bibellesung wird der Name ersetzt, z. B. durch Adonai (= Herr).

JOCH: Gewölbefeld

KEHLE: Auch Hohlkehle genannt. Konkave Ausbuchtung, z. B. in der Rokokoarchitektur oft in der Zone von Decke und Wand angelegt

KONKAV: nach innen gebogen

KONKLAVE: das zur Papstwahl versammelte Kardinalskollegium

KONVEX: nach außen gebogen

KONSEKRIEREN: Die Wandlung von Brot und Wein bei der Messfeier

KREISSEGMENT: Abschnitt eines Kreisumfanges

KYMATION: Antike Schmuckleisten, verschiedene Arten mit unterschiedlichen Formen

LANZETTBOGEN: Spitzbogen mit steilen, lang gezogenen Schenkeln

LATEINISCHES KREUZ: Der Längsbalken ist länger als der Querbalken; im Westen üblich

LATERAN: Name von der römischen Adelsfamilie der Laterani, die während der Auseinandersetzung zwischen Augustus und Maxentius auf der Seite des Maxentius stand. Auf einem Grundstück der Laterani errichtete Konstantin die Laterankirche und den Lateranpalast.

LETTNER: Die Abschrankung vor dem Chor von Wand zu Wand, benutzt u. a. zum Lesen biblischer Texte während der Messfeier

LINEAMENT: Ein Gefüge oder Geflecht von Linien

LISENE: Eine rechteckige Wandvorlage ohne Basis und Kapitell zur Gliederung der Fläche

LUNETTE: Bogenfeld über Portalen, meist reliefiert

MAGISTRAT: Römischer Beamter

MENSA: Obere Fläche auf einem Altar, wörtlich Tisch

MISERICORDIE: Die handgroße Fläche am aufklappbaren Sitz eines Chorgestühls; wird als Notsitz beim Stehen benutzt

NOVIZIAT: Probezeit vor dem endgültigen Eintritt in einen Orden

PARAMENTE: Sammelname für liturgische Bekleidungsstücke

PILASTER: Wandvorlage in der Breite und Höhe von Säulen, jedoch rechteckig; im Unterschied zu Lisenen verfügt sie über Basis und Kapitell

PONTIFIKALGEWÄNDER: Liturgische Gewänder eines Bischofs

PONTIFIKALMESSE: Eine Messe, die vom Bischof gefeiert wird

PROFANARCHITEKTUR: Weltliche Architektur im Unterschied zur Sakralarchitektur

REGULAE: Schmale Leisten unter den Triglyphen an dorischen Tempeln, mit sechs guttae geschmückt

RIESE: Der turmartige Aufbau über dem Unterbau einer Fiale

SAKRALARCHITEKTUR: Sammelname für Bauten, in denen Gottesdienste gefeiert und Sakramente gespendet werden, hauptsächlich Kirchen und Baptisterien

SARKOPHAG: Wörtlich Fleischfresser

SCHAFTRING: Ein Ring aus Stein, der sich um den Schaft einer Säule oder eines Dienstes legt; auch Schaftring genannt

SPOLIEN: Wörtlich Beute; Objekt aus einem anderen Zusammenhang wird zweitverwendet

SUBSTRUKTION: Meist nicht sichtbarer Unterbau eines Bauwerkes zur Stabilisierung. Auch ein hochgelegenes Plateau kann durch Substruktionen erweitert werden wie der Palatin in Rom.

TABERNAKEL: Aufbewahrungsort für die konsekrierten Hostien. – In der gotischen Baukunst Bezeichnung für einen viereckigen Aufbau mit turmartigem Abschluss und von Rundstäben getragen. Im Tabernakel kann eine Figur stehen.

TALIONSPRINZIP: Rechtsgrundsatz „Aug um Aug, Zahn um Zahn". Das Talionsprinzip ist keine Aufforderung zur Rache, sondern verlangt Angemessenheit der Vergeltung entsprechend der Tat.

THEOPHORISCHE PROZESSION: Liturgische Umzüge, bei denen die kosekrierte Hostie in der Monstranz mitgeführt wird; wörtlich: Gott tragen

THERMEN: Antike Badeanlagen; besonders die von römischen Kaisern erbauten Thermen sind gewaltige und kostbar ausgestattete Freizeitanlagen

TIARA: Kronenartige, spitz zulaufende Kopfbedeckung aus Edelmetall; wurde dem Papst nach seiner Wahl und bei der Krönungsmesse aufgesetzt; seit Papst Paul VI. von den Päpsten nicht mehr getragen

TOGA: Das Obergewand römischer Bürger; wurde bei offiziellen Anlässen getragen; Form eines Halbkreises; konnte wegen der Größe und komplizierten Drapierung nur mit Hilfe eines Assistenten umgelegt werden; geschmückt mit verschiedenfarbigen Streifen, die auf den sozialen Status hinwiesen

TONSUR: Teilweise oder totale Schur des Kopfhaares bei Klerikern und Mönchen als Zeichen der Hingabe in den Dienst Gottes. Durch ein Schreiben Papst Pauls VI. vom 15. 8. 1972 wurde die Tonsur als Aufnahmeritus in den Klerikerstand abgeschafft.

TRAVEE: Gewölbefeld

TRIGLYPHON: Ornament am dorischen Tempel oberhalb des Architravs. Besteht aus einem Wechsel von Triglyphen und Metopen. Triglyphen sind drei dicht nebeneinanderstehende schmale Vorsprünge. Metopen sind die breiteren Steinplatten zwischen den Triglyphen, meist reliefiert.

TRIGLYPHON- oder TRIGLYPHENFRIES ist ein in Stein gehauenes Schmuckband. Es besteht aus einem Wechsel von rechteckigen Platten, die meist reliefiert sind, und schmaleren

Platten, die senkrechte Einkerbungen tragen. Man sieht den Fries unter dem Dachansatz.

TUNIKA: Hemdartiges römisches Untergewand für Frauen und Männer. Länge bei Männern bis zu den Knien, bei Frauen länger. Konnte wie die Toga mit farbigen Vertikalstreifen versehen sein.

VIERUNG: In Basiliken der Raumteil, der durch die Durchdringung von Lang- und Querhaus entsteht. Die ausgeschiedene Vierung ist quadratisch bei gleicher Höhe der Vierungsbögen aus Lang- und Querhaus.

WANGE: Teil eines Gewölbes und seitliche Begrenzung im Chorgestühl

WIMPERG: Ziergiebel über gotischen Portalen und Fenstern mit Maßwerkschmuck. Hat keine tragende, sondern vertikalisierende Funktion.

WIRTEL: s. Schaftring

ZAHNSCHNITT: Antiker Architekturschmuck. In langen Reihen sind zahnförmige Klötzchen aus Stein mit Zwischenräumen aufgereiht. In der Renaissance und im Barock wieder aufgenommen.

LITERATUR

Adam, Adolf, und Berger, Rupert, Pastoralliturgisches Handlexikon, Freiburg 1980

Andrea Cordero Lanza di Montezelomo, Das Wappen von Papst Benedikt XVI., Osservatore Romano 2005

Angenendt, Arnold, Geschichte der Religiosität im Mittelalter, 3. Auflage Darmstadt 2005

Angenendt, Arnold, Heilige und Reliquien, 2. Auflage München 1997

Braun, Joseph, Der christliche Altar in seiner geschichtlichen Entwicklung, 2 Bde., München 1924

Braun, Joseph, Die liturgische Gewandung im Occident und Orient, Darmstadt 1964

Brox, Norbert, Kirchengeschichte des Altertums, Düsseldorf 2008

Burbaum, Sabine, Barock, Stuttgart 2003

Butzkamm, Aloys, Bild und Frömmigkeit im 15. Jahrhundert – Der Sakramentsaltar von Dieric Bouts in der St.-Peters-Kirche zu Löwen, Paderborn 1990

Handbuch der Kirchengeschichte

Der Neue Pauly, Stuttgart 1996ff.

Dinzelbacher, Peter, Bernhard von Clairvaux – Leben und Werk des berühmten Zisterziensers, Darmstadt 1998

Frank, Karl Suso, Geschichte des Christlichen Mönchtums, Darmstadt 1993, 5

Fürst, Alfons, Die Liturgie der Alten Kirche, Münster 2008

Gaborit-Chopin, Danielle, Elfenbeinkunst im Mittelalter, Berlin 1978

Grundordnung der römischen Messe, Arbeitshilfe Nr. 215, hrsg. vom Sekretariat der Deutschen Bischofskonferenz, Bonn 2007

Jakobi-Mirwald, Christine, Das mittelalterliche Buch – Funktion und Ausstattung, Stuttgart 2004

Jantzen, Hans, Kunst der Gotik, Hamburg 1957

Koepf, H. / Binding, G., Bildwörterbuch der Architektur, Stuttgart 2005, 4

Leclercq, Jean, Bernhard von Clairvaux: ein Mann prägt seine Zeit, München 1990

Lexikon der Kunst in 5 Bänden, Westberlin 1983

Lexikon für Theologie und Kirche, Freiburg 1957

Neue Jerusalemer Bibel, Freiburg 1985

Pesch, Rudolf, Juden und Christen – ein einziges Volk Gottes?, Düsseldorf 2009

Seidel, Max, Grünewald, Der Isenheimer Altar, Stuttgart 1986

Winkler, Gerhard B. (Hrsg.), Bernardus Claraevallensis, Sämtliche Werke lateinisch/deutsch, Innsbruck 1992, hier Bd. II

Wundram, Manfred, Renaissance, Stuttgart 2004

ANMERKUNGEN

[1] Wundram S. 32
[2] Jantzen S. 115
[3] Wundram S. 11
[4] Ebd. S. 10
[5] Ebd.
[6] Brox S. 119/120
[7] Fürst S. 42
[8] Ebd.
[9] Ebd.
[10] Ebd. S. 43
[11] Historiker sprechen lieber von der „Mailänder Übereinkunft" statt von einem „Toleranzedikt". Ein Edikt ist ein reichsweites Gesetz, das ohne Bedingungen einzuhalten ist und bestimmten juristischen Formalitäten entsprechen muss.
[12] Angenendt, Geschichte, S. 506
[13] Butzkamm S.124-131
[14] Fürst S. 125
[15] Brox S. 113
[16] Fürst S. 107
[17] Brox S. 113
[18] Ebd. S. 115
[19] Ebd.
[20] Ebd. S. 116
[21] Ebd. S. 117
[22] Pesch S. 65
[23] Winkler S. 193
[24] Ebd. S. 197
[25] Jakobi-Mirwald S. 119
[26] Angenendt, Heilige und Reliquien, S. 166
[27] Gaborit-Chopin S. 174
[28] Grundordnung der römischen Messe, Arbeitshilfe Nr. 215, S. 133